A Library of Academics by PHD Supervisors

博士生导师学术文库

老子美学思想的当代意义

李天道 著

中国书籍出版社
China Book Press

图书在版编目（CIP）数据

老子美学思想的当代意义/李天道著．—北京：
中国书籍出版社，2018.11
ISBN 978-7-5068-7068-9

Ⅰ.①老… Ⅱ.①李… Ⅲ.①《道德经》—美学思想
—研究 Ⅳ.①B223.15②B83-092

中国版本图书馆CIP数据核字（2018）第249122号

老子美学思想的当代意义

李天道 著

责任编辑	朱　琳
责任印制	孙马飞　马　芝
封面设计	中联华文
出版发行	中国书籍出版社
地　　址	北京市丰台区三路居路97号（邮编：100073）
电　　话	（010）52257143（总编室）　（010）52257140（发行部）
电子邮箱	eo@chinabp.com.cn
经　　销	全国新华书店
印　　刷	三河市华东印刷有限公司
开　　本	710毫米×1000毫米　1/16
字　　数	322千字
印　　张	18.5
版　　次	2019年4月第1版　2019年4月第1次印刷
书　　号	ISBN 978-7-5068-7068-9
定　　价	95.00元

版权所有　翻印必究

目 录
CONTENTS

绪 论 1

第一章 《老子》的现代方法论意义 11
一、"能知古始,是谓道纪"与文化认同 11
二、"有无相生"与文化相对主义 37
三、老子美学是生命美学 45
　（一）生命与美的最初本原："道" 46
　（二）道生一,一生二,二生三,三生万物 49
　（三）"道法自然" 53
　（四）"万物负阴而抱阳" 59

第二章 老子的"道"论与审美境界构筑论 69
一、道：中国美学的生命之源 70
二、心物交融的审美境界创构论 72
　（一）外师造化,中得心源 74
　（二）顾念万有,拥抱自然 77
　（三）心合造化,言含万象 80

第三章 老子的"人"论与审美境界生成论 84
一、老子人为"四大"之一的思想对中国美学的渗透 84
二、儒道两家人生价值论与美学思想比较 93

三、主体性原则对审美境界生成论的影响 …………………………… 96

第四章　老子的"妙"论与审美境界营构论 …………………… 100
一、"妙"作为审美范畴的提出 ……………………………………… 101
二、"妙"对中国美学的影响 ………………………………………… 104
　（一）"妙"与"传神"说 …………………………………………… 104
　（二）"妙"与"妙悟"说 …………………………………………… 106
　（三）"妙"与"澄心"说 …………………………………………… 107
　（四）"妙"与"象外"说 …………………………………………… 109

第五章　老子的"气"（道）论与审美主体建构论 ……………… 112
一、气：生命之本 ……………………………………………………… 112
二、文以气为主 ………………………………………………………… 114
三、气与审美趣味 ……………………………………………………… 119
四、气与审美情感 ……………………………………………………… 124
五、气与审美知觉 ……………………………………………………… 128
六、气与审美联觉 ……………………………………………………… 130
七、气与审美想象 ……………………………………………………… 132
八、气与审美理解 ……………………………………………………… 136

第六章　老子的"味无味"与审美范畴论 ……………………… 139
一、老子的"味无味"与"道" ……………………………………… 140
二、老子的"味无味"与"象"说 …………………………………… 148
三、"味无味"与老子的"有""无"论 ……………………………… 152
四、老子的"味无味"与"淡"说 …………………………………… 155
　（一）"淡远"之境 ………………………………………………… 156
　（二）"冲淡"之境 ………………………………………………… 158

第七章　老子的"味"论与审美体验论 ………………………… 165
一、老子"味无味"命题的提出 ……………………………………… 165
二、"味无味"与"体味"说 ………………………………………… 166
三、体味的过程 ………………………………………………………… 170

（一）用志不分,乃凝于神 ………………………………… 170
　　（二）咀嚼既久,乃得其意 ………………………………… 173
　　（三）彻悟到家,一了百了 ………………………………… 174
　四、审美体味的极致 …………………………………………… 175

第八章　老子的"无味"说与审美张力论 ……………………… 179
　一、"味"审美范畴的原初构成 ………………………………… 179
　二、"韵"与"韵味"说 …………………………………………… 186
　三、构成"韵味"之审美因素与审美特征 ……………………… 193
　　（一）"韵味"与"情" ………………………………………… 193
　　（二）"韵味"与"意" ………………………………………… 194
　　（三）"韵味"与"言不尽意" ………………………………… 197
　　（四）"韵味"与"意境" ……………………………………… 204
　　（五）"韵味"与风格及其表现 ……………………………… 205
　　（六）"韵味"的审美特点 …………………………………… 207

第九章　老子的"婴儿"心境与审美心态论 ……………………… 210
　一、老子虚静淡泊、返璞归真的人生理想 ……………………… 210
　二、中国美学"澄心端思"的审美心态论 ……………………… 212
　三、老子"把一守中"与"澄心端思" …………………………… 215
　四、"收心离境"与"澄心静怀" ………………………………… 218

第十章　老子的"自然无为"与"目击道存"的审美体验
　　　　方式 ……………………………………………………… 222
　一、"自然无为"的美学思想 …………………………………… 222
　二、目击道存的审美体验论 …………………………………… 225

第十一章　"清静"说及其审美构成态势与文化根源 ………… 233
　一、"清静"域的审美诉求与构成态势 ………………………… 233
　　（一）收心去欲 ……………………………………………… 235
　　（二）物我两忘 ……………………………………………… 236
　　（三）"大美""大音" ………………………………………… 236

二、"清"之域的审美构成 ································· 237
三、"清静"说生成的文化因素 ···························· 239
四、"清静"说与审美心境构筑论 ························· 240
五、"清"之说与审美境域构成论 ························· 245
六、"清静无为"说与自由创新精神 ······················ 248

第十二章 老子"道"论与审美意境论 ····················· 255
一、老子的"道"论与意境论的形成 ······················ 255
二、"道生一"与审美意境的整合心态 ···················· 259
三、"大象无形"与审美意境的模糊心态 ·················· 262
四、"任性逍遥"与审美意境的超越心态 ·················· 269
五、"有无相生"与审美意境的开放心态 ·················· 271
六、"复归于无极"与审美意境的圆满心态 ················ 273

参考文献 ·· 282
后记 ·· 286

绪　论

努力探索老子美学意义生成的文化背景和民族特色,及其对中国美学的深刻影响,是本书的宗旨所在。

20世纪90年代至今,美学已开始向现代化形态转变,当代美学越来越强调对人生的关注,强调对人的生存意义、人格价值和人生境界的探寻。近几年来,无论东方还是西方,人们都在思考探索什么样的美学才能引导人们创造出更高级、更完善、更适合人类生存的美。随着对这一问题研究的深入,关于中国传统美学的人生意蕴及其对现代社会意义的发掘与解释,便越来越引起人们的关注。

由于民族的生存环境、生存方式和历史发展的独特道路的影响与制约,从而形成每一个民族的美学品格及其风格特色。同时,与文化赖以生存的民族经济形态以及其他生存环境相适应,每个民族的文化都有着许多各个相异的特殊性质,展示着各自文化的民族历史品格。民族文化,是孕育、生成与发展美学思想的土壤,因地而异,因时而异,因人而异,因民族文化而异,中西方美学各有自己的民族文化精神与审美范式、审美特色。故而,比较中西美学,需要宏观地探讨中西美学赖以生存的文化背景和文化特质,由文化特质再到美学生成演化的整体结构,再到源流趋向,即美学的具体问题。

以老子思想为核心的道家美学思想,是中国传统文化与美学思想的主流之一,对中国美学的形成与发展,发挥过极为重要的独特的作用,直到今天,仍有不容忽视的意义,其对于现代人类社会的价值,也已经得到世界上众多的有识之士的称许。就中国本土异质文化看,只有儒、释两家美学思想可以与之抗衡。

《老子》一书,虽然仅有五千言,但却言简意赅,其意蕴内涵杳冥深远、博大精深;上承远古巫术文化,下启后代百学。即如葛玄在《老子道德经序》中所指出的,"夫五千文,宣道德之源,大无不苞,细无不入,天人之自然经也。"的确,老子以人生经验和心灵体验的方式对宇宙本体和天人关系之谜的探究开启了后世所有道家流派之源,其默契天真、冥周物理的思虑对中国几千年来的文化、艺术以及民族精神都产生了深刻而久远的影响,对中华民族的心灵熔铸,有着不可磨灭的作用。作为中国传统美学的重要组成部分,以老子为代表的道家美学,则有着丰富的人生美学意蕴,对于建构当代美学体系有着重要的理论意义。可以说,《老子》是一部人生哲学和人生美学,它的关于人生境界追求、人生价值取向、理想人格建构、审美体验流程等思想,是建构当代美学体系的重要思想资料。

用现代美学理论作为参照系和透视点,系统地分析、审视《老子》的人生意蕴及其美学底蕴,解释其现代意义,为建构具有中国民族特色的、科学的、更能阐明人应当怎样生活的当代美学体系提供参考,无疑是有益的和必要的。

一

从美学的高度对《老子》进行理论解释,是本书的目的所在与诉求。《老子》一书,内容非常丰富,思想复杂,异义极多。因此,历来学者见仁见智,说法不一,有的说是兵书,有的认为是自然哲学之书,有的又认为是说权谋的,为政治哲学之书,有的则认为是人生哲学之书。如陈鼓应就说:"老子的整个哲学系统的发展,可以说是由宇宙论伸展到人生论,再由人生论伸展到政治论。然而,如果我们了解老子思想形成的真正动机,我们当可知道他的形而上学只是为了应合人生与政治的要求而建立的。"①徐复观也说:"老学的动机和目的,并不在于宇宙论的建立,而依然是由人生的要求,逐步向上推求,推求到作为宇宙根源的处所,以作为人生安顿之地。因此,道家宇宙论,可以说是他的人生哲学的副产物。他不仅是要在宇宙根源的地方来发现人的根源;并且是要在宇宙根源的地方来决定人生与自己根源相应的生活态度,以取得人生的安全立足点。"②李泽厚则认为:"《老子》本身并不一定就是讲兵的书,但它与兵家有密切关系。"③因此,他在《中国古代思想史论》一书中将老子与孙子、韩非子合在一起来探讨。在其与刘纲纪所主编《中国美学史》中尽管也列专章对老子美学思想进行了探讨,但也只是泛泛而论,既没有深入也没有展开。故而本书可以说是一种新的尝试。

---

① 陈鼓应:《老子注释及评价》,中华书局1984年版,第1页。
② 徐复观:《中国人性论史》,上海三联书店201年版,第287—288页。
③ 李泽厚:《孙老韩合说》,《哲学研究》1984年第4期。

为了使研究进一步拓展,本书一是把老子美学思想放在大的文化哲学背景之上以进行一种跨文化的比较研究;二是借鉴和参照现代美学理论框架对其美学思想的异质性进行解释;三是从民族心态学的角度去深入。

探究老子美学思想的民族异质性,必须从文化哲学的背景进行深入挖掘,因为老子美学思想的根深深地扎在中国古代文化哲学思想的土壤之中。老子美学思想独特的民族特色的形成离不开中国古代文化哲学思想的影响。同时,正是在以老子为首的道家美学的影响下,中国美学才表现出极为突出的注重人生,体验生命的特点。中国人"游心太玄","俯仰自得",尊重节奏与旋律,注重心灵体验等审美意识就受其"万物负阴而抱阳""一阴一阳之谓道"的宇宙意识的制约和支配。在中国人看来,人、自然、社会生活、礼乐制度都是"道"的生成和物态化形式,艺术更是"道"的具象化结果。隽永而神奇的艺术赋予"道"以审美意象,"道"则给予艺术以审美意蕴和灵魂。故审美主体只有凭借"生命本身"去体悟"道"的生命节奏,始能获得审美的自由与超越。正因为老子美学思想与中国文化哲学思想不可分割地交融在一起,所以,要使研究更加深化,就必须立足老子美学思想,并努力同文化哲学各个方面建立横向联系,结合传统意识的各种具体形态发生的初始阶段的内外因作用、起源机制,对老子美学思想进行动态的、实践性的综合考察。打破过去研究的框架,扩大研究领域,改变旧观念,调整研究方法。

当然,必须指出,《老子》一书中有关美学方面的观点多属于经验形态。但我们认为,一门科学学科的发展和繁荣在很大程度上取决于研究这门学科的方法的进步和多样。作为一种理论形态,老子美学思想的价值首先体现在它的整体性上。整体大于部分之和。马克思在《资本论》第二版的跋语中指出:"研究必须搜集丰富的材料,分析它的不同的发展形态,并探寻出这各种形态的内部联系。"不详细获取大量的第一手材料,则无从着手进行研究;有了大量的第一手材料而不分析、研究它们的发展形态和它们的内部联系,则容易陷入片面性。的确,《老子》一书中有关美学的观点大部分是一些各自独立的见解,但这并不妨碍我们从整体上、系统上进行研究。研究对象有无系统性与系统地研究对象毕竟是两回事,因此,要使对老子美学思想的研究进一步深化,还必须引进现代美学的研究方法和理论框架,对其进行深入挖掘和解释,以开拓新的研究领域,进入新的研究层次和境界。

二

　　本书在对《老子》美学意蕴的解读中采用了跨文化的比较方法，力求通过比较，以使老子美学思想的民族特色与异质性得以展开和体现，因此本文避免了浅层次比较，即"X+Y"模式容易犯的错误。

　　事实证明，不从文化根源上探寻，不从中西方不同的文化内涵，中西不同的人生观、生命意识等方面作跨文化的比较研究，就无法深入探讨中西美学的问题。某些学者将西方美学中一些特定时期和文学运动的术语，例如移情说、隐喻说、象征主义等，把它们作为某种普遍适用的标签，硬套在中国美学与文学上，进行一种比附，认为唐代的诗人李贺类同于一个巴洛克诗人，将唐代那样一个具体文化背景生搬硬套地移植到十七世纪欧洲的文化背景上去。就美学理论看，中国具有数千年光辉的文学艺术史和美学理论史，已经形成了整套美学思想的基本范畴和核心概念，例如"言""象""意""道"，又如"虚""实""气""韵""神"等，它们作为中国人观察、思考现实人生及文学艺术现象的有力工具，其中蕴含着丰富的中国艺术精神。离开了这些东西，仅仅用西方的那一套概念和范畴，我们是很难解读中国传统文学艺术和美学思想的，更难得其真精神。长期以来，我们用"现实主义""浪漫主义""内容""形式"或者"结构""张力"等概念去分析中国古代文学作品，总给人一种生拉活扯、生硬切割的感觉，当人们用这些外来的概念将诗经、楚辞、李白、杜甫切割完毕的时候，这些作品中的中国艺术精神也就丧失殆尽了。西方的美学理论概念产生于西方的民族精神和西方长期的文学艺术实践，中国的美学理论则产生于中国的民族精神和中国人长期的文艺审美实践。两种话语，两套概念，在根源上各有所本，在有效性上各有所限，在运作上也就各有其游刃有余和力所不及的地方。然而长期以来，我们却过分地看重了西方美学理论范畴的普适性，把某些西方美学理论概念当成了放之四海而皆准的东西了，而对文化的差异性和任何一种理论范畴都具有的先天局限性重视不够。于是人们习惯于把某些外来的理论范畴作为普适性的标准框架，在中西比较中用它们来规范和解释中国艺术和中国美学理论范畴，把这种操作视为天经地义的事。甚至当我们一些人在无法用西方美学概念解释中国美学概念时，仍然不去反思自己的操作本身的合理性,反而把这种困难作为中国美学理论概念"不科学""不适用"的例证①。

因此,将西方的美学理论与批评方法不加分析地应用于对中国美学的研究,生搬硬套,削足适履,实质上也是"X+Y"模式的一种表现。我们之所以这样说,并不是反对接受西方美学理论,而只是反对割断传统,抛弃传统文化,置中国美学的优秀传统于不顾,而过分推崇西方美学理论的普适性。可以肯定,西方美学理论传入中国并被具体运用于中西美学的比较研究,能够追溯到19世纪末到20世纪初。作为晚清著名学者,王国维对于借鉴、学习、吸收外来西学以推进和改造本土文化与美学理论有着相当的自觉,并对此做了大量的工作。这是与当时西学东渐、西学大量输入的大趋势相适应的。王国维在《论近年之学术界》中就指出借用外力刺激是有利于中国学术思想的发展的。20世纪的另一些学者,如闻一多、朱光潜,以及钱锺书等,他们在吸收西方美学理论上都有突出贡献。但必须看到,他们所接受的西方美学理论是经过精心选择的,并且他们都具有极为坚实的传统美学基础。

传统文化与美学理论,以及相关知识,是构成吸收西方美学理论及其相关知识的潜在基础与前理解结构。与自然科学不同,作为人文科学的一种,美学理论的研究必须有一个前理解问题。正如伽达默尔所强调指出的:"理解首先就意指其自身对某种内容的理解,其次还意指区别并理解他人的见解。……无论谁想去理解,都要与在流传物中用语言表达的事物相联系,并与流传物所说的传统具有或者获得某种联系。"②当20世纪初中国现当代美学的开拓者在学习、吸收西方美学理论时,传统的文化背景、现实的人生意向,也就规定并制约着他们的接受过程、意向与范围。王国维对德国哲学家康德、叔本华等人的理论的接受就是一个突出的例证。特别是对叔本华理论的接受,王国维一方面受中国传统直觉体悟的文艺审美创作思维方式的制约,一方面是叔本华哲学、美学思想具有东方文化色彩,特别是深受印度佛教的影响,因而对于王国维这样一类对中国佛学具有良好知识和文化背景的学者而言,显然具有相当的亲和性和关联性。特别是20世纪初伴随着近代佛学复兴、学术界盛行一种以佛教来印证西方哲学的风气,因而传统的承继、时代的风气、民族文艺审美创作思维方式等诸种因素,对于王国维接受、服膺叔本华哲学、美学理论,产生了不可忽视的潜在的能动影响和制约。

因此,我们主张不同文化的比较与交流,推崇异质文化的交融与并存、理解与

---

① 曹顺庆、李思屈:《重建中国文论话语的基本路径及其方法》,《文艺研究》,1996年第2期。
② 《伽达默尔全集》第二卷,1986,图宾根,第59页。

汇通,反对那种过分看重西方理论范畴的普适性,把某些西方美学理论概念当成放之四海而皆准的东西,而对文化的差异性和无论哪一种理论范畴都具有的先天局限性重视不够的倾向。遗憾的是,中国现当代美学理论界,对中国古代美学理论总的来说还是比较陌生的,在大量的审美实践之中,基本上对中国古代美学理论持不认同态度。许多人对西方美学理论、对俄苏美学理论更熟悉,在心理上、甚至在情感上更靠近西方美学理论(包括俄苏美学理论)。而对中国古代美学理论始终感到格格不入。有人或许在理智上承认中国古代美学理论的价值,但在潜意识中还是亲近西方美学的那一套话语。还有人甚至在理智上也对中国古代美学理论持否定态度。例如,在我国台湾地区就有学者公开宣称中国古代"缺乏系统性,缺乏既能深探本源又能平实可辨的理论"[1],因而他们就可以理所当然地"援用西方的理论和方法"。在大陆,有学者一提到中国古代美学理论,便认为零碎散乱,没有实用价值。针对这类看法,中国古代美学理论研究者曾多次指出其错误倾向,并用大量事实说明中国古代美学理论的理论体系与理论价值(包括实用价值)。但可悲的是,没有多少人理会这些意见,人们依旧我行我素地对中国古代美学理论持漠视,甚至轻视态度。这种现象,典型地体现了当代人对古代美学理论的陌生化及不认同的严酷现实。

克罗齐说得好:"一切历史都是现代史。"作为中国文化史上"一位无与伦比的伟大哲学家",老子对社会人生的探究和沉思,对审美境界、人格理想的向往与追求,有其巨大的历史价值。老子的美学思想和儒释两家美学思想共同熔铸成中国古代美学思想,对中国文化产生了持久而又深远的影响,作为我们民族精神生活的内在传统"基因",乃是现代中华民族发展的内在精神因素之一,特别是在由传统社会向现代化社会转化的历史阶段的当代,传统文化思想(其中包括以老子为首的道家美学思想)的作用尤其值得我们重视和探讨。

首先,我们认为,由20世纪80年代以来出现的"美学热"就深刻地说明了问题本身。20世纪80年代以来,我国美学界出现了一个又一个的西方热潮,如"萨特热""尼采热""弗洛伊德热"。毋庸置疑,改革开放打开了中国人的眼界,扩大了中国人的视野,为我们提供了思考的新的参照系。但是,以西方文化传统、社会制度及现代化经济为背景的西方美学思想,与当代中国的社会生活有很大的距离,人们转而到传统文化思想中寻找美学发展的动力,从而又出现了"新儒家热",人们进而关注道家哲学乃至以老子为首的道家美学思想就是在这种文化探寻的

---

[1] 古添洪,陈慧桦:《比较文学的垦拓在台湾序》台湾东大图书公司,1979年版第1－2页。

转向过程中出现的。

实际上,当代文化的探寻转向外国思潮和传统文化,反映了当今世界两种基本的文化发展意识尽管方向不同,但实际上都是由人类生存的环境和民族发展的需要等双重因素决定的。就世界范围来说,我们正处在一个后工业化的科技信息社会中,电子计算机和相对论的出现,既改变了这个世界也改变了人们对世界的看法。在这个高科技的信息时代,政治经济的日益世界化,正在使人们越来越感到地球在日益变小。在以往的人类历史上,各种社会的冲突和危机都不是全球性的,不管冲突和危机多么严重,也只能影响到一个地区或一个国家。20世纪是社会文化的一个转型期。在这个世纪里,人类第一次经历了具有全球意义的事件,如第一次和第二次世界大战,1929年的西方经济危机和1973年的资源危机以及90年代初的海湾战争。在这之前,每个国家的经济生活都处于自给自足之中。现今,差不多每个国家的经济生活都需要国际经济交往。国际经济贸易的发展,使我们这个世界每天发生的经济乃至政治的行为都大多具有某种国际性:世界经济组织问题、国际货币体系问题、能源问题、原料的匮乏问题、环境污染问题或者核威胁问题。所有这些问题的解决,都涉及全世界,并且已引起全世界的关心。"今天的世界笼罩着一张日臻缜密的巨网,这张巨网是由各自拥有具体目标的关系、协议、国际性或者地区性的条约所编织而成的,世界上现有的经济、社会、军事、技术等方面的重要国际性组织,共有七十多个,而联合国的创建国只不过才有五十一个。这张联系巨网的编织并不是思想体系的一致,而是出于各自的必要性"①。因而,蒂埃里·莫尼埃指出:"在怀疑派看来,世界主义的实现似乎是不可能的,但事实真相是,从今以后,离开世界主义,一切事情的实现倒是不可能的。"②这里所说的"世界主义",不是"欧美中心主义",而是一种全球意识。这种全球意识,不仅仅是基于本国的生存和发展需要的经济政治意识,而应当是一种文化意识。

故而,汤一介指出:在现代世界文化环境下建设和发展我国的社会主义文化,就必须具有"全球意识",不然,则不可能"站在全世界的高度来看文化的发展,就不可能反映这个时代的要求,就要游离于人类文化发展的轨迹之间,这样的文化不可能有生命力"。③

但是,吸取西方学术文化并不是抛弃本土文化,全盘西化或"洋化"本身是没

---

① (法)米歇尔·波尼亚托夫斯基:《变幻莫测的未来世界》,世界知识出版社1981年版,第306页。
② 同上
③ 《中国传统文化中的儒道释》,中国和平出版社1988年版,第259页。

有前途的。一个民族要跻身于世界民族之林,一个民族要成为世界性民族,必须要有自己的文化。一个民族的文化能成为世界性文化,成为各国人民的共同财富,根本原因就在于它是特定民族的文化。因此,与"全球意识""世界主义"并行的"寻根意识",也是当代世界文化发展的一个具有世界普遍意义的趋势。一个民族的传统文化,是一个民族赖以生存之本,丢掉了其传统文化,也就丢掉了这个民族的特色;这个民族的"魂灵",完全为别的民族文化所同化,这个民族也就不成其民族了。一个民族的生命力在于民族文化的内在精神之中,没有我们民族文化的大发展,也就没有民族的真正希望。所谓"中国特色",就文化意义而言,也就是以孔子、老子为代表的中国文化。所谓"中国特色",究其根本意义,本身就存在中国人的生活之中,在中国人的心灵与血脉里。毋庸讳言,当代社会政治经济背景与传统社会的政治经济背景有了根本性的变化,因而"道"本身是有损益的,也是可以损益的。但我们必须看到,老子、孔子之道,既有与特定社会政治制度相连接的一面,同时还有与特定社会政治制度相分离,而与普遍人类的人际关系、日常行为、个体人生相切合的一面,正是在这个方面,孔子、老子之道,有着他们的超越性的恒久的价值;就这个意义而言,如果不行孔子、老子之道,就失去了作为东方人、中国人的存在方式、思维方式,也就失去了中国文明在地球上存在的意义。

如前所说,当前,由于后工业社会的种种弊端,导致人们对人文主义的反思,从而使他们转向东方文明。国际现象学会会长、女哲学家田缅聂卡在第十七届哲学大会上说,西方常常在不知不觉中受惠于东方,像莱布尼兹之重视普遍和谐观念就是一例。她甚至认为,当前中国哲学比西方哲学幸运,没有走上西方哲学目前分崩离析的道路,当前西方至少有三点可以向东方学习:第一,崇尚自然(和谐);第二,体证生生(生生不息);第三,德性实践。① 在我们看来,田缅聂卡的这个论点恰恰反映了中国传统哲学(其中包括以老子为首的道家美学)在现代世界的意义。

并且,值得指出的是,中国正在大踏步地迈向现代化。作为发展中的国家,我们有必要,也有可能避免西方国家在现代化的进程中所出现的上述种种弊端。但是,值得注意的是,中国在迈向现代化的过程中,已经出现类似西方现代化带来的种种问题,例如我国生态环境的污染和自然环境的恶化,随着近年来经济的发展而日趋加剧。因此,在这个问题上,不仅西方要向东方传统哲学靠拢,而且我们也应当向传统哲学回归,回到天人合一的道家思想和儒家思想上来,顺应自然,效法自然,共同拯救我们赖以生存的地球——这个唯一的家园。

---

① 汤一介:《中国传统文化中的儒道释》,中国和平出版社1988年版,第262页。

以老子为首的道家美学的审美观认为,人是这个宇宙大系统的组成部分。道是这个宇宙生生不息的生命本原,整个宇宙中的万物因秉有"道"而内在地具有生命力,天地万物由道而生,但"道"本身则是自然而然的。人、天、地、道的关系模式为"人法地、地法天、天法道、道法自然"。归根到底,人应当效法天地,依顺自然。这正好与现代文明强调人类应当征服、改造自然的价值取向相反,道家美学则强调人以自然为师,并且提出人向"道"回归,即向自然回归,消除人与自然的对立。老子说:"天下有始,以为天下母,既得其母,以知其子,既知其子,复守其母,没身不殆。"(《老子》52章)也就是说,复守万物之起源的"道",才能使人自身永远立于不败之地,使人的生命之流与宇宙生命本原实现精神的合一,向自然回归,达到人与天地精神的交融。以功用理性为主导的西方式现代文明,在人与自然的关系上,缺乏的正是这种人与自然和谐相融的"天人合一"的精神。现代文明的实践证明只知征服改造自然、向自然界索取、掠夺自然,在根本上就是缺乏这样一种顺应天地、回归自然、师法自然的精神。因此,只有改变现代文明的这种价值取向,才能从根本上拯救自然,拯救人类。正如舒马赫所说:"用什么去取代从19世纪继承下来的毁坏灵魂的生命的哲理?我们这一代的任务,无疑是哲理的重建。"[1]这种哲理的重建,无疑就是改变西方式现代文明有关人与自然关系的观念,把人类自认为是自然的主人的观念转变为道家式的人与自然和谐统一的审美生存观念。汤姆·戴尔和吉尔·卡特说得好:"人类不管是文明的还是野蛮的,都是自然的孩子,而不是自然的主人。"[2]

在人与人的关系方面,现代文明所造成的人的冷漠、疏离,人的失落,乃在于以功用理性为主导的现代文明,从根本上看,仍是一种以功利追求为中心的文明形态,而德性生活(实践)则处于文明的边缘。以功利追求为中心,也就是以参加社会活动,尤其是参加经济活动的特殊主体(个体)的利益为中心。现代文明解除了传统社会对个体的等级、身份、地位等社会束缚,将普遍的社会个体放在一平等自由的位置上,从社会最大的可能性上调动了人们利益获取的积极性。现代文明激发的普遍社会个体对特殊利益的追求,造就了人类前所未有的社会生产力的空前发展和辉煌的现代物质文明。这也确实是现代文明极"有为"的一面,但另一方面,这种"有为"包含着巨大的德性失落的问题。人对功利的追求,实际上是对私利的追求,即使是强调"最大多数人的最大幸福"的功利主义者,如边沁、穆勒等

---

[1] 舒马赫:《小的是美好的》,商务印书馆1984年版,第66页。
[2] 同上。第67页。

人,其"最大多数人的最大幸福"的基础,仍是对个人利益的追求。西方不少思想家已经指出,边沁、穆勒的这个最高原则与他们的个人利益原则并没有必然的逻辑联系,而普遍个体对个人利益的追求一旦成为普遍的价值取向,在客观上就形成"人人为自己,上帝为大家"的局面,即对他人利益、社会利益的冷漠。再有,个人利益(私利)作为最深层的动因,表现为社会行为,在价值理性意义上,它是既可以与道德、义务、良心相符合,又可与之相悖。马克斯·韦伯强调功用理性与价值理性相悖这一面,从哲学深层次上揭示了两者分裂与冲突的必然性,而其与价值性相悖,在实质上就意味着对他人利益和社会利益的损害。因此,现代人的生活问题,也就是"有私"的问题,而有私,也就是"有为",恰恰在"有为"的这一面,我们又回到了道家的美学智慧上。老子美学思想认为,由于我们"有为",才"有欲",才"有争",才"贪得",从而才偏离了"常道"。可见,人的问题就在于"有为"。以老子为首的道家美学的最终追求,就是要将"有为"变"无为","有私"变"无私","有欲"变"无欲","有争"变"无争"。而"无为"就是无私,无私则必无争,无争则"清静为天下正"(《老子》45章),从而达到天下大同,人们和谐幸福的审美极境。

同时,我们还应该注意到,从西方发源的现代化已把整个人类社会席卷进去了。现代化作为人类社会的一个过程对于世界各民族而言,都有不可逃避的必然性。毋庸置疑,现代化本身对于欧美之外地区而言,并不等于西化。但是,实践表明,企图绕开市场经济而实现现代化的做法并不成功。市场经济作为现代化的必要途径和基本社会内涵,其内在趋动机制就是经济人的特殊利益。西方经济学家从亚当·斯密到凯恩斯,对此已作了大量深刻论述。我们必须认识到功用理性或说功利追求对现代性的内在关联性。功用理性与价值理性的内在冲突,表明现代文明有着内在缺陷,必须借助其他文明的要素进行补救,既要"有为",又要有"不为",把现代文明的"有为"精神与以老子美学思想为主的道家美学智慧的"无为"结合起来,既要有(竞)争,勇于进取,也要超脱豁达;既要有"私",也要"无私"。有私,也就是要有合理(合义)的个人利益,凡是超越个人利益的眼界,在与道义精神相悖的地方,决不去"为"。如此人生,持之以恒,就会正因其"不为"(无为),而达其无不为。以德来净化这个私欲的现代社会,达到人通向自然"天道"的复归。而这,又可以说是老子卓越的美学智慧对社会人生的一个永恒的启迪吧。

第一章

《老子》的现代方法论意义

作为中国传统美学的重要组成部分,以老子为代表的道家美学,有着丰富的人生意蕴,对于建构当代美学体系有着重要的理论意义。《老子》是一部人生哲学和人生美学,它的关于人生境界追求、人生价值取向、理想人格建构、人生体验流程等思想,是建构当代美学体系的重要思想资料。

首先,《老子》一书在方法论方面,就能给我们许多启示。

一、"能知古始,是谓道纪"与文化认同

当代美学的建构属于文化建设的一个分支。考察老子思想的建构,可以给我们今天的文化建设一种启迪,即要建构现今的具有民族特色的文化体系,必须使传统文化与现代文化语境相结合。

从文化人类学的观点来看,贯穿于人全部活动中的普遍恒定的集体意向,即包含着人们的文化思维方式和生命指向、文化价值观念等因素在内的异质文化决定着文化的民族特色和独特价值。特别是文化思维方式和文化价值观念,可以说就是构成民族文化精神的中心要素。不同民族特有的文化思维方式和价值观念构成其文化的独特价值,那么,要想深入与准确地发现不同民族文化的特有风格及其价值意义,则必须深入地钻探与认识形成其差异的文化根源,把握其独特的意义生成方式、思维方式、话语言说方式和文化价值观。

所谓文化价值观,是指人们在自己长期的社会历史活动中所积淀、形成的稳定的、持久的普遍的对于自我、社会和自然的价值观念,是人们对评价对象作出好与坏、优与劣的一种根本性总体性看法、态度和标准。价值观念是文化意识与文化心理结构中最一般、最抽象,也是最根本构成的要素。

从文化价值观的形成过程及其表现特征看,可以说,它是一个民族文化中持

久的、历史的观念。人们在实践与生活中的具体特殊价值观可以随着时间、环境、条件的变化而变化,但文化价值观则是相对稳定的。它积淀在民族心理中代代相传,并形成传统的文化心理定势与文化模子,既是异质文化与民族文化的核心又是异质文化与民族文化的本真和生命所在,决定着人们行为活动的意向和价值取向。

正因为如此,所以我们才说,传统文化与现代化是共时存在的,理解了传统文化能使我们更加深入地认识当下所发生的一切。任何人都只能在文化中生存并参与文化的创造。从表面上看,影响人们行为活动的似乎只是外在于人的事物及其间的关系,其实,只有当它们转化为文化,即转化为知识、价值和意义时,才能有效地内在地支配人的行为,促使其选择什么,不选择什么,喜欢什么,不喜欢什么。传统文化对人的制约也是这样,由此可知,文化既是正在进行、不断更新的生存活动,同时又是蕴藉于这种当下生存活动中并控制、规范、影响着这些生存活动的知识、价值和意义。因此,伽达默尔认为,人作为有限的存在,总是处于传统文化之中的,不管他是否了解这种传统文化,也不管他是赞成还是反对,他都不可能超越传统观念与异质文化的支配与影响。

这样一来,就绝对不能把传统文化和现代文化截然分开而对传统文化与现代化作"时代化"的理解。即仅仅将现代化看成是一个时间概念、一个历史时期,一个继传统文化之后的时期,而将在这之前所存在、发生的一切事情都当然地归属为传统文化。对此福柯在《什么是启蒙》一文中,曾经指出:"我们不应该把现代化仅仅看作一个处于前现代与后现代之间的一个时代,而更应该将其看作一种态度,而这种态度不是谁都有的,也不仅仅局限在某一个特定的时代。"霍依在《福柯:现代或后现代》一文中也指出:"按照我所提出的后现代主义观,称福柯为一个后现代思想家并不意味着他的同时代人和幸存者同样也是后现代主义者或必须成为后现代主义者。历史的中断不是同时发生在每一个人身上的,也不是同时发生在所有地方的。同一个人、同一种纪律或设置在某些方面可以是传统的,在某些方面可以是现代的,在另一个方面可以是后现代的。"[①]

这里尽管论及的是有关对现代化作时代性理解的问题,但却完全适用于我们所谈论的有关如何理解传统文化和现代化的关系。

所以说,文化既然是人的生存活动和蕴藉于其中的知识、价值、意义,那么,它就只能是通过各种各样的人和同一个人生存活动的不同方面相互联系的关系网

[①] 阿拉克:《福柯之后》,英文版,1988年,第38页。

络而存在,而不可能作为实体存在。它是具体的、既是历史的又是共时的,与时俱迁又因人而异、因地而异的,同时还受传统文化的制约和影响。换言之,即我们不能把"存在"归结为存在者,把在者归结为"当下的存在"。传统文化不是"在"本身,而是在的"缺席",同时也是在的"召唤"。因此不能在传统文化和现代化之间设置一个僵硬的、各执己见的界限,更不能对传统文化与现代化作肯定与否定的理解,或比较它们之间孰优孰劣、孰重孰轻,或对它们进行选择与取舍,而必须要在当下的活动中来考察它们之间的关系。

如前所说,究其实质而来,文化的钻探与寻根深源说到底应是一种文化认同行动。因为文化认同也就是对文化的原初根基或身份进行探究。而传统文化与现代化的历史性和共时性以及文化的具体性,因人、因地而异的特点又决定了文化认同的取向:即必须将文化的历史性存在追寻与现代文化语境研究有机结合起来。通过文化认同来建构自己理论体系的方法,自古就有。老子在建构道家思想体系时就曾遵循这一方法。可以说,对现实的总结和对历史的继承,是老子建构其道家学说的重要途径。从其文化渊源来看,老子哲学思想的源头可以追溯到母系氏族文化。

中国古代母系氏族社会,伏羲氏部族是羌戎,以母虎为图腾,贵左尚黑。夏族亦是羌戎,其祖庙称"玄堂"(黑堂)。据《礼记·檀弓上》记载:"夏后氏尚黑,大事敛用昏,戎事乘骊(纯黑马),牲用玄。"老子哲学就继承了贵左尚玄这一文化传统,因此,他说:"玄之又玄,众妙之门"①又说:"知其白,守其黑,为天下式。"(二十八章)母系氏族社会原始先民的十月太阳历,利用了阴阳(雌雄、牝牡)二仪在自然界的变化规律,这也被老子所吸收,并将其上升到一定高度,对其作了理论概括。所以以老子为首的道家贵雌尚左,儒家则贵男尊右。

在中国古代母系氏族社会时期,原始先民就已经有以雌雄辨别事物的习惯。原始崇拜意识中的生殖崇拜,特别是女性崇拜意识,又使中国人养成尊重女性的阴柔、守雌、好静、谦下等品质的文化传统,贵阴贵柔的老子哲学显然是对这一传统意识的理论升华。从某种意义上说,老子哲学就是一种女性哲学。《老子》书中经常出现"母"字。老子把"道"称作"天下母",又比之为女性生殖器官("玄牝之门")和女性生殖神("谷神"),就是原始女性生殖器崇拜意识的一种体现②。后

---

① 《老子·十章》,《四部备要》,中华书局1989年版。下引《老子》,均同此,只注章次。
② 对此,萧兵、叶舒宪著《老子的文化解说》(湖北人民出版社1994年版)论之甚详,可参考该书下篇第一章《老子》与生殖崇拜。

来，以道家思想为基础所建立起来的道教中女性崇拜意识就更为浓重了。

中国古代典籍中所记载的女仙，以西王母为最早，她大概是夏商周三代以来世袭的母系氏族首领，《归藏》《山海经》《穆天子传》《竹书纪年》《汉武帝内传》都有记载，道教"世以西王母为女仙之宗"（《陔余丛考》卷34）。《墉城集仙录》《历世真仙体道通鉴后集》等仙传都有庞大的女仙谱系，并且有那么多女仙和赞美女仙的描述，女性成仙亦不受歧视，可见道教对原始女性崇拜意识的继承和发展。《汉武帝内传》中有汉武帝刘彻向西王母及众女仙叩头求教的故事，女仙竟然压倒了作为父权代表的皇帝。《列仙全传》记晋代刘纲和樊云翘夫妻共同修仙，而樊夫人的仙术招招超过刘纲，这又是女仙压倒男仙的例子。《竹书纪年》和《穆天子传》记述的周穆王见西王母、《遁甲经》讲述的九天玄女教黄帝遁甲秘术从而使其战胜蚩尤的故事，都表现出对女性的歌颂和崇拜。《秘藏通玄变化六阴洞微遁甲真经》云："凡有道之士用阴，无道之士用阳。阳则可测，阴则不可穷也。"从这些记载中也可以看出道教对以老子为首的道家思想的继承，贵阴贵柔并将崇拜女性的意识贯穿到整个教理之中。对此，闻一多先生也曾经指出："我常疑心这哲学或玄学的道家思想必有一个前身，而这个前身很可能是某种富有神秘思想的原始宗教，或更具体点讲，一种巫教。"[①]

中国古代母系社会时期的原始崇拜意识，尤其是生殖崇拜意识，深深地积淀在传统文化之中，而后来以老子为首的道家学者在建构其以贵阴贵柔，以无为为本，以贵己重生为要的思想体系时，显然就继承了这一文化传统，并由此而将自己思想的根深深地扎在传统文化的土壤之中。我们从老子所谓的"吾所以有大患者，为吾有身。及吾无身，吾有何患"到庄子所推崇的"齐死生，同人我"人生境界的思想历程中，就不难发现老庄哲学的这一学理背景。老子对传统文化的继承是多方面的。王国维曾经指出："中国政治与文化之变革，莫剧于殷周之际。""周之制度典礼乃道德之器械，而尊尊、亲亲、贤贤、男女有别四者之结体也。"[②]中国古代西周时期建成了一个家长制的封建宗法礼教国家，周礼成为一种无孔不入的集政治、伦理、宗教、学术为一体的制度。周人官师合一，学术本于王官，史官备于周室，以史官掌典籍，无私人著述。《汉书·艺文志》云："道家者流，盖出于史官。历记成败存亡祸福古今之道，然后知秉要执本，清虚以自守，卑弱以自持，此君人南面之术也。"周初巫史不分，史官既在当时的巫史文化中直接承受了由母系氏族社

[①] 闻一多：《闻一多全集》第一册，上海开明书店1948年版，第143页。
[②] 王国维：《观堂集林·殷周制度论》，中国书局1959年版。

会流传下来的原始宗教习俗，又多读古代典籍，明史事，故将传统文化中的秉要执本、清虚自守、卑弱自持的思想当作先王的存亡祸福之道承传下来。《史记·太史公自序》引司马谈语说："夫阴阳、儒、墨、名、法、道德，此务为治者也。"就是说六家之学都是有关治理之道的王官之学，是和"治天下"相联系的统治经验。《老子》一书是道家的代表之作。司马谈首称道家为"道德家"（《论六家要旨》），司马迁则认为"老子修道德"（《史记·老子列传》），可见所谓"道家"之名是汉人所立，同时，汉人亦以老子为道家哲人，《老子》问世则可看作是道家学说创立之始。《老子》为老聃自著①。老聃生于陈而仕于周，为周守藏室之史，其弟子有文子、蜎子、关尹子（《见《汉书·艺文志》）、杨朱（见《列子·黄帝篇》）。《史记》之《孔子世家》《老庄申韩列传》《仲尼弟子列传》《汉书》及《庄子》《吕氏春秋》《礼记·曾子问》等，多处记载孔子师事老子，问礼于老子之事。《史记·老子列传》明载老聃生前"著书上下篇，言道德之意五千余言"；刘向亲自校勘过的《说苑·敬慎篇》也记载有春秋时期晋人叔向引用老聃的言论，并见于今本《老子》。高亨先生曾参照《左传》，认定东周时期的老阳子即为老聃。② 由此可见老子为春秋时人，和孔子同时且比孔子年长20岁左右，《老子》一书是中国古代阐述道家思想最早的私人著述。老子以自隐无名为务，故其身世及事迹亦不彰。但老子既然是周朝的史官，对当时以及这之前的传统文化必然非常熟悉，其学术思想的建构当然是在对古代传统文化继承的基础之上。《庄子·天下》云："以本为精，以物为粗，以有积为不足，澹然独与神明居。古之道术有在于是者。关尹、老聃闻其风而悦之。""关尹、老聃乎，古之博大真人哉！"从这些说法中也可以看出老子思想的建构来自古代的文化。他是精通古籍明于史事具有丰富的文化知识积累的"博大真人"和伟大哲人。《老子》一书本身就有不少引用前人的语句。例如："用兵有言：'吾不敢为主，而为客；不敢进寸，而退尺'。"（六十九章）"古人所谓'曲则全'者，岂虚言哉！"（二十二章）"故建言有之：'明道若昧，进道若退……'"（四十一章）"故圣人云：'我无为，而民自化；我好静，而民自正；我无事，而民自富；我无欲，而民自朴。'"（五十七章）"是以圣人云：'受国之垢，是谓社稷主，受国不祥，是为天下王。'正言若反。"（七十八章）"古之所以贵此道者何？不曰：求以得，有罪以免邪？

---

① 关于老子其人，司马迁在《史记》中曾举出三个人，一个是孔子曾问过礼的周守藏史老聃；楚苦县厉乡曲仁里人，名耳，字聃，姓李氏；一个是老莱子，也是楚人，与孔子同时代；一个是战国时期的周太史儋。对此，萧兵、叶舒宪《老子的文化解读·余篇》第一章"神秘的一生"对此有翔实考证。现今学者多认为老子即老聃，笔者从之。

② 高亨：《关于老子的几个问题》，载《社会科学战线》1979年第1期。

故为天下贵。"(六十二章)"古之善为道者,微妙玄通,深不可识。"(十五章)此外还有"天道无亲,常与善人"(七十九章),是出自《易》佚文;"强梁者不得其死"(四十二章),则出自周庙《金人铭》辞①,等等。可见在老子之前,传统文化中早有这些思想存在。《汉书·艺文志·道家类》在《老子》书前,录有《伊尹》《太公》《辛甲》诸书,表明汉人也认为在老子之前的传统文化中已有原始道家思想。《老子》书中,多处提到"圣人",透露其学源自古代"圣人"。例如:"是以圣人处无为之事,行不言之教"(二章);"是以圣人之治,虚其心,实其腹"(三章);"圣人不仁,以百姓为刍狗"(五章);"是以圣人后其身而身先;外其身而身存"(七章);"是以圣人为腹不为目,故去彼取此"(十二章);"是以圣人抱一为天下式"(二十二章);"是以圣人常善救人,故无弃人"(二十七章);"朴散则为器,圣人用之,则为官长,故大制不割"(二十八章);"是以圣人无为,故无败;无执,故无失"(二十九章);"是以圣人去甚,去奢,去泰"(二十九章);"是以圣人不行而知,不见而明,不为而成"(四十七章);"圣人常无心,以百姓心为心"(四十九章);"圣人在天下,歙歙焉,为天下浑其心,百姓皆注其耳目,圣人皆孩之。"(四十九章);"故圣人云:我无为,而民自化"(五十七章);"是以圣人方而不割"(五十八章);"非其神不伤人,圣人亦不伤人"(六十章);"是以圣人终不为大,故能成其大"(六十三章);"是以圣人犹难之,故终无难矣"(六十三章);"是以圣人欲不欲,不贵难得之货"(六十四章);"是以圣人欲上民,必以言下之"(六十六章);"是以圣人处上而民不重,处前而民不害"(六十六章);"是以圣人被褐而怀玉"(七十六章);"是以圣人自知不自见;自爱不自贵"(七十二章);"是以圣人云:受国之垢,是谓社稷主;……"(七十八章);"是以圣人执左契,而不责于人"(七十九章);"圣人不积,既以为人己愈有,既以与人己愈多"(八十一章)等。

整本书提到"圣人"的地方一共有26句之多。老子主张"绝圣弃智",他所颂扬的"圣人",肯定不是制礼作乐的周公旦一类儒家圣人,而是远古圣人,和《易经》中圣人的概念大致相同。如《易·豫卦象辞》云:"圣人以顺动,则刑罚清而民服。"这种"圣人"是有治国经验的"社稷主""天下王",实则是古代的氏族部落首领。《吕氏春秋·制乐》云:"汤退卜者曰:'吾闻祥者,福之先者也;见祥而为不善,则福不至。妖者,祸之先者也;见妖而为善,则祸不至。故祸兮福之所倚,福兮祸之所伏。圣人所独见,众人焉知其极!'"显然,商汤的这种思想就为《老子》所本。据《尚书》记载:"曰若稽古帝尧,曰放勋,钦明文,思安安,允恭克让。"(《虞

---

① 张起钧:《道家智慧与现代文明》,台湾商务印书馆,1984年版,第111页。

书·尧典》)"直而温,宽而栗,刚而无虐,简而无傲。"(《虞书·舜典》)"徽柔懿恭,怀保小民。"(《周书·无逸》)不仅《尚书》中可发现老子的一些思想依据,《诗经》中也可以发现老子的一些思想轨迹。例如《考槃》《十亩之间》《衡门》《蟋蟀》篇都抒发有隐退知足、自得其乐的心情。《吕氏春秋·行论》云:"诗曰:'将欲毁之,必先累之;将欲踣之,必高举之'。其此之谓乎?"显然,这段佚诗就被《老子》所吸收。老子书中的许多话也很像流传下来的古诗。总之,三代以来的古文献,无一不是老子建构其思想体系的资源;夏商周三代以来的古帝王,可以说,每一个都有老子思想的体现。例如大禹治水用疏导的方法顺应水性,商汤为政"抚民以宽",都可以看作是以原始道家思想治国的典范。尧舜之禅让,乃至古代部落酋长的选举制,也可看作是老子"功成身退,天之道"的思想来源。《帝王世纪》载尧时百姓击壤而歌曰:"日出而作,日入而息,凿井而饮,耕田而食,帝力与我何有哉!"孔子也称赞舜的治国之术说:"无为而治者,其舜也与!夫何为哉!恭己正南面而已矣!"(《论语·卫灵公》)这说明老子的建构其思想体系的基础本是由遥远的古代祖祖辈辈流传下来的从政、立身、处事的经验和习俗,早已积淀在古老的文化传统之中,连儒家称道的尧舜也不能摆脱这种传统思想的影响。

在汲取传统文化的营养的同时,在建构自己的思想体系中,老子还很注意与当下语境的结合。我们从《老子》一书中可以发现很多新的语言生机。

老子所处的时代是一个社会大变革和大动荡的历史年代,其社会政治经济状况及社会生活状况不可能不对其产生影响。实际上,老子的许多重要观点,都是当时现实斗争的哲学反映。如老子"贵柔"的人生哲学观点,就是对当时自以为强大的诸侯贵族被处于较低社会地位的世卿大夫推翻的政治现实的哲学写照。而他的崇尚"虚静"的自然之道的人生观,主张"使民不争","使民不为盗","使民心不乱",也是对当时的人民生活动荡不安的写照。因此,老子的人生哲学的建构与春秋战国时期的社会历史这样一个大的文化语境分不开。

任何思想体系的建构都离不开当时特定的社会文化思想及历史背景。春秋战国之际,正是我国古代思想史第一个空前活跃的时期,各种学派学说蜂起,思想碰撞、交锋激烈。诸子百家都站在自己特定的立场上,提出对社会、人生的解说。这样一种思想的冲突、交锋从春秋初期一直持续到战国中期左右。实际上,不论是春秋战国时期的哪派学说,都有着一个漫长而深厚的社会文化基础。各派学说都从这一社会文化基础上汲取自己的思想养料。这种社会文化基础,既是一定历史的社会思潮、社会心理,又是一定的历史文化传统,而实际上,两者本身是汇合为一的。这是因为,文化传统虽有外在的物的见证,但它并不等同于一种死的文化遗产只存在于故纸堆里。相反传统本身是一活泼的文化流,它跃动于现实的社会思潮和社会心理之中,而成为现实人的思想和生活的一个不可分割的部分。同时,现实人的思想、感情、文化等又从生活中流向未来,成为未来传统的一个不可分割的部分。中国古代文化发展到周代,已经经历了一个漫长的过程。仅就确切的史料而言,就有夏和商二代。周代可说是中国古代文化发展的一个盛期。孔子曾说:"周监于二代,郁郁乎文哉,吾从周。"(《论语·八佾》)因此,春秋诸子之说,都是中国古代文化发展的产物。春秋战国诸子,包括老子在内,都有其思想文化传统的根基。这一文化传统的根基,既存在于现实的社会思潮和社会心理之中,也包括传统文化。就社会思潮和社会心理而言,老子的思想是一种社会思潮的代表,是其在春秋时期发展的一个高峰。同时,老子本身也继承了一种文化传统,并把它推向了高峰。而作为文化传统的载体的历史文献,仍可说是老子建构其思想体系的基础。作为周朝的文化史官,较之他人,老子更有条件读到作为文化传统载体的历史文献。因而前人所留下的思想资料不可能不影响老子的思想。应当看到,老子的博大精深的思想体系(包括人生美学)的形成,不仅在于他的哲学睿智、对现实的洞察力和时代思潮之使然,而且在于他对前人的思想资料的充分把握。不充分把握和吸收前人留下的思想成果,是难以超越前人的。正是由于他吸取了前人思想的精华,才使得老子能取得如此卓越的美学成就。因此,就一定思想资料而言,尽管这些思想资料是前人智慧的结晶,但并不等于一堆死物,而是后人思想的源头和建构其新的思想体系的基础。后人以一定的思想资料为中介,与文化传统的内在精神相接通,使前人遗留的思想资料也就成为文化传统转型的一个极重要因素。《孔子家语·观周》和刘向的《说苑·敬慎》篇都收录有一篇前面曾经提及的《金人铭》:"孔子之周,观于太庙。右陛之前,有金人焉。三缄其口,而名其背曰:'古之慎言人也,戒之哉;无多言,多言多败;无多事,多事多患。安乐必戒,无行所悔。勿谓何伤,其祸将长;勿谓何害,其祸将大;勿谓何残,其祸将然;勿谓莫闻,天妖伺人。荧荧不灭,炎炎奈何,涓涓不壅,将成江河;绵绵不绝,将成网罗,青青不伐,将寻斧柯,诚不能慎之,祸之根也;曰是何伤,祸之门也。强梁者不得其死,好胜者必遇其敌。盗怨主人,民害其贵。君子知天下之不可之不可盖也。故后之、下之,使人慕之。执雌持下,莫能与之争者。人皆趋彼,我独守此,众人惑惑,我独不从。内藏我知,不与人论技。我虽尊高,人莫害我。夫江河长百谷者,以其卑下也。天道无亲,常与善人。戒之哉!戒之哉!,'孔子顾谓弟子曰:'记之,此言虽鄙,而中事情。①'"从这里的记述可知,《金人铭》为孔子观周时所见,其刻制时代,当在孔子入周以前。《说苑》作者刘向是汉代一位治学严谨的思想家。他于汉成帝河平三年(公元前 26 年)以光禄大夫之职受诏"校经传诸子诗赋",有条件遍览皇室藏书,他所著的《说苑》保存了大量先秦史料。曾巩在《说苑》序中曾强调指出:"向之序此书,于今最为还古。虽不能无失,然远至舜禹,次及周秦以来古人之嘉言善行,亦往往而在也。"《四库全书总目》也指出:"古籍散尽,多赖此存。"魏源在《老子本义·附录》中也曾指出:"将寻斧柯四语,则汲冢周书亦有之。盗憎主人,民怨其上,则左传伯宗之妻亦述之。可见其为古语矣。"1973 年河北定县四十号汉墓出土一批竹简,其中有"儒家者言",经鉴定乃先秦古籍,其中绝大部分内容见于今本《新序》《说苑》以及《孔子家语》,足证《说苑》所保存的史料是可信的。由此可见,《金人铭》并非伪作。

《老子》一书无论是思想还是语言风格,都与《金人铭》有相似之处。就《老子》与《金人铭》的语言风格而言,两者都是优美的韵文诗。老子以这种优美的韵文诗体形式来表述深奥的思想,尤其是富有思辨色彩的人生哲理,不能不说是受了《金人铭》的启发。从其思想渊源看,老子为楚人,不能不受到楚文化的影响,而作为周朝史官,老子又不能不受到周文化的影响。《金人铭》为周朝所刻的铭文,为孔子入周时所见,故而,影响到老子的思想和文风是极为自然的。值得注意的是,就《老子》一书的语言风格而言,它更接近《金人铭》。

老子的思想与《金人铭》也非常切近。老子的一个基本思想,就是"贵柔""守雌",这也是《金人铭》的思想。《金人铭》说:"强梁者不得其死,好胜者必遇其敌。""君子知天下之不可盖也。故后之、下之,使人慕之。执雌持下,莫能与之争者。""我虽尊高,人莫害我。夫江河长百谷者,以其卑下也。"这也就是说,强暴者不得好死,自以为无敌者总有能敌得了他的。就是位尊至高的君子,也应自觉地执雌持下,才能立于不败之地。显而易见,《金人铭》所提倡的,是处柔守弱,反对刚强好胜的思想。对此,老子有明显的继承与充分的发挥。老子说:"人之生也柔弱,其死也坚强。万物草木之生也柔脆,其死也枯槁。故坚强者死之徒,柔弱者生之徒。"(七十六章)在这里,老子把柔弱胜刚强作为事物的一个普遍规律看待,在《金人铭》的思想基础上作了全面发挥。《金人铭》说:"江河长百谷者,以其卑下也。"老子则将它发挥为:"江海所以能为百谷王者,以其善下之,故能为百谷王。

---

① 《说苑·敬慎》篇所载,《孔子家语·观周》所载与此大致相同,但在个别词句上,稍有差异。

是以欲上民必以言下之,欲先民必以身后之。是以圣人处上而民不重,处前而民不害,是以天下乐推而不厌,以其不争,故天下莫能与之争。"(六十六章)《金人铭》说:"执雌持下,莫能与之争者。"老子说:"知其雄,守其雌。""知其白,守其辱。"(二十八章)又说:"欲先民必以身后之。"不难看出,在这方面,两者的思想脉络完全一致。

同时,"贵弱""守雌"又是对《易经》贵弱思想的继承和发扬。《易经》贵柔贵弱,认为柔弱胜刚强。对此,我们首先从卦面结构上看。在六十四卦中,除八个经卦自身重叠而组成的八个别卦外,其他五十六个别卦都是由八个经卦交互重叠组合而成。这些卦有二十八个是阴卦在上,阳卦在下(简称"上阴卦"),另外二十八卦,则是阳卦在上,阴卦在下(简称"上阳卦"),把这两组卦联系卦辞比较一下,我们就会发现这样两种情况:第一,上阴卦多是吉卦;第二,上阳卦多是凶卦。这种阴居上则吉、阳居上则凶的情况,正说明《易经》主张柔弱优于刚强。从首卦"乾卦"的卦爻辞来看,也能表明《易经》的这一基本倾向。《易经》"乾""坤"两卦为六十四卦的基本卦,其意蕴倾向对其他所有卦都有决定性意义。而在"乾""坤"两卦中,"乾"卦又更为重要。就"乾"卦爻辞而言,它内在地包含了一个这样的基本思想:即处下者有为,而过于上者则不利。也就是说,处下者,柔弱者胜自居其上者。用老子的话来说,就是"坚强者死之徒,柔弱者生之徒""强梁者不得其死""江海所以能为百谷王者,以其善下之"。另外,从《易经》卦爻辞的内容来看,也多次流露出对"谦"的赞美和对"骄"的贬斥,这也表明了《易经》贵弱守柔的旨意。因为"谦"是柔弱的表现,"骄"是刚强的表现。所有这些,都可能给老子以启示,而据此以建构起的"贵柔"的人生哲学,不仅是老子思想的主旨,而且也是整个道家思想的基本点。

同时,"贵柔"思想也反映在老子时代和《老子》成书前的其他典籍中。在《尚书·皋陶谟》中,皋陶把"柔"作为九德之一提出,并且认为"柔而立",不仅把所处"柔"看作一重要的人生信条,而且认为"柔"可以"立",强调了它的重要性。在《洪范》篇中,又进一步地把"柔"看作是必须具备的"三德"之一:"一曰正直,二曰刚克,三曰柔克。"并且具体地谈到了"柔克"的内容:"燮友柔克""高明柔克",也就是说,对亲近的人,对有地位的人,应以柔和的方法来对待。这里强调了"柔"在治理国家和处理人际关系中的作用。《国语·周语》从"让"的角度强调了贵柔的意义:"襄公曰:君子不自称也,非以让也,恶其盖人也。夫人性陵上者也,不可盖也,求盖人,其抑下滋甚,故圣人贵让。"这里反对"盖人"(居人之上),提倡"贵让",合于柔道。《晋语四》载:"赵衰三让。其所让,皆社稷之卫也。废让,是废德也。"这里把"让"看作是人的美德。《左传·文公元年》把"卑让"视为与"忠信"一样重要的美德："忠，德之正也，信，德之固也；卑让，德之基也。"这无疑也是贵柔。应当看到，夏商周三代以来，人们一直把"柔"，即谦让，既看作是极重要的品德，也看成是礼的核心。如孔子就说过："泰伯，其可谓至德也已矣。三以天下让，民无得而称焉。"（《论语·泰伯》）这里是说，泰伯（周朝祖先古公亶父的长子）的品德高尚极了，屡次把天下让给季历，老百姓简直找不出恰当的词语来称颂他。《左传·襄公二年》说："君子曰：让，礼之主也。范宣子让，其下皆让。……世之治也，子尚能而让其下，小人农力以事其上，是以上下有礼，而谗慝黜远，由不争也。谓之懿德。"这里强调指出，谦让是礼仪宗法制度的根本，上让其下，其下皆让，而谗言诽语就无从产生了，天下也就太平了。这与刘向《说苑》所载佚诗曰"柔，远能迩，以定我王"的意思是一致的。这就是说，"柔"，能缩短人与人之间的距离，使疏远变成亲近，从而安定王位。因此，"柔"或"让"，又都是一种治国安民之术。在肯定谦让与柔的同时，春秋战国时期的思想家们还鞭挞了"骄"与"刚"。一般而言，"刚"就是指"骄"与"傲"，指人的品行的无礼。《说苑》保存了这样一则史料："桓公曰：'金刚则折，革刚则裂，人君刚国家灭，人臣刚则交友绝。'"《左传·僖公二十七年》有一段文字记载指出："子玉刚而无礼，不可以治民。"这都是从治国安民的角度，提倡去刚从柔。《国语·周语第一》还从军事上谈到了"骄"的问题："师轻而骄，轻则寡谋，骄则无礼，无礼则脱，寡谋自陷，入险而脱，能无败乎？"这也就是说，士卒不严整，将帅骄横，这样的军队既少谋略，又骄傲无礼，无礼则疏略，既缺乏谋略，又大意疏略，处于征战险境，能不失败吗？

由此可见，尚柔是中国古代的一种思想文化传统。这在春秋战国时期，已经是具有一定社会影响的人文思想。"柔"被看成不仅是个体人生的优秀行为品质，而且是治国安邦的大略。

我们知道，《易》之所以称为"易"，首先是从变易的意义上说的。《易》的八卦以及依其演成的六十四卦，都由"--""—"两个基本符号组合而成，任何一个卦，只要更动其中任何一个阴爻或阳爻，整个卦及其象征意义就发生了变化，这正是《系辞》所概括的："爻者，言乎变者也。"而《易》八卦之所以能够象征变易，是因为，"--"和"—"象征阴阳两个对立面，成为贯穿《易》的始终的基本矛盾。而阴爻和阳爻不同的重叠及其卦位的变化，象征着事物的不同矛盾性质及其变化发展。《易》的八卦即乾、坤、震、巽、坎、离、艮、兑，实际上体现了乾与坤（天与地）、震与巽（雷与风）、坎与离（水与火）、艮与兑（山与泽）的矛盾。在此基础上，八经卦互相重叠，组成六十四个别卦，实际上构成了三十二对矛盾。在六十四卦中，除乾坤两卦分别由全阳爻或全阴爻构成外,其他六十四卦都是由阴爻和阳爻交互组合而成。这样,每个卦里都包含阴阳两个对立面。而《易》的卦名与卦、爻辞则构成一系列矛盾概念,如乾与坤、既济与未济、吉与凶、福与祸、得与丧、大与小、远与近、往与来等。在《易经》看来,这些矛盾本身并非是静止不变的。《易》以卦位和爻位的变化来模拟象征事物的辩证转化。而这正体现了事物本身内在矛盾的转化。六十四卦都是一个相互联系和相互转化的关系。任何一卦,只要更动一爻,就转化为另一卦,爻变引起象变。六十四卦的这种关系,类似于事物的普遍联系和相互转化。在一定的意义上,可以说,《老子》全面而又深刻地吸取了《易经》的矛盾辩证转化的思想,并明确提出了"反者道之动"的命题,把转化看作是自然界和人类社会的普遍法则。

就当时的实际情况看,在老子以前及其生活的时代,关于矛盾及其辩证转化的朴素辩证思想是很丰富的。据《左传·昭公三十二年》记载,史墨曾指出:"物生有两、有三、有五、有陪贰。故天有三辰,地有五行,体有左右,名有妃耦。王有公,诸侯有卿,皆有二也。"这里所说的"皆有二也",是指事物的矛盾的普遍性。矛盾不仅普遍存在,而且相互补充,相反相成。据《国语·郑语》记载,史伯也曾指出:"夫和实生物,同则不继。以他平他谓之和,故能丰长而物归之,若以同裨同,尽乃弃矣。"这里所谓的"和",乃是"以他平他",即矛盾双方的互相对立、互相转换和均衡统一;所谓"同",是指没有矛盾的绝对同一。史伯认为,自然万物是千差万别、丰富多彩、千变万化的,同时又是和谐统一的,"和"才能成事,才能生物,而"同"则不能产生新的事物。也就是说,相反才能相成。《左传·昭公二十年》载晏婴曰:"君所谓可,而有否焉,臣献其否,以成其可;君所谓否,而有可焉,臣献其可,以去其否。"这里也表述了君臣互补、可否相成的思想。晏婴又说:"清浊、大小、短长、疾徐、哀乐、刚柔、迟速、高下、出入、周疏,以相济也。"所谓"相济",就是相反相成。也就是说,相反相成是自然万物发生发展的基本特征。同时,在老子所处的那个时代,也已有人提出了较为成熟的矛盾转化观念。如《左传·昭公三十三年》史墨就认为:"社稷无常奉,君臣无常位,自古以然。故《诗》曰:'高岸为谷,深谷为陵,三后之姓,于今为庶。'"一切都在发生变化,高岸可以变成深谷,深谷可以变成丘陵;统治者可以变成被统治者,被统治者可以变成统治者。显而易见,这里已经涉及矛盾转化观念。

事物间既相互对立又相互转换的辩证转化思想既然是一般哲学原理,那么,这一哲学原理也应当是人生领域里的矛盾及其变化的哲学概括。所谓人生领域,就是人的生命存在及其活动的领域。对于人生领域,有着广义与狭义两种理解。

就广义而言，人是社会的人，没有社会就没有个人。反之亦可以说，社会是人的社会，没有组成人类社会的作为个体的人，也就没有人类社会，因此，社会生活领域也就是人生领域。就狭义而言，人生是个体生命存在及其活动的领域，换句话说，即个人生活是这一领域的中心。而个人总是生活在一定的社会历史条件下和自然环境中的，因此，人生领域与社会领域和自然领域不可分离。就一定意义来看，社会领域涵盖了个体人生领域。即使是人生与自然的关系，也是在一定的社会条件下发生的。而思维即是人的思维，是人的属性之一，与个人的生命是密不可分的。既然事物间相互对立、相互和谐、相互转化的哲学观是社会、自然和人三大领域里的客观存在的反映，那也就是人生哲学的一个基本内容。实际上，老子所提出的事物间既相互对立又相互统一的辩证转化的思想，所涉及的矛盾及其转化的一个基本内容就是人生领域，如祸与福、难与易、枉与直等等。而如阴阳这对范畴，就不仅是自然界的太阳与月亮、天与地的差别与对立的哲学抽象，更是个体男女的差别与对立的哲学抽象。事实上，就狭义的、也就是通常一般所指的人生领域或人生过程而言，也是充满了矛盾及其转化的。

由此可见，就贵柔贵弱与事物间既相互对立又相互统一的辩证转化两个方面的思想而言，老子的思想建构是对春秋时期和春秋以前的相关思想的汲取和发展，特别与《金人铭》和《易经》有着直接的继承关系。这表明老子不仅是当时这方面思想的集大成者，而且其思想源远流长。尤其值得一提的是，在秦汉之际，道家学说又称为"黄老之学"。所谓"黄""老"，即为"黄帝""老子"。把"黄老"并称，并作为一种学术流派加以评论，见于司马迁的《史记》。《史记》中以"黄老"或"黄帝老子"连称有十多处。"黄老"连称使用之广，说明"黄老之学"已是一个颇有社会影响的学术流派。这里我们不想区分"黄老之学"与老子的道家学派在名称内涵上的区别，而是想说明，把黄帝和老子连称，也可能与《金人铭》有关。黄帝是一个传说中的人物，但从出土的殷代甲骨卜辞以及西周甲骨文和金文看，都没有黄帝事迹的记载。就是《论语》《孟子》《周礼》等儒家经典，也没有关于黄帝的记载。在现存先秦古籍中，最早出现黄帝传说的著作，当推《左传》《国语》等书。因而黄帝作为远古时代的帝王，其传说见之于文字应在春秋战国时期。尤其是到战国中后期，有关黄帝的传说的内容越来越丰富，并最终确立了"黄帝"作为太古时代远祖的地位。而《金人铭》则被看作是黄帝之书。《汉书·艺文志》有《黄帝铭》六篇，今已佚。王应麟《〈汉书·艺文志〉考》认为，《金人铭》为《黄帝铭》"六篇之一"。因此，《金人铭》在历史上确实被视为黄帝书，尽管它并非黄帝所作，而是春秋中后期的古籍。既然老子思想来源于《金人铭》，那么，其思想被看作来源于黄帝则是很自然的事。先有黄帝之铭,后有老子之书,先黄后老,故称"黄老"。

毋庸置疑,把《金人铭》作为《黄帝铭》,有借以抬高道家思想的学术地位的用意。但是,从另一方面来看,把《金人铭》作为《黄帝铭》之所以人们能够接受,"黄老"连称也为人所认可,这不单是道家学派人士就能够做到的。我们认为,显然是因为以老子为首的道家思想本身就是远古以来的传统思想的继承与发展。这一点我们已有大量论述,同时还可从《老子》对《易经》的继承和发展得到进一步说明。

我们知道,老子的"贵柔"和强调事物间既相互对立又相互统一的辩证转化的思想,在《易经》那里就有其渊源。而《易经》在春秋战国时期就已经被认为是远古时代的占卜之书。《易·系辞下》说:"古者包栖氏之王天下也,仰则观象于天,俯则观法于地。观鸟兽之文,与地之宜,近取诸身,远取诸物,于是始作八卦。"并接着说包栖氏作八卦的时代是与结绳记事同时的远古时代。这里所说的"包栖",也就是后世所说的"伏羲"。从现代的考古发现来看,已出土的有远在四千多年前的易卦,并发现了六千五百多年前的"半坡文化"的"刻画文字"。同时,前几年从大洋彼岸的美洲大陆又传来消息,说发现了七千年前的古易,①并由此证明中国人自上古开始就已移居美洲。这也足以证明,至少早在七千多年前,我们祖先就已有古《易》。正是因为老子在建构自己的思想体系时有对中国远古文化的继承,从而把老子与中国传统中的上古祖先黄帝思想并称,才名副其实。

众所周知,《易》不仅是中国文化的源头,而且是中国学术的源头。汉魏以来,《易经》被认为是"群经之首",为儒家经典中最重要的经典。儒家也有对《易》的继承,这并不成问题。但是,相比较而言,儒家对《易经》义理的继承偏重于人文忧患方面,道家(《老子》)则偏重于《易经》的数象意蕴,这两者的区别仍根源于《易经》本身。要认识这个问题,首先让我们看看《易》的演化。就《易》而言,是先有卦画,后有卦爻辞。从卦画到卦爻辞的出现,其间不知有几千年。据历史传说,《易》有《连山》《归藏》《周易》三种,但世所留传的,只有《周易》一书。《连山》《归藏》两易的卦爻辞,除极个别有幸因个别典籍的引用被保留外,绝大多数都失传了。其卦爻辞的意蕴与《周易》的区别何在?我们已基本不得而知。因此,我们只能依据《周易》来谈《易》的演化。《易》的卦画,首先是八卦。八卦从《周易》的卦辞看,是以八个卦画象征万物自然和山川大地。其中的阴阳互变,是用来象征宇宙间万事万物的变化的,这就是所谓的太极生两仪,两仪生四象,四象生八卦,进

---

① 台湾《中华易学》卷七,第六期,第4—5页。

而产生八八六十四卦。在这里,不论是卦画的整体,还是卦中的每一爻,以及每一爻在卦中的特定位置,都有特定的象征意义,并表露出上古时代的朴素辩证法思想。因此,我们可以说,六十四卦图,既是宇宙构成图式,也是宇宙变化图式。《周易》的卦爻辞,据《系辞》和《史记》所说,为周文王所作。《系辞》说:"易之兴也,其于中古乎?作易者,其有忧患乎?""易之兴也,其当殷之末也,周之盛德邪?当文王与纣王之事邪?"司马迁也说:"文王囚而演易。"故一般学者都认为,无论是卦辞还是爻辞,产生于西周是确切的。《易》为卜筮之书,卦爻辞的作者应当是掌管卜筮的史官依据多次卜筮整理而成,因当时是文王、周公当政,而托名于文王、周公。卦爻辞中大量出现商和商周之间的故事,如《旅》上九爻辞有王亥丧牛羊于易的故事,《既济》九三爻辞、《未济》九四爻辞有高宗伐鬼方的故事,《明夷》五六爻辞有箕子明夷的故事;以及反映出的东周以前的风俗习惯和制度,如《屯》《睽》等卦,记载了掠婚的习俗,以及《震》六二爻辞的"丧见",《损》《益》二卦的"或益之十朋之龟",都是东周以前的货币语言,这些都可以表明这点。而在《周易》中所载的大量的人文社会史实,以及卦爻辞作者们对人生社会现象的概括而作的内涵丰富的卦爻辞,使《易》更切入人的社会,而疏离自然宇宙。据《周易》八卦卦辞,《易》首先是上古人们模拟的宇宙图式,在80年代发掘的美洲印第安人的易卦,据易学专家的译读,也是描述自然现象即上古原始先民对天文观察的记载。①《周易》演化到孔子所处的年代,其内涵则变为发扬人生道德理想、奠定伦理标准的人文思想。孔子之后的儒学,更是进一步从《易》的象数义理发挥开来,用它来说明人文道德哲学的准则。这样,后来的学者讲习《易经》,就有了理、象、数的区别,专讲人文忧患、人情世故的人生道理的通义的,就归于易理的范围;专究天文、物理等阴阳变化者,就归于象、数的范围;讲象、数,独推道家(言事理人文,兼及儒家)。这也就成为魏晋以后道家思想与修道理论的学理依据。换言之,秦汉以后道家思想,实在是从《易经》学术的源流而来,也可以说,是上接远古的伏羲、三皇、五帝的传统的。而道家的思想的这一贯传统,则是自老子就有,是以老子为首的道家思想及其思维方法的一个特色。因而老子对《易经》的继承,恰是建构在《易经》的象数的学理意蕴意义之上。

从语言表达技巧来看,《老子》一书的语言表达形式很具有时代特色,并为当时很多学者所效仿。如孔子就运用了很多老子的话语。据《论语》记载,孔子曾说:"道不行,乘桴浮于海。"(《公冶长》)"贤哉回也。一箪食,一瓢饮,在陋巷,人

---

① 台湾《中华易学》卷七,第六期,第4-5页。

不堪其忧,回也不改其乐。"(《雍也》)"智者乐水,仁者乐山。智者动,仁者静。智者乐,仁者寿。"(《雍也》)"饭疏食,饮水,曲肱而枕之,乐亦在其中矣。不义而富且贵,于我如浮云。"(《述而》)"危邦不入,乱邦不居。天下有道则见,无道则隐。"(《泰伯》)"不在其位,不谋其政。"(《泰伯》)"巍巍乎,舜禹之有天下也,而不与焉。"(《泰伯》)"毋意,毋必,毋固,毋我。"(《子罕》)"逝者如斯夫,不舍昼夜。"(《子罕》)"回也,其庶乎,屡空。"(《先进》)"听讼,吾犹人也。必也,使无讼乎!"(《颜渊》)"刚毅木讷近仁。"(《子路》)"不怨天,不尤人。"(《宪问》)"君子哉,蘧伯玉!邦有道则仕,邦无道则可卷而怀之。"(《卫灵公》)"君子矜而不争,群而不党。"(《卫灵公》)"予欲无言。子贡曰:子如不言,则小子何述焉?""天何言哉! 四时行焉,百物生焉。天何言哉!"(《阳货》)"述而不作,信而好古,窃比我于老彭。"(《述而》)从这些语言中,我们不难发现和《老子》一书语言风格一致的特色,并且,其思想和老子亦有相通之处。《史记·仲尼弟子列传》云:"孔子之所严事:于周,则老子;于卫,蘧伯玉;于齐,晏平仲;于楚,老莱子;于郑,子产。"孔子既然曾师事老子,受老子的影响也就是自然而然的了。中国的传统文化,同中华民族的血缘、地缘、国情、民情早已密不可分,任何人思想上都要留下这种传统的烙印。孔子以提倡"求仁得仁""为仁由己"、克己复礼而为儒家之宗,但执政后斩少正卯则相似于法家,到晚年研究《易》而产生浮海隐居的想法则和道家人物相似,其讲仁义提倡慈爱孜孜不倦则近似墨家。孟子曾称赞孔子说:"仲尼不为已甚者。"(《孟子·离娄》)可谓知人之言。又说:"古之人得志泽加于民,不得志修身见于世。穷则独善其身,达则兼善天下。"(《孟子·尽心》)。这大概是当时百家之士的共同心理特征。可以说当时以老子为首的道家思想早已成为影响整个社会的社会思潮,新的文化认同,给其时的"百家争鸣"提供了合适的文化语境。丰富了当时的语言资料。故而,"无为而治"这句话,就不仅见于道家著作,而且见于孔孟之书。老子也早指明道家的传统,渊源甚古,他说:"执古之道,以御今之有,能知古始,是谓道纪。"(十四章)所谓"古始",也就是中国文明之始,无疑是指道家思想来源于伏羲、女娲时代母系氏族社会的原始宗教意识。因为中国的文明,自然是进入母系氏族社会才产生的,氏族社会以前不可能产生宗教,更没有哲学和科学。在母系氏族社会中,以老祖母为部族酋长,部族成员都是其子孙,以血缘纽带联系在一起,其治理部族的政治传统自然以慈爱后辈、少欲不争、无为自然的方式为主,不可能像父系祖先那样严刑峻法、繁文缛节,更用不着以礼教束缚部众。《庄子·盗跖》篇所谓:"神农之世,卧则居居,起则于于,民知其母,不知其父,与麋鹿共处,耕而食,织而衣,无有相害之心,此至德之隆也。"这里所描述的就是道家眼里的母系氏族社会传统,也是道家的社会理想。这样,老子所谓"其政闷闷,其民淳淳""治大国若烹小鲜""一曰慈,二曰俭,三曰不敢为天下先"等政治理想和原始社会母系氏族部落的实际情况、政治传统丝毫不差。老子还形象生动地描述过他所理想的社会图景:"小国寡民。使有什伯之器而不用;使民重死而不远徙。虽有舟舆,无所乘之,虽有甲兵,无所陈之。使民复结绳而用之,甘其食,美其服,安其居,乐其俗。邻国相望,鸡犬之声相闻,民至老死,不相往来。"(八十章)这些描述和母系氏族部落时期的社会现实是相符的。根据考古发现和民族学的资料证明,母系部族确实是"邻国相望""不相往来"的社会。世界上也只有原始部族社会符合老子的这种描述,不过这种社会尚处于野蛮时期,原始先民的生活绝没有想象的那么美好罢了。这样,我们便解构了老子的思想的建构之谜。以老子为首的道家思想最初不过是原始社会母系氏族酋长的政治经验和社会习俗,这种习俗延续数千年形成传统,通过古代的原始宗教文化被伏羲、神农、黄帝等传说的古帝王所接受。伏羲、神农、黄帝等部族酋长是中原华夏族和羌戎等夷族的共同祖先,因而他们被后世道家和道教所宗同时又受到后世儒家的尊崇。这以后,某些羌戎等夷族或华夏族的后代在不同时期因地域原因中断了同中原的联系,仍保存着这种传统巫史文化;而中原的华夏族却进一步融合其他部族成为汉族,这种传统巫史文化亦不断发展和演变,至周代分化为原始宗教和宗法礼教两大分支,以适应父系家长制宗法统治的需要。按周代的世官制度,老子既然是周守藏室的史官,掌管学库的钥匙,将这种古代原始宗教文化的传统继承下来,著成道家的经典著作,自然是情理之中的事。因此,《老子》一书无论是语言还是思想,都呈现出一种多元格局。其资源既来自文化传统又与当下语境分不开,同时,还受宗教文化,即巫史文化的影响。殷周时的巫史,相当于后世的辅相,是负责占卜,保存图籍,解答天道、鬼神、灾祥,以及解梦等事的职务。清代学者汪中说:"天道、鬼神、灾祥、卜筮、梦之备书于策者何也?曰:此史之职也。"(《述学·左氏春秋释疑》)凡兴国、立君、用兵之类的重大政治事件,都由史官以卜筮决之,并为重大事变提供咨询。当时政教合一,国君即是古代宗教的教主,史官则是这种古代宗教文化的承担者。周代史官制度甚为完备,《周官》《礼记》载有太史、小史、内史、外史、左史、右史、御史、女史诸职,诸侯列国亦各有史官,大概不下千余人;后世诸子百家方技术数之学,都源于史官的古代宗教文化。龚自珍《古史钩沈论》云:"周之世官,大者史。史之外,无有语言焉;史之外,无有文字焉;史之外,无人伦品目焉。史存而周存,史亡而周亡。""故曰《六经》者,周史之大宗也;诸子也者,周史之小宗也。故夫道家者流言称辛甲、老聃;墨家者流,言称尹佚。辛甲、尹佚官皆史,聃实为柱下史。若道家、若农家、若杂家、若阴阳家、若兵、若术数、若方技,其言皆称神农、黄帝。神农、黄帝之书,又周史所职藏所谓三皇五帝之书者是也。"可见,以老子为首的道家思想的确来源于史官承传下来的神农、黄帝时代的巫史文化。古代氏族社会原始宗教的内容,在一种古籍中保存得最多,这就是由史官掌握的卜筮之书——《易经》。如前所说,老子的思想与《易经》就有着直接的血缘关系。

《礼记·月令》记立冬之月,天子"命太史衅龟筮,占兆,审卦吉凶。"注云:"占兆者,玩《龟书》之繇文。审卦者,审《易》书之休咎。皆所以豫明其理而待用也。衅龟而占兆,衅筮而审卦吉凶,太史之职也。"占卜为原始宗教中重要的宗教活动,由太史亲自掌《易》和《龟书》等宗教典籍。专职卜筮的史官又称太卜,卜筮之书亦非一种。《周礼·春官》云太卜"掌三《易》之法:一曰《连山》,二曰《归藏》,三曰《周易》。其经卦皆八,其别皆六十有四"。又云筮人"掌三《易》以辨九筮之名:一曰《连山》,二曰《归藏》,三曰《周易》。九筮之名:一曰巫更,二曰巫咸,三曰巫式,四曰巫目,五曰巫易,六曰巫比,七曰巫祠,八曰巫参,九曰巫环,以辨吉凶。"桓谭《新论》云:"《厉山》(即《连山》)藏于兰台,《归藏》藏于太卜。"(《北堂书钞·艺文部》引)"《连山》八万言,《归藏》四千三百言。"(《太平御览·学部》引)盖三种《易》书,卦序不同,《归藏》以坤卦为首,倡阴柔,应当是老子建构其思想体系的基本来源。但是《连山》《归藏》已佚,我们仅能从《周易》中探寻老子思想的基本轨迹。由于三种《易》书皆以阴阳二爻形成八经卦,六十四别卦,其区别仅只是卦序不同,可知在周代加爻辞之前,最初是仅有卦画而无卦辞的统一的原始宗教典籍。《说文序》云:"古者庖牺氏之王天下也,仰则观象于天,俯则观法于地,观鸟兽之文与地之宜,近取诸身,远取诸物,于是始作《易》八卦,以垂宪象。"《易·系辞》亦云八卦为"包牺氏"所作。《史记·太史公自序》说:"余闻之先人曰:'伏羲至纯厚,作《易》八卦'。"看来八卦源自伏羲氏乃是历代史官承传的说法。原始社会是否真有一个部族酋长伏羲氏画出八卦的图像虽无法确证,但八卦来自氏族社会原始宗教的占卜活动则是可信的。对此,于省吾曾作过比较翔实的考察,他说:"易卦起源于原始宗教中巫术占验方法之一的八索之占。古也称绳为索,八索即八条绳子。金川彝族所保持的原始式八索之占,系用牛毛绳八条,掷地上以占吉凶。《易·系辞》称庖牺氏(即伏羲氏)始作八卦,乃指八索之占言之。八索这一名称,最早见于《左传》《国语》。八索之占是八卦的前身,八卦是八索之占的继续和发展。近年来的学者们,都说八卦与伏羲氏完全无涉,这就未免数典忘祖,截断了易卦的来源。"(《周易尚氏学序言》)我们知道,原始社会的氏族部落是以结绳为治的,①原始先民既然以结绳记事,其原始宗教用绳索占卜,亦应当是合乎情理的事。大概早在氏族社会的原始宗教中八卦的图像就已经形成,直到夏商周三代时期,始演变为《连山》《归藏》《周易》三种;夏曰《连山》,以艮为首,殷曰《归藏》,以坤为首,周曰《周易》,以乾为首。《易经》由殷代先坤后乾的《归藏》易变为周代先乾后坤的《周易》,反映了氏族原始宗教由古老的"亲亲""质朴"的女性崇拜意识占优势转变为周代"尊尊""繁文"的男性崇拜意识占优势。《周易》的卦辞是周代掌《易》的史官所作,但重卦或在周文王之前。近年考古学家发现西周初年的铜器(安州六器)上的铭文、河南安阳殷墟和陕西岐山周原凤雏村发现的卜骨上,早已有重卦的卦爻。张政烺说:"我认为金文中三个数字的是单卦,周原卜甲上六个数字的是重卦;传说中伏羲氏画八卦,周文王重卦,也有说伏羲氏重卦或神农氏重卦的,从考古材料看,甲骨之外又见于金文,且不限于周原一地,是传播已久,其开始或更在文王以前。用奇数为阳爻,偶数为阴爻进行画卦,最使我满意的是四盘磨卜骨,……我疑心这是《连山》易的篇首,可惜《连山》久佚,不能知其卦义……。"②由此看来,《易经》就是氏族社会古代宗教卜筮活动的记录。周代的《易经》虽然受礼教影响比《归藏》易较深,但母系氏族原始宗教的传统仍有所保存。《易经》在没有卦辞之前,仅以阴阳二爻示阴阳、消息、奇偶相反相成之象。《老子》一书特别重视对阴阳、消息、相反相成之理的表述,他提出美恶、善不善、有无、难易、长短、高下、虚实、强弱、后先、得失、曲全、枉直、洼盈、敝新、多少、重轻、静躁、雄雌、白黑、荣辱、壮老、废兴、与夺、贵贱、损益、坚柔、得亡、成缺、盈冲、辨讷、生死、祸福、大细、正奇、善妖、有余不足之类概念,都与易象相和。《易经》由天道及于人事,这也和道家究天人之际的传统一致,而和敬鬼神而远之,言天道的儒家有别。《易经》中的卦辞、爻辞和《易传》,虽然仍以崇尚阳刚、重男轻女、以君权父权为中心的宗法制礼教思想占优势,但其中以老子为首的道家思想亦比比皆是。如:《易经》中乾卦九三:"君子终日乾乾,夕惕若,厉,无咎。"否卦九五:"其亡其亡,系于苞桑。"泰卦九三:"无平不陂,无往不复。"谦卦初六:"谦谦君子,用涉大川,吉。"谦卦九三:"劳谦,君子有终,吉。"蛊卦上九:"不事王侯,高尚其事。"《易传》中乾卦:"亢龙有悔,盈不可久也。"泰卦:"无往不复,天地际也。"谦卦:"天道下济而光

---

① 《说文序注》云:"自庖牺以前,以庖牺,及神农,皆结绳为治,而统其事也。"
② 张政烺:《易辨—近几年根据考古材料探讨周易问题的综述》,载《中国哲学》第14辑,人民出版社,1988年出版。

明,地道卑而上行。天道亏盈而益谦,地道变盈而流谦,鬼神害盈而福谦,人道恶盈而好谦。谦尊而光,卑而不可逾,君子之终也。"豫卦:"天地以顺动,故日月不过而四时不忒。圣人以顺动,则刑罚清而民服。"损卦:"损刚益柔有时,损益盈虚,与时偕行。"革卦:"革而当,其悔乃亡。天地革而四时成。汤武革命,顺乎天而应乎人。"丰卦:"日中则昃,月盈则食。天地盈虚,与时消息。而况于人乎!况于鬼神乎!"等等。

总之,新的文化思想建构离不开传统文化,同时又要与当下语境相结合,做到老子所说的要"御今之有",必须"执古之道","能知古始,是谓道纪"。同时,这也要求我们在重新考察传统文化、进行文化研究与文学批评时,必须注意传统与现代两个方面的内容,即论"文"必须"原道"。后来的刘勰说得好,"时运交移,质文代变","故知文变染乎世情,兴废系乎时序"①。这也就是说:"文本是历史的,历史又是文本的。"对文化的研究,不仅要将其放回到产生它的历史文化背景之中加以把握,揭示其历史文化内涵和产生它的历史文化根源,同时也应该将其当作"历史文本",置于当下的现实文化语境中加以考察和解释,以不断展示其新的生命魅力和现实意义。

我们知道,当今现象学的产生是由于人与自然对立关系为基础的"生产世界"逐渐退为背景,而以人与人交往关系为基础的"生活世界"逐渐登上前台。用胡塞尔的话说,这是一个别人和我一样都是主体的周围世界,是一个如何把别人当成我一样去理解和交往的日常世界。这种观念的文化隐喻就是"海":在海中每一滴海水都是平等的,海水是无法递归而趋向某个中心的。海浪也有浪尖,但此浪尖的海水是偶然的、转瞬即逝的,它绝没有任何命定的秩序优先权。在后现代的生活世界中,我们必须肯定各种异质存在的正当性,也肯定各种独特言说的正当性,并由此追求多元。"条条大道通罗马"的逻各斯中心主义的幻象被打破了,而代之以并不需要艰苦跋涉之"远征"的个体自主交往活动而构成的生活世界。此世界就是各种文化生存都本然合理正当的世界,这之中处处是个性、异质、多元、偶然、分延、循环、变动和选择,曾经的主体与对象、本质与现象、中心与边缘等二元论的逻各斯中心主义模式中的范畴再也无法说明这个没有本质实体也没有命定中心,千变万化而趋向无限可能的生活世界。于是摧毁传统的理论模式,重新理解和解释作为生活世界主要内容的理论体系就成为我们从事文化建设的基本选择。

文化必须依靠人类而存在,即如中国著名古典小说《红楼梦》,它并不是先验

---

① 刘勰:《文心雕龙·时序》。

地属于文化范畴,只有当它成为一个社会公认的文学作品,并当人们阅读、欣赏、体会、接受它,或是撰写有关研究它的专著与论文时,它才进入文化范畴。也正是因此,美国文化学家克罗伯才指出:"文化是一种架构,包括各种内隐或外显的行为模式,通过符号系统习得或传递;文化的核心信息来自历史传统;文化具有清晰的内在结构或层面,有自身的规律。"简言之,即文化既是人们自身的生存活动,也是前人生存活动的结果。

这样,作为个体,人只要降生在这个世界上,就不可选择地进入到某种文化环境之中,并在这种文化环境中生存与活动,同时参与文化的传播、交流与创新。因此,诚如叶维廉所指出的,人们"所有的心智活动,不论其在创作上或是在学理的推演上以及其最终的决定和判断,都有意无意地必以某一种'模子'为起点。"①所谓"模子"就是指受文化背景,以及文化根源的差异而形成的传统思维模式,或谓文化模子。"模子"是由文化活动生长出来的。文化一词,其含义中就有人为结构行为的意思,它将事物由选择组合为某种可以控制的形态,这种结构行为便自然产生了各种各样因人而异、因地而异、因文化传统而异的"模子",并决定着人们的思维定势与人们对文学作品文本的理解和解读。

人生活在社会中,是高度社会化的文化生物。人总是处于不同的社会关系与社会地位之中,所进行的社会活动的方式不同,其利益、意志、价值取向和思维方式也有所不同,因此,人们对于文化交流、传播,以及文化创造与传承中,总是有"模子"指向与取舍的区别。人们所属的民族、阶层、职业群体、社会、文化背景不一样,那么,他们对各种不同文化信息的生产、选择、加工、传播、比较,在动力、方式、方向、意向等方面,都具有文化模子的差异。对此,刘勰早就有过论断:"才有庸俊,气有刚柔,学有浅深,习有雅郑;并情性所烁,陶染所凝,是以笔区云谲,文苑波诡者矣。故辞理庸俊,莫能翻其才;风趣刚柔,宁或改其气;事义浅深,未闻乖其学;体式雅郑,鲜有反其习。各师成心,其异如面。"所谓"成心"相异"如面",《左传·襄公三十一年》云:"人心之不同,如其面焉。"《庄子·齐物论》云:"夫随其成心而师之,谁独且无师乎。"郭象注云:"夫心之足以制一身之用者,谓之成心。"可见,刘勰所谓的"成心",其实也就是我们所说的在文化交流与文学比较中支配着主体的趣尚取舍的文化心理结构。它决定着文化交流与文学比较中主体对异质文化的认同和同化,决定着主体的指向性和注意点。换言之,这里所谓的"成心",

---

① 叶维廉:《东西比较文学中"模子"的应用》,见《中外比较文学的里程碑》,人民文学出版社1997年版。第45页。

就与文化"模子"相似,它决定着人们的文艺活动与人们对文学作品文本的理解与解读中的指向与意向,以及文艺创作活动的行为方式和表达方式。可以说,在文化传播与文学比较中,人们也是根据这种"成心"来决定自己的选择、态度、评价和价值取向上的倾向性特点的。刘知几在《史通·鉴识》中也指出:"夫人识有通塞,神有晦明,毁誉以之不同,爱憎由其各异……物有恒准,而鉴无定识,欲求铨核得中,其唯千载一遇乎?""铨核得中"指理解与解读的正确与准确。由于人们"识有通塞,神有晦明",有文化心理结构与认识能力的差异,因此对文本的解读与理解上则会产生差异,难于达到"铨核得中",而形成误读与误解。刘窸在《中山诗话》中曾引欧阳修所说的一段话来表述多种对文本解读中的差异现象:"知圣俞诗者莫如某,然圣俞平生所自负者,皆某所不好;圣俞所卑下者,皆某所称赞。"同样是梅尧臣的诗,欧阳修还自认为是梅尧臣(圣俞)的知音密友,但梅尧臣自己认为得意的诗作,欧阳修却不喜欢,而梅不以为然的,欧却极赞其好。这也表明,处在不同文化背景与社会关系中的人必然具有不同的文化模子,文化背景与社会结构制约着人的文化心理定势与行为,并构成其文化模式,从而使人们的文化旨趣、文化意向、文学活动中表现出文化与社会所给予的规定性,影响着人们对文本的解读和理解。

就文化哲学而言,文化模子是一个由多侧面、多层次、多因素构成的集合体。就其大体而言,其构成要素基本上有思维方式、价值观念和行为方式等,既包括历史文化又含有人们由现实语境所决定的当下立场。我们之所以这样认为,是因为我们已经表明,所谓文化模子,实际上是指文本理解活动中人们的意向和指向及其心理活动定势,是文本解读活动中人们能够将各种因素整合起来,使其中的经验、信息得以交流、比较、传递、传播、接受、过滤的内在的最一般的文化心理模式和机制,它是历史的,但又是现实的,同人的现实活动密切相关。

思维方式是文化模子构成中的一个重要成分。对于什么是文化思维方式,学术界有过比较深入的讨论。在刘长林看来,文化思维方式是"在民族的文化行为中,那些长久地稳定地普遍地起作用的思维方法、思维习惯、对待事物的审视趋向和众所公认的观点,即可看作是该民族的思维方式。"张岱年则认为:"哲学家运用一些思维方法,形成一定的习惯,自觉地或不自觉地运用的种种思想方法,谓之思维方式。"在他看来,"所谓思维方式包括一些不自觉地经常运用的思维模式"。蒙培元则认为:"当一定的思维方式经过原始选择(这里有复杂的原因,并具有极大的偶然性)正式形成并普遍接受后,它就具有相对稳定性,成为不变的思维结构模式、程式和思维定势,或形成所谓思维惯性,并由此决定着人们看待问题的方式、方法,决定着人们的社会实践和一切文化活动。"姜广辉也认为:"思维方式是一个比较抽象的字眼,说白一点,就是带根本性的思维习惯、思维倾向,它是决定文化样式的比较深层的东西。"①可见,文化思维方式是一种持久性、稳定性、普遍性、深层性的思维模式与思维定势。如果从狭义上看,可以说,文化思维方式实际上就是文化模子。

文化思维方式在人们对文学作品的文本的理解活动中具有控制作用,它隐藏在人们的意识深处,规定着理解的途径、理解的过程和理解的目的。人们对文本的理解与解读总是遵循着一定的秩序、程式和框架进行的,而很少越出规范。这种潜在的、具有不自觉的潜意识心理特征的惯性和规范,就是文化中的思维方式,即文化模子,有时,对文本的理解方式与解读过程看似不同于传统的思维模式,但以深层看,仍然没有超越定型化的潜隐的思维方式的规范。即如殷鼎在《理解的命运》一书中所指出的:"当我们带着自己由历史给予的'视野'(视域)去理解历史作品、哲学,或某种文化时,就一定会出现二(两)个不同的'视野'或历史背景的问题,我们无法摆脱由自身历史存在而来的'先见',这是我们的'视野',但我们却又是不可能以自己的'先见'去任意曲解解释的对象。如历史典籍、历史事件、某种哲学,因为它们各自都有历史的特定内容,限制于我们的'先见'(前理解),只接纳它可能接受的理解。无论是去解释历史、文学作品,以及他人的言论,都会卷入这样两个不同的相互限定的历史背景。只有当这两个历史背景,即解释者的'先见'和被解释者的内容,能够溶合在一起,产生意义,才会出现真正的理解,加德默尔称这种过程为'视野的融合'(视域融合)。"这里所提到的第一个"视域""先见""前理解",换句话说,就是文化思维方式、思维模式和文化模子。

我们在前面已经论述过,所谓"前理解",是海德格尔提出来的。在海德格尔看来,理解的本质是作为"此在"的人把握自身存在的方式,而不仅仅是一种认知的方法。这样,海德格尔就把理解提升到生命存在的本体论高度,是"亲在"的存在方式本身。海德格尔认为:"理解的循环,并非一个由随意的认识方式活动于其中的圆圈,这个词表达的乃是亲在本身的生存论的先行结构。"海德格尔指出理解不可能是客观的,不可能具有客观有效性;理解不仅是主观的,而且其本身还受制于决定它的"前理解"。这里的"前理解"其包容量极为巨大,大体上可分为(1)先有(vorhide),即人们必然要不由自己选择地出生与生存于某一文化中,历史文化在人理解到它之前就已经控制了人,规定着人,并构成其进行理解的基础;(2)先

---

① 张岱年《中国思维偏向》,中国社会科学出版社,1991年版。

见(vorsicht),即人从文化中掌握了语言以及运用语言的方式,得到了语言给予的有关认识自身和世界的知识和局限,并且必然会将这些带进人的理解之中;(3)前知(vorgriff),即无论在哪种理解之前,积累了一定经验和知识的人都肯定会形成自己的某种意向、指向和假定,并从而构成亲在难以摆脱的先验图式。它体现为既与的语言,构成人们理解的世界,并成为人们存在的有限性。因此,可以说,语言只要对存在意义加以解释,就必然会滞留于时间维度中,既摆不掉"前理解"这一先验自明性,又摆不掉"理解循环"这一内在性。这就是海德格尔后期哲学所显示出来的危机,即解释学所要解释的恰恰是不可解释的。也正是由此,人们才认为海德格尔与所谓的"前理解"就是对偏见的一种称呼。

　　偏见是不可避免的,理解的历史性是构成人的偏见的根源。受"前理解"的作用,理解不可能是客观的,必然带有某种主观的色彩,人绝对没有办法站在某种客观立场上,超越历史时空的跨度去对文本作"客观"的解读和理解,这就肯定要产生偏见。作为认识方式时,理解的目的只是如何克服主体及时空偏见去认识文本所表征的原初意义。但作为本体论,则可以说,从有文艺至今就从来没有存在过纯客观的理解和意义。因为人总是历史地存在着,绝对不能超越存在于自身的历史特殊性和历史局限性。不管是认识主体还是对象,都内在地处于历史性之中,因此,真正的理解应该是如何去正确评价和适应历史的局限性,而不是去克服它。

　　所谓"理解的历史性"实际上就是"前理解",它包含着在理解之前已经存在的社会历史因素、理解对象的构成、由社会实践决定的价值观等三个方面的内容,并构成人们的偏见。理解是在理解的"偏见"中完成的,没有偏见,没有理解的历史性,理解就不可能发生。即如伽达默尔所指出的:"不是我们的判断,而是我们的偏见构成了我们的在。……偏见未必都是不合理的和错误的,因此不可避免地会歪曲真理。实际上,我们存在的历史性产生着偏见,偏见实实在在地构成了我们全部体验能力的最初直接性。偏见即我们对世界敞开的倾向性。"①在伽达默尔看来,问题并不在于抛弃偏见,因为这根本就做不到,而在于如何正确对待偏见,将加深理解的"合法的偏见"和歪曲理解的错误偏见区别开来,使"合法的偏见"成为理解过程中的积极因素。正是在这些基础之上,伽达默尔进一步把"偏见"合法地归置到主体理解与解读作品文本时其视野得以展开的历史地平线上。这个"历史地平线"就是伽达默尔所谓的主体在理解中得以展开的"视域"(Hori-

---

① 《真理与方法》,纽约,1975年版,第262页。

zont)。伽达默尔说:"视域属于视力范围,它包括从一个特殊的观点所能见到的一切。"①人倘若不是置身于这样的视域中,则不可能准确地理解任何文本的意义。视域实际上也就是"前理解"与"理解的历史性"。视域具有敞开运动的特点。人的"前理解"发生变化,视域也必然会产生变化,反之亦然。即如伽达默尔所指出的:"人类生活的历史运动在于如下事实,即它绝不会完全束缚于任何一种观点、因此绝不可能有所谓真正封闭的视域。视域是我们悠游其间,而又随我们而移动的东西。"在伽达默尔看来,不管是原初作者还是后来的理解者,都有自己的视域。文本中总是含有作者的原初的视域(又称"初始的视域"),而去对这文本进行理解的理解者,则总是带有由现今的具体时代氛围决定的当下视域(又称"现今的视域")。这两种视域之间由于时间间距和历史情景变化所形成的文化差异,总是存在着各种各样的差距。伽达默尔认为,理解的目的,就是争取在理解的过程中,将两种"视域"交融在一起,换言之,即是将理解者自身的视域与其他视域相交相汇、相融相合,以达到"视域融合"(Horizontver-schmelzung),并在此条件下,使理解者和理解对象都超越原来的视域,进入到一个更高更新的境界。这个更高、更优越的新视域不仅是历史的,而且是共时性的,既包含了文本与理解者的视域,又超越了这两个视域,是历史与现实,传统与当代的集合体,并由此而给新的经验和新的理解提供了可能性。正是由此出发,所以说,任何视域都是流动生成的,而任何理解都是敞开的过程,是一种历史的、文化的参与和对自我视域的超越。

从以上论述中,可以看出,"偏见"实际上就是"误读"。"偏见"既然是合法的,那么"误读"也当然应是"合法的误读"了。因此,我们不反对因"前理解"和"理解的历史性",以及视域的局限性和文化模子所导致的"偏见"和"误读"。我们所反对的只是死守一个基本不变的"模子",而主张必须正视文化模子,或谓"前理解"的差异以及由此而产生的文学模子的差异;反对率意独断、墨守成规,而主张在不断地理解中,不断地超越自身。超越自身的视域局限与文化模子的制约,去创造新的视域,建构新的理解天地。而避免错误的成见和误解与歪曲。

从今天的解释学的视角看来,老子所说的"执古之道"与"能知古始"在某种程度上就接近于"前理解",因此,可以说"执古之道"与"能知古始",即我们所说的"成见"与"成心",实质上就等于"偏见",因为与"偏见"相对的是"正见",问题在于除了全知全能的上帝,没有任何人能在历史跨越和文化跨越中说得出"正见"。由此,"偏见"就是成见,"成见是理解的前提"。

---

① 《真理与方法》,纽约,1975年版,第258页。

老子美学思想的当代意义 >>>

　　每一个民族都有自己的关于文化建设的"古之道"与"成见",其生活体验的形式和生命的形式不可避免地(因而也是正当合理地)受到自己民族的文化心理的历史建构和历史文化传统的塑造,因而文化建设的价值意义只有在给定的心理结构文化传统中去说明和理解。文化心理学家荣格曾说过:"不是从我们的土地生长起来的概念、观念和形式不能为我们的心,只能为我们的脑所理解。甚至我们的思维也不能清楚地领会它们,因为它们从来不为我们所发现。这是一箱子偷来的赃物,它不会带来昌盛,那么只要这些观念对于我们是派生的,从它们感到的满足只是一种愚蠢的自欺罢了。这样的一种代用品使得利用它的人们朦胧而虚幻。他们把空洞的字词置于生活现实的地位,靠那个,他们不是忍受对立物的压力,而是把自己捆在一个暗淡的、两维的、鬼怪的世界里,在那里,一切生物枯萎了,死亡了。"①土生土长的属于本土的东西,才是人心人血的真实的东西。"橘生淮南则为橘,橘生淮北则为枳",土地不动声色地制约着一切。西语的"文化"(culture),其拉丁语是"culture"意为"耕地"。文化与土地有着非常深厚的联系。一切非本土文化的东西都是苍白的、平面的、死亡的东西。

　　任何民族的语言都是不断流变的,"意大利语、英语和德语在但丁、莎士比亚和歌德死时与他们生时是不相同的。这些语言由于但丁、莎翁和歌德的作品经历了本质性的变化,这些语言不仅为新的词汇所丰富,也为新的形式所丰富。"②西方文艺复兴的变革其实就是从语言的变革开始的,但丁最伟大的作品在观念上当推《神曲》,而在工具性上则当推其《论俗语》。但丁要求用"俗语"(方言)来表达本民族的此时当下的真情实感。由此,整个西方就由文化帝国的统一世界进入民族文化的多元世界。民族意识与世界意识同步觉醒。中国20世纪初那场"新文化运动"的确与"西化"有着很深刻的联系,但是,"白话"的对立面是"文言",因而"白话"不等于"西化",可以说,几十年过去了,"文言"失败,"西化"失败,"白话"成功。

　　中国当今的学者要从"汉语"这里来重建中国今天的话语方式也是正当而合理的,补充条件是,汉语不等于"文言",更不等于古汉语,现代汉语也是汉语的一个重要的组成部分,因为现代汉语是古代汉语的源流延伸,这也是在学理上和事实上都如此。维果茨基指出:"人类一代一代地把深刻的内心活动的结果,各种

---

① 荣格:《个体无意识与超个体或集体无意识》,见《西方心理学家文选》,人民教育出版社1983年版。
② 卡西尔:《语言与神话》,北京三联书店1988年版,第142页。

历史事件、信仰、观念,已成陈迹的悲哀与欢乐,都收入祖国语言的宝库中,——简言之,精心地把自己精神生活的全部痕迹都保存在民族语言中,语言是一条最生动、最丰富和最高尚、最牢固的纽带,它把古往今来世世代代的人民连接成一个伟大的、历史的、活生生的整体。"①然而,这一切都将转化为我们此时当下的理解的成见性前提才有意义。也只有这样,那些历史性的东西才可能转化为共时性的存在而"到场"。由此,今天的文化建设必须是当代对当代的,双方都会延伸到古代,但其立足点必须是当代的,是此时当下的,是基于当今拒斥价值虚无的。

由此,我们理解了要"御今之有"必须"执古之道",理解了"能知古始,是谓道纪",也理解了"一切历史都是当代史","一切言说都是解说",所谓纯粹的客观性,不是骗人就是骗己。由此,我们必须"解构""古之道",必须"解构"古典。所谓"解构"就是消解其固有的僵化"结构",从而让其鲜活的智慧、生动的意义释放出来。比如,以其虚静和高远成为现代大众快餐化审美文化的解毒剂,以其心灵境界和内在超越之路作为当代烦闷浮躁心态的"上清丸"。在这里我们同时也就表明了,"上清丸"有时是好药,但并不能当饭吃。用理论一些的方式说就是,中国传统文化的一切都必须"再语境化",即在此时当下的语境中给予解释和言说。

如此,此时当下意识就既是一种见识,更是一种勇气,或者说是一种对"创造力"的吁请。我们吁请新东西,吁请旧东西,我们吁请西方的东西,吁请传统的东西,只要"原创力"迟迟不到场,上述这一场都无法真正到场。当我们言必称海德格尔时,海德格尔说,回到存在本身;当我们言必称老子时,老子强调必须"执古之道",说:"能知古始,是谓道纪。"刘勰说得好,"贵古贱今"真没出息。由此我们发现,不管是老子还是刘勰、钟嵘,还是陆机他们都反对"信而好古",他们都是搞"当代文学评论"或"当代文论"建设的。他们的成功应当是"御今之有",是"此时当下性"的原创性的成功——这大概才是老子们的精气神采之所在。

二、"有无相生"与文化相对主义

考察老子的哲学思想,还可以给我们今天进行跨文化文学比较一种学理上的启迪,即我们必须既要承认异质文化的并存更要推崇异质文化的理解、交融与汇通,主张不同文化的比较和交流,强调文化的相互沟通与互相促进。我们知道,文

---

① 维果茨基:《思维与语言》,浙江教育出版社1997年版。

学差异性的形成与其文化背景、文化根源有直接关系,要对生成于异质异源文化体系中的不同文学进行比较,就必须注意同与异两个方面的内容,既要注意其可比的共同性,更要注意其因不同文化背景而形成的差异性,考察其文化背景的差异以及由此而产生的民族特性。换句话说,则是要从求同出发,展开寻根探源的辨异活动,进一步以研究与考察形成其差异性的深层次文化原因;并且,在同与异的跨文化比较研究中,去揭示中西文化的各自不同的民族特色和独特价值,以达到融化出新的目的。

对文化的复杂性和多层次性加以考察,通过对中西文化作寻根探源的了解和体验,才可能使我们在比较研究中避免误解。我们知道,文学作品的文本实际上是一种文化载体。文化必须通过载体才能存在,不表现为载体,则文化就不会成其为文化,而只能是一种自然的、经验的、心理的东西。伽达默尔在《真理与方法》一书的最后引用了德国诗人盖奥尔格的一句话:"语言破碎处,万物不复存。"实际上也可以说,语言破碎处,文化不复存。每个大的民族都有自己独特的稳定持久的文化心理结构。这种各具特色的文化心理结构是通过长期的历史过程沉淀下来的,影响着作者的思维方式和价值观念,并最终表现在文学作品中,决定着文学作品的差异性,并形成其民族文化特色。因此,要使文学比较研究深化,就必须立足文化传统,并努力同文化哲学各个方面建立横向联系,结合传统文化意识的各种具体形态发生初始阶段的内外因作用、起源机制,对中西文学中关于创作经验的现象描述进行动态的、实践性的与历史的、共时性的综合考察,打破过去研究的框架,扩大研究领域,改变旧观念,调整研究方法。

从其实质来看,文化寻根探源的最终目的还是求得一种文化的认同。因为文化认同也就是对文化的原初根基或民族和地域意义的揭示。从这个意义上说,文化寻根探源的根本目的就是促进异质文化的互相理解、互相汇通、互相生存和互相发展。

文化的互相理解,首先是通过对话来实现的。不同文化间的对话必须要有共同的话题。而属于不同文化体系中的异质文化间的共同话题是极为丰富的,尽管世界上有各种各样的民族,不同民族间千差万别,但从客观上看,各民族间总会有构成"人类"这一概念的许多共同之处。仅就文学领域来看,就因为人类具有大体相同的生命形态,如饮食男女、生老病死、离愁别恨、人与自然、人与社会、人与人、人与自我,社会生活中的仁义礼乐、政令农事、人情事态、歌舞战斗,人类自身的腠理五脏、四肢百骸、生命机能、心性思维等,都有相同的体验形式,而这一切必定会在以关注人类生命与体验的文学中表现出来,并由此而使其具有许多相通与共同的层面,如"入世出世""思亲怀乡""时空恐惧""死亡意识""生态环境""乌托邦现象"等,处于不同文化背景中的人们会遵从自己所亲身经历的不同文化生活,以及其思维方式、价值观念、行为方式对这些问题做出不同的回答。这些回答既包含有民族传统文化精神,又同时受到当代人和当代语境的选择与解释。因此,只有通过异质文化之间的交流与比较,通过对话以加深彼此的理解与认同,从而促使双方都获得进一步的发展和提高。

这一点我们可以从老子的一些论述中得到一些学理上的支持。可以说,老子就主张通过交流与沟通以求得发展。在老子看来,"万物负阴而抱阳",既对立又统一,处于互生、共生之中。前面曾经论及,老子认为,世界上存在着多种多样的"对立"关系,如有无、前后、大小、高下、难易、进退、生死、古今、智愚、巧拙、美丑、正反、长短、敝新、善恶、强弱、刚柔、兴废、与夺、胜败、利害、损益、阴阳、盈虚、荣辱、贵贱、吉凶、祸福、静躁、华实、张歙、明昧、曲全、枉直、雌雄等,其范围包括宇宙天地、自然万物和人类社会生活的方方面面。同时,老子又指出,事物之间的这些"对立"关系,并不是绝对对立的,在其对立中还包含着相互平等、相互对应、相互贯通和相互交融的成分与机遇。他说:"天下皆知美之为美,斯恶矣,皆知善之为善,斯不善矣。故有无相生,难易相成。"这就是说,天下都知道美之所以为美,丑的观念也就产生了,人们都知道善之所以为善,不善的观念也就有了。有与无是相互生成的,没有"有",也就没有"无",难和易相因而成,长和短相互对立而存在,高与下相倾而立,音和声相和而歌成,前后相互随顺。在老子看来,这种"有无相生、难易相成,长短相形,高下相倾,音声相合,前后相随"的互对互应、相辅相成,既相互对立又相互依存、相互发展的现象是永远存在的,是事物的根本特性。因此,我们在看待宇宙间的这种"对立"关系时,绝不能将之绝对化。

事物之间之所以既相互对立又相互依存,相互促进,在老子看来,这是因为双方之间存在着一种中介,有一架由此达彼的桥梁,即对方的内核存在着一种同一性。老子说:"曲折全,枉则直,洼则盈,敝则新,少则得,多则惑。"在老子看来,委曲反能保全,弯曲反能变得伸展,低洼反能充盈,敝旧反能变新,少取反能多得,贪多反而会受迷惑,事物的"合""直""盈""新""得""惑"等,都是以对立而的"曲""枉""洼""敝""少""多"为存在前提的。也就是说"曲"与"全"表面上看是对立的,而实质上则是同一的,它们内在相通,都以"道"为本源。老子说:"道生一,一生二,二生三,三生万物。"又说:"道可道,非常道;名可名,非常名。无,名天地之始;有,名万物之母。故常无,欲以观其妙;常有,欲以观其徼。此两者,同出而异名,同谓之玄,玄之又玄,众妙之门。"(一章)在老子哲学范畴系列中,"道"是同

"妙""气""无""玄"等属于同一层次的。所谓"常无,欲以观其妙"的"无"是对"天地鸿蒙、混沌未分之际的命名,"①为宇宙天地的本初形态,故"无"实质上又是"有"。同时,在老子生命哲学中,"无"和"道"又是相通相同的(二章),故他又进而指出:"天下万物生于有,有生于无"(四十章)。所谓"有生于无",老子自己对此作了解释,他借用具体事物为喻,说:"三十辐共一毂,当其无,有车之用。埏埴以为器,当其无,有器之用。凿户牖以为室,当其无,有室之用。故有之以为利,无之以为用。"(十一章)车、器、室都由于形成了特定的空间才有其特定的作用。老子看到空虚不等于零,有形之物都离不开无形之虚,而后才有其价值,于是老子得出了"有之以为利,无之以为用"的一般性结论。对此,王弼注解得极为精妙,他说:"有之所以为利,皆赖无以为用也。"世上的事情多与此相似。老子说:"大音希声;大象无形,道隐无名。"(四十一章)王弼注云:"物以之成,而不见其成形,故隐而无名也。"这也就是说,五音之成赖于希声之大音,众象之成赖于无形之大象。这也是以无为本的实例。推而广之,在无为与有为的关系上,无为为本,有为为用。老子说:"天地不仁,以万物为刍狗;圣人不仁,以百姓为刍狗。"(五章)通常人们只看到仁爱的好处,岂不知正是天地的自然无为,才成就了万物的生长繁衍,圣人的无为而治,才成就了百姓的自然发展;若是天地有意于仁,必不能遍仁,圣人有意于爱必不能遍爱,故无为方能无不为。通常人们喜欢居前,积财,争功,亲仁义,美忠孝,尚智巧,逐于强力,厚于生生,依于法令。老子认为这些都是本末倒置,其结果必然是适得其反,欲益之反害之;还不如采取居后、节俭、不争、尚朴的人生态度,处无为之事,行不言之教,这才是守母归根之举,而能真正进入人生极高境界,获得成功。

老子将道体与道用的辩证关系概括为"反者道之动,弱者道之用"(四十章)。换句话说,就是生活的真理存在于对立的相互依存和相互转化之中,大道的现实功能依赖于柔弱的阴性而发生作用。在这样一种主阴贵柔的思想指导下,老子形成了自己独特的逆向思维模式,其特点在一个"反"字上,看重事物反面的性质,善于在对立之中思考问题和解决问题。在老子看来,自然万物间存在着这样一些关系:第一,相反相成。看起来完全对立的事物,实际上是相得相依的。如:"有无相生,难易相成,长短相形,高下相盈,音声相和,前后相随"(二章),这是一类共时存在的矛盾,失去一方则另一方即不存在。第二,正言若反。事物的本然与其现象

---

① 何浩堃、黄启乐:《从道的二重性看老子哲学体系的特点》,引自陈鼓应《老子注译及评介》。

是矛盾的,所以要用否定性的术语来表述它的肯定性的内涵。如:"俗人昭昭,我独昏昏;俗人察察,我独闷闷","众人皆有以,而我独顽且鄙"(二十章),"明道若昧,进道若退,夷道若纇,上德若谷,大白若辱,广德若不足,建德若偷,质真若渝,大方无隅,大器晚成,大音希声,大象无形,道隐无名"(四十一章),"大直若屈,大巧若拙,大辩若讷"(四十五章),"信言不美,美言不信;善者不辩,辩者不善;知者不博,博者不知"(八十一章)等。这种正言若反的表述方式,比一般地正面表述,更深刻地揭示了所肯定的真理的高层次性和真理的内在性。第三,物极必反。任何事物对立的两极都是相通的。一物之中包含着否定性的因素,当该物发展到极点时,否定性成分变为主导,该物便转化为自身的反面。如:"金玉满堂,莫之能守。富贵而骄,自遗其咎"(九章),"五色令人目盲,五音令人耳聋,五味令人口爽,驰骋(骋)田猎令人心发狂,难得之货令人行妨"(十二章),"企者不立,跨者不行。自见者不明,自是者不彰。自伐者无功,自矜者不长"(二十四章),"甚爱必大费,多藏必厚亡"(四十四章),"天下多忌讳,而民弥贫;人多利器,邦家滋昏;人多伎巧,奇物滋起;法令滋彰,盗贼多有"(五十七章),"祸兮,福之所倚;福兮,祸之所伏","正复为奇,善复为妖"(五十八章),"民不畏威,则大威至"(七十二章),"兵强则灭,木强则折"(七十六章)等。在老子看来,否定性在事物发展和转化中起着决定性的作用,否定是内在的,当事物的发展失去控制时,否定便要逞其威风。第四,由反入正。既然对立事物总是向着自己相反的方向转化,那么为了达到正面的目标,就必须从反面入手,走迂回的路。如"圣人后其身而身先,外其身而身存"(七章),"曲则全,枉则直,洼则盈,敝则新,少则得","夫唯不争,故天下莫能与之争"(二十二章),"以其终不自为大,故能成其大"(三十四章),"将欲歙之,必固张之;将欲弱之,必固强之;将欲废之,必固兴之;将欲取之,必固与之"(三十六章),"道恒无为而无不为"(三十七章),"天下难事,必作于易;天下大事,必作于细。是以圣人终不为大,故能成其大"(六十三章),"合抱之木,生于毫末;九层之台,起于累土;千里之行,始于足下"(六十四章)等等。正是这些由反入正的一系列命题,构成老子的事物间既相互对立又相互汇通、相互统一的思想体系,其核心就在于从积极的方面正确运用事物转化和否定原理。第五,防正转反。如果说上一条是通过主观努力促使事物朝着有利于人的方向转化,那么这一条就是通过主观努力防止事物朝着不利于人的方向转化。如:"多言数穷,不如守中"(五章),"持而盈之,不如其已","功遂身退,天之道也"(九章),"圣人去甚,去奢,去泰"(二十九章),"果而勿矜,果而勿伐,果而勿骄,果而不得已,果而勿强"(三十章),"大丈夫处其厚,不居其薄;处其实,不居其华"(三十八章),"贵以贱为本,高以下为基。是以侯王自称孤、寡、不穀","不欲琭琭如玉,珞珞如石"(三十九章),"知足不辱,知止不殆,可以长久"(四十四章),"圣人方而不割,廉而不刿,直而不肆,光而不耀"(五十八章),"治人事天,莫若啬","是谓深根固柢,长生久视之道"(五十九章),"慎终如始,则无败事。是以圣人欲不欲,不贵难得之货;学不学,复众人之所过"(六十四章),"圣人不病,以其病病;夫唯病病,是以不病"(七十一章)。老子已经看到,事物转化是有条件的,如果人能主动接纳它的否定因素,进行局部的、及时的、不断的自我否定,不使自身的行为失去控制,那么就可以使事物的否定性转化在自身内部进行,不会引起根本性的变化和异质性的丧失。第六,达到沟通。对立双方相比较而存在,假如双方一利一害,就不能只想存其利而去其害,根本的解决办法是取消这种相互对立的条件,把事物推向一个更高的发展层次。如:"不尚贤,使民不争;不贵难得之货,使民不为盗;不见可欲,使民心不乱。是以圣人之治,虚其心,实其腹,弱其志,强其骨,恒使民无知无欲"(三章),"吾所以有大患者,为吾有身,及吾无身,吾有何患?"(十三章)"大道废,有仁义。智慧出,有大伪。六亲不和,有孝慈。国家昏乱,有忠臣"(十八章),"绝圣弃智,民利百倍;绝仁弃义,民复孝慈;绝巧弃利,盗贼无有","见素抱朴,少私寡欲,绝学无忧"(十九章),"善行无辙迹,善言无瑕谪(讁),善数不用筹策,善闭无关楗而不可开,善结无绳约而不可解"(二十七章),"盖闻善摄生者,陆行不遇兕虎,入军不被甲兵。兕无所投其角,虎无所措其爪,兵无所容其刃。夫何故?以其无死地"(五十章),"善建者不拔,善抱者不脱"(五十四章),"塞其兑,闭其门,挫其锐,解其纷,和其光,同其尘,是谓玄同。故不可得而亲,不可得而疏;不可得而利,不可得而害;不可得而贵,不可得而贱"(五十六章),"圣人云:'我无为,而民自化;我好静,而民自正;我无事,而民自富;我无欲,而民自朴'"(五十七章),"古人之善为道者,非以明民,将以愚之"(六十五章)。老子看到社会人生中善恶并存,是非相依,福祸为邻,纷纷扰扰,无时而宁,治之而愈乱,防之而益危。他认为造成这一现象的根本问题是人类丧失了真璞之性,逐于外物而不能返本。所以他提出了一套取法于大道和自然、超出世俗和时代的根本治理办法与为人处世之道,关键就在"见素抱朴,少私寡欲,绝学无忧"十二个字。在老子看来,人道本于天道,天道自然,人的根本特性是纯朴自然,故而人应返璞归真,回到共有的自然属性,以实现人性的复归。第七,返本归初。事物的运动,最终都要回到当初的出发点,而这个出发点就是清虚渊深的大道。老子说:"万物并作,吾以观复。夫物芸芸,各复归其根,归根曰静,静曰复命。复命曰常,知常曰明","知常容,容乃公,公乃全,全乃天,天乃道,道乃久,没身不殆"(十六章)。老子认为地之间的万事万物,都是生生不已、不断发展变化的,其发展变化是"复",即向静态复归,因为有起于虚、动起于静,所以万物最后归于虚静,然后才能得生命真谛和人生的奥秘。人如果能知此殊途同归之理,则必能包容而无所不通,合于自然,同于大道,则可以超越个体生命的有限。老子说:"有物混成,先天地生。寂兮寥兮,独立而不改,周行而不殆,可以为天地母。吾不知其名,强字之曰道,强为之名曰大。大曰逝,逝曰远,远曰反。"(二十五章)这里说的是"道"的循环运动,作为宇宙万物的生命本原,道生化出天地万物,周遍无所不至,宇宙的发展距离原始状态越来越远("逝""远"),最后总还要返回到本初状态。人从生到死是一种复归,老年有复归于儿童(心理上)的趋向。社会发展有在高层次向原始社会复归的趋向。地球、太阳系、银河系都有死亡的结局,复归于初。任何事物的运动过程都是宇宙大生命中的一个短暂的阶段,故云"飘风不终朝,骤雨不终日","天地尚不能久,而况于人乎?"(二十三章)只有"道",即宇宙生命的本原,才是永恒不竭的。

　　作为宇宙生命本原,"道"又是阴阳二气未分的混沌统一体。故"道"也就是元气。由元气分化而为阴阳二气与天地,此即所谓"道生一,一生二,二生三,三生万物。"正是由于"道"(气)的作用。世界上的事物才看似相互对立,实质上是共生和互生的。《易传》认为:"阴阳合德,刚柔有体。""阴阳合德"中的"阴阳",指生成与化育万物的两种气;"德"则是指万物得之于"气"并使万物得以存在、发展的属性和功能。依照中国传统的宇宙意识,世界上的一切,包括自然、社会、人身,所谓天、地、人三才,均为阴阳二气交感化合的产物。诚如老子所说:"万物负阴而抱阳,冲气以为和。"(四十二章)"气"连绵不绝,冲塞宇宙,施生万物而又不滞于物。大自然中的云光霞彩、高山大海、小桥流水、珠玉贝壳、花草鸟兽;社会生活中的仁义礼乐、政令农事、人情事态、歌舞战斗;人类自身的腠理五脏、四肢百骸、生命机能、心性思维等,从自然、社会,到人事以至人的道德、情感、心态等,都是由气所化生化合,都包含着阴阳的属性。阴阳二气相互补充、相互转化,才能生育化合出万物。也正是由于阴阳二气的互待、互透、互转、互补,相互激荡,循环往复,从而构成万物生生不息的属性。在中国美学看来,宇宙大化的生命节奏与律动,人们心灵深处的节律与脉动,都是源于阴阳二气的相互化合作用。这种"阴阳"意识与观念渗透在整个中国传统文化之中,使其充溢着一种和谐精神。正如孔颖达在《周易注疏》中所指出的:"天下之万声,出于一阖一辟;天下之万理,出于一动一静;天下之万数,出于一奇一偶;天下之万象,出于一方一圆;尽起于乾坤二画。"所谓"乾坤二画",乃是指《周易》的阴爻、阳爻,就是阴阳,也即阴阳二气。"阴阳者,气之大者也"。① "阴阳者,天之气也(亦也谓道)。"②万物是阴阳二气交感的产物,人类亦是阴阳气化而生。《淮南子·天文训》说:"阴阳合和而万物生。"《精神训》又说:"于是乃别为阴阳,离为八极,刚柔相成,万物乃形。烦气为虫,精气为人。"

正是由于作为生命之源的"道"(气)有阴阳的对立统一、互存与共生特性,从而才构成氤氲、聚散、动静、磨荡而运动变化,并由此以生成自然万物与人类,故而,当中国古代哲人面对世界进行沉思时,往往把万物与人的生成放在阴阳对待的矛盾中去考察,从阴阳与气化的运动中去描绘。《黄老帛书·称》云:"凡论必以阴阳大义。天阳地阴,春阳秋阴。夏阳冬阴,昼阳夜阴。大国阳,小国阴;重国阳,轻国阴。有事阳而无事阴,信(伸)者阳而屈而阴;君阳臣阴,上阳下阴;男阳女阴,父阳子阴,兄阳弟阴,长阳少阴。……诸阳者法天……诸阴者法地。"整个宇宙天地与社会人生的生成都可以用"生"之"阴阳"来概括。此即《周易》所谓的"一阴一阳之谓道"。《吕氏春秋》也指出:"凡人、物者,阴阳之化也。"唐代道士成玄英给阴阳以规定性内涵:"阳,动也。阴,寂也。"③认为阴阳即动与静的意思。在他看来,天地万物的生成都是阴阳二气的调和:"阴升阳降,二气调和,故施生万物。"④李筌在《太白阴经》中,也认为"万物因阴阳而生之"。他说:"人禀元气所生,阴阳所成。淳和平淡,元气也。聪明俊杰,阴阳也。"⑤强调阴阳二气对生成自然万物与人的决定性作用。并且还指出属于主体智能结构的"聪明俊杰"心理因素的生成也离不开阴阳二气的作用。的确,"天以阳生万物,以阴成万物"。⑥ 一方面,阴阳二气大化流衍,聚散无定;另一方面,阴阳二气又相推相摩,由阴阳交合而生成的宇宙万物与社会人生也就变化无穷,气象万端,丰富多彩。人与万物概莫能外。就人而言,"性情形体,本乎天者,分刚分柔之谓也。夫分阴分阳,分柔分刚者,天地万物之谓也。备天地万物者,人之谓也。"⑦所谓人"备天地万物",是指人乃为天地之心,阴阳刚柔之会;故人能参赞化育,与天地万物一体。天地万物与人都凭借阴阳而生,而阴阳又都存在于万物之中,故而在文学活动中,天与人、心与物能相渗相透,相互沟通与融合。同时,阴阳作为"气"的属性范畴,它又具有对

---

① 《庄子·则阳》。
② 《张载集·语录中》。
③ 《庄子·在宥疏》。
④ 《庄子·天运疏》。
⑤ 《太白阴经·鉴才》。
⑥ 周敦颐:《通书·顺化》。
⑦ 邵雍:《皇极经世·观物内篇》。

待性与统一性,以及动态特征。而自然、社会、人生等万物万象,都有聚散、动静、虚实、内外、上下、大小、清浊、刚柔等性质状态。这些性质状态,都可以概括为相互对待、统一、变动的关系,也即阴阳关系,从而,整个宇宙都由阴阳二气联系成一个整体,在阴阳二气这个层次上,宇宙万物同源同构而相通,宇宙乃是一个具有对待、统一、变动的全息性整体。这样,阴阳二气以自然万物与人生命的本体意蕴,使天地万物与人都纳入其阴阳气化的范围,能相通互感,遂成为中华民族的传统文化精神。

自然与社会的生成与发展需要相辅相成,相互对应、相互促进、相互对话,文化的发展也应如此。人类已经进入新的纪元,这是一个多元文化同生共存的时代。文化交流日趋全球化。对此,乐黛云说得好:"多种文化相遇,最重要的问题是能够相互理解。人的思想感情都是一定文化的产物,要排除自身文化的局限,完全像生活于他种文化的人那样去理解其文化几乎不可能。但如果我们只用自身的框架去切割和解读另一种文化,那么我们得到的仍然只是一种文化的独白,而不可能真正理解两种不同文化的特点。要达到上述目的,就必须有一条充满探索精神的平等对话,为寻求某种答案而进行多视角、多层次的反复对谈。"[①]文化寻根探源的目的是加深理解,而要沟通、要理解,则必须通过对话。只有通过对话才能达到东西两大文化体系的文学的互相理解,以推动文学向着全球化、现代化的方向发展。

三、老子美学是生命美学

中国美学重生,在人与自然、心与物的关系上,中国人往往将自己看成是自然万物的一部分,视天地自然则如一大生命,一流动欢畅快活之大全体,影响及中国美学则形成其重生、贵生的特点,认为作为宇宙自然生命本原的"道"(气)既是生命的基础,生命活力的源泉,也是美的根本所在。即如《易·系辞上》所说:"一阴一阳之谓道,继之者善也,成之者性也。""成性存存,道义之门。"二程解释说:"天只以生为道,继此生理,即是善也。""万物各有成性存存,亦是生生不已之意,天只是以生为道。"生就是自然万物的本性,天只以生为道,生生不已的永恒生命精神

[①] 乐黛云:《中西诗学对话中的话语问题》。见《多元文化语境中的文学》,湖南文艺出版社1994年版,第11页。

就是"善",也就是美。

中国美学的这一特点在老子美学中有最为充分的体现。可以说老子美学是生命活力的颂歌,就是生命美学。

(一)生命与美的最初本原:"道"

可以说,老子是中国美学史上第一个认真深入地探讨宇宙生命奥妙的人。为了从根本上解决人生和社会问题,老子把人生和社会问题提到宇宙论的高度,先从宇宙生命本原上着手。在对待宇宙自然与社会人生的关系上,老子并不是像近代西方哲人那样,把宇宙自然与社会人生看成完全独立的两个领域。在老子看来,人生和社会不过是宇宙演化中的一个过程,因而自然宇宙的问题内在地包含着人生和社会问题。

老子认为,宇宙自然的生命原初生成域是"道"。在中国古代,"道"最初用来表示人走的路。《说文》云:"道,所行道也。从首走,一达谓之道。"段玉裁注:"首走,行所达也。""道"的原始意义是表示人走的路,引申为规律、方法、原则等。在老子之前,以及老子之后,中国古代的哲人都没有在老子的这种最高存在和最普遍规律意义上使用"道"这个范畴。在老子之前,郑国的子产曾讨论过"天道""人道"问题(见《左传·昭公十八年》),但子产关注的是"人道",对"天道"则存而不论。把"道"这个范畴赋予其形上意义、形上性质,成为最高、最真实的存在,以提升到空前哲学高度的,首推老子。在老子哲学中,"道"的内涵最为丰富。《老子》一书仅五千言,"道"字前后就出现了七十三次。这七十三个"道"字,虽然作为符号形式一样,但其所指却不尽相同。在老子这里,"道"是宇宙生命本原,是最真实的存在,是生成自然宇宙和人类社会的生命本原;

老子的"道"这一范畴,所指极为丰富,有着多重意蕴,同时,"道"的多重意蕴本身又是一个有机生命整体。作为宇宙本原的"道",是最真实、最高的存在,是万物之根本,舍弃了它,就没有其他一切的"道"。因此,作为宇宙生命本原的"道",是一切"道"中最根本的"道"。它决定着其他一切"道"的特性,是诸"道"的总生机总源泉。

对于宇宙生命本原的"道",《老子》一书中有较为详尽的描述。老子说:"有物混成,先天地生。寂兮寥兮,独立而不改,周行而不殆,可以为天下。吾不知其名,强字之曰:'道'。"(二十五章)在这里,老子把作为宇宙生命构成本原的"道"描述为现存形态的自然宇宙存在之前的某物,说"有物混成",认为它是浑然一体的东西,无声无形,"寂兮寥兮",然而却独立永存,循环运行而不息。老子认为,这种还不知其名的东西,就是宇宙的生命本原,老子把它称为"道"。在这个意义上,老子的宇宙生命本原并非是超时空的,而是存在于特定时空中的,"先天地生",是先于现存宇宙这个时空的,并且,由于宇宙生命本原本身的运动变化,而使它成为生成现存宇宙时空的起点和开端。

老子又在多处描述了这一宇宙生命本原的浑然一体的性质。他说:"视之不见名曰'夷',听之不闻名曰'希',搏之不得名曰'微'。此三者不可致诘,故混而为一。其上不皦,其下不昧,绳绳兮,不可名,复归于无物。是谓无状之状,无物之象,是谓惚恍。迎之不见其首;随之不见其后。"(十四章)这也就是说,"道"是看不见的,故称之为"夷";它又是听不到的,故称之为"希";它又是摸不着的,故称之为"微"。这三者的形象无从描述,它是浑然一体的,上面不显得光亮,下面也不显得阴暗,绵绵不绝而不可名状,一切的运动都会还原到最初那种不见物体的状态。这是没有形状的形状,不见物体的形象,可以把它称作"惚恍"。迎着它,看不见它的前头,随着它,看不见它的后面。老子在这里把"道"描述为一个超验的存在体,即不是人的感官所能把握的具体存在物,它超越了人类的一切感知觉。"道"的这种浑然未分,天地未开之前的浑然物的性质是:"道之为物,惟恍惟惚。惚兮恍兮,其中有象;恍兮惚兮,其中有物。窈兮冥兮,其中有精;其精甚真,其中有信。"(二十一章)作为本体的"道"的性质是"恍兮惚兮"的,然而,这种幽隐而未形的宇宙生命本原,其中又"有象""有物""有精"而且还"有信"。作为宇宙生命本原,"道"既是"无",即"不可名,复归于无物",又是有,即"其中有物"。这种既是什么又不是什么的东西,即无物之象、谓之惚恍的东西,与现实世界一切有形的事物相比,它就是"无"。因为你把它看成是实在的某物,即具有客体性质的有形物,那就不是"道",它就不能充当天地之母,而这种意义上的"无",也不是虚无,而是一种存在的存在方式。它不是当下的存在,但是当下存在的生命本原。正是在这个意义上,老子提出:"天下万物生于'有','有'生于'无'。"(四十章)"'无',名天地之始;'有',名万物之母。"(一章)老子以"无"来指称"道",是因为它并不是人的感官所能把握的。然而这个幽隐无形的道又潜藏着巨大的力量,蕴含着无限之"有",并且,这个"有"表明无形的"道"与天地万物之间存在一个中介,而这个中介则表明"无"向天地万物的生成过程。由于有这样一个过程,一个超越性的、作为宇宙生命本原的"道"就与具体的生动的有形世界密切地联系起来了。

老子这种以"道"为宇宙生命最初构成域的本体论的确立,既是中国美学也是人类认识发展史上的一个极为重要的理论收获。中国先民们在这样一条认识道路上走了一段漫长的路程。从古代典籍看,首先是《尚书·洪范》篇的原始五行说的提出。《洪范》篇归纳了"水、火、木、金、土"五种物质的性质,虽从"百物"中抽取了这"五物",并已认识到了事物之间的差别,但还没有把五行与世界起源问题联系起来。在《易经》的形成阶段,中国古代哲人通过"仰观""俯察"的"观物"而"取"万物之兆象,从具体、简单的多样性到八卦及六十四卦,进而"立象以尽意",以"立象"这种系统而有内在联系的方式,从多种自然现象与社会现象来说明世界的多样性和统一性。西周末年的史伯第一次提出了"五行"与"百物"的关系问题,他说:"夫和实生物,同则不继。……故先王以土与金、木、水、火杂,以成百物。"(《国语·郑语》),第一次把五行抽象化,作为哲学命题来说明"五行"与"百物"的相互依存、和谐统一的关系,认为"五行"成"百物","五行"就成为产生"百物"的本原。也就是说,史伯第一次用抽象的哲学命题提出了世界本原的问题。但是,史伯的局限性在于仍然没有摆脱以个体的自然事物来说明世界本原的原始直观性,在这个意义上,他并没有超越前人而表现出哲学的创造性。史伯命题的意义在于,它启迪了后人。在老子这里,则是第一次以一个最高实体性的"道"作为世界万物的生命本原,并从总体上说明宇宙的生成、发展及其构成问题,大大突破了前人的局限性,在哲学的形上思维层次上推进了史伯的命题,从而把人类的理论思维水平提到了一个新的高度。

把"道"作为天地万物的生命本原,在理论上直接否定了神或上帝的存在。这在曾作过周守藏史的老子是极不容易的,因为殷周时期史和巫、卜很难区分。我们知道,老子所处的时代,殷周流传下来的天帝创世说,仍占统治地位。儒家尽管"不语怪力乱神""敬鬼神而远之",认为"未能事人,焉能事鬼?""未知生,焉知死?"但仍有"死生有命,富贵在天"(《论语·颜渊》)的消极思想;墨子崇尚"天志",承认天有意志,能行赏罚,说:"顺天意而得赏","反天意而得罚。"(《墨子·天志上》)又说:"天之意不可不顺也。"(《天志中》)把"天"尊为最高人格神,认为人类社会的一切都是由至高无上的"天"安排的,因而人的命运最终仍在于这个至上的主宰者。面对这种天神崇拜,老子独树一帜地提出了自己的见解,把道看成是天地万物的本原,从而在逻辑上排除了创世或主宰世界的天神或上帝存在的可能。当然,老子也曾说:"道冲,而用之或不盈。渊兮,似万物之宗;……湛兮,似或存。吾不知谁之子,象帝之先。"(四章)这里是说,"道"体是虚空的,然而作用却不穷竭。渊深啊!它好像是万物的宗主;幽隐啊!似亡而又实存。我不知道它是从哪里产生的,似乎有天帝以前就有了它。老子在这里提出,即使是有天帝,它也不是至高无上的,在天帝之前,还有一个"道",它先于天帝而存在。因此,不论是从这里还是从别处的论点来看,老子都是认为,整个世界的一切,不是由"天帝"安排的,而是由"道"派生出来的,"道"是生育天地万物之母。这就从根本上否定了"天"是最高人格神的地位。任继愈说得好:"子产不信龙能对人危害,说'天道远,人道近'。但是子产还没有从理论上、从哲学世界观的高度给宗教、上帝、鬼神以根本性的打击。最多不过是一种存疑主义,对鬼神采取各走各的路,'互不干涉'的态度而已,和孔子的'敬鬼神而远之'差不多。而且对'上帝',不论《诗经》《左传》《国语》,都还没有人敢否认它的存在,也没有人敢于贬低它的至高无上的地位,只是说几句抱怨话,埋怨上帝不长眼,赏罚不公平而已。既然恨天、骂天,可是遇到有委屈还要向天倾诉衷肠,这算什么无神论、'神灭论'呢? 老子的哲学,前无古人的地方恰恰在这里,他说天地不过是天空和大地,他说道是万物的祖宗,上帝也不例外。"[1]因此,在某种意义上可以说,老子的道为宇宙生命本原的本体论的确立,是对原始人类以来的宗教思维方式的一种根本性突破。这种突破对于包括中国美学在内的百世后学产生了极为深刻的影响。

(二)道生一,一生二,二生三,三生万物

在老子看来,作为生命构成原初域的"道"的一个根本特性就是运动变化性。道并非是死寂的,而是"周行不殆"的,因而,"道"本身就是原始生命体,潜藏着巨大的生命能量,蕴含着无限生机。作为宇宙生命本原的道,其自身的运动变化终究要使自己超出自身,成为一个有待外化为某物的生命体。在老子看来,自然万物就是作为生命本原的"道"运动变化的产物,也就是说,是"道"外化的产物。而这个外化的过程就是自然万物生成的过程。老子说:"道生一,一生二,二生三,三生万物。万物负阴而抱阳,冲气以为和。"(四十二章)在这里,"道"就是老子所说的"无","一"就是老子所说的"有",而天地万物和整个世界则是由"道"这一生命本体渐次演化所生成的。对此,《淮南子·天文训》解释为"道始于一,一而不生,故分而为阴阳,阴阳和而万物生,故曰:'道生一,一生二,二生三,三生万物'"。无论是"一"或"有",都是指道所生的未分阴阳的混沌一体的元气,而正是这种混沌的气应分裂为阴阳二气,阴阳二气和谐、协调、相适、融和才能相生相养,从而生成宇宙间的万事万物。而在老子看来,这种阴阳混沌一体的东西,原本是"道"所内在具有,又为道所生。阴阳二气则为"一"所生;天地万物又为阴阳二气所生。因此,整个世界即为"道"所生。可见,在老子看来,整个宇宙自然是一个不断生成的

---

[1] 《哲学研究》编辑部.《老子哲学讨论集》,第34页。

充满生机的生命体,整个宇宙生命大化流行,生生不息,机趣盎然。这个世界则是普遍生命流行的境界。世界上一切现象里边都包含着生命。故而,老子的美学,又可称为生命美学,而在生命美学的意义上,宇宙就不仅是一个机械物质存在的宇宙,因为生命除了物质条件之外,更兼有精神的意义和价值。而老子的宇宙生命境界,其实就包括物质世界和精神世界这两个方面,是两个方面内容,即两种世界浑然一体、天人合一的审美境界。

对于老子的宇宙生命论,我们必须要把握作为生命本原的"道"与万物禀道而富有生命的区别。在老子看来,正是由于作为宇宙生命本原"道"的作用,才有了充塞于宇宙之间,贯注万物,周流六虚,大化流行,生生不息的生命力量。即如韩非子所说:"道者,万物之所然也,万理之所稽也。理者,成物之文也,道者,万物之所成也。……稽万物之理,故不得不化,不得不化故无常操。无常操是以死生气禀焉。万智斟酌焉,万事废兴焉。天得之以高,地得之以藏,维斗得之以成其威。日月得之以恒其光,五常得之以常其位,列星得之以端其行,四时得之以御其变气。……万物得之以死,得之以生,万事得之以败,得之以成。"(《韩非子·解老》)道是万物的生命光辉、成败、生死、盛衰的根本原因。它使万物周流不息,盈盈不衰;它创造万物的生命,给万物带来生命,使天、地、日、月、星辰以及世间的一切进入生灭、有无、盈虚的变化之中,而它本身不在这创造之列,它是创造生命的生命。后来的庄子继承并发挥老子的这一思想,指出:"夫道有情有信,无为无形,可传而不可受,可得而不可见,自本自根,未有天地,自古以固存,神鬼神帝,生天生地。在太极之先而不为高,在六极之下而不为深,先天地生而不为久,长于上古而不老。"(《庄子·大宗师》)道既有情有信,又幽隐无形,在天地之前,天地乃为其所生,如有鬼、帝,鬼、帝亦由道而神。道为一切之根本,而更无所本,更无所根,是自本自根。这种自本自根的道,浩荡永存,无所谓久老,而达永恒。道的这种作为生命本原的性质,和尼采生命本体论所谓的永恒轮回的原生命力相似。在尼采看来,世界应该是:"一个力的怪物,无始无终,一个坚实固定的力,它不变大,也不变小,它不消耗自身,而只是改变面目;作为总体,它的大小不变,……它被'虚无'所缠绕,就像被自己的界限所缠绕一样;……作为无处不在的力乃是忽而为一,忽而为众的力和力浪的嬉戏,此处聚积而彼处消减,像自身吞吐翻腾的大海,变幻不息,永恒的复归,以千万年为期的轮回;其形有潮有汐,由最简单到最复杂,由静止不动、僵死一团、冷漠异常,一变而为炽热灼人、野性难驯,自相矛盾;然而又从充盈状态返回简单状态,从矛盾嬉戏回归到和谐的快乐,在其轨道和年月的吻合中自我肯定、自我祝福;作为必然永恒回归的东西,作为变易,它不知更替,不知厌烦,不知疲倦。"①显而易见,尼采所描述的宇宙原生命力与老子所谓的作为宇宙生命本原的道是相似的。所不同的是,老子是从"道"的本原价值意义上强调和肯定道及派生万物的生命性,而采尼则是在强调原生命力的自我创造又自我毁灭的永恒轮回意义上肯定生命和弘扬生命的。在尼采看来,这样一个圆圈中的运动没有目的,也没有意志,然而这样一个世界则是他的最终价值寄托。因此,尼采高扬生命,表面上轰轰烈烈,骨子里则渗透着悲观主义。而以老子为首的道家哲人则表现为一派乐生贵生的审美气象,在自然宇宙中体验到生命的悦乐和生命的光辉,从而获得人生的高蹈。

继尼采之后以"生命哲学家"著称的柏格森所主张的生命哲学,与老子的宇宙生命本原的生命本体论也存在着差别。柏格森从尼采的一元论的宇宙原生命力的立场倒退到近代以来的物质与精神二分的哲学观上。在他看来,世界分成两个根本相异的部分,一是生命,二是物质,整个宇宙是两种反向的运动即向上攀登的生命和往下降落的物质之间的矛盾冲突。他说:"生命是运动,物质性是运动的逆转。这两种运动中的每一种都是浑一的,构成世界的物质的是不可分割之流,透过物质的生命也是不可分割之流。……在这两股流中,第二股与第一股相对立。"②显然,在柏格森这里,生命是与物质相对抗的另一个本原。他认为,有意识、有自动力的生命一开始就要遇到机械的、无自动力的物质的抵抗,必须征服物质的抵抗,生命才能向上发展。在柏格森看来,在我们这个宇宙中,由于生命和生命的冲动在设法利用和征服物质,没法与物质结合起来,结果就创造出了有机体,即有生命的物体。因此,柏格森认为,世界应分成有生命的事物和无生命的事物这样两个部分。

而老子美学则是从"天人合一"的一元论出发,站在生命本原论的立场上来理解世界。道生天地万物,因而万物都禀道而富有生命。在老子看来,万物之所以有生,生命之所以洋溢于、充塞于宇宙之间,在于万物都不离道而道泛于一切之中。老子认为,这就是"德"。"德"者,得也。"形而上者谓之道",万物禀有生命则称之为"德",道是万物得以生成的根源,而德则是一存在物得以生成的根据。物之所以为物,就是由于德。老子说:"道生之,德畜之,物形之,势成之。是以万物莫不尊道而贵德。道之尊,德之贵,夫莫之命而常自然。故道生之,德畜之,长之育之,成之熟之,养之覆之。生而不有,为而不恃,长而不宰,是谓'玄德'。"(五

---

① 尼采:《权力意志》,商务印书馆1991年版,第700—701页。
② 格柏森:《创造进化论》,1928年纽约英文版,第249—250页。

十一章)这是说,道生成万物,德畜养万物,万物成长发育,使万物成熟结果,使万物爱养调护,生长万物却不据为己有,兴作万物却不自恃己能,长养万物却不为主宰,这是道的最深厚的"德"。在这里,前一个"德",是在生命本体的意义上使用的;而这后一个"德"则是在伦理价值意义上使用的,指的是道的品格。即如《淮南子·原道训》所说:"史太上之道,生万物而不有,成化象而弗宰。"物由道而生,由德而育,由己有之物而受形,故世界上万事万物的生成与发展都与环境形势的影响分不开。

就生命本原和万物自然的内在关系来看。首先,没有生命本原的道,也就没有天地万物之德,道是天地万物存在的最终根源,"玄牝之门","绵绵若存,用之不勤"。道是能动的、创生的,并不是被动的、被创造的,德则是得之于"道"的物之所以存在的内在根据。所以并不能够以特定的具体的名称去命名"道",因为凡是有名之物,都是具体的,而"道"并非某一有名之物。道只能是无名的,它超越了实相,超越了具体存在物之有无。它不是"在"本身而是"在"的"缺席",同时也是"在"的"召唤"。它是"玄之又玄"的;它虽无处不在,却又看不见,摸不着,"迎之不见其首,随之不见其后"。

其次,如果没有天地万物之"德",作为生命本原的"道"就无从显现。"道"虽先天地而存在,但是,"道"的生命本性却体现在它的创生万物的过程中,体现在它所创生的万物的生命之中。天地万物无不禀有一生命,浩荡宇宙间生命之大化流行,恰在于无处不在、无所不在的道的生命性;换句话说,万物生机勃勃体现的正是道的生命性。正是在这个意义上,老子以后的道家著作《淮南子·原道训》说:"夫道者,覆天载地。廓四方,析八极。高不可际,深不可测。包裹天地,禀受无形。原流泉勃,冲而徐盈,混混滑滑,浊而徐清。故植之而塞于天地,横之弥而于四海,施之无穷而无所朝夕,舒之幎于六合,卷之不盈于一握。约而能张,幽而能明,弱而能强,柔而能刚。横四维而含阴阳,纮宇宙而章三光。甚淖而滒,甚纤而微。山以之高,渊以之深,兽以之走,鸟以之飞,日月以之明,星历以之行。"万物的欣欣向荣、一派生机,体现的正是道的充沛的生命力。可以说,正是对道的这种生命性的肯定,老子及其后来的道家充分肯定了天地万物的生命的价值。而天地万物的生命性本身又表明,道的规定性必定由天下的自然存在物来显现,这样,就为以老子为首的道家哲人肯定生命,寄情于宇宙自然,遵从宇宙自然提供了形而上学的依据。并且,正是由于一切存在物都内在具有生命性,人与自然的也就不是近代西方哲学所谓的那种对立冲突关系,而是和谐统一的,人来自自然,最终要回归自然。自然是人精神的家园。

(三)"道法自然"

人与自然都具有生命,同生于"道",人的生命和生命活动都处于宏观的宇宙生命的背景条件中,离开了这个生命的大背景,人类生命就不复存在;离开了宇宙生命的法则,人就要会失落自己的精神家园。人必须以宇宙自然的法则来作为自己精神的法则,以自然为自己精神的家园和乐土,因此,老子说:"人法地,地法天,天法道,道法自然"①(二十五章)人效法天地,天地则效法道,道则纯任自然。在老子看来,人的生命法则来自于宇宙生命的法则,人的生命与自然万物的生命相互同源、相互沟通,人类要向天地万物学习,以宇宙自然的生命来滋养自己的生命。在这个意义上,人类的生命与精神也就与宇宙自然合一了,人类生命与精神得宇宙生命大化之精要,从而与宇宙生命浩然同流。这就是"道法自然。"

老子的这种要求人们效法"道"、效法自然、依顺自然的影响是非常深远的,可以说,正是受老子思想的影响,所以,后来的玄学家就把自然与道合而为一,认为自然即道,道即自然。道无形无体、无象无状、无名无称,自然也是如此。何晏说:"自然者,道也。道本无名。"(《无名论》)王弼说:"道者,无之称也。""寂然无体,不可为象。"(《论语释疑》)"自然者,无称之言,穷极之辞也。"(《老子注》二十五章)又说:"自然,其兆端不可得而见也,其意趣不可得而睹也。"(《老子注》十七章)自然或道包含万物而自身却无一物,玄之又玄,只可意会,不可言传。在王弼看来,万物与自然是相互统一的,而郭象则把自然与万物分别开来,认为自然为事物自身的天然本性。他说:"自己而然,谓之天然;天然耳,非为也,故以天言之。"(《庄子·齐物论注》)天性自在自由,故而天就是自然。而且,万物各有自身的自然,人不同于物,贵不同于贱,都是各自所具有的自然所致,更是将"自然"抽象化,提高到至高无上的本体地位。

自然既然与"道"和"无"同一,是宇宙的本体,因而万物皆由自然所生成。王弼说:"夫物之所以生,功之所以成,必生于无形,由乎无名。无形无名者,万物之宗也。"(《老子微指略例》)阮籍从"天地万物皆自然一体"的观点出发,认为:"天地生于自然,万物生于天地。自然者无外,故天地名焉。天地者有内,故万物生焉。"同时,在他看来,人也是由自然所生成:"人生天地之中,体自然之形。身者,阴阳之精气也。性者,五行之正性也。情者,游魂之变欲也。神者,天地之所以驭

---

① 吴澄在《道德真经注》中说:"道之所以大,以其自然,故曰'法自然',非'道'之外别有自然也。"河上公注亦持此说。笔者认为这切合老子原意。

者也。"(《达庄论》)嵇康也认为:"元气陶铄,众生禀焉。"(《明胆论》)"浩浩太素,阳曜阴凝,二仪陶化,人伦肇兴。"(《太师箴》)郭象也指出:"万物皆自然",万物皆自生,"自然生我,我自然生。"(《庄子·齐物论注》)他还指出:"天理自然,岂真人之所为哉?"(同上)总之,在玄学家看来,自然社会、人类自身、物理人伦、情俗道德,莫不生于自然,自然为万物之母。

这样,玄学家于是把自由自在、无心偶合、任其自然、与"自然"合一、与"道"合一,看作为人生的最高境界。膜拜自然,崇尚自然,把有限的生命融入无限的自然,是中国人生哲学与美学的共同旨趣。王弼说:"法自然者,在方而法方,在圆而法圆,于自然无违也。"(《老子注》二十五章)若能顺自然而行,"因而不为,顺而不施",就能"达自然之性,畅万物之情",成为"圣人"(《老子注》二十九章)。郭象说:"物有自然而理有至极,循而直往,则冥然自合。"又说:"知天之所为,皆自然也。则内放其身而外冥于物,与众玄同,任之而无不至者。"(《庄子·齐物论注》)圣人所达到的人生境界就是顺应自然、不刻意求之、无心随意地与道为一、与天为一的极高境界,"圣人常游外以弘内,无心以顺有。故虽终日挥形而神气无变,俯仰万机而淡然自若"(《庄子·大宗师注》)。阮籍、嵇康则把顺因自然跃升到"与自然齐光""并天地而不朽"的至高人生境界,也是审美境界。阮籍的"大人先生"就是一位能够因任自然、与自然相合的理想人物:"夫大人者,乃与造物同体,天地并生,逍遥浮世,与道俱成,变化聚散,不常其形","养性延寿,与自然齐光。"(《大人先生传》)嵇康所追求的理想人生境界是任心随意,顺应自然,无违大道,"顺天和以自然,以道德为师友,玩阴阳之变化,得长生之永久,任自然以托身,并天地而不朽"(《答难养生论》),这实际上是庄子笔下的"真人""至人"人生态度的生动写照,也是达到天人合一审美境界的形象描述。

既然人生于自然,顺应自然,自由自在,与自然融合是人生的理想境界,那么随心所欲、因任自然,按自然而生活,就是人生与审美的必然追求。王弼说:"万物以自然为性,故可因而不可为也,可通而不可执也。"(《老子注》二十九章)"天地任自然,无为无造,万物自相治理","天地之中,荡然任自然。"(《老子注》五章)郭象认为,自然、道、天、命是相通相合、相融相汇的,因此,在他看来,任意随心、因任自然就是顺天认命,只有这样,也才能超越个体生命的有限。他说:"人之所因者,一也;天之所生也,独化也。人皆以天为父,故昼夜之变,寒暑之节,犹不敢恶,随天安之。况乎卓尔独化,至于玄冥之境,又安得不任之哉?既往之,则死生变化,唯命从之也。"(《庄子·大宗师注》)阮籍则把是否顺因自然看作是生死存亡的大事:"顺之者存,逆之者亡,得之者身安,失之者身危。"(《达庄论》)嵇康也说:"夫称君子者,心无措乎是非,而行不违乎道者也。"(《释私论》)强调"任心""任自然"。

我们知道,名教与自然的关系是玄学家思考的核心问题。所谓"名教",实际上就是以儒家思想为基础而建立起来的封建礼教。其内容主要是"三纲""五常"。在魏晋玄学家看来,既然无心随意、自然任性是万物的本来面目,自然状态是最理想的状态,那么名教是否合乎自然就成了名教能否存在的本体论依据。如果名教合乎自然,那么其存在就不容否定,任自然就不是脱离名教的恣意妄为;如果名教不合自然,那么名教就丧失了存在的理由,任自然就必须超越名教。这种超越又有两种形式:或者建立新的"名教"作为任自然的道德基础;或者抛弃任何名教只是任自然。所谓正统派、叛逆派、颓废派正是以此而分界的。

王弼就是从"名教出于自然"的观点出发提出名教合乎自然的主张的,因此,他认为任自然就不能越名教,不能打破尊卑贵贱的差别,也就是要在安名分、守尊卑的前提下去"任",不能纵情越礼。所以,一方面,王弼不否认人的情欲的存在,认为人人都有情欲;另一方面,他又认为不应为情欲所累,不能以情欲害性。他说:"圣人茂于人者神明也,同于人者五情也。神明茂,故能体冲和以通无;五情同,故不能无哀乐以应物。然则圣人之情,应物而无累于物者也。"(何劭:《王弼传》)这就是说,在他看来,圣人与凡人的区别不在于有情无情,而在于是否为情所累,而要做到不为情所累,就应使"情近性",要"性其情"。他说:"不性其情,焉能久行其正,此是情之正也。若心好流荡失真,此是情之邪也。若以情近性,故云性其情。情近性者,何妨是有欲。"(《论语·阳货注》)他所说的"性",既包含人的自然情欲,又包含儒家的礼仪规范,是二者的和谐统一体。这样,王弼就把名教与自然、道德与情俗在人的本性中统一起来了,任自然就包含着在遵守儒家礼义道德的前提下尽情随欲的内蕴,即他说的"圣人达自然之性,畅万物之情"。

郭象从"万物皆自生"的观点出发,认为名教不是什么圣人所为,而是自然而然地产生的。他说:"天理自然,岂真人之所为哉?"(《庄子·齐物论注》)在他看来,名教就是自然,自然就是名教,二者是同一个东西。所谓任自然也就是任名教。按照名教的原则去生活,就是最符合自然的生活。所谓任名教,按名教去生活,就是任仁义,守本分。他说:"仁义者,人之性也。"(《庄子·天运注》)"仁义自是人之情性,但当任之耳。"(《庄子·骈拇注》)他认为,既然万物皆自生自灭,那么尊卑贵贱也都是由每个人的自然资质所决定的,是不能改变的,"天性所受,各有本分,不可逃,也不可加"(《庄子·养生主注》)。因而,任自然就是各安其位,各尽其性,各足其足,自得其得,这样就没有贵贱之分,尊卑之别,各得逍遥。他说:"物各有性,性各有极,苟足于其性,则虽大鹏无以自贵于小鸟,小鸟无羡于天池,荣愿有余矣。"(《庄子·逍遥游注》)这就是说,物性各有自己的限量,既不可损也不可益,就像大鹏与小鸟一样,大鹏展翅翱翔,扶摇长空;小鸟穿梭于蓬蒿之间,扑腾于草丛之中,都是任其自然,由各自的本性所决定的。如果小鸟安于其位,尽其性能,不羡慕大鹏,就和大鹏一样自得逍遥。人也是如此,如果贵不傲贱,贱不羡贵,"羡欲之累绝矣"(同上),贱者一样逍遥。犹如东施,如不羡慕西施之美,就绝无自惭形秽之感,也就不会去效西施之颦了,仍然可以逍遥自在。总之,在郭象看来,人的生死寿夭,贤愚贵贱,都是由每个人的"自性"或曰"命"所决定的,如果安于自己的"性""命",不违其性,不抗其命,就能逍遥于世,达到忘物忘我的人生极境。这就是郭象所说的"适性便逍遥"。在王弼那里,人的情欲还占据一块小小的位置,而在郭象这里,人的情欲完全消溶于名教(道德)之中,人只是名教(道德)的化身。

阮籍、嵇康的观点与王弼、郭象不同。在他们看来,名教是伪善之源、祸乱之首,是背离自然之道的,因而他们极为反对名教,倡导"越名教而任自然"。如前所述,阮籍认为人及其情欲都生于自然,并且"顺之者存,逆之者亡,得之者身安,失之者身亡",任自然就毫无疑问地包含着要顺应人的情欲。嵇康则直接把自然与人的情欲联系起来。他说:"夫民之性,好安而恶危,好逸而恶劳。"又说:"人性以从欲为欢","从欲则得自然"(《难自然好学论》)。认为只有顺从自己的欲望而生活,才符合人的本性。名教压抑人的自然天性,妨碍人过自然的生活,因此,要任自然就必须越名教。值得注意的是,嵇康不是提倡纵欲,而是主张过一种自然简朴的物质生活,把"任自然"与"任心"统一起来。他说:"夫称君子者,心无措乎是非,而行不违乎道者也。何以言之?夫气静神虚者,心不存乎矜尚;体亮心达者,情不系于所欲。矜尚不存乎心,故能越名教而任自然;情不系于所欲,故能审贵贱而通物情。物情顺通,故大道无违;越名任心,故是非无措也。"(《释私论》)"任自然"和"任心"是越名教的两条路径。任自然就是"耕而为食,蚕而为衣,衣食周身,没有嗜欲","以名位为赘瘤,资财为尘垢";任心就是"以大和为至乐","以恬淡为至乐","混乎与万物并行"(《答难养生论》)。而要任自然、任心,就必须做到"意足"。他说:"世之难得者,非财也,非荣也,患意之不足耳。意足者,虽耦耕甽亩,被褐啜菽,岂不自得。不足者虽养于天下,委以万物,犹未惬意。意足者不须外,不足者无外之不须也。无不须,故无往而不乏。无不须,故无适而不适。"意不足者,"外物虽丰,哀亦备矣";意足者,"虽无钟鼓,乐也具矣"(同上)。从这些表述中也可看出,嵇康所主张的"越名教而任自然",就是在满足最基本的物质生活的前提下,去追求心灵的愉悦和超越。

但是,阮籍、嵇康等叛逆者又不满足于思想上对名教的否定和精神上对名教的超越,还要从行为上去反叛名教,于是,任自然就变成了狂放不拘、纵情任性,于是就有了与众不同的人生境界追求。《世说新语·德行》注引王隐《晋书》曰:"魏末阮籍,嗜酒荒放,露头散发,裸袒箕踞。"他还违背"嫂叔不通问"的礼规而与嫂告别,当别人讥讽他时,他傲然出语:"礼岂为我辈设也!"更有甚者,母亲死了,他照样饮酒食肉。嵇康的人生态度更是惊世骇俗。他非汤武而薄周孔,以六经为芜秽,以仁义为臭腐,全不把儒家所尊奉的圣人和儒家道德放在眼里。他同阮籍一样,其母死后,照样狂饮不止。阮籍母丧,他扶琴前往吊丧。但是,究其实质而言,阮籍、嵇康所主张的越名教,不是不要一切道德,而是反对虚伪的礼教;他们的任自然,也不是去任没有任何道德观念的纯粹动物性的自然,而是包裹着理想和志向的人的自然。所以,阮籍和嵇康自己狂放不拘、轻时傲世,但不希望自己的儿子效法模仿,反而告诫他们要懂得人情世故,尽力遵照儒家的礼教去为人处事、待人接物。他们二人实是"道"身而"儒"魂、外"道"而内"儒"。这也就注定他们的性格是悲剧性的,狂放与压抑并存,醉于酒池,哀于心胸,其内心的痛苦局外人是无法理解与想象的。据《晋书·阮籍传》记载:"时(阮籍)率意独驾,不由径路,车迹所穷,辄恸哭而反。"嵇康内心的苦楚丝毫也不亚于阮籍。他"头面常一月十五日不洗,不大闷痒,不能沐也。每常小便而忍不起,令胞中略转乃起耳"(《与山巨源绝交书》)。其自我压抑之程度可谓深矣。为了抚慰痛苦的心灵,只好以酒为趣,与道("自然")为友,以养生为务,以成仙为望。

而玄学中的颓废派则完全走上了放浪形骸、纵欲享乐之路,以满足感官快乐为人生的唯一追求。与阮籍、嵇康并称为"竹林七贤"的刘伶,"纵酒放达,或脱衣裸形",自云"天生刘伶,以酒为名"(《世说新语·任诞》),还专门写了一首《酒德颂》,备赞酒中乐趣,倡导"唯酒为务","止则操卮执觚,动则挈榼提壶","兀然而醉,豁然而醒"(《晋书·刘伶传》)。另一"竹林七贤"、阮籍的侄子阮咸"居母丧,纵情越礼",与诸阮大盆盛酒,"时有群豕来饮其酒,咸直接其上,便共饮之"(《晋书·阮咸传》)。还有名士胡毋辅之、谢琨散发裸身,闭门酣睡数日。另一名士光逸进门不得,便于户外脱衣露头,伏身于狗洞大叫,辅之开门,光逸入,遂执杯斗酒,不舍昼夜。而在士大夫阶层,甚至流行"散发裸身,对弄婢妾"的糜乱之风。对此,一些士大夫文人大声疾呼:"名教中自有乐地,何必乃尔也!"(《世说新语·德行》)竭力去扶正名教,以匡世风。而《列子·杨朱》的作者却对纵欲享乐之风进行理论论证,建立了中国古代思想史上可谓空前绝后的享乐主义思想。

因任自然即遵循其本性天然而生活是中国人的基本生活态度与极高人生境界。但是,因任自然是一个极为含混的命题。自然界中的一切物质现象都是因任自然的,都只是以其自身特性顺应周围环境的,"咬定青山不放松"的悬崖孤松是如此,"随波逐流无根性"的湖中浮萍也是如此。但是,人就不同了。婴儿固然是任随自然的,其行为完全是本能的自然表现。而婴儿除非夭折,否则他就必然要长大,要成人。而一个成熟的人,除了生理的自然(肉体的存在及其冲动)之外,还有心理的自然和伦理的自然。因此,因任自然就存在着因任何种自然的问题。犹如饮酒,一个人只有二两的酒量,于是他就只饮二两,过此停杯,这是因任生理之自然;但他有一次碰到一位知己朋友,于是"酒逢知己千杯少",喝得酩酊大醉,呕吐不止,这是因任心理之自然;而当他遇到长辈时,本有喝酒的欲望,但他觉得在长辈面前不可放肆,因而推脱自己不会饮酒,这是因任伦理之自然。由此可见,人生有很多具体的情况,不同情况下,应有不同的人生态度,也就存在着不同的顺应自然的方式,而不是简单的因任自然。

这是由老子提出效法自然后,后代思想家对这一思想的发挥。可以说顺其自然、因任自然思想的提出在中国美学史上具有极为重大的意义,其影响是非常深刻的,这点我们后面还要论及。同时我们又要看到,老子要人们效法"道",效法自然,顺其自然,要以宇宙生命的法则为自身生命的法则,而在老子这里,作为宇宙生命法则的"天道",并没有主宰人类事务的人格神的意蕴。老子要人类效法的是自然而然的天道,也就是说,天地万物的发展变化有它自身的规律,人为地去违背自然规律,就要遭到自然规律本身的惩罚。但这并不意味着天道有意志,能行赏罚,天道像人格神一样,介入于人类事务之中。老子美学强调人类生命与宇宙生命的浩然同流,也是强调人类生命的自然演化本身即是宇宙万物自然演化的一部分。

在这里,有必要把老子的"天道"概念与儒墨两家的"天"和"天志"概念进行比较。在孔子以前的夏商周的传统思想里,往往把宇宙和人类社会的最高主宰称为"天"。孔子接受了这一传统思想,把"天"有时作为有意志、能赏罚的人格神来加以使用。他说:"获罪于天,无所祷也。"(《论语·八佾》)墨子"尚力","非命",否定"命定论"的思想,但仍把"天"看成是人类社会的最高主宰,认为"顺天意而得赏",反天意而得罚"(《墨子·天志上》),以"天志"概念作为最高准则。这样一类把"天"人格神化的思想,是老子思想中所没有的。而且,儒墨两家有关"天"的思想,又含有"自然之天"这一层次的思想。同时,这种"天"的自然性的思想,又内蕴着自然宇宙的生命性的论点。孔子说:"天何言哉,四时行焉,百物生焉!"

(《论语·阳货》)在这里,孔子把这个世界看成是孕育生机的自然世界。墨子也曾说过:"天欲其生而恶其死。"(《墨子·天志上》)因此,在孔子墨子那里,都有肯定天的自然性、自然宇宙的生命性的思想。这与老子思想是一致的。值得指出的是,墨学中绝,儒学则在几千年的长期发展中,不断丰富发展了有关宇宙的生命性的基本论点。《易传·系辞下》提出的"天地之大德曰生"的生命哲学的有力警句,把《易经》内蕴的阴阳和合而生生不息的基本思想清晰地表达出来。《易·系辞上》云:"生生之谓易。""生生"即生生相续,一个生命滋生出另一个生命。每个生命都是一个实体,生命本身可以滋生新的生命,在新的生命中又可滋生出"新新生命",以至无穷。我们认为,以老子所认为的作为宇宙自然生命本原的"道"(气)为内容,并使其贯穿整个中国古代美学思想体系,既体现了中国古代美学体系为一个生命整体的特点,同时,又呈现出中国古代美学体系在"生生"中求新的特点。在我们看来,中国古代美学思想的每一个范畴、每一个命题都是一种特有的生命形式,是"生生"的基础,需要后来的美学家去作美学的沉思,以"发现"生命,并通过对它们的阐释和融通,注入新的生命,以突破前修,自臻独创。故而,可以说,生生相续,新新不停,这才是中国古代美学思想体系整体化、应变化、有机化、创新化的根本特点。在中国美学思想发展史上,这种特点以及其后的审美生成论及生命美学思想则在《周易》和《老子》的影响下,或者说,是《周易》和《老子》共同构成了中国生命美学的源头。而儒家美学也和道家美学一样,把宇宙世界看成是生命的世界,生命的洪流,而宇宙生命也都内在地包含了人类生命。也正是在这个基础上,我们才认为,儒家思想和道家思想一起构成了中国美学的一大特色。正是在宇宙生命的意义上,中国美学首先是生命美学,中国人恰是在宇宙生命的意义上,领悟自己人生的价值和意义,而人生之"道",恰是天地万物生命之"道"。人类的生命,是与宇宙万物同体的生命,它的存在只有在这种最高存在的意义上,才可获得它的永恒的价值。

(四)"万物负阴而抱阳"

老子认为,宇宙的生命本原是"道",而宇宙生命的推动则必须依靠阴阳的变化,所以说"万物负阴而抱阳,冲气以为和"(四十二章)。老子是用阴阳的对立、氤氲、交感、沟通、转化、消长来说明宇宙的起源和万物的生成发展、成长变化,以及社会的盛衰兴亡,和个体的生育灭绝的。作为宇宙生命的本原,"道"的生命活力又靠阴阳的氤氲、激荡。前文曾经论及,老子的这种阴阳生命学说的建构又是和古代的生殖崇拜意识分不开的。

原始社会,氏族部落为了生存竞争的需要,非常看重人的繁衍和生长,并由此而萌生对生殖力的崇拜意识。生殖崇拜意识有女性和男性之分,女性为阴,男性为阳。《黄老帛书·称》说:"凡论必以阴阳大义。天阳地阴,春阳秋阴,夏阳冬阴,昼阳夜阴。大国阳,小国阴,重国阳,轻国阴。有事阳而无事阴,信(伸)者阳屈者阴。主阳臣阴,上阳下阴,男阳女阴,父阳子阴,兄阳弟阴,长阳少阴。……"就老子美学中阴阳的实际含义而言,在自然界是天地,在社会人群是男女。老子美学贵柔贵阴,具有阴性特点,主要表现为对女性的推崇。如果说,孔子及其儒家学说是父系氏族文化的理论升华,那么,老子及其道家学说则是母系氏族文化的理论升华。孔老之说的最早源头都在原始社会。哲学脱胎于宗教,老子哲学脱胎于母系氏族的宗教崇拜,特别是女性生殖崇拜。有关女性生殖崇拜,国外考古早有发现。如巴格达附近的梭万遗址中,就发现有约七千年前的女神偶像。这些偶像都是大乳房,腹和臀部突出,象征多产。近几年我国也有考古发现。如辽宁喀左县东山嘴红山文化遗址出土的无头陶塑孕妇偶像,青海柳湾三坪台出土的属于马家窑文化的裸体女神陶罐等。这些女神偶像的双乳、脐和外阴都很突出,特别是外阴造型细腻,体现了对生殖力的崇拜意识。老子所谓的"道",最初就建立在对女性生殖力认知的基础之上,再进一步将这种女性生殖能力推而广之,用来表述整个宇宙的创生过程,于是形成了"道"这一范畴。前文曾经论及,《老子》书中常用女性生殖器或母体形容"道"。如"谷神不死,是谓玄牝,玄牝之门,是谓天地根。緜緜若存,用之不勤"(六章)。"玄牝"即女性生殖器;所谓"谷神",用现代语言来说,就是女性生殖之神;"谷",空谷,是女性生殖器的形象化代表物。人人都生于母亲。老子认为整个宇宙万物亦是从类似于玄牝之门中生出的,故玄牝之门成为天地的根源。宇宙的玄牝之门是生生不息、永无穷尽的,故"緜緜若存,用之不勤"。老子说:"道可道,非恒道;名可名,非恒名。无名,万物之始;有名,万物之母。"(一章)女性的生殖过程,母体是可见的,婴儿也是可见的,但"谷神",即"阴"的力量,也就是女性生殖的力量则是无形的,不可视听,无法感知,是无比巨大的。宇宙的生殖过程,原初之母体不可见,因为它是非有,天地万物可见,而宇宙的创生能力亦不可视听,无确定形象可把握。这种宇宙的原初母体和创生能力便是"道",它没有实体性,只能通过不断的创生过程体现自身的伟大作用,故为万物之始。所谓"始",《说文》云:"始,女之初也。"《尔雅》云:"胎,始也。"可见"始"的本义就是指女子怀孕之初,即结胎之时,婴儿从无到有。推之于宇宙,无形无象之原初母体中即孕育着天地万物的萌芽,故曰"无名,万物之始。"结胎既成,初无分化,五官五脏四肢渐次萌生发育而成。将这种生育过程推之于宇宙的生衍,即由无成

60

有,初为混沌,天地万物渐分而生成。人之胎珠,宇宙之混沌初体,皆可为有,于是就用"有"来名之,而为后来人物之源,故曰:"有名,万物之母。"老子喜欢借用女性、母体一类词语来称谓"道"这一宇宙自然与人类的生命本原,都是因其本体论受女性生殖过程启迪的缘故。老子说:"道冲,而用之或不盈,渊兮似万物之宗。"(四章)所谓"冲",意指虚空,"道冲"是即道体虚空,受启于女性生殖器的中空特征。据宋兆麟《原始的生育信仰——兼论图腾和石祖崇拜》介绍:四川省盐源县前所崖石上有一个石洞,名叫"打儿窝",传说是巴丁拉木女神的生殖器①。永宁的摩梭人把格姆山腰的山洼视为女性生殖器,左所的摩梭人把泸沽湖西部的一泓水视为女性生殖器②;中国云南的佤族地区也将一岩洞称为"出人洞",当地人传说人类都是从这个洞中走出来的③。"出人洞"是放大了的女性生殖器。其特征是"冲",而能源源不断地生人。由于道之生物无穷,故云"用之或不盈",其渊深之妙,含孕之富,成为万物的宗祖。"道之为物,惟恍惟惚。惚兮恍兮,其中有象。恍兮惚兮,其中有物。窈兮冥兮,其中有精。其精甚真,其中有信。"(二十一章)"恍惚",似有若无。"窈冥",深远暗昧。"其中有象""其中有物",在有无迷离之际,蕴含着具象的事物,虽非现实的存在,而有潜藏的存在。"其中有精",其中含藏着生命的微小原质。这里明显是借用女性的生殖来描述宇宙的起源。任何个体的人,本来是不存在的,他之所以能从无中诞生出来,皆因母体具有创生的能力,含有下一代生命的原质。推而论之,现存的天地万物本来是不存在的,之所以能够陆续出现,就在于非有本"无"的原初世界里,本来就含有现存世界的种子或原质或因素,所以"无"才能过渡到"有",形而上之道才能转化为形而下之物。老子指出:"天下有始,以为天下母。既得其母,以知其子;既知其子,复守其母,没身不殆。"(五十二章)显而易见,这里就是用女性生殖原理来说明道与万物的关系及得道的重要性。道与万物是母子关系,得其母方能知其子。这里的"天下有始,以为天下母",即是《老子》第一章中所谓的"有名,万物之母"。

因此,可以说老子美学中所谓的"道"既是"有",又是"无",是在有与无之间。从历时性而言,无在先,有在后,无中含有,道即是含有之无。从共时上说,道有体用,道体为无,道用为有,道是体用一元、有无结合的。老子所说的"无名"指作为万物之始的非有的原初状态,所说的"有名",则指混沌未分的存在,万物所从出

---

① 见《史前研究》创刊号,1983年,第131页。
② 杨学政:《达巴教与东巴教比较研究》,载云南社科院宗教研究所编《宗教论稿》,云南人民出版社1986年版,第156页。
③ 赵国华:《生殖崇拜文化》,中国社会科学出版社1990年版,第294页。

者。故老子强调只有保持无任何欲念的清静虚明的心境,才能体验到道的玄妙本性。老子说:"此两者,同出而异名,同谓之玄。玄之又玄,众妙之门。"两者指无名与有名,道是无名与有名的统一,深奥不可测度,故谓之玄;太深远太精妙,故谓玄之又玄。宇宙之神奇变化都是由此而生成的,故谓众妙之门。老子说:"有物混成,先天地生。寂兮寥兮,独立而不改,周行而不殆,可以为天地母。吾不知其名,强字之曰道,强为之名曰大。"(二十五章)这里说的先天地生的混成之物,即指宇宙初生、尚未分化时的"有名"世界,是无向有过渡的最初阶段。因它又是混沌统一的,故云"独立";因其入有,故可强为之名曰道曰大。老子说:"道生一,一生二,二生三,三生万物。万物负阴而抱阳,冲气以为和。"这里所说的道是指"无名"之道,即最早的非有世界。道所生出之"一"指独立而不改的"有名"的混沌世界。"一生二",是指混沌世界分化出天与地。"二生三",是指天地交合,阴阳二气相激荡而生成冲气。"三生万物",冲气通过阴阳的激荡、氤氲而形成天下各种事物。宇宙万物的这种生成过程归结起来就是一句话:"天下万物生于有,有生于无。"(四十章)。老子说:"视之不见名曰微,听之不闻名曰希,搏之不得名曰夷。此三者不可致诘,故混而为一。其上不皦,其下不昧,绳绳不可名,复归于无物。是谓无状之状,无物之象,是谓惚恍。迎之不见其首,随之不见其后。"(十四章)这是从共时上讲道体的超形象性。王弼对此深有所得,注曰:"无状无象,无声无响,故能无所不通,无所不往。"又曰:"欲言无邪?而物由以成;欲言有邪?而不见其形,故曰无状之状、无物之象也。"又曰:"无形无名者,万物之宗也。"就王弼的理解来看,有以无为本,万物以道为本,所以说道是万物的深层生命力之所在,而万物万象则是道的具象化表现,道与万物是本质与现象的关系,而本质是不能被感知的。老子又说:"大道泛兮,其可左右。万物恃之以生而不辞,功成而不有,衣养万物而不为主。"(三十四章)这里强调"道"的自然本性,万物的生成离不开道,但是"道"并非有意志力和占有欲的上帝,它自然而然地生物养物,不受任何意念的支配。故而老子强调指出"道恒无为而无不为"(三十七章),道不妄为不强求,遵从自然,顺乎自然,万物自生自长自成,各安其性,各得其所。道在无形之中养和成就万物,这是一种自觉自然的没有痕迹的内在作用,故老子说:"道者,万物之奥。"(六十二章)

道还不只是宇宙原初状态和万物的生命本原。老子论道,不单在于它的无形无象,更在于道能无中生有;不单在于道规定着万物的本质,更在于道能促使万物健康地生长发育。如果道仅是万物的生命本原,那么宇宙无物而无道,无时而无道。《老子》书中讲"得道"、(三十八章)、"有道"(四十六章),老子说:"昔之得一者。"(三十九章)作为"一"的道,有"混而为一"(十四章)、"圣人抱一"(二十二章)。总之,老子的"道"是指宇宙的总源泉和总生机,是创生的能量,不是被创生的物体,是发展的动力,不是发展着的万有。"道"意味着不断地创造,蓬勃地发展,它是内在的永恒的活力。在老子看来,宇宙万物它来源于一个统一的既不是"在"本身,而是"在"的"缺席"的非现存世界,不靠上帝鬼神,不靠其他任何外力,自己在不停地运转,不停地分化,不停地催生,不停地向前,它的动能是自己所固有的,用之不尽的。这种动能即是"道"。不能说它有,它是非物,无形无象,看不见摸不到;又不能说它无,它的力量伟大,赋予万物以生命,人们时刻能感受到它的存在。这是老子观察女性生殖功能所受到的启悟,他把"道"看成是生养天地万物的自然母体的造化之力,正是这种永恒的自然的力量造就了一个五光十色的生气勃勃的世界。这个世界中每一件事物的正常存在和发展,都是禀受了道的一部分活力,失去了活力,就要趋向衰亡。故而,老子说:"昔之得一者:天得一以清,地得一以宁,神得一以灵,谷得一以盈,万物得一以生,侯王得一以为天下正。其致之也,谓天无以清将恐裂,地无以宁将恐废,神无以灵将恐歇,谷无以盈将恐竭,万物无以生将恐灭,侯王无以正将恐蹶。"(三十九章)道既是总源泉、总生机,天地万物要健全地存在并发挥作用,必须从道那里获得应有的生命力,并能保持它。"万物得一以生"概括了道的生生作用,天之清,地之宁,神之灵,谷之盈,侯王之正,皆是它们正常的生命形态,皆因内含着生机。推而言之,万物失去生机便会瓦解毁坏,天将崩裂,地将震溃,神将止息,谷将涸竭,侯王将倾危。由此可知,道就是生命,也是美之所在。

老子美学中的德是万物禀于道而获得的一部分生命活力,故德即物性。王弼说:"德者得也,常得而无丧,利而无害,故以德为名焉。何以得德?由乎道也;何以尽德?以无为用。"(《老子注》三十八章)可知德与道不可分,物的生命本性,从来源上说是得道的结果,从现存形态上说则是成德之性。老子说:"道生之,德畜之,物形之,器成之。"(五十一章)这是形而上之道具象化为形而下之物的过程。道给予万物生命,德规范万物本性,物形状万物体态,器成就万物功用。而"万物莫不尊道而贵德",何以要贵德?德既是物之含道之性,必是其初禀时真朴之性,不受沾染,未加修饰,圆满无缺,这样的德又称为"朴",在人,称为"玄德"。有德之人是人间未丧失道性者,老子用婴儿为比喻加以形容。老子说:"专气致柔,能如婴儿乎?"(十章)老子说:"沌沌兮,如婴儿之未孩"(二十章),老子说:"含德之厚,比于赤子"(五十五章)。这种比喻亦带有母系氏族文化的痕迹。母系社会尊重妇女、珍爱儿童,这已为考古学所证实。对婴儿如此赞美,如此细微描述("骨弱筋柔而握固""终日号而不嗄"等),不是极其富于母爱精神的人是达不到这种程度的。

女性在人生态度方面的确有其特点和优点,对于生硬的行为女性往往不是采取硬碰硬的态度,而是避其锋芒,弱其来势,镇之以朴,化之以情,委曲求全,以柔克刚,也往往收到出人意料的效果。推之于为人处世,便产生了"曲则全,枉则直"(二十二章),"去甚、去奢、去泰"(二十九章),"将欲取之,必固与之"(三十六章),"我无为,而民自化"(五十七章),推之于修身养性,便形成了"专气致柔"(十章)"少私寡欲"(十九章),"知足不辱,知止不殆"(四十四章),"塞其兑,闭其门"(五十二章)等处世经验言。老子把女性的这些智慧、经验和美德,融入自己的美学体系,使之升华,扩展为一种人生哲理和美学理论,从而形成了老子美学贵阴贵柔,既是生命美学又是人生美学的特质。

受老子以"道"为生命本原及其即是生命美学又是人生美学的影响,中国美学极为重视审美体验,推崇"味无味",在审美境界创构过程中,"贵悟不贵解",讲"目击道存""心知了达"与"直觉了悟",其核心是"悟"。而"悟"的极致则是禅宗所标榜的"以心传心""不立文字"。因为宇宙万物的生命本体是"道",而"道"即先天地而生的混沌的气体。它是空虚的、有机的灵物,连绵不绝,充塞宇宙,是生化天地万物的无形无象的大母。它混混沌沌,恍恍惚惚,视之不见,听之不闻,抟之不得。它是宇宙旋律及其生命节奏的秘密,灌注万物而不滞于物,成就万物而不集于物。在审美境界创构中审美主体必须凭借直觉去体验、感悟,通过"归朴返真","致虚极""守静笃""心斋"与"坐忘","味无味","无听之以耳,而听之以心,无听之以心,而听之以气"(《庄子·人间世》),排除外界的各种干扰,以整个身心沉浸到宇宙万相的深层结构之中,从而始可能超越包罗万象、复杂丰富的外界自然物象,超越感观,体悟到那种深邃幽远的"道",即宇宙之美。可以说,正是这种对老子所谓的作为生命本源"道"的审美体验,才使中国古代美学把审美境界创构的重点指向人的心灵世界,"求返于自己深心的心灵节奏,以体合宇宙内部的生命节奏"①,并由此而形成中国美学独特的审美体验方式和传统特色。

受此影响,中国美学史上的诗文评大都采取随笔、偶感、漫谈或者点评的方式,而且通常是"比喻的品题"(罗根泽语),诸如"清新""俊逸""雄浑""高古""芙蓉出水""错彩镂金""横云断岭""草蛇灰线"等,虽是精言妙语,富有形象性,但缺乏严密的适用界域和确切的内涵,带有很大的随意性。接受这些思想,就跟审美

---

① 宗白华:《艺境》,北京大学出版社1987年版,第118页。

欣赏差不多,得靠空寂的心灵,靠直觉和悟性。在我们看来,它的缺陷在于宽泛笼统,不能"证伪",难以厘定,以致注释之学在中国得以叠床架屋般发展,而且长盛不衰;它的好处在于点到即止,毋庸辞费,为接受者的悟性发挥留有较大的余地,而不像西方人那样用切二分割的方法硬套一切,勘天役物,凿破自然天趣。中国人拥有"寂然凝虑,思接千载,悄然动容,视通万里"(《文心雕龙·神思》)和"世尊枯花,迦叶微笑"(《五灯会元》卷一)般的高雅情趣和艺术精神,这一点在中国古代美学中在在可见。故而我们认为,不了解老子的生命美学,就无法了解中国的哲学和艺术,也找不到这个古老民族的审美心灵。

同时,正是由于受老子生命美学的影响,在人与自然、心与物的关系上,中国人往往将自己看成是自然万物的一部分,视天地自然则如一大生命,一流动欢畅快活之大全体。影响及中国古代美学思想,则形成其物我不分、主客一体、物我两忘的普遍、自然的审美体验性特征,其美学的内在体系则为一有机的生命整体。"道"为生命本原,"道"也就是美,并且作为宇宙自然生命本原的"道"(气)也是美学体系的生命之本。美学体系的生成与演化都基于"道",植根于"道",都是道之花,道之枝叶。这种作为美学体系的生命之本的"道"(气),在中国传统思想看来,又体现在"气"为本体的感性形态中,并使之成为一个具有生机和生生不息的生命体。我们知道,以志为首的中国古代哲人认为,"道"(气)是万物生命生存的本原,外在万事万物都可以归结为一种气积、气化。故而,在中国人看来,宇宙自然不是人以外的外在世界,而是人在其中的有机统一的世界。人与自然万物之间的关系是亲和的、和谐的,都是以大化流衍、生生不已的"道"(气)为本原和基础。正如张载在《正蒙》中所指出的:"知虚空即气,则有无、隐显、神化、性命,通一无二。""道"(气)体现着宇宙自然的生命活力与生机,主宰着美学体系的生成与演化。可以说,正是由于"道"(气)贯穿着整个中国古代美学思想体系,从而才使其包蕴着勃勃生机与无穷的活力。所以殷璠在论及审美创作活动时,有"气来、情来、神来"[①]之说。这里的"气"即为其美学体系的生命之本,"神"为其美学体系的生命灵魂,"情"则为其美学体系的生命韵律,并由此而形成其美体系内在生命的丰富性和完满性。

从其整个美学思想体系的建构特征来看,受老子生命美学的影响,中国古代美学思想认为,美的精髓为"道"(气),它既是人的生命本原,也是自然万物的生命本原。因此,审美不是高高在上或者外在于人的生命的东西,而是存在于人的

---

① 殷璠:《河岳英灵集·序》。

心灵世界之中,属于人的生命存在的东西。从这个意义出发,中国古代美学思想极为重视审美主体的心理结构的建构,对于主体审美心理结构的生成要素、基本内容、形成原因、创构条件等进行了多方面、多层次的描述和探讨。我们认为,正是通过此,从而才突出地显示出中国古代美学重视人生、体验人生、落实于人生的鲜明特点。

在审美主体建构论方面,在老子生命美学的作用之下,中国古代美学认为,"道"(气)是生命的基础,生命活力的源泉,所谓"人之生,气之聚也","气充则体健","气盛则化神"。同时,气也是审美主体心理要素和审美能力的源泉。人心中藏气,故能思维。气在人体内循环不息,不仅维系人的生命,而且还激活了主体的审美冲动。故而,审美主体通过修身养气,使身心充实,情绪饱满,富有旺盛的生命活力和生命能量,审美冲动则会油然而生,不可遏制。正如陆游所指出的:"谁能养气塞天地,吐出自足成虹霓。"[1]审美需要的产生也离不开生命之气的作用,情感是审美需要的直接动力,而情感的培育则最终归于气在人体内的运动。《素问·阴阳应象大论》云:"人在五脏,化五气,以生喜、怒、悲、忧、恐。"主体审美知觉的活动,同样离不开气的作用。是人体内部之气使人的感官与五脏等沟通,并构成一个整体,从而才激发感官,以产生效应。在此基础上,才促使审美知觉效应的产生。即如《灵枢·脉度》所指出的:"肝气通于目,肝和则目能辨五色矣。""肾气通于耳,肾和则耳能辨五声矣。"审美直觉的形成,其生理根源也在于五脏等人体生命之气。

就审美关系的构成来看,受老子生命美学的影响,"道"(气)是作为审美主体的人和作为审美对象的宇宙自然的共同的构成质料,"人在气中,气在人中,自天地至于万物,无不须气以生者也?"[2]由气观之,"天地宇宙,一人之身也;六合之内,一人之制出"[3]这也就是说,天地是个大宇宙,人体是个小宇宙;小宇宙是大宇宙的一部分,天人是一个和谐的整体。人和自然都是"气"所化育生成,都具有生命灵气。因此,在审美观照中,主体可以化宇宙为生命,并融生命于宇宙万物之中,以获得宇宙生命的本原,而与万物合一。张彦远指出:"凝神收遐想,妙悟自然,物我两忘,离形去智,身固可使如槁木,心固可使如死灰,不亦臻于妙理哉?"[4]

---

[1] 陆游:《次韵和杨伯子主簿见赠》。
[2] 葛洪:《抱朴子·内篇》。
[3] 《淮南子·本经训》。
[4] 张彦远:《历代名画记》。

宋人罗大经描述曾无疑画草虫:"方其落笔之际,不知我之为草虫耶? 草虫之为我也。"①审美主体在审美构思之中,使自己的心灵律动与宇宙自然的生命节奏和谐统一,达到身心都遗,物我俱忘,从而始能妙悟宇宙的真谛。

并且,正是由于对"道"这种生命本原与生命之气的追求,审美活动中要进入"上下与天地同流","浑然与万物同体"的审美境界,所以以老子美学为代表的中国古代美学要求审美主体必须保持内心的和谐平静,忘物忘我,疏瀹五脏,澡雪精神,以促成生命之气的"静"。朱熹说:"洗涤得尽肠胃间夙生荤血脂膏,然后此语方有所措。如其未然,窃恐秽浊为主,芳润入不得也。"②应使"胸次洒脱,中无障碍。如冰壶澄澈,水镜渊停"③,只有这样,呈现于主体心灵的才是一片空灵澄澈的世界,由此始能与自然造化息息相通,并化身于宇宙的生命韵律之中,与自然万物的生命之气契合。故中国古代美学强调"静思""空静""澄怀",主张主体忘欲、忘知、忘世遗意,以"听之以气"。审美主体保持心灵虚静,就会表现出神明般的直觉感受力,在审美观照中,将自己的生命元气灌注于天地万物,使自己的精神与天地精神相合。由物我冥合到物我两忘,实现与宇宙永恒生命本体的根本同一,从而才能无所不在,无所不入,无所不纳,洞鉴宇宙的妙谛。

受老子生命美学的影响,以"道"这种生命本原和生命之气为基础建构起来的中国古代美学,其所追求的在审美体验中要求达到浑然与万物同体的审美境界是审美活动的最高层次。西方现代哲人柏格森称此为"知的同情",是"吾人赖之以神游于物之内面而亲与其独特无比不可言状之本质融合为一者也"④。美国心理学家马斯洛则称此境界为"高峰体验",认为是生活中最神奇的体验,只有在出奇的关键时刻或伟大的创造时刻才可能产生。在高峰体验中,主体可以体验到自足的给人以直接价值的世界,达到心醉神迷的境界。一旦进入这一心境,主体就会失去自我意识而与宇宙合而为一⑤。在我们看来,作为一种高级的精神活动,审美体验是主体和审美对象之间发生关系,相互交流、相互渗透和相互影响的过程,也即物我交融、物我一体和物我两忘的过程,是生命意义的瞬间感悟。故而,中国美学以"道"这种生命之气为核心而形成的"以天合天""听之以气"的思想实际上是已经上升到审美境界论的理论高度。

---

① 罗大经:《鹤林玉露·画马》。
② 《晦庵先生朱文公文集》卷六四。
③ 吴宽:《书画鉴影》。
④ 《形而上学导言》,商务印书馆1963年版,第8页。
⑤ 参见《存在心理学探索》,云南人民出版社1987年版。

老子美学思想的当代意义 >>>

在对主体审美心理结构的分析和探讨中,受老子生命美学的影响,中国古代美学思想从古代文化哲学中引进了"才气""才力""天人合一""和实生物"范畴和命题。从儒家那里抽取了以"浩然之气"和生命正气的充实为根本内容的人格修养和人格理想论,认为审美主体所要做到的一切,就是要涵养无限广大、至刚至健的生命正气,内化仁义道德思想,"配义与道",以此涵育自己的崇高人格,并使这种深植于心理结构中的浩然正气与仁义道德表现外化为服从"礼"的审美实践,以实现审美心理结构的不断调节和逐步完整。从以老子为首的道家美学那里则抽取了以"归朴返真"为根本内涵的自然无为的人生境界论,认为主体应维持人体生命之静气的和谐、有序,顺应自然,归于自然,抛弃一切世俗的物质追求和功利打算,突破外在于人的道德规范,以使精神获得自由,通过自然万物的陶冶,以健全其审美心理结构。由此以构成一套中国美学以"道"(气)为核心的从心理、生理到审美活动、自然审美观同构互补的理论体系。使历代艺术家形成向内追求人格完善与自然适意、清净淡泊的心理境界;向外则力求积累知识,增强阅历,以提高养气修身的审美情趣。渴慕超功利、超物质的精神生活,要求在人的精神生命上加强修养,从而始能够通过审美体验以把握宇宙、人生的生命意蕴。

蕴藉于天地之中的"道"这种生命本原与生命之气,弥漫宇宙,无所不在,无所不有。由此以形成的美也并非远离人生,而是含孕、存在于人与社会、人与自然的和谐统一之中,所以,审美需要则既是"味无味",以"宣导生命之气"与人的情感体验的需要,也是人的一种精神需要与自我实现的需要。正是因此,所以中国古代美学强调审美创作活动的发生是气有所郁,是"自怨生""物感心动",是人体郁结不平之气需"宣导"而"言志""缘情",需要凭借审美创作活动以获得心理平衡、气机通畅和自我实现,并使自己的情感得到一种净化和陶冶。同时,也正是因此,所以在中国美学看来,所谓美,总是肯定人生,肯定生命的,因而,审美境界就是一种精神境界与人生境界。主体只要通过澄心静虑、心游目想,通过直观感悟与直觉体悟,则能达到一种兴到神会,顿悟人生真谛的审美境界。

第二章

老子的"道"论与审美境界构筑论

在中国人的审美意识中,自来就存在着一种天人合一、物我一体的宇宙观念;而自觉地追求天人的契合、物我的交融、情景的互渗、意象的混同,正是老子美学极力推崇的最高目的。以老庄美学为核心之一的中国美学精神的主流为这种强烈的宇宙意识所渗透,因此,在中国古代美学家看来,审美创作的目的并非个人得失,而是要"法天""法地""法自然""外师造化",同时又要"中得心源",以体现天道和人道的合一,要"参化工之妙""与天为徒",既"肇于自然""立天定人",又"造乎自然""由人复天"①"复归其根""复归于朴"②,使心物沟通共感,直师化机,体味"要眇",要通过对宇宙自然活跃生命的传达与审美主体内宇宙奥秘的显示,以表现审美体验中所领悟到的人生哲理、历史意识和宇宙真谛,实现天人合一。如孙仅在《读杜工部诗集序》中就认为:"五常之精,万象之灵,不能自文,必委其精、萃其灵于俊伟杰之人以焕发焉。故文者,天地真粹之气也,所以君五常,母万象也。纵出横飞,疑无涯隅;表乾里坤,深入隐奥。非夫腹五常之精,心万象之灵,神合冥会,则未始得之矣。"这里所谓的"神合冥会",就是指审美创作活动中,作为主体的艺术家屏绝理性的束缚,以自己超旷空灵的艺术之心沉潜进审美对象的生命底蕴,效法自然,以己心去会物之神,神理凑合,应会感神,以达到"物我交融""物我一体"与"天人浑一",并由此而体悟到宇宙生命意旨,获得心解妙悟的审美体验过程。而所谓的"五常之精""万象之灵""天地真粹之气",则是作为主体的艺术家所体验到的,以及艺术所应该表现的那种宇宙间万事万物的生命本原与生命意旨,也就是老子所提出的"道"。

---

① 刘熙载:《艺概·书概》。
② 以下本文凡引老子语,均见《老子》,下略。

一、道:中国美学的生命之源

"道"是老子美学的核心范畴,也是中国美学的核心范畴。老子认为,大化流衍,旁通弥贯,但是追究其本原,则最终来源于"道"。"道"是永恒的实在和无限的生命本体,它融化在天地万物的生存运动之中,决定着社会和人生的一切变化生存;大化迁易,莫不是"道"的造化伟力所致。万物万化,只是一道。老子说:"道生一,一生二,二生三,三生万物。"道是天地自然的生命精神。"合于道"则是老子美学追求的最高审美境界,老子美学的其他部分都是围绕着"道"而系统构筑的。在老子美学看来,"道"有五大基本审美特性:第一是核心性。在老子美学中,"道"是核心,具有本体论的意义。从时间上看,"道"是历时的,"道"先天地生,自古以存,自本自根,它生天生地,为万物之源,而自己本身不再有源,所谓"道生一,一生二,二生三,三生万物","万物之总,皆阅一孔,百事之根,皆出一门"(《淮南子》);同时,"道"又是共时的,"道"是天地万物统一共存的生命本原,它生成万物,为天下母,为万物宗,万物的性能赖道而有正常的发挥,故老子说:"天得一(一即道)以清,地得一以宁,神得一以灵,谷得一以生,侯王得一以为天下正","道有经纪条贯,得一之道,连千枝万叶"(《淮南子》),"道者无之称也,无不通也,无不由也,况之曰道"(王弼)。第二是自在性。道自然无为而无不为,它生养万物而不私有,成就万事而不恃功,不过是自然化生而已,故老子说:"道法自然。"《淮南子·原道训》说:"太上之道,生万物而不有,成化象而弗宰。"第三是超越性。作为宇宙万物的生命本原,道无形无象,不可感知,以潜藏的方式存在,玄妙无比,不可言说,只能意会,一旦说出,便落筌蹄,失却本真。即使可以寄言出意,勉强加以形容,也还须随说随扫,不留痕迹,故老子说:"道可道非恒道""玄之又玄,众妙之门""视之不见名曰夷,听之不闻名曰希,搏之不得名曰微""是谓无状之状,无物之象,是谓惚恍,迎之不见其首,随之不见其后。"(《老子》),庄子则说:"大道不称""无为无形,可传而不可受,可得而不可见。"(《庄子·大宗师》)《淮南子·原道训》说:"视之无形,听之无声,谓之幽冥,幽冥者,所以喻道而非道也。"何晏说:"道之而无语,名之而无名,视之而无形,听之而无声,则道之全焉。"(《列子·道论》张湛注引》)。第四是实存性。作为宇宙万物的生命本原,道又是实有的,它无所不在,谁也不能须臾离开它,违背了道就要失常,故老子说:"道之为物,惟恍惟惚;惚兮恍兮,其中有象;恍兮惚兮,其中有物。窈兮冥兮,其中有精;其精甚真,其中有信。"庄子则说:"道恶乎在？无所不在""夫道,有情有信。"《淮南子·览冥训》说:"夫道者无私就也,无私去也,能者有余,拙者不足,顺之者利,逆之者凶。"第五是运动性。作为宇宙万物的生命本原,道在推动万物变化发展时表现出相反相成的矛盾运动和返本复初的循环运动的规律性;一切矛盾的事物都在相反对立的状态下互相依存并互相转化,事物的运动遵循着物极必反的规律周而复始,动复归静。故老子说:"反者道之动""有无相生,难易相成,长短相形,高下相盈,音声相和,前后相随""周行而不殆""夫物芸芸,各复归其根,归根曰静,是谓复命。"庄子说:"万物皆种也,以不同形相禅,始卒若环,莫得其化,是谓天均。""流行于万物者,道也。"(《庄子·天地》)万物莫不"循道而行"。由此可见,以老子为首的道家哲人所谓的"道"实际上是指包括生成人类社会在内的宇宙自然的生命本原。道本身具有强大的生命力与创造力。道家把宇宙看成一个相互联系的大生命体,它的统一性正在于它具有生生不息的生命力,能创造出无穷无尽的万事万物,使之彼此相因相克相化。这个宇宙大生命体的生机就是道。

从天人合一的关系上看,中国美学所标举的审美境界之创构是心物交融、情景合一,是主体体悟天道、得诸"心源"的结果,那么,"道"主宰着生命的生成与存在,道虽无形、无名、惟恍惟惚、虚无空廓,而生命最终却来自于它,天下一切事理情尽皆由此而生,推而广之,"合于道"也就则成为艺术审美境界生成与存在的方式及其内在的缘由。

这种"合于道""天人合一"审美境界所体现出的是禀于自然外物的自在精神,是审美主体"深入隐奥""腹五常精,心万象灵",通过"神合冥会"的审美体验,对"道"这一作为自然大化的生命精神的体悟。它本源于自然本身,故《老子》说:"道法自然。"继承并发展老庄的美学精神,孙仅则强调审美创作构思应"君五常,母万象"。在他看来,天地自然的精神生命毕竟"不能自文",即不能自己体现出来,而必须依赖人,"必委其精、萃其灵于俊伟杰之人以焕发焉"。它源自万物自身,成于主体心灵,又体现着主客体的精神生命,即"道",同时还体现着主体的创造功能。可以说,正是由于老子的道论,影响及中国美学,从而形成中国美学所标举的审美境界创构之道,在其内在结构上,则体现了天人、物我之间最深层的贯通。

在老子看来,道是宇宙万物的生命本原,也就是先天地而生的混沌的气体。它是空虚的、有机的灵物,连绵不绝,充塞宇宙,是生化天地万物的无形无象的大母。它混混沌沌,恍恍惚惚,视之不见,听之不闻,抟之不得。它是宇宙旋律及其生命节奏的秘密,故灌注万物而不滞于物,成就万物而不集于物。故老子认为,审美主体只有回复到"婴儿"时那种纯洁心态,归朴返真,必须凭借"味",通过直觉去体验、感悟,由"心斋""坐忘","无听之以耳,而听之以心,无听之以心,而听之以气"①,排除外界的各种干扰,以整个身心沉浸到宇宙万相的深层结构之中,从而才可能超越包罗万象、复杂丰富的外界自然物象,超越感观,体悟到那种深邃幽远的"道",即宇宙之美。可以说,正是老子所推崇的这种对"道"的审美体验,才使中国美学把建构审美境界的重要途径指向人的心灵世界。如宗白华所指出:"求返于自己深心的心灵节奏,以体合宇宙内部的生命节奏。"②也正是由此,从而形成中国美学所标举的审美境界创构方法的独特性和传统特色。

二、心物交融的审美境界创构论

首先,受老子道论的影响,中国美学所追求的审美境界是与人生境界合一的。老子说:"道大,天大,地大,人亦大。"又说:"人法地,地法天,天法道,道法自然。"在老子看来,人与天是同一的,人即天,天即人,无所谓彼此,亦无所谓久暂。人不在宇宙之外,宇宙也不在人之外。人与宇宙自然既然相通相协,那么,人生的目的就不是去控制并征服宇宙自然,而是应该去顺应与拥抱自然,去取法自然,"与物有宜""与物为春",与自然万物相亲相和,与宇宙生命共节奏,直觉地去体悟宇宙自然活泼的生命韵律,并由此获得人生与精神的完全自由。

天道自然无为,人道顺其自然,天道自然无为,宇宙自然的生成与发展在其自身,宇宙的创造力在于宇宙本身,而不靠上帝鬼神。老子说:"人法地,地法天。"人道应符合天道的性质,天道自然无为,人道的基本要求在顺乎万物之自然,遵从事物发展的必然趋势,反对人为的干扰、征服和破坏,这就是无为。天道的无为不掺杂任何一点人的因素,人道的无为不同,它不是无任何作为;人要参与,要反应,但要因势利导,因性任物,因民随俗,给外物创造良好的条件,使其自然化育,自然发展,自然完成,因此人道的无为实际上是一种合乎自然的有为,做得恰到好处,使外物在不知不觉中接受了人的帮助,从而变得更加完善和美好。老子主张"道法自然",主张人应效法天地,反对违背自然的强行妄为,反对烦扰物性、矫揉造作、虚伪浮华。譬如养育花木,因品施肥,因形修剪,使其发育良好,便是无为;揠苗助

---

① 《庄子·人间世》。
② 宗白华:《艺境》,北京大学出版社1987年版,第118页。

长,滥施肥水,使其病萎,便是有为。又如西施,淡妆素裹,不失天然姿色,便是无为;东施效颦,便是有为。老子说:"辅万物之自然而不敢为",可见无为是指顺物之性而辅助之,不是一无所为。庄子将无为解释为"安时而处顺"(《大宗师》),实际上是想获得精神上的安适自在。《吕氏春秋》提出"因而无敌"的命题,建立起贵因论。《淮南子》的《修务训》进一步明确了无为的积极含义,说:"若吾所谓无为者,私志不得入公道,嗜欲不得枉正术,循理而举事,因资而立功,推自然之势,而曲故不得容者,事成而身弗伐,功立而名弗有,非谓其感而不应,迫而不动者。"这里就指出,所谓"无为",就是"循理而举事,因而立功,推自然之势",将"无为","顺其自然"上升到"按客观规律办事"的高度,给老子为首的道家美学注入主动活跃的因素。道家各派对无为的理解是有差别的,但都强调贵因随势、顺乎自然,这是各家的共识。无为论用于审美活动之中便是道家美学所主张的自然审美观,用于社会便是道家的人生论。老子所谓"挫其锐,解其纷,和其光,同其尘,是谓玄同"就是无为的自然审美观;"我无为而民自化,我好静而民自正,我无事而民自富,我无欲而民自朴"即是无为的人生论。庄子所谓"以无厚入有间"便是他的自然审美观,"各安其性命之情"便是他的人生哲学。《吕氏春秋》提出"因者君术也,为者臣道也"的主张,《淮南子》提出君道"虚无因循",臣道"守职分明"的主张,王弼提出"以无统有""以寡治众""以静制动"的主张,都是无为。

依照老庄美学的这种宇宙意识和审美意识,中国古代美学与人学都把老子所谓的"同于道""复归于根"、天人一体的无限和永恒之境作为最高的追求,强调审美活动中作为主体的人必须将自我的生命意识投入宇宙大化之中,同时又将自然万物深层律动渗入自身的精神脉搏,外抚四海,内运潜思,"无所待"而"逍遥游","同自然之妙有","浑天地之窈冥,秘鬼神之变化",弥纶天地,究极人神,随大化氤氲飘逸,与自然融融相交。在这种审美境界中,人作为审美主体能够于静穆中直接与宇宙生命的节律脉动妙然契合,以获得生命的真谛。庄子认为,只有"游心于淡,合气于漠"[1],顺物自然而无容私,才能达到"以天合天"[2]的审美境界,故他强调"以虚静推于天地,通于万物,此之谓天乐"[3]。《西京杂记》卷二载司马相如云:"赋家之心,包括宇宙。"的确,受老子道论的作用,中国古人对宇宙万物至为抚爱、关切,他们俯照仰观,游目骋怀,具备万物,横绝太空,目极万里,心游大荒,以

---

[1] 《庄子·应帝王》。
[2] 《庄子·至乐》。
[3] 《庄子·至乐》。

心灵去契合律动不已的整个大自然。这种视大自然为可居可游的精神乐园,认为自己的心灵和生命可以自由地体合天地,"静而与阴同德,动而与阳同波",以自身的生命之气去浑融天地自然间的生命之气的思想熔铸于中国美学之中,遂构成了以老庄美学为核心的中国美学独特的精神风貌。故人们常说中国美学是体验美学或谓生命美学。

在审美体验活动中,以老庄美学为核心的中国美学非常强调作为审美客体的客观现实对审美体验的引发作用,所谓"瞻万物而思纷""物沿耳目";认为审美体验活动是"推于天地,通于万物"①,是"目既往返,心亦吐纳";审美体验的极致则是通过心灵静观,超越客观物象的具体形式,使天地万物的生命节奏和人的生命沟通相合。"外师造化,中得心源""顾念万有,拥抱自然""心合造化,言含万象"等三个命题就很好地揭示了在老子道论的作用下中国美学所推崇的审美境界构筑中注重心灵体验的三个层面:

(一)外师造化,中得心源

道生育化合万物。大道空玄,然无所不在。受老子道论的作用,中国美学所追求的是"与天地精神往来"(庄子)。作为生命本原的道静寂空虚,周行不殆,是蕴藉于自然万物生命内核的氤氲之气、化合之节、变异之理与自然之韵,只有通过人的心灵体验才能感悟。故而在以老庄美学为核心的中国美学看来,审美创作是主体心灵的观照与物态化的过程,是审美主体根据"向往无限的心"(宗白华语),从个体的人的审美心理特征出发,去蹈光蹑影,通天尽人,以感悟那些烙印着自己心灵意蕴最深的东西,以发现最能适应作为主导意识的审美对象的精神内涵和恰如其分的审美意趣的语言载体的过程。唐代善画松石山水的画家张璪所提出的"外师造化,中得心源"②的美学命题,就极为准确地表述了中国美学这种追求生命律动,参赞化育,以心为主,以物起兴,徘徊绸缪于心物之际,从容委曲于天人之间的审美体验特征。

老子强调:"人应取法地,地应取法天,天应取法道,道则纯任自然。"他指出宇宙间有四大,而人居四大之一。强调人的作用,认为"道"与自然万物,皆因人而显。老子美学这种以人为大、为宇宙间最重要、最灵、最秀的思想影响及中国美学,在中国艺术家看来,造化与心灵、物与我的关系是审美境界创构中审美体验的

---

① 《庄子·至乐》。
② 见《历代名画记》卷十。

核心。张璪所提出的"外师造化,中得心源"之所以历来为人所称道,就在于它是对审美创作活动中心与物态天趣相融合过程的一个精炼而深刻的概括。它基于老子美学中人是四大之一的审美意识,揭示了中国艺术精神之魂。从现代美学来看,从根本而言,艺术审美境界创构活动毕竟是现实生活的展示和表现,丰富多彩的社会生命和自然景观,是一切种类的艺术审美创作的渊源。"真力弥满,万象在旁"①是中国艺术最幽深丰富的生命情调产生的重要条件。在中国古代艺术家的审美体验中,天地万象既是审美感性的最佳场所,同时,万物自然又都不是色彩迹线等所组合而成的单纯的无机物质实体,而是流转不居、气韵生动、节奏和谐的有机生命形态。即如钱穆在《现代中国学术论衡》中所指出的:"中国人视天地大自然为一大生命,一流动欢畅之大全体。"故而,在老庄美学的作用下,中国艺术家总是法天、法地、法自然,把造化与心灵、生活与审美结合在一起,多样丰富的生命经历与生命体验作用于他们的心灵,使他们激越感荡起喜怒哀乐的心灵跌宕,产生融凝物我的生命冲动,并进而使内在情感获得感性化的符号载体,以促使审美境界创构中情感与外在形式的升华。天地"造化"是中国艺术家审美境界创构的起点。可以说,正是基于此,才使得"外师造化"成了中国艺术家的不朽信条,依附于审美直觉的直观体验便成了审美境界创构的不二法门。诗人躬历山川,意驰草木,遏物兴怀,即景成咏;画家则登山临水,耳目所接,杂然有触,引发意兴;音乐家在自然宇宙的阴阳开阖、高下起伏的节奏的深沉契合中,心弦轻拨,而令众山皆响;书法家则把万物自然生生不息的节奏韵律径自化入抽象的线条中,铸成为"天地何处不草书"(翁方刚语)的绝响。观物起兴,以自然万物为师的方式各有差异,但都是以物为起点,据物驰思,借物写心。大自然的万千景象撞击着创作主体的心灵,主体便在这观照与体验中获得心灵的净化与深化,从而孕育出艺术审美境界创构的腾飞。故而"外师造化"是艺术生命律动生成的基本的客观条件,是构成艺术生命"两元"中的一元。

同时,老子认为"人"为"四大"之一。人在天地间最灵最贵,也最美。人法地、法道、法天、法自然,美的生成,离不开人的作用,"美因人彰";受此美学思想影响,"中得心源"则是艺术生命律动生成中不可或缺的主观条件,是艺术生命律动的另一元。审美意境只能诞生于最自由、最充沛的心源之中。"美不自美,因人而彰"②,"一心定而万物服",一切美之光都来自心灵活跃的源泉,没有心灵的投入

---

① 司空图:《二十四诗品》。
② 柳宗元:《邕州柳中丞作马退山茅亭记》。

和折射，是不可能有美的生成的。即如叶燮所指出的，"诗是心声"。在他看来，"心如日月"，"诗如日月之光"，故而"陶潜多素心之语，李白有遗世之句，杜甫兴广厦万间之愿，苏轼师四海弟昆之言"①。他们的诗歌创作都植根于一个活跃的、至动而有韵律的心灵。

由此，在我们看来，人法地、法天、法自然，故而艺术审美创作离不开人。"中得心源"的命题确切地揭示了审美境界创构活动离不开人，离不开人的心灵体验这一特征。薛涛《寄旧诗与元微之》诗云："诗篇调态人皆有，细腻风光我独知。"艺术审美境界创构是作为主体的人的本质力量的对象化，是作为主体的人的审美体验的结晶体，因而，作为这一过程的物态化成果的文艺作品必然带着属于主体自己的独特的心灵印记。在老庄美学的作用下，中国美学很早就注意到了这种审美境界创构中的主体精神，极为强调审美主体应该"治心""处心""正心"。宗白华先生认为中国艺术的基本境界是"于静观寂照中，求返于自己深心的心灵节奏，以体合宇宙内部的生命节奏"②。我们认为，这里的"自己深心"也就是"心源"。从现代审美心理学来看，"心源"，实质上是主体审美心理结构的构成。

审美境界创构离不开属于创作主体独特的审美心理结构，即"心源"的作用。正如宋濂在《答章秀才论诗书》中所指出的："诗乃吟咏性情之具，而所谓风、雅、颂者，皆出于吾之一心。"我们认为，这一理论并不仅仅适用于诗歌审美境界创构，所有门类的艺术审美境界创构都应"出于吾之一心"。故而，作为审美主体，则应该具备一种超乎常人的审美素质，从而始可能推动审美境界创构活动的开展，并获得审美境界创构活动的成功。审美创作活动是一种心灵体验，需要创作主体"中得心源"，以整个心性去对审美客体进行艺术的审美感悟。这种心灵体验的过程是"归朴返真""自然无为""澄心端思""游心内运""心通造化""心游万仞"，即让虚静空灵、自由自在的审美之心去"游乎天地之一气"③，以整体全面地体验审美对象中所蕴藉的生命本原，"同于道"，体验到"大象""大音""大美"。微尘中见出大千，一瞬间见出永恒，既是艺术的审美境界，也是主体心理结构全体的审美功能之所在。韩纯全说："琼瑰琬琰，天下皆知其为玉也，非卞氏之献，孰别荆山之姿而为美。"④恽正叔也说："天外之天，水中之水，笔中之笔，墨外之墨，非高人逸品，不

---

① 《原诗》外篇上。
② 宗白华：《艺境》，北京大学出版社1987年版。
③ 《庄子·大宗师》。
④ 《山水纯全集》。

能得之,不能知之。"①他们强调的"卞氏三献"与"高人逸品",既指主体所应具有的一种特别的精细入微的审美感悟力,也指那种属于审美创作主体所独有,不同他人的"自己深心"与"心源",即审美心理结构。在老庄美学的作用下,精致的中国文化所孕育出的中国艺术家精微入神、灵妙活跃的审美直觉,构成了主体审美心理结构的主要内容。审美体悟能力强的审美主体不但能察悉作为客体的审美对象的细微形态,把握其曲折变化,而且还能透过其形式因素体悟到其中所蕴含的深刻的审美意蕴。以老庄美学为核心的中国美学所要求的高层次的审美体验,不仅是美的形式与美的形象,而且是主客合一,物我合一,情景交融,心源与造化混同的最高审美境界,或谓审美意境。在这一意境中,心源即造化,造化即心源,物我之间共同跳动着一个脉搏,击打着一个音符。陆游《雨后散步后园》诗云:"淡日轻云未快晴,涓涓沟水去无声。为怜一径新苔绿,别就墙阴取路行。"杨万里《新晴东园晚步》诗云:"晚雾薄情憎远岭,夕阳死命恋危亭。孤吟莫道无人觉,松竹喧传菊细听。"就是对这种细腻真切的审美体验的生动写照。

(二)顾念万有,拥抱自然

老子说:"大音希声,大象无形。"又说:"味无味。"受此影响,中国美学特别注重体味。在老庄美学看来,美的体验,在于主体对客体的发现、选择和同构。老庄美学强调游心于无穷,与天地同流,与万物同化,以返回生命之根。偕道而行,使心源与造化沟通,审美境界创构活动才能得以发生、发展,以至完成。的确,中国艺术家这种以造化为师,从性灵出发,通过心灵观照以直接领悟自然大化的物态天趣,使造化与心源相通共感的审美体验方式深深地扎根于中国传统文化的土壤之中,与受老子道论作用而形成的中国人传统的"天人合一"的宇宙意识分不开。由于老庄美学的作用,在中国人看来,盈天地间唯万物。宇宙万物是大化流衍,其往无穷,一息不停的。生气灌注的宇宙自然是生命之根、生化之源,是创作主体可以亲近、可以交游、可以于中俯仰自得的亲和对象。在这种"天人合一"的思想熏陶下,中国人可以于中俯仰自得,跃身自然万物,把整个自然景物作为自己的至爱亲朋。所谓"齐物顺性""物我同一","我见青山多妩媚,料青山见我应如是"②。故而,在这里我们把老庄美学影响下中国美学所表现出的这种自然亲近人,愉悦人,是创作主体的密友知音的审美意识归纳为"顾念万有,拥抱自然"这一美学命

---

① 恽正叔:《南田画跋》。
② 辛弃疾:《贺新郎》。

题,可以说是极为生动地表述了中国人"物我同构"的审美观念,以及审美境界创构活动中主体在自然山水之中舒坦自在,优游闲适,俯仰如意,游目驰怀的审美心态。

"顾念万有,拥抱自然"的命题表现了中国人对宇宙万物的依赖感和亲近感。受老庄美学的作用,中国人的宇宙意识和西方是不同的,因此,中国艺术家与自然万物的关系,以及审美境界创构活动中通过何种审美体验方式来把握审美对象的内在意蕴,也存在着和西方艺术家不同的地方。老子说:"道生一,一生二,二生三,三生万物。"万物尽皆生于"气"(道)。受此影响,以老庄为首的中国古代哲人对宇宙世界、万有自然的看法是心物对应的。在天与人、理与气、心与物、体与用、知与行等方面的关系上,中国人总是习惯于从整体上对它们加以融会贯通地把握,而不是把它们相互割裂开来对待。受老庄美学的影响,在中国艺术家的审美意识中,人与自然之间存在着一种亲和关系,人与造化万有都是浑然合一,不可分裂的。人与自然万有是一个有机的统一体,人可以"拥抱"、"顾念"万有自然,天地万物与人的生命意识可以直接沟通。正是在这种"天人合一"的传统宇宙意识与审美意识作用之下,加上老庄美学"万物皆生于气"思想的作用,中国艺术家都将自己看成是自然万有的一部分,物与我、自然与人没有界限,都是有生命元气的,可以相亲相近相交相游。

人与自然都由"气"(道)所生,都以"气"(道)为生命本原,自然既然是人的"直接群体",是人亲密无间的朋友,那么,走向自然,以纯粹的自然作为审美对象遂成为中国艺术家的一种创构审美境界的原则。盘桓绸缪于自然山水之中,"顾念万有,拥抱自然",把自然山水景色中取之不尽的生命元气作为自己抒情寄意的创作材料,感物起兴,借景抒怀,从而使躁动不安的心灵得到宁静和慰藉,使情感得到升华。

也正是如此,以老庄美学为核心的中国美学思想历来强调,在审美体验中,主体应将自己的淋漓元气注入对象之中,使对象具有一种人格生命的意义,以实现人与自己万有的亲和,从而在心物相应、主客一体中去感受美和创造美。当然,这种在审美体验中"顾念万有,拥抱自然",同自然景物发生情感交流与心灵感应的审美心态还同中国人重感受,在感物生情、触物起兴方面特别敏感分不开。所谓"物色之动,心亦摇焉"[①],无论长河落日,大漠孤烟,还是山川林木,清泉流水,都能触发创作主体的审美情怀,而顾念不已。诚如萧子显在《自序》中所指出的:"登

[①] 《文心雕龙·物色》。

高目极,临水送归,风动春朝,月明秋夜,早雁初莺,开花落叶,有来斯应,每不能已也。"是的,正如我们所说的,受老庄"万物一气"审美意识的影响,在中国人看来,山水是具有人的性情的,人心与自然景物之间有着相通的生命结构,存在着一种异质同构的亲和关系,因此,在审美境界创构中,主体应努力释放自己积极的审美意绪,到对象中去发现自我的生命律动。明人唐志契指出:"要得山水性情","得其性情","则山性即我性,山情即我情,水情即我情"。① 在中国艺术家看来,人可以代山抒发审美情感:"山不能言,人能言。"②而山则能为人传达审美情绪:"净几横琴晓寒,梅花落在弦间。我欲清吟无句,转烦门外青山。"③人和自然万有之间是没有界限的,都具有生命性情,因而可以相游相亲,相娱相乐。主体只要俯察仰视,全身心地去体验感应,茹今孕古,通天尽人,以微妙之心去体悟大自然中活泼泼的生命韵律,"素处以墨,妙机其微","顾念万有,拥抱自然",投心大化,与自然万物生生不已的生命元气交融互渗为一体,就能够挥动万有,驱役众美,以领悟到宇宙生命的精微幽深的旨意,并进而从"天地与我并生,而万物与我为一"中获得精神的超脱和生命的自由与高蹈。

正因为在"顾念万有,拥抱自然"的山水游乐和审美体验中主体能够获得一种心灵的自由和解脱,所以,左思认为:"非必丝与竹,山水有清音。"④谢灵运《酬从弟惠连》其五诗云:"嘤鸣已悦豫,幽居犹郁陶。梦寐伫归舟,释我吝与劳。"王维《戏赠张五弟諲》诗云:"我家南山下,动息自遗身。入鸟不相乱,见兽皆自亲。云霞成伴侣,虚白待衣巾。"通晓人意的山水自然能给人身心愉悦的审美快感,使人从对自然生命的微旨的深切感悟中,超脱物欲的羁绊,以获得心灵的静谧。杨万里诗云:"有酒唤山饮,有藜分山馔"⑤,"我乐自知鱼似我,何缘惠子会庄周"⑥,"岸柳垂头向人看,一时唤作《诚斋集》"⑦。山能与人一同饮酒作乐,水中的鱼、岸边的柳会解人意,与人嬉戏。自然万物与人相亲相恋,顾念相依,主客体相融相洽,辗转情深,思与境偕,物我两冥,心物交融的审美境界创构中表现出强烈的对山水自然的依恋意识。不难发现,中国艺术家在心物交融审美境界创构中所表现

---

① 《绘事微言·山水性情》。
② 恽正叔:《南田画跋》。
③ 杨慈湖诗,引自《鹤林玉露》丙编卷五。
④ 《招隐》。
⑤ 《轿中看山》。
⑥ 《荷池观鱼》。
⑦ 《晓经开封》。

出的这种对山水自然的顾念依恋意识,对形成传统的心灵观照审美体验方式和构筑成古代艺术含蕴微茫、超象清新等审美特征,都具有极大的影响。丰子恺在《绘画与文学》中说得好:"所谓美的态度,即在对象中发现生命的态度","就是沉潜于对象中的'主客合一'的境地。"在我们看来,这种审美境界创构中"沉潜"到宇宙自然中去发现和凝合生命律动的顾念依恋意识,既体现着老庄哲人的情怀,也体现出艺术审美创作主体的心态;既是审美体验,也是审美情感的流露。张岱年先生说:"唯有承认天地万物'莫非己也',才能真正自己认识自己。"①这可以看作是从哲学的高度,对古代艺术家在审美境界创构中所展现出的顾念依恋自然万有的美学精神做出的充分肯定,强调它是一种高级的审美认识活动。西方哲人约德也认为,在这种心灵体验的审美认识活动中,"自我与非我相见之顷,因非我之宏远,自我之范围遂亦扩大,心因沉思之宇宙为无限,故亦享有无限之性质"②。在对自然万有的审美体验活动中,主体与客体物我相交相融,相顾相念,相拥相亲,从而扩大了主体自我,觉"万物皆备于我",宇宙即吾心,吾心即宇宙。人与宇宙自然、山川万物息息相通,痛痒相关,这才是人的最高自由和人的价值在精神上的最圆满的实现。

(三)心合造化,言含万象

受老子道论的作用,中国艺术家审美体验的第三个心理层面是在无物无我的空明澄澈的审美心境中产生的物我互渗活动。它是审美体验的关键环节,也是在感性经验的基础上开拓新的意蕴,构筑新的审美意象的心理过程。这种物我互振共渗活动的基本特征是造化与心灵之间的相互引发、交相契合。随着造化和心灵、心灵和造化的共振互动,相互渗透,最终以达到自然造化与意绪情思的统一整合,以完成审美创作构思。老子说:"同于道。"又说:"辅万物之自然而不敢为。"强调顺天地之大化。虚中说:"心合造化,言含万象。且天地日月草木烟云,皆随我用,合我晦明。"③提出"心合造化,言含万象"的美学命题以强调审美体验是宇宙造化与主体心灵的融合。是作为主体的"我"的心灵的切入和震颤,一种生命的投射与发挥。"辅万物之自然""随我"与"合我"的互渗活动是创作主体以自己的生命去灌注作为审美对象的自然万物,是通过发现对象的生命以体现自我。心与

---

① 张岱年:《文化与哲学》。教学科学出版社1988年版。
② 约德:《物质生命与价值》下册,商务印书馆1963年版。
③ 《诗学指南·流类手鉴》。

造化相合沟通了主客体内在的生命之河,体现了审美境界创构中心灵体悟的流动过程。

"心合造化,言含万象"是审美体验中心灵观照的深化。在这种深化过程中主体侧重于自我体验,并沉潜于与造化万有、宇宙真宰相咸通的审美极境之中。没有这种主客体交流的心灵观照,创作主体便不可能根据一定的审美需求,以从自然中选取那些烙印着自我心灵中意蕴最深的东西,更不可能从其独特的审美心理结构出发,去发现最能适应自我审美情趣的那种作为审美对象的自然万物的幽深旨意和恰如其分地表现心灵与生命的符号载体。

要实现"含合"造化万象的主客体交流,审美创作主体则必须保持一种"静以体道"、虚以待物的审美认同心向,或称审美心理态势。老子说:"夫物芸芸,各复归其根,归根曰静。"庄子也说:"夫虚静恬淡,寂莫(寞)无为者,万物之本也。"动而归静,实生于虚,宇宙万物作为有形的运动变化的实体,最终依旧要回复到"静"之中。所谓的作为创作主体"其心寂然"以营构出的静的心灵空间,则是一种包孕大化、囊括万物生机勃勃的"无"。它廓然与太虚相似,孕育着动的必然趋势。有了这一心灵空间,创作主体就能无为而为,不动而动,咏吟之间,眉睫之前,而拥有整个自然。此即所谓俟于天而从于天,与天为一,与物为一。只有这样,创作主体始能在审美境界创构的心灵体验中达到与自然万物的认同并把自己托付给整个宇宙大化,让自己的生命完全消融于自然造化之中,以把握到宇宙自然的精义。唯静,始能掌握动,控制动。动静不二,而能思游沧海,冥通洞天,万类由心,千里在掌。此即以静追动,静以体道。

"心合造化,言含万象"展示了心灵体验中主体的内宇宙和客体外宇宙相感相通、相辅相成的生命律动空间,并且体现了受老庄美学影响,中国美学所推崇的心物交融审美境界创构中这种心灵体验的本质特征。作为人掌握世界的一种特殊方式,审美创作活动是人对自身特点与属性的一种自我发现,自我确证,自我观照和自我体验,是"饮吸无穷于自我之中"(宗白华语)。孟子说:"万物皆备于我矣,反身而诚,乐莫大焉。"①所谓"诚",按照我们的理解,乃是自然万物与社会人生的最高道德境界。"反身而诚",是指人通过对道德意识的自我认识或实践经验的内心体验而体验自我、把握本心,以达到与天地万物的合一,悟解宇宙的生命本原。孟子的这段话可以说是对"心合造化,言含万象"命题的一种注解。"诚"是含合造化的又一种审美认同心向。唐李翱《复性书》说:"其心寂然光照天地,是诚之明

---

① 《孟子·尽心下》。

也。"又说:"道者至诚也,诚而不息则虚,虚而不息则明,明而不息则照天地而无遗。"认为"诚"是至静至灵、寂然不动的精神,通过自我体认,主体以归复"诚明"的本性,就能够使自己的心灵之光明照天地万物,通达造化万象,以领悟到宇宙深境中的微旨妙谛。我们知道,按照以老庄美学为核心的中国美学的宇宙精神,作为宇宙万物的生命本体与美的本原,"道"是"视之不可见,听之不可闻,抟之不可得"的,必待"观之以心",通过心灵体验,尽心,尽诚,返璞归真,复归其根,直达"万物之宗""万物之奥",从而始可能超越万象罗立、复杂丰富的外界自然物象,超越感观使"心合造化",以体悟到宇宙中深邃幽远的"道"。我们认为,也正是这种对道的审美体验,才能使中国古代美学把审美活动的重点指向人的内心世界。并且,在以老庄为首的中国古代美学家看来,人的心、性从本体意义上说就是一种主客合一、天人合一的原始统一体,故而,在审美体验中,主体只要抱素守朴,尽心思诚就能够使万物皆备于我,"皆随我用"。即如《礼记·中庸》所指出的:"唯天下至诚,为能尽其性;能尽其性,则能尽人之性;能尽人之性,则能尽物之性;能尽物之性,则可以赞天地之化育;可以赞天地之化育,则可以与天地参矣。"老子也指出:"挫其锐,解其纷,和其光,同其尘,是谓玄同。"所谓"玄同",就是达到与"道"合一的最高审美境界。我们知道,从自然属性来看,人的意识的本性来自自然。同时,人的审美活动中的内心体验,乃是全身心参与其中的感悟和穿透活动,已灌注着人的生命,既是人的精神在总体上的一种感发和兴会,也是人的精神的自由和解放,它能使人在一种切入和生命的挥发中把握到自己的本心,认识自我,并通过此以体验到自然之道与宇宙精神,到达与万物造化合一,感受到"参赞天地之化育"的生命创造的乐境。

以老庄美学为核心的中国美学所标举的"心合造化,言含万象"的审美境界创构活动,是追求"玄同"与"同于道",是自我生命与客体生命的契合和认同。在这种由本心意绪深层的主客交融所达到的深深认同中,开通了人心与物象之间的生命通道,由"万物皆备于我""皆随我用"而臻于"天地万物与我一体""合我晦明",最终主体将宇宙生命化入自我生命,获得生命的超升与审美的升华。审美活动的最高境界是人的自得,自得其心,自得其性,自得其情。用庄子的话来说,就是"任其性命之情而已矣"[①]。让审美的心灵在人的纯真本性中徜徉,则可以从中体验到生命的真谛与审美的微旨,达到天性合一、"心与造化合一"的宇宙之境。孟子

[①] 《庄子·骈拇》。

说得最为明白:"尽其心者,知其性也;知其性,则知天地。"①人性乃人心之本性,本之于天,故人性与天性是合一的。作为宇宙生命与美的本原的"气(道)",早就孕育在人的本心之中。即如熊十力所说,"本心亦云性智,是吾体与万物同具之本然。"②审美境界创构的心灵体验中,主体能灵光独耀,迥脱根尘,便能体露真常,臻于本心,直达生命的本原。我们认为,也只有这样,在审美创作构思主客交流互渗的心灵体验中,始可能"言含万象",为赋为歌,氤氲吻合,心与言会,舒卷自如。

---

① 《孟子·尽心下》。
② 熊十力:《新唯识论》,中华书局1985年版。

第三章

老子的人论与审美境界生成论

以老庄美学为主的中国美学强调作为主体的人在美的生成与审美境界的创构中的主导作用,这与老庄哲学的影响分不开。我们知道老庄美学与老庄哲学是骈体而生、密不可分的。两者往往相互融通、相互渗透,故而究其实质而言,最广义的老庄美学也就是最广义的老庄哲学。即如近代学者黄侃在《汉唐玄学论》中所指出的:"大抵吾土玄学,多论人生,而少谈宇宙。"中国传统文化的特点是重视人和人生,强调人在宇宙中的崇高地位,由此而生成的包括老庄哲学在内的中国哲学也自然如此。穷天人之际,探究人与自然、人与社会、人与自身的普遍意义,揭示人的本质和价值,妙解人生的奥秘,是以老庄哲学为主要内容的中国哲学所追求的最高目标。可以说,无论是儒墨老庄,还是佛教禅宗,都把对人与人生的探讨放在首位,其他一切问题,都是为了解决人的问题而展开的。特别是老子哲学中有关道、天道和人道(天人关系)的思想,以及有关人的生命存在的意义和人生价值的思想,都直接作用于中国美学审美境界论,并形成其"美因人彰"的理论基础。

一、老子人为"四大"之一的思想对中国美学的渗透

老子说:"道大,天大,地大,人亦大。域中有四大,而人居其一焉。"道与天,地与人是同为一体的。同时,天、地、道、人四者之间,人又具有极为重要的存在意义。道能包容万物,因而能配天;而天地万物,又都因为人,从而才显示出"大"与"美"。

老子认为宇宙间人的地位是很崇高的。同时,老子又主张:"人法地,地法天,天法道,道法自然。"在他看来,人的行为应取法于地,天地的运行则取法于大道,大道则纯任自然,如王弼解释的那样:"法自然者,在方而法方,在圆而法圆,于自

第三章 老子的人论与审美境界生成论

然无所违也。"归根结底,人道应当像天道那样自然无为,生养万物而顺其性,没有占有的欲望,换句话说,人道应当顺应自然,"同于道",以天下为公,故老子说:"知常容,容乃公,公乃全,全乃天,天乃道,道乃久。"人道若能包容大公,则与天道相合,从而达到的人生理想境界,这就叫着"同于道","同于道者,道亦乐得之",人与道相得相应,相与为一,便可以超越个体生命的局限,而走向无限与永恒。"天之道,利而不害;人之道,为而不争",这是一致的。但在事实上,又常常不一致,"天之道,损有余而补不足;人之道,则不然,损不足以奉有余。",所以,老子认为应当用天之道来改造人道。

正是从其人为"四大"之一的观点出发,老子认为个人利益和他人利益在本质上是一致的,在利他的同时成就了自己博大的人格。老子说:"圣人不积,既以为人己愈有,既以与人己愈多",所以利他在本质上不是个体的一种牺牲,而是个体生命的拓展和升华,"以其终不自为大,故能成其大"。老子认为生命主体首先要使自身强固,然后要将德泽不断向外普及,使天下之人受其惠。老子说:"善建者不拔,善抱者不脱,子孙以祭祀不辍。修之于身,其德乃真;修之于家,其德乃余;修之于乡,其德乃长;修之于邦,其德乃丰;修之于天下,其德乃普。"对此,陈鼓应解释说:"修身犹如巩固根基,是建立自我与处人治世的基点。《庄子》说:'道之真,以治身,其余绪,以为国。'道家所谓为家为国,乃是充实自我后的自然之流泽。这和儒家有层序性的目的之作为不同。"[①]

在老子看来,伟大的生命应有博爱之心,虽有不善,亦能善待之。老子说:"善者,吾善之;不善者,吾亦善之,德善。信者,吾信之;不信者,吾亦信之,德信。"此处的善待不善与不信,是指能感化之并以为借鉴。老子说:"圣人恒善救人,而无弃人;恒善救物,而无弃物。是谓袭明。故善人者,不善人之师;不善人者,善人之资。"老子认为作为个体生命,应当追求"圣人"境界,要弃小仁而行大仁(所谓"圣人不仁"),即顺民之性而为之,不另有作为,这样才能使仁爱周遍。老子说:"圣人恒无心,以百姓心为心",又说"以天下观天下"。表现了对他人的尊重和他人才智能力的充分信任,因为每个人都有自己的人生价值观,都知道自己如何去追求幸福,去创构自己的人生境界。

老子不仅把人的生命看成一个自然的运动过程,而且也看成生命主体按照天道的法则不断完善自身的过程,人应当贵生,珍惜自己的生命,善待人生,创造人生、审美地对待人生。作为个体应在德性上要培养植主体的质朴性、内含性,加强

---

① 《老子注译及评介》275 页。

生命的担待力和回应力。在老子看来,人性应当质朴厚重,保持婴儿般的天真,虚心以待物,含蓄而不外露,包举天下而不居功,应物而不累于物,成物而不自居其劳。应"心善渊";"敦兮其若朴","旷兮其若谷";"致虚极,守静笃";"见素抱朴,少私寡欲";"沌沌兮,婴儿之未孩";"重为轻根";"为天下谿,常德不离,复归于婴儿","为天下谷,常德乃足,复归于朴";"衣养万物而不为主,可名于小;万物归焉而不为主,可名为大";"大丈夫处其厚,不居其薄;处其实,不居其华";"大成若缺,其用不弊;大盈若冲,其用不穷";"含德之厚,比于赤子";"我有三宝,持而保之。一曰慈,二曰俭,三曰不敢为天下先";"孰能有余以奉天下?唯有德者"。这些德性,归纳起来就是:朴实、清静、谦虚、无私、厚道。为此就要清心寡欲,不尚浮华,"被褐而怀玉"。故而庄子指出:"嗜欲深者其生机浅。"

同时,在审美智能结构上要提高主体的透视力和灵活性,不为感性现象和假象所迷惑,不因变化多端的环境而被动,博大精思而不可测度。老子说:"古之善为道者,微妙玄通,深不可识",形容得道之人包藏着无穷的心智。这种智慧高出一般常识,是超出于感性的,达到心灵体悟的洞察宇宙变化大道的大智大明,故云:"知常曰明。"这种心灵的体悟不是主观偏见,而是直达宇宙生命奥秘,而"同于道"故老子说:"不自见故明。"这种悟既能知人,更可知己,故老子说:"知人者智,自知者明"。这种心灵的体悟能于细微处见知事物的变化,故老子说:"见小曰明。"这种心灵的体悟是按世间事物的本来面貌去认识事物,故老子说:"以身观身,以家观家,以乡观乡,以邦观邦,以天下观天下。"这种心灵的体悟反对巧诈而以朴拙为智,故谓"玄德","玄德深矣,远矣,与物反矣,然后乃至大顺"。这种心理体悟能力不能靠增加外界的知识来获得,而要靠直觉的体认和潜意识的开发,故老子说:"为学日益,为道日损。损之又损,以至于无为。"又说:"涤除玄鉴。"使心灵深处明彻如镜。只有冥心观照才能体察宇宙的生命之源和生命之机,而使主体获得"虚而不屈,动而愈出"的无穷智慧。这种智慧使人不局限于一事一时,不计较于小是小非,"玄同"万物而又不丧失自我,智欲圆而行欲方,故老子说:"圣人方而不割,廉而不刿,直而不肆,光而不耀。"这种心灵的体悟使生命主体获得了极大的适应性、超越性和预见性。

要使生命超越个体的局限,而达到无限与永恒必须使自己具有韧的精神,或者说是顽强的生命力,以便应付各种危险和艰苦。老子所说的"柔弱",是指生命活体的回弹性和后续力,这是生命力旺盛的重要标志。老子歌颂水,水不怕强力的撞击和分割,故有"抽刀断水水更流"的诗句,反过来水可以无孔不入,无物不淹,连续不断,故老子说:"天下莫柔弱于水,而攻坚强者莫之能胜,以其无以易之。"柔软的小草,抗风能力过胜于高大的乔木;弱小而顽强的军队,可以打败强大而横暴的军队。老子说:"兵强则灭,木强则折。"生活中经常会面临这样的情境,即为了顾全大局必须含垢忍辱,为了前进必须暂时后退,为了达到目标必须走崎岖不平的路,故而老子强调指出:"明道若昧,进道若退,夷道若颣。"达到这样的境界,就可以自如地应付各种复杂事变,而不会为突然的祸患所吓倒。老子所说的"不敢为天下先",含有后发制人以逸待劳的思想,从正面去理解,就是保持后劲,不计较暂时的利害得失,只为取得最终的成功。生命主体应当变外强中干为外柔内实,对外部的打击有较大的承受能力,以"天下之至柔,驰骋天下之至坚"的精神,去从事于有益于社会的事业。此外,还要进行自我控制力的锻炼,"胜人者有力,自胜者强","自胜"是说要善于克制自己的私欲和冲动,自如地调节心理,使之平衡,保持良好状态,这才是真正的强者。

贵生重生则不应为物所累。老子指出,追求尘世的功名利禄和贪图财富都是不爱惜生命的表现。他说:"名与身孰亲?身与货孰多?得与亡孰病?甚爱必大费,多藏必厚亡。"名誉与财货同自身的生命相比,是次要的,过分贪爱财物必招致大的破费,私财过多必会引起大的损失,都不是贵生重生的表现,而只会有害于生命。第四十六章说:"罪莫大于可欲,祸莫大于不知足,咎莫大于欲得。"人间各种罪恶灾祸皆起于贪,只会对生命有害。

在物质与精神生活上都要以平淡朴素为好,要"去甚、去奢、去泰"。老子说,沉溺于声色之乐,会损害人的健康,甚至使人癫狂。"生生之厚"反而害自之生,"求生之厚"反而害人之生。故老子说:"唯无以生为者,是贤于贵生。"意思是不过分追求个人生活奉养之厚者,要比过分看重个人生活条件的人要高明。少私寡欲,才可能物我两忘,而进入极高的审美境界。

在老子看来贵生重生应着力于培蓄内在的能量,充实生命的活力,而不要浪费它。养生以啬,便可使生命的根基深厚,精力充沛。

故而,老子主张专气致柔。他说:"载营魄抱一,能无离乎?专气致柔,能如婴儿乎?""营魄"即魂魄,指生命体之形神。养生之道在使形神合一而不离,离则两务之。进而要聚集精气,使生命体如婴儿般柔和,表现出精气充盈,醇和圆满,形神抱一、积精累气、纯和不杂,而和其他同其圣功。

老子不追求肉体的长生,只是想成就一种合于道的理想心灵境界,这是老子与后来道教不同的地方。他说:"圣人后其身而身先,外其身而身存。非以其无私耶,故能成其私。""后其身"与"外其身"之身是指个人利益,"身先"与"身存"之身是指高尚人格,正是由于他有无私奉献的精神,所以才能成就自身的伟大人格形象。老子认为这个精神上的"大我"可以"不亡",它超越了个体生命的有限,而进入生生不已的无限生命长河之中,从而使生命具有了永恒的价值。

老子这种列人为域中四大之一,重生贵生,重视生命、重视人与人生的思想是有其鲜明的时代与民族特色的。在人类漫长的发展过程中,尤其是原始社会的早期与中期,由于生产力的低下以及认识水平的落后,人类的先民对人与自然的关系认识不足,将人与自然融为一体,并且以为人直接就是自然的一部分,人的世界也直接就是自然的世界。在当时这种朴素的自然观作用下,原始人认为,人不是作为人之所以为人而存在,而仅仅作为自然的人而存在,人的生存生活、人的一切活动也不是从独立于自然的人的需要出发,而仅仅是依赖于人的简单的自然要求和生理本能。随着生产的发展和生产力的提高,到了原始社会后期和人类文明社会的早期,人类的自然观才发生了变化,才逐渐将人从自然中分化出来,从而也就突破了那种认为人与自然既是生命本身,又是生命载体,彼此并无物我之分的生命一体性原则。在这时,人的心眼里世界也不再是那种单一的物的世界、自然的世界,而是人的世界。特别是到了春秋战国时期,人们更是突破了尊天、崇天、畏天的思想,对自然、社会与人及人生采取一种理性的态度,开始意识到人自我的生命存在意义,自然也不再作为纯客体的对象存在,而是人化的、对象化地为人而存在。人在自然万物中具有崇高的地位,人的存在、生命的存在,具有其他任何事物都不能比拟与取代的地位。人既是自然的主人、社会的主人,也是自身的主人,人应该首先解决人之为人的问题。所谓"天道远,人道近","不知人,焉知天"。这里的"人道",就是指人、人的价值、人生境界、人格理想等人与人生方面的问题;"天道"则是指世界的存在及其存在的形式等自然现象方面的问题。比较而言,"天道"离人远,微茫难求,而"人道"则离人近,明灭可睹,因此更为重要,更应受到重视。同儒家学者相比较,老子虽没有明确提出"天"远、"人"近,人贵物贱,但他强调人高于自然,高度肯定人的存在价值,认为人在宇宙中并不渺小,并非无足轻重,主张人应自尊自重,自爱自贵,指出人居四大之一,把人同道、天、地相并相列,究其实质而言,也就是将人还给了人自己,同时也还给了自然。

老子这种人居四大之一,人在宇宙万物中占有崇高地位的思想必然影响及中国美学,并促成其关怀人生、重视人生、以人与人生的研究为要旨的特点。我们从其思想体系的整体面貌和美学精神来看,可以说,中国美学审美境界的建构与诸多重要的审美观念的确立,就是受老子人居四大之一思想的作用,以对人和人生的研究为核心,本着对人生意义、人格价值和人生境界的探索来进行表述的,重点是想解释清楚人在审美活动中的地位和作用,以及人应当怎样进行审美,怎样进行审美境界的创构,怎样通过审美活动使人生活得更加愉悦、美好。换言之,中国美学的整个思想体系都是在体验、关注和探寻人的价值、人的自由、人的幸福和人的全面发展等问题的过程中生成和构筑起来的。就以老庄美学为主的中国美学的精神实质而言,亦正是对人在审美活动中的地位、人在天地间的地位、人的品格道德情操、人的心灵世界与审美心理结构、人的审美体验、人生与审美的要眇真谛,以及审美境界的追求与创构等方面的问题进行深入细致的分析和表述,从而形成自己独具的、极富传统特色的思想体系与理论大厦。

并且,受老子美学的影响,中国美学这种极为鲜明和突出地重视人与人生并落实于人与人生的特点,又特别突出地表现在审美境界生成论的问题上。以老庄美学为主的中国美学认为有人才有美,坚持审美境界创构的主体性原则,"从物出发",又"以心为主",强调"美不自美,因人而彰",就是以老庄哲学为主的中国古代哲学中的人学为其理论基础,并向更高层次的发展。在中国美学看来,人在审美活动中的这种重要的主体性与主导性地位的取得,是与人的本质属性与价值属性分不开的。与老子人居四大之一思想一致,中国传统人学思想认为,天地万物中,人具有最高的地位:"人有气有知亦有义,故最为天下贵也。"人是"天地之德""天地之心"。即如孔子所说:"天地之性,人为贵。"人与自己之外的万物相比,是天地之间最为重要、最有价值的。董仲舒说:"人下长万物,上参天地","而摇荡四海之内。"周敦颐也说:"二气交感,化生万物,万物生生,而变化无穷焉,惟人也得其秀而最灵。"人在天地自然间最为贵重,具有自身的独立性、高贵性和能动性,故人能"为天地立心",能"参"天,并"摇荡"于四海之内,天地之间,通过主客体的互融交渗活动,以达到天人合一的宇宙境界。这也就是"人居四大之一"的意义所在,就是人的最高存在和最高价值之所在。

从美学意义来看,这种认为"人居四大之一"、人在万物中最灵最贵的思想,表明以老子为首的中国古代哲人已经发现只有人才是宇宙间最神奇、最美的存在。也正是这种"人居四大之一"、人为万物之灵的审美意识,中国美学才提出"因人而美"的命题,强调美的生成与审美境界的创构,离不开人的作用,坚持主体性原则。

以老子为首的中国古代哲学家认为,人居四大之一,人是宇宙的中心,是万物的尺度。因此,人认识了自身,便能体知自然与宇宙万物的根本。认识自我、自觉自我、超越自我、实现自我,以达到与道合一,"同于道""复归于根",即与自然法则、宇宙生命本体的合一,是人生的最终意义和价值,也是人的最高审美追求。从人的本质属性来看,人是自然的存在物,"人者,倮虫也,与夫鳞毛羽甲虫俱焉,同生天地,交气而已,无所异也"。在中国传统人学看来,人与动物一样,是一气所生,作为存在主体的人就是自然人,自然属性是人深一层的本质或人的社会性的基础。社会性是人的直接本质或现实本质。作为社会的存在物,人与禽兽的区别不在于"二足而无毛",而在于"有夫妇之别,父子兄弟之序。为棺椁衣食以瘗藏其死,于是有丧葬之仪,……有君臣之分,尊卑之节"。人讲礼义,人有聪明思虑。即如王充所指出的:"人,物也,万物之中有智慧者也。"人是万物中有智慧、有思想的生物,是自然属性、社会属性和意识属性的统一体,也是身心的统一体。人必须通过各种活动以满足人自己身心统一体的需要,"赖其力者生"。这里所谓的"力",具体来讲,是既指农民的"耕稼树艺,多聚菽粟",农妇的"纺绩积纴,多治麻丝葛绪綑布縿"等体力劳动;又指王公大人的"听狱治政",士君子的"竭其思虑之智,内治官府,外收敛关市山林泽梁之利,以实仓禀府库"等脑力劳动。人靠自己有计划、有目的的物质生产活动,以获得自己生存和发展所需要的生活资料。并且,人还"明于天人之分",具有人的自觉,有道德观念。孟子说:"仁也者,人也。合而言之,道也。"这就是说,"仁"的规定性内容,就是人。仁与人相合,就是"道"。换言之,"道"就是"仁"与"人"的统一。天道即人道;自然本质的人与伦理观念相结合,使自然本质退到深层底部,道德化的人性成为表面的直接属性。人进行着各种活动,不但进行着物质生产、社会关系的生产,而且还进行着人类自身的生产和精神生产。正是通过这四种生产组合而成的人类社会生产活动,人才得以不断发展,实现和确证自己的本质特性。而审美活动就是人所进行的全部社会生产活动中最能体现人的本质和本性的一种特殊形态。人的身心统一的需要是审美活动的目的和动力。审美活动的发生与对最高审美境界的追求既是人体验自我、改善自我、发挥自我、实现自我的需要,也是人本质特性的一种最高表现形式。

我们必须强调指出,人既是自身活动的主体,也是自身一切活动的发轫和归依。作为人掌握世界的一种特殊方式,审美活动是人对自身本质特性的一种自我发现、自我确证、自我观照和自我体验,是"饮吸无穷于自我之中"(宗白华语)。老子认为,只要返朴归真,"复归于婴儿"、"回头看我",就能达到天人合一,而进入人生的最佳境界。正如孟子所指出的:"万物皆备于我矣,反身而诚,乐莫大焉。"所谓"诚",是指一种极高的精神境界;也可以看作是一种最高的人生境界与审美境界。"反身而诚",则是指人通过对道德意识的自我认识或实践经验的内心体验,而认识自我,把握本心,由此以体知天理,达到人道与天道合一,也就是"率性自然",归朴返真。故而《中庸》说:"诚者,天之道也;诚之者,人之道也。诚者,不勉而中,不思而得,从容中道,圣人也。"又说:"唯天下至诚,为能经纶天下之大经,立于天下之大本,知天地之化。""诚则明矣,明则诚矣。"可见,"诚"也就是"诚明""大清明""玄览""灵明""兴会"等生命与心灵获得极大自由的境界。我们知道,在老子看来,作为宇宙万物的生命本体与本原,"道"是"视之不可见,听之不可闻,抟之不可得的"。必待"观之以心",凭主体自由的心灵去体验,通过返朴归真,回复到"婴儿"之心、"赤子之心","尽心""思诚""至诚""诚之",从而始可能超过包罗万象、复杂多样的外界自然物相,超越感观,以体悟到那深邃幽远的美妙生命本原——"道"。在我们看来,也正是老庄美学所强调的这种对"道"的审美体验,才使中国美学把审美的重点指向人的内心世界。中国美学认为,人的心、性本体就是一种主客、天人合一的原始统一体,故而"如婴儿之未孩","比于赤子",归复本初,"尽心""思诚"则能使万物皆备于我。是的,返朴归真,抱一守中,专气至柔,尽性尽心,以诚为先,穷神达化,天人合一。正如《中庸》所指出的:"唯天下至诚,为能尽其性;能尽其性,则能尽人之性;能尽人之性,则能尽物之性;能尽物之性,则可以赞天地之化育;可以赞天地之化育,则可以与天地参矣。"人在审美活动中的内心体验,乃是全身心参与其中的感悟和穿透活动,它灌注着人的生命,是人的精神的总体上的一种感发和兴会,也是人的精神的自由和解放,所以,老子所强调的"专气至柔""抱一""守中"能使人在一种切入和生命的挥发中把握到自己的本心,认识自我,体验到自然之道与宇宙精神,"和其光,同其尘",达到与万物合一,体悟到"参赞天地之化育"的生命创造的乐境,进入"与天地参"的审美极境。

我们知道,以老庄美学为主的中国美学所标举的心物交融审美境界创构活动是主体自我生命与客体生命的契合和认同。在这种由本心意绪深层的物我交融所达到的深深认同中,开通了人心与物象之间的生命通道,由"能体天下之物"而臻于"视天下,无一物非我",最终主体将宇宙生命化入自我生命,"以合天心",达到老子所谓的"玄同"境界,从而获得生命的超升与审美的升华。正如我们所指出过的,在以老庄美学为主的中国美学看来,人与自然万物都是"气"化所生,以"气"为生命根本。"游气纷扰,合而成质者,生人物之万殊"。因此,在"复归于婴儿","复归于朴"的审美活动中,人能归于本心,通过自我调节、自我完善,去除人的生理所带来的种种欲望,创造出一个虚明空静的审美心灵本体,归复自然的本真,泯灭物我之间的界限,就能使人与天地万物合一,达到"玄同"。所谓"人之生,气之聚也","气充则体健","气盛则化神"。气也是审美主体心理要素和审美功力的源泉。人心中藏气,故能思维。气在人体内循环不息,不仅维系人的生命,而且还激活了主体的审美冲动。故而,审美主体通过修身养气,使身心充实,情绪饱满,富有旺盛的生命活力和生命能量,审美冲动则会油然而生,不可遏制。气是作为审美主体的人和作为审美对象的宇宙自然的共同的构成质料,"人在气中,气在人中,自天地至于万物,无不须气以生者也"。① 由气观之,"天地宇宙,一人之身也;六合之内,一人之制也"②。这也就是说,天地是个大宇宙,人体是个小宇宙;小宇宙是大宇宙的一部分,天人是一个和谐的整体。人和自然都是"气"所化育生成,都具有生命灵气。因此,在审美体味中,主体可以化宇宙为生命,并融生命于宇宙万物之中,以获得宇宙生命的本源,而与万物合一。

并且,正是由于生命之气的作用,审美活动中要进入"上下与天地同流","浑然与万物同体"的审美境界,中国美学思想还要求审美主体必须保持内心的和谐平静,忘物忘我,疏瀹五脏,澡雪精神,以促成生命之气的"静"。朱熹说:"洗涤得尽肠胃间夙生荤血脂膏,然后此语方有所措。如其未然,窃恐秽浊为主,芳润入不得也。"③应使"胸次洒脱,中无障碍。如冰壶澄澈,水镜渊停"④,只有这样,呈现于主体心灵的才是一片空灵澄澈的世界,由此始能与自然造化息息相通,并化身于宇宙的生命韵律之中,与自然万物的生命之气契合。故以老庄为主的中国美学强调"静思""空静""澄怀",主张主体忘欲、忘知、忘世遗意,以"听之以气"。审美主体保持心灵虚静,就会表现出神明般的直觉感受力,在审美观照中,将自己的生命元气灌注于天地万物,使自己的精神与天地精神相合,由物我冥合到物我两忘,实现与宇宙永恒生命本体的根本同一,从而才能无所不在,无所不入,无所不纳,洞鉴宇宙的妙谛。

在中国美学看来,通过人格的完善,心性的复归,则能由"尽心"而"知性""知天",并进而使"天地与我并生,万物与我为一"。或者如老子所提倡的,通过"涤除玄鉴",保持主体的虚静澄明心境来静观体悟"道"这种宇宙的生命本原,进而"同于道",与天地合一,使人成为自然的主人、社会的主人、自我生命的主人,最终进入自由境界。由于受外界事物的干扰与世俗杂念的侵扰,使人放失了本心,要想重新达到人性与天性合一,则必须摆脱世俗杂念,超越自我的形体与心智,消除物我、意象、情景、主客体的对立和差别,建立起物我统一、意象一体、情景交一、主客一致的关系,才能在静穆的观照中与宇宙万物的节奏韵律冥然契会,以达到同天地相参,同化育相赞,即"人与天地万物为一体",与万物同致的境界。只有这样,始能认识外物,把握外物之道,从发现外物中发现自身,妙悟宇宙人生的秘密。从以老子为首的中国古代哲人的论述中,我们也可以看出,审美是人自身的需要,

---

① 葛洪:《抱朴子·内篇》。
② 《淮南子·本经训》。
③ 《晦庵先生朱文公文集》卷六四。
④ 吴宽:《书画鉴影》。

只有人才能进行审美活动,也只有人才需要审美。王阳明曾经以岩中花树来说明自己所主张的"心即天",即心是天地万物的主宰的观点,这一道理对老子所说的"复归于婴儿""归其根",以与天地冥合,促成审美境界的生成同样适用。他说:"你未看此花树时,此花与汝同归于寂;你来看此花时,则此花颜色一时明白起来。"①心物交融审美境界的生成与创构离不开人的作用与人心的敞亮,离不开审美活动的发生与进行。而审美活动的发生与开展则必须要有作为审美主体的人的介入。在人的审美活动中,有如"花颜色"因了人的"看"始"一时明白起来"一样,才生成美并创构出隽永不朽的心物交融审美境界。

二、儒道两家人生价值论与美学思想比较

"美因人彰"这种有人才有美,才有审美境界的创构的思想,在中国古代,无论是儒家美学,还是老庄美学,其基本看法是一致的。作为儒家美学思想的奠基者,孔子美学思想的核心——仁学,其要旨就是讲人。并且孔子还通过这一美学思想体系的建立,揭示了审美活动中人的自我完善、自我确立和自我实现,揭示了审美境界的生成与创构离不开人的主体性介入的原则。《论语·颜渊》云:"樊迟问仁,子曰:'爱人。'"可见,"仁"的主旨就是"仁爱"或者说"爱人"。同时,"仁"也是善的标准。在孔子看来,作为人的生命活动的基础和承担者,人或谓人生主体,首先应该认识和能够认识的应该是人自身,只有通过"自我控制""自我改造""自我完善"和"自我更新",了解人生实质和主体自身,从而才能解决人生的根本问题,以达到人生的理想境界。"爱人""事人"是人的本分,是作为人生主体的人的自身活动的构成。"仁"既是为人之道,也是破译人生秘密的方法。反求诸己,推己及人,是"谓仁之方"②。这种从人的生活和自身体验中知人,以达到"爱人"的目的的思想与方法,就是知行合一。孔子认为,人之异于禽兽正在于人有道德、有理想、有追求,因而,人完全可以经由刻苦的自我修养,通过"兴于诗,立于礼,成于乐"③,"志于道,据于德,依于仁,游于气"④等方面的学习,以及道德实践和审美实践,来获得各种现实的、历史的、美学的知识,陶冶自己的情感,提高自己的审美

---

① 《致成公全书》卷三。
② 《论语·雍也》。
③ 《论语·泰伯》。
④ 《论语·述而》。

能力,完善和不断建构自己的审美心理结构;同时人还必须加强意志的克制和锻炼,主动严格约束自己,成就君子品格,完成个体人格的塑造,并最终自觉地达到"仁"的最高境界。只有这样,才能够"知天命",进入与宇宙合一的极高审美境界。从现代认识论的角度看,这里的"仁",实质上是一种主体和客体的无差别的融合和一致。它表现为个人身心和谐并与整个环境的谐调,显然已具有美学的意义。因此,可以说,在孔子这里,"仁"既是一个伦理范畴,也是一个美学范畴,是人的哲学与美学的升华。"仁"的语义也可以反映这点。许慎《说文解字》云:"仁,亲也,从二人。"这就是说,"仁"是人与人之间的相互亲爱、尊重。故段玉裁注云:"人耦(偶),犹言尔我亲密之词。"亲爱与亲密都是"爱人",是人以行"仁"道的一种美好的情感与心理体验,是由主体发出并施之于客体的一种行为模式。这里的客体,既包括他人,也包括人自身。我们知道,作为人生主体的人有双重身份,不但是人生认识活动和实践活动的主体,而且由于人可以把"自己的生命活动本身变成自己的意志和意识的对象"①,即实现主体对象化,所以,他又是主体自身活动的对象——客体。因此,这种由行"仁"道而表露出的美好情感既指个体的心理体验,也指爱的实现。并且,这种美好情感与心理体验又表现在施之于客体的活动与行为中。从孔子的有关论述及其整个仁学思想体系中,我们不难发现,在这种"仁"道的施行活动和情感体验中,丝毫不带既定的功利目的,也不讲求特定的已有条件和外在差别等。正是从这个意义上讲,行"仁"道或谓"爱人",其实就是人的自我发现、自我觉醒、自我肯定、自我尊重、自我完善和自我实现,也就是一种审美境界的创构活动。人从中所得到的愉悦,不仅是道德的满足,而且是审美的快适、喜悦和兴会。在我们看来,这是美与善的最高结合,也是道德愉悦和审美愉悦的最高合一;同时,这之中也突出地表明审美活动及其审美境界的构筑对作为主体的人的倚重。"仁"的境界的获得离不开人与人之间的活动,故而孔子提出"里仁为美"②的命题,以"仁"作为人与人之间关系确立的规范和理想审美境界。按此命题,居住在一起的人彼此之间相亲相爱、相互尊重,人们便能从中获得极大的审美愉悦。

倘若说孔子主要是从人与人之间的关系出发,以强调人对于美的生成与审美境界创构活动发生的重要作用的话,那么,孟子则主要是从人与自身的关系出发,以肯定美的生成与审美境界的创构离不开人,没有人就没有美,也不可能有审美

---

① 马克思、恩格斯:《马克思恩格斯全集》第42卷,人民出版社1980年版。
② 《荀子·劝学》。

境界的创构的思想。孟子主张"尽心""知性"而"知天",提出"充实之谓美"的命题,强调"反身而诚",在孟子看来,人只要通过"养气"和"集义"的培育,充分发挥自我的良知、良性和良心,由对自我本心本性的体认而推知一诚天道的流衍,自我之气便能"塞于天地之间",进而则能达到"万物皆备于我"的天人、物我交融合一境界,洞察到天地万物的奥秘。孟子认为,人的深层心理结构中内在地涵盖着"仁"的道德美学精神,因此,"仁"可以转换成主体的审美意识,从而使人的精神品质达到美的境界。以此扩大到天地万物,则能消融我与人、我与天地万物的界限,并包融天地万物,使自我的身心获得一种审美的体验和审美的超越。

在孔孟的基础上,荀子进一步提出"君子知夫不全不粹不足以为美"的命题,把美学的考察对象直接指向人。就人的自身修养而言,荀子认为人的品格情操必须要达到"全"与"粹"的理想境界,前者为"善",后者为"真",只有善与真相互结合,才能使人自身进入一个高素质的境界。这样的人才是一个具有高尚品德情操的人,才能称之为美。这里所谓的"美",实际上是指一种真、善、美统一的极高人格境界,也即一种审美境界。

我们认为,真善美统一的人格境界,体现了中国古代人生论与中国美学审美境界论的总的取向。具体而言,所谓真善美的人格境界,也就是追求实现"天人合一""知行合一""体用不二"的人生理想和审美境界。就其心理体验层次上的实现而言,则"天人合一"必待消除"我"与"物"的间隔,以构筑出"物我两忘"的审美心境;"知行合一"则必得根绝自我的欲望和追求,以及自我主宰意识,以进入"绝尘弃智"的审美心态;这样,才能通向"体用不二",即内心和顺、外物通达的审美境界。这种"和顺通达"实质上是一种精神境界,正好与"全粹"所规定的内涵吻合。所谓"全粹"之"全"乃指人格境界完美的广度,故荀子称"天贵其明,地贵其光,君子贵其全也"①;"粹"则指人格境界完美的深度,故荀子称"明达纯粹而无疵也"②。朱熹《楚辞集注·离骚》注云:"至美曰纯,齐同曰粹。""齐同"就是知行合一、体用不二而至于真。知真始能得美。

在审美境界论的认识问题上,老庄美学和儒家美学是有不同之处的,我们认为,如果说儒家美学主要是从人与他人、人与自身的关系及其内在精神意识的活动与主体潜能的释放和发挥,并实施于客体对象而达到主客体的交融合一着眼来熔铸其思想体系的话,那么,以老子为首的老庄美学则主要是从人与自然的关系

---

① 《荀子·劝学》。

② 《赋》。

着力,以建构其审美境界论与美学思想体系的。我们知道,老庄美学既是人生美学也是一种超越美学。从老子提出的"虚静""无为",到庄子的"忘物""表我",都强调主体必须超越尘世生活,摆脱心智欲求的羁绊,"绝圣弃智""绝巧弃利",根绝世俗杂念,守其志,葆其光,做到"见素抱朴,少私寡欲""摄志""一度",以实现"复归于婴儿""复归于无极""复归于朴",也即体露真常,臻于本我,复归自我的自然本心本性。这样,才能使主体自我化归于健动不息、流衍变化的宇宙运动中,以达到天地与我并生,而万物与我为一"的审美境界。在道家美学看来,只有使自然、天地、万物与作为审美主体的人相交合一,妙与宇宙韵律合德无间,由此始能发挥主体自身的最大创造力,进入到与宇宙生命息息相通,主客、物我交融而协调的最高宇宙之境。在庄子看来,宇宙天地间有一种无言的"大美",这种"大美"即宇宙之美的生成与获得,离不开主体对世俗欲望和经验习惯等束缚的解脱,离不开主体对功名利禄相干的利害计较的超越,更离不开由此心境下的主体介入而发生的审美活动。只有通过"澄心静怀"的审美活动,通过"心斋""坐忘"等一系列促使心灵自由的努力,做到无欲无私、少思少虑,胸无一丝杂念,归复自我,即保持或复归到老子所强调的赤子之心、婴孩之心,以获得极大的心灵自由,从而才可能使审美的精灵在一片虚静的心空中自由自在地遨游。我们知道,心与物、主体与客体双向交流的审美关系的建立,必须依靠天人的合一、物我的交融,审美活动的目的则是通过此以直观宇宙生命的真谛与社会人生的本质。故而,我们看到,老庄美学虽强调离世弃世却执着人生。人只有超越事物表相,才能获得审美的自由,只有超以象外,才能得其环中。由此,我们也可以见到,在审美活动的发生与审美境界的创构问题上,老庄美学也极为重视作为主体的人的作用。

三、主体性原则对审美境界生成论影响

以老庄美学为核心的中国美学这种注重人在美的生成与审美境界创构中的主导地位,强调以人为中心,通过心灵来透视宇宙要旨,妙解人生要谛,重视人在审美活动中的主体性作用的思想还同中国古代哲学的主体性原则的影响分不开。我们知道,无论是古代西方还是中国古代,人与自然、主体与客体的关系问题始终是不同历史时期的哲学家所普遍关注的共同对象和主题。由于人与自然、主体与客体的关系是多方面、多层次、多角度的主体网状系统,可以做出各种不同的哲学抽象;同时,不同派别的哲学家在探讨这些关系时,也往往有不同的角度、重点和

思路,所以则形成许多不同的哲学观点与哲学体系。

但有一点与西方不同,在中国古代,无论是儒学孔孟,还是老庄玄禅、宋明理学,可以说所有哲学派别都非常注重以人为出发点来探讨这些关系,并且把人与自然、主体与客体都看作是一体化的整合有机结构,力求于其中建立起一种和谐统一的关系,以使人生达到一种理想完美的境界。

在中国古代哲人看来,人在人与自然的关系中占有优势,具有主体属性。自西周初年周公提出"天命自度"的命题,从而在殷商巫文化"率民以事神"、神统天下的思想帷幕上撕开一个裂口以后,中国古代哲学史上就有了人的自我意识的觉醒。人自身就是自己命运的主宰。"文王受命"的历史使命能得以延续,不是依靠那些不可信的"天"与"天命",而是凭借自己的"德才"①。春秋战国时期,不少哲学家和思想家进一步围绕着神与民、天与人的关系来考察社会治乱的原因和人的本质、人际关系、人生境界等方面的问题。由疑天、怒天、恨天、诅天、批评上帝和天不施恩惠,凶虐殃民,否定超人力量,从而从中发现和肯定人的自我力量。所谓"夫民,神之主也"②"神聪明正直而壹者也,依人而行"③"吉凶由人"④以及老子提出的"人为四大之一"等观点和思想的表露,都给我们展示了当时对人的主宰地位的强调和突出。正是由此,遂酝酿、产生、发展、形成一种具有人本主义色彩的思潮。这种思潮,经过哲学家的概括和提升,则成为一种主体性原则:既贵人,强调人为万物之灵,又重如何做人,如何发挥人的主体性,以处理好人与自然、社会、自身的关系。如孔子的仁学、孟子的性论、老庄的超越思想等,都不仅肯定了人相对于自然、天道的主体地位,而且还揭示了作为主体的人的认知潜能和人格属性。"人居四大之一",人是统率万物的灵长,是天地的心脏。天地人三才之中人是核心,人在宇宙万物中的地位如"心"在人体中的地位一样。故刘勰说:"文之为德也,大矣;与天地并生者,何哉?……惟人参之,性灵所钟,是谓三才。为五行之秀,实天地之心。心生而言立,言立而文明,自然之道也。"⑤只有发挥人的主体性作用,"仰观""俯察",才有审美境界创构活动的发生与开展。从其本质特性来看,人是从宇宙万物中分化出来的产物,也是一种物质实体,但人所特有的生理结构和主体能力,使其与自然万物相比,则具有最为天下贵的地位。故老子提出人

---

① 《尚书·君奭》。
② 《左传·桓公六年》。
③ 《左传·庄公三十二年》。
④ 《左传·僖公十六年》。
⑤ 《文心雕龙·原道》。

为"四大"之一后,荀子就肯定人"有辨""能群""多力",故能"假于物""役万物"①,能"参与天地之化育","制天命而用之"②。这种思想实际上强调了人的主观能动性的问题,肯定了发挥这种能动性则可以达到主客体之间的沟通和合一。这实质上也就是对主体性原则的确认。后来,汉代的王充正是据此而认为,人是天地万物中"有智慧者"。唐代的刘禹锡也指出:人"为智最大",是"动物之尤者",因而人能"用天之利,立人之纪"③。清代的王夫之进一步指出:"任天而无能为,无以为人。"④强调人所具有的主体性原则,明白地指出人所具有的主体的能动性。老庄则从另一个角度以确认人的这种主体性。老子贵柔,但并不是要人消极,而是认识到至柔者表面虽柔,而骨子里却蕴含着无比坚韧的属性。宇宙变化的规律是"反者道之动",卑微者往往能够成就世界上最伟大的壮观。老子崇尚自然,认为自然、人性的本来面貌就是美的最高境界,自然万物的底蕴潜藏有充实的生命,人能保持纯朴自然的本真,涵养与天地为一的道心与德性,就能使自己的生命依循宇宙规律而展现其丰富的人生价值,达到美的极境。庄子更是以自然为宗,强调人的价值自觉性,主张"忘我""忘物",以达到身居寰中,却心游物外,"顺物自然",与宇宙万物合一的自由境界,实现人生价值与宇宙规律的合一。

我们认为,就哲学意义上看,主体性是相对于外在性而言,主体则是相对于外物而言。作为社会的存在,人首先与自然界相对,其次则与社会相对;作为个人,还与他人相对。人和其他动物一样,作为自然的存在,还必须依赖自然界才能生存,人必须受外在于自己的自然界与社会的制约,地域、物貌、生态、社会等环境要素,是人最基本的生存条件,因此,人必须要遵循和服从自然环境与社会环境的限制。但是,在现实生活中,人又并非只是被动地受制于外物或他人,而是能动地创造性地对外物环境进行认识改造。马克思指出:"人与动物的区别,就在于动物的生命是与环境直接同一的,只能消极地适应环境,而人的生命活动则是自由的自觉的。"⑤在这种自由的、自觉的活动中,人一方面按照自己的意志、愿望变革对象(含目的),另一方面则不断进行自我调节,使自己的活动与对象相适应(合规律),以达到主客体的一致。在以老子为首的中国哲学家看来,人不但是道或天的最高创造活动的结果,能够与天地合其德,与日月合其明,与四时合其序,与鬼神

---

① 《荀子·王制》,《天论》。
② 《荀子·王制》,《天论》。
③ 《刘宾客文集》,《天论中》。
④ 《张子正蒙注》卷十六。
⑤ 马克思、恩格斯:《马克思恩格斯全集》第42卷,人民出版社1980年版。

合其机祥,而且,人就是道,道也就是人。即如李贽所指出的:"人外无道,而道外亦无人。"①人能够发挥自己的主体性,把自己的本心当作对象来加以控制,从而就能把自然万物也当作自己的对象来加以控制和支配,以致万物于一体。在中国古代哲学思想中,从老子"人为四大之一",人"法地""法天""法自然",到荀子"制天命而用之""骋能以化物""驭万物以利天下",到刘禹锡的"天与人交相胜,还相用",再到王夫之的"圣人之志在胜天""知天之理""善动以化物"等等,明确地揭示了人的主体性原则,强调人在社会实践活动中应充分发挥自己的主体能动性。所谓"君子役物,小人役于物"②,作为一个具有充分主体性的人,就应该努力摆脱外物的羁绊,使自己的心理处于自由自觉的境地,由此,始能谈得上创造,始能进行审美。同时,审美活动的发生与审美境界的创构,也自然离不开具有充分主体性的人的介入和主导作用。

总之,人是一切社会活动的主体,在活动中居主宰、支配的地位,离开了社会实践活动,则无所谓人,离开了人,也没有社会实践活动的生成与开展。这一原理对于审美活动同样适用。从本质上讲,审美活动实际上也是人对世界的一种把握方式,审美活动是充分自由的生命活动,是生命活动的最高存在方式。通过审美活动所构筑的境界是真正属于人的、符合人的理想本性的。

---

① 李贽:《李氏文集·明灯道古录》。
② 《荀子·修身》。

第四章

老子的"妙"论与审美境界营构论

老子崇尚自然的人,主张无为而为以保生养生,肯定人之为人的生命存在的意义,可以说,老子哲学,就是生命哲学。受这种以老子为首的传统生命哲学的影响,以老庄美学为核心的中国美学洋溢着一种"生"和创新精神。中国古代艺术家在审美体验活动中追求对作为审美对象的自然万物鲜活灵动的内在生命的妙悟和"体妙",要求超凡脱俗,独标孤怀,一任慧心飞翔,以进入高远奇特、大道玄妙的审美境界,获得对生命微旨的体悟,以打开创造力的闸门,创构出生生不已、新颖奇妙、光辉灿烂的新境界。此即所谓"妙悟天开"。

这种"妙悟天开"的审美追求首先强调审美体验中的心领神会与"妙机其微"。"心"指澄静空明之心境,"神"则为腾踔万物之神思;"妙"又谓"玄妙",指宇宙大化中潜藏着的那种神变幽微的生命奥秘;"机",或称"气机""动机""化机"。机的本字为"幾",从幾,具有微隐之意,指人的生命的一种隐微物质,是生命的原生状态、原生之美。同时,机又指生命历程中的美妙契合与最佳契机。"机"是宇宙万物相生相化、相摩相荡中美满的瞬时与闪光的亮点,也是人的生命的化境,故又称"生机"与"妙机"。受老庄美学影响,中国美学强调审美创作活动中审美主体应"素处以默","抱一""守中",屏绝理性的束缚,以自己超旷空灵的艺术之心投入到审美对象中,去迎来这种与生命"化境"的灵妙契合,去体悟有关人与自然、社会及宇宙的幽深玄妙的生命微旨。我们知道,以老庄为代表的中国古代美学家认为"大象无形""大音希声""天地有大美而不言"[1]。这种宇宙之美"有情有信""可得而不可见""可传而不可受"[2]"神妙寂寥"[3],它就是"妙"。"妙"是宇宙自然的生命节奏和旋律的表现,故不可道破,不落言筌。审美主体只有用心

---

[1] 《庄子·知北游》。
[2] 《庄子·大宗师》。
[3] 萧衍:《释法云与王公朝贵书并六十二人答》。

灵俯仰的眼睛去追寻与感悟,于空虚明净的心境中让自己的"神"与作为审美对象的自然万物之"神"汇合感应,"心合于妙"①,从而始能体悟到宇宙间的这种无言无象、"玄之又玄"的"大象""大音""大美",即"妙",直达生命的本源。"妙"还是审美创作中的极致境界,正如明代诗论家安磐所指出的:"思入乎渺忽,神恍乎有无,情极乎真到,才尽乎形声,工夺乎造化者,诗之妙也。"②这里就提出"妙"来作为审美创作所应追求的最高审美境界。

一、"妙"作为审美范畴的提出

在《老子》中"妙"又称"神妙""要妙""微妙""深妙""玄妙""妙道""妙境"。作为审美范畴,"妙"与"玄""微""无""气""道"等,都是对宇宙生命本原,即"天下母""天下之大美"的称谓。在老子美学看来,"道""气"是宇宙间万事万物所共有的生命本原,决定着万物自然的蓍变渐化与往来不穷。而"神"与"妙"则是这种幽微深远的生命本原在个体中存在的体现。《老子》云:"玄之又玄,众妙之门。"《易·系辞上》云:"知变化之道者,其神之所为乎。"《荀子·天论》亦云:"列星随旋,日月递照,四时代御,阴阳大化,风雨博施,万物各得其和以生,各行其养以成,不见其事而见其功,夫是之谓神。"日月星辰的运转周行,四时晦明的变更交替,烟雨晨暮,和实化合,都是由于鸿蒙微茫的"神"与"妙"之幻化。"神"与"妙"是宇宙的灵府、天地的心源,因而也是渴望"通天尽人""参天地之化育",以冥合自然、畅我神思、"体妙心玄"③的中国艺术家所努力追求的审美境界。即如朱景玄在《唐朝名画录》中所指出的,审美创作应当达到"妙将入神,灵则通圣"的审美境界。张彦远在《历代名画记》中也强调指出,审美创作必须"穷神变,测幽微",必须"穷玄妙于意表,合神变乎天机"。故而,入神通圣,"穷玄妙""合神变",以穷尽宇宙大化的神变幽微,体悟到生命的玄机和奥秘,借审美境界创构活动来表现人的心灵要妙,展示人的心灵空间,传达宇宙的精神和妙道,以美的意象显露冥冥中的超妙神韵遂成为中国美学所标举的审美理想,并积淀进中华民族深层的民族审美心理意识结构中,汇合成民族审美心理深远流长的潜流,影响着中国人的审

---

① 虞世南:《笔髓论·契妙》。
② 《颐山诗论》。
③ 嵇康:《养生论》。

美趣味。

在中国哲学与美学史上,最早提出"妙"这一审美范畴的就是老庄美学的代表人物老子。《老子》云:

> 道可道,非常道;名可名,非常名。无,名天地之始;有,名万物之母。故常无,欲以观其妙;常有,欲以观其徼。此两者,同出而异名,同谓之玄,玄之又玄,众妙之门。(一章)

这里所谓的"妙",从语义学看,意指深微奥妙;从美学看,它又是老子美学的中心范畴"道"的别称,最能体现中国美学的精神。在老子生命美学范畴系列中,"妙"是同"道""气""无""玄"等属于同一层次的。所谓"常无,欲以观其妙"的"无"是对"天地鸿蒙,混沌未分之际的命名"①,为宇宙天地的本实形态,故"无"实质上又是"有"。

同时,在老子生命美学中,"无"和"道"又是相通相同的。《老子》云:"天下之物生于有,有生于无。"又云:"道生一,一生二,二生三,三生万物。"显然,这里的"一"指由"道"所生化而成的阴阳未分的混沌统一体,古代哲学家又称此为元气、太极,"二"则指元气所分化而出的阴阳二气和天地;"三"指由阴阳二气相摩相荡、相生相养而成的和气。也就是说,"一""二""三"都属于生命美学中"有"的范畴。由此可见,老子生命美学中,生"一"的"道",就是生"有"的"无","道"和"无"都属于同类同列的审美范畴。即如王弼在《老子注》四十章所指出的:"天下之物,皆以有为生,有之所始,以无为本。"在《论语释疑·述而》中,他还指出:"道者,无之称也。无不通也,无不由也,况之曰道,寂然无体,不可为象。"台湾学者童书业在《先秦七子思想研究·老子思想研究》中也指出:"'无'和'有'或'妙'和'徼',这是'同出而异名'的。从'同'的方面看,混沌而不分,所以称之为'玄'。""妙"与"徼""有"与"无"都同出于道,只不过称谓相异。

从生命的生成过程及其深邃的美学意义来看,"无"与"有""同出而异名",是指"天地之始"的"无"与"万物之母"的"有"而言。"道"之所以是"无"与"有"的统一,则是因为具有"玄"和"妙"的审美特征。"妙"与"徼""同出而异名",是指两者都体现出道的深微玄妙的审美特性和无穷广大的审美效应。作为美的生命

---

① 何浩堃、黄启乐:《从道的二重性看老子哲学体系的特点》。引自陈鼓应《老子注释及评价》。

本体,"道"是幽隐无形的存在,是"玄之又玄"的"众妙之门";它"无状之状""无物之象",是高度抽象和不可感知的,故可以称之为"无"。但是,这并不意味着"道"是绝对虚无,它虽幽隐无形,可是"其中有象""其中有物""其中有精",是真实美妙的生命存在,故可以称之为"有"。"有"与"无"统一于"玄之又玄,众妙之门"的"道",于是,审美活动中主体便可以从"无"去体悟"道"的奥妙,从"有"去体验"道"的审美效应,以获得生命的微旨。

从"无"和"有""妙"与"徼"同出于"道"而异名来看,也可以说,在老子生命美学中,"妙"就是"道"。它是宇宙间万事万物美的生命本原,表现出宇宙的活力和生机,也决定着审美体验的生成与心灵指向。它是天地万物的生存运动、社会和人生的一切美妙的变化生存、大化流衍的造化伟力的生动体现,同时也是审美创作所追求的极致境界和审美创作物态化艺术结构不可缺少的精神与生命。

在老子生命美学中,同"妙"与"道"密切联系的还有"气"和"象"两个审美范畴。道是有与无的统一体,它具体体现在以弥漫天地,充塞环宇,氤氲聚散的气为本体的自然万物的感性形态中,使之成为一个个具有勃勃生机,并且千变万化、生生不息的美妙的生命体。由于气的作用,万物皆有阴阳这两种既相互对立又相互生合的方面或倾向,并表现出神妙深微的审美特性。"象"则不能离开"道"和"气"。在作为审美对象的自然万象中,"象"是"道"与"妙"的媒介;在审美境界创构活动中,"象"既是审美境界创构活动生成的契机,也是审美境界创构活动得以展开和深入的动力和审美境界得以营构的根本标志。我们知道,以老庄美学为核心的中国美学讲"澄怀味象"[1]"澄怀观道"[2]"无为自得,体妙心玄"[3]"素处以默,妙机其微"[4];审美体验讲"取之象外""比物取象,目击道存""超以象外,得其环中""得妙于心""妙悟天开";审美境界的营构则追求"文外重旨""象外之象""味外之旨""空处妙在""无画处皆成妙境"。可以说,在我们看来,这都是受老子生命美学的影响,强调审美体验的目的并不在于把握自然万物的形式美,而在于体悟其中所蕴藉的作为美的生命本体的"道"与"妙"。故而,以老庄美学为核心的中国美学推崇法自然、入天地、合造化、契动机、悟道妙的审美理想与审美追求,要求审美境界创构活动必须从具体的感性出发,进而超越感性,直探宇宙内核的道心、真宰和机妙,以体悟到生命的本旨。

---

[1] 宗炳:《画山水序》。
[2] 嵇康:《养生论》。
[3] 司空图:《二十四诗品》。
[4] 许印芳:《二十四诗品跋》。见《诗品集解·续诗品注》。

如果说在老子的生命美学中,"玄"和"妙"既是"道"的别名,同时又是描述"道"的幽深微妙的审美特性的范畴,那么,到东晋时的葛洪,则干脆直接地把"妙"与"玄"提升到与"道"并列的生命本体范畴。《抱朴子内篇·畅玄》云:"玄者,自然之始祖,而万殊之大宗也。眇昧乎其深也,故称微焉;绵邈乎其远也,故称妙焉。""其唯玄道,可与为永。"称之为"玄道",是因为"道"是万物生成的美的生命本源,玄妙莫测。"玄"即"妙"。正是基于这一观点,成玄英《老子义疏》云:"玄者,深远之义,亦是不滞之名。有无二心,徼妙两观,源乎一道,同出异名;异名一道,谓之深远;深远之玄,理归无滞;既不滞有,亦不滞无;二俱不滞,故谓之玄。"认为"道"的本质是:"妙本非有,应迹非无,非有非无,而无而有,有无不定,故言惚恍。"王弼《道德经注》云:"妙者,微之极也。万物始微而后成,始于无而后生。故常无欲空虚可以观其始物之妙。"他也指出,"妙"就是"玄",就是"道"。他说:"名也者,定彼者也;称也者,从谓者也。名生乎彼,称出乎我。故涉之乎无物而不由,则称之曰道;求之乎无妙而不出,则谓之玄。妙出乎玄,众由乎道。"他们都认为"妙"就是"道"。在我们看来,"妙"当然也就是美的生命体。

二、"妙"对中国美学的影响

作为以老庄美学为主的中国美学的重要范畴,老子提出的"妙"体现出中国美学重视人生与生命境界的审美追求与审美理想。追求美学意义的"妙","搜妙创真"①,也就是追求那永远无法穷尽的、具有永恒魅力的美的生命本体"道"。可以说,中国美学重"生",以生命为美,肯定人生,强调自我实现的美学精神,正是通过对老子提出的"妙"这一永远无法达到终极目标的永远追寻以表现出来的。同时,在中国美学发展的历史长河中,也正是以"妙"同"神、悟、象、境"等为一组有机的审美范畴,演化出一系列重要的审美观念和审美理想,规定着中国美学的精神风貌。

(一)"妙"与"传神"说

对老子提出的"妙"的推崇导源了中国美学的"传神"说。在审美境界的营构上,以老庄美学为核心的中国美学标举"神似",重视对自然万物奇妙莫测的精神

---

① 荆浩:《笔法记》。

气韵的传达,提倡"传神"以表现"道"与"妙"的审美特性。所谓"传神",又谓"以形传神""传神写照"。据《世说新语·巧艺》载:"顾长康画人或数年不点目精。人问其故,顾曰:'四体妍蚩,本无关于妙处,传神写照,正在阿堵中。'"在这段话中,顾恺之就提出"传神"的命题。他认为绘人物画不必过多注意四体的妍,似与不似无关妙处,眼睛才是"传神"的主要之处。他自己在人物画的审美境界创构实践中,就极为重视"传神",强调对人物内在的精神气质的表现。唐李嗣真曾高度赞扬他的绘画"思侔造化,得妙物于神会"①。张怀瓘也指出:"象人之美,张(僧繇)得其肉,陆(探微)得其骨,顾得其神,神妙亡方,以顾为最。"②具体来说,"传神",就是要求审美境界创构应"由形入神""神会物妙",以体验到蕴藉于自然万物个体内部结构中的生命意旨之"神",把握住生命本体"道"的变幻莫测、出神入化、不可言状的微妙玄幽之美,并通过对自然万物物象的生动"写照",含蓄深邃地传达出这种精神气韵与微妙之美。

"传神"说的提出是中国美学以"妙"为审美理想自然发展的结果。作为美学范畴,"神"与"妙"分不开。《易·说卦》云:"神也者,妙万物而为言者也。"《易·系辞上》云:"神无方而易无体","阴阳不测之谓神"。韩康伯《周易注》云:"神也者,变化之极,妙万物而为言,不可以形诘者也,故曰'阴阳不测'。""神"作用于人的生命存在的内在结构,也作用于宇宙万有,使其"变化之极",此即为"妙"。并且,"神"与"妙"都不仅仅是物的形似所能表达得了的。由此,不难看出,以老庄美学为主的中国美学所推举的"神"与"妙"都是那种潜伏于自然万物的深层结构中的美的生命本体"道"与"气"的体现。换言之,即"道""气"幽微不测的变化消长,和无有穷尽的氤氲化醇的显现就是"神"与"妙"。而"妙"又体现着"神"。正如张载所指出的:"惟屈伸动静终始之能一也,故所以妙万物而谓之神。"受生命本原"道""气"的作用,自然万物都具有"屈伸动静终始",故而万物自然的变化发展是神奇奥妙,不可测知的。基于这一思想,因而"神"又指玄妙之道。老子说:"玄之又玄,众妙之门。"又说:"虽知大迷,此谓要妙。""要妙",即幽邃深远,变化不测之"神"。《楚辞·远游》云:"神要眇以淫放。""要眇"就是"要妙"。《集注》云:"要妙,深远貌。""道""气"这种流贯于宇宙万物内核的生命之源,天地之美,迷离缥缈,恍惚无形,变化无极,故又称"玄"。"玄之又玄",激荡化合无限,以生成天地,孕育万有,滋生万物,促成鸢飞鱼跃,山峙川流,此即为"众妙之门"。因此,作

---

① 李嗣真:《续画品录》。
② 张怀瓘:《历代名画记》。

为美学范畴,可以说"神"就是"妙",它同"道""气"相互联系、相互依存、密不可分。和"妙"一样,"神"既是中国古代文艺家在进行审美境界创构中所希望领会到的自然造化的生命微旨,也是中国古代文艺家在审美境界创构活动中所追求的精神的自由与高蹈,以及由此而达到最高审美意境。

同时,"神"又必须依靠"形"以获得表现。只有通过一定的符号来作为物质载体,使文艺家通过审美体验所体悟到的"神"物化并转变为具体存在的美,才可能被人接受,并给人带来审美愉悦。此即所谓"以形传神",也就是审美创作与审美境界创构应抓住的那种最能表现其内在之"神"与"妙"的"阿堵",即审美对象所特有的个性化生命特征,以表达其生气神态。仅仅是物的形似是不够的,审美境界创构必须达到"传神",必须传达出生成天地万物气韵精神的"神"与"妙"。即如宗炳在《明佛论》中所指出的:"神也者,妙万物而为言矣。若资形以造,随形以灭,则以形为本,何妙之言乎?"故而,只有达到"体妙""传神"的审美境界,才是本质与现象、个体与集体、有限与无限、个性与共性、精神与形体、独特性与普遍性的有机统一。其审美特色也才能表现为虚实结合、实中求虚、空处见妙,既形色又超形色,既感观又超感观,具有妙造自然、神超理得、"不离字句而神存乎其间"[①]的水月镜花、流霞回风之美。

(二)"妙"与"妙悟"说

对老子提出的"妙"的审美理想的追求启示出中国美学的"妙悟"说。在审美境界创构的活动方式方面,以老庄美学为主的中国美学偏重体验,追求生命的传达,提倡"妙悟"。所谓"妙悟",其实是悟"妙"。徐瑞《雪中夜坐杂咏》云:"文章有皮有骨有髓,欲参此语如参禅。我从诸老得印可,妙处可悟不可传。"谢榛《四溟诗话》也说:"诗有天机,待时而发,触物而成,虽幽寻苦索不易得也。""非悟无入其妙。"在中国美学史上,提出"妙悟"说的是南宋美学家严羽。他在《沧浪诗话》中说:"唯悟乃为当行,乃为本色","大抵禅道惟有妙悟,诗道亦在妙悟"。"悟"的本义是心领神会。谢灵运《从斤竹涧越岭溪行》诗云:"情用赏为美,事昧竟谁辨。观此遗物虑,一悟得所遣。"就以"悟"来表达审美活动中的一种审美心理现象。作为美学命题。严羽所标举的"妙悟"则是指审美境界创构中,主体深深地沉入对象的生命内核,于物我俯仰绸缪之际,天趣人心猝然相逢,生命激荡,瞬息之间,电光石火之机,以领悟到天地之精华,造化之玄妙,生命之意旨,直接把握到蕴藉于对

---

① 彭辂:《诗集自序》。

象深层结构中的审美意蕴。中国美学把这种审美体验方式称之为"妙悟",和禅宗美学的影响分不开。在禅宗美学看来,"真如"湛然常照,本不可分为现象与本质,悟入"真如"的"极慧"也不允许阶段。只有凭借不二的"极慧"照不分的"真如",才能达到豁然贯通的极高境界。故禅宗美学主张"道由心悟""道由悟达",要求于"如击石火,似闪电光"的刹那迹近生命律动,直探生命的本源,获得个体体验,从而进入禅境。著名的"世尊拈花,迦叶微笑",与灵云志勤禅师"见桃花而悟道"的典故,就是这种"顿悟"的生动写照。

心物交融审美境界创构活动与参禅悟道有相似与相通之处。美的生命本体"道""气""妙",微妙精深,"玄之又玄",对它的审美体验也"只可意会不可言传",因此,以老庄美学为主的中国美学所要求达到的极高审美境界而熔铸出的作品都是入禅之作。正如王士祯《带经堂诗话》所指出的:"其妙谛微言,与世尊拈花,迦叶微笑,等无差别,通其解者,可语上乘。"沈祥龙在《论词随笔》中也指出:"词能寄言,则如镜中花,如水中月,有神无迹,色相俱空,此惟在妙悟而已。"中国艺术家重视师法自然,但并不只是重视外物的形貌物象,而是要透过其表相,直探其生命本旨,直达其生命本原,体悟其内在精神。故而中国美学强调"妙在意外""神妙无方",强调审美感悟的超越性,推崇"妙悟"。对于儒家美学来说,通过审美超越与"妙悟",则能够使主体达到美善相乐的伦理境界;对于道家美学来说,通过审美超越与"妙悟",则能够使主体进入"饮之太和"的自由境界;对于禅宗美学来说,通过审美超越与"妙悟",方能够使主体通过"自心顿现真如本性"而契证宇宙万物的最高精神实体,进入一种禅境,也就是与大自然整体合一的审美境界。受老庄美学的作用,中国艺术家大都主张心道合一。"道"虽微妙恍惚、玄深幽微,但却离不开具象的物而存在。"道"是客观存在,为宇宙自然和社会人生的美的生命本体和底蕴,但又"视之不见""听之不闻""抟之不得",不能用感官去把握,而只能通过心灵的体悟,去除物象,通过"超象",采用"心灵玄鉴",去体味其"象外之妙"与微茫惨淡之生命意旨。正如谢赫《古画品录》所指出的:"若拘以体物,则未见精粹,若取之象外,方厌膏腴,可谓微妙也。"苏轼《答谢民师书》也指出:"求物之妙,如系风捕影。"他们都强调体"妙"求"妙"必须"超以象外""取之象外",而不能局限于有限的物象。

(三)"妙"与"澄心"说

对老子提出的"妙"的审美理想的追求还影响及中国美学的"澄心"说。中国美学所标举的心物交融审美境界的营构中艺术心灵的诞生,在人生忘我的刹那,即审美心境构筑中所强调的"澄心""静怀"。"妙悟"或"悟妙"的起点于空诸一切,心无挂碍。这时一点觉心,静观万象,而万象如在镜中,光明莹洁,充盈自在,各得其所。故刘勰《文心雕龙·神思》云:"疏瀹五脏,澡雪精神,……此盖驭文之首术,谋篇之大端。""澄心",亦称为静观、静思、空静、虚静等,指的是摆脱任何外在干扰,保持自由愉悦、空虚明静的审美心境。陆机《文赋》:"馨澄心以凝思。"杜甫《寄张十二山人彪二十韵》论诗云:"静者心多妙,先生艺绝论。"这里的"澄心""静者",都是指的这种审美心境。要"悟妙"或者"妙悟",审美主体就必须进入这种虚空明静的心境。即如僧肇在《维摩经注》中所指出的:"只有空虚其怀,冥心真境",才能"妙存怀中"。因为"玄道在于绝域""妙智存乎物外",而玄道在于妙悟,妙悟在于即真";"至人虚心冥照,理无不统。怀六合于胸中而灵鉴有余,镜万有于方寸而其神常虚。……恬淡渊默,妙契自然。"①在此之前,老子就认为,要体悟到"道"的生命意义,从"无"中体验到"妙",则必须"致虚极,守静笃",即要求审美主体必须排除主观欲念和一切成见,保持心境的虚静空明才能实现对"道""妙"的体验与观照,感受到宇宙自然极有隐秘之处,觉察出万物自然的极玄妙之地。只有这样,才能进行"玄鉴",才能深观远照,深则悟及极微,远则照见一切。李世民说:"当收视反听,绝虑凝神。心正气和,则契于妙。"②虞世南也认为:"书道玄妙,必资神遇","心悟非心,合于妙也","必在澄心运思,至微至妙之间,神应思彻"③。

老子之后,庄子也曾大力提倡"虚静"说。他指出:"惟道集虚;虚者,心斋也。"④认为只有凭借"心斋""坐忘""虚而待物",才能自致广大,自达无穷,契合妙道。玄学传承了"老聃之清净微妙,宁玄抱一"⑤的审美观念,着力提倡"有以无为本,动以静为基"的有无动静说,认为"万象纷陈,制之者一;品物咸运,主之者静"⑥,强调通过审美静观以"含道应物","澄怀味象"⑦,指出"凝神独妙"⑧,只有通过静穆的观照才能与自然万物的节奏韵律妙然契合。正如嵇康在《养生论》中所指出的:"夫至物微妙,可以理知,难以目识",所以只有保持"无为自得"的心境,才能达到"体妙心玄"的审美境界。是的,审美体验要得万物之灵妙,必须"心

---

① 僧肇:《涅槃无名论第四》。
② 《书法钩玄》卷一《唐太宗论笔法》。
③ 《笔髓论》。
④ 《庄子·人间世》。
⑤ 嵇康:《卜疑》。
⑥ 汤用彤:《魏晋玄学论稿》,上海古籍出版社2005年版。
⑦ 宗炳:《画山水序》。
⑧ 宗炳:《明佛论》。

与物绝"①,通过"澄心",然后去"玄照""玄鉴",方能够造万物之妙,达于不朽。宗炳《明佛论》云:"是以清新洁情,必妙生于英丽之境;浊情滓行,永悖于三涂之域。"要在审美活动中体验到万物本体"道"的宇宙精神,达到"妙"的审美境界,则先要使心灵"清新洁情",保持"心与物绝"的虚明空静的审美心境。这也就是司空图所强调的"素处以默,妙机其微,饮之太和,独鹤与飞"。因为"大音希声""大象无形""大美无言",美的生命本体"道"弥纶万物而惟妙难测,所以只有通过静默的审美观照,方能够体悟到最精深的生命隐微,契合其生育化合的"化机",获得对"妙"的心解感悟,于细微处攫取大千,刹那间得见永恒。

(四)"妙"与"象外"说

对老子提出的"妙"的审美理想的追求启迪了中国美学的"象外"说。在心物交融审美境界的建构上,以老庄美学为主的中国美学提倡"象外"说。司空图在《与极浦书》中说:"戴容州云:'诗家之景,如蓝田日暖,良玉生烟,可望而不可置于眉睫之前也。'象外之象,景外之景,岂容易可谈哉?然题纪之作,目击可图,体势自别,不可废也。"这里就提出"象外之象,景外之景"的美学命题,要求审美境界的熔铸必须含蓄隽永,以发人深思,摇荡情性,引发无穷无尽的遐思妙想,保持历久不衰的魅力。

除了老庄美学的影响外,司空图所提出的"象外"说还与佛学求理于象外的思想有密切关系。佛学认为"所求在一体之内,所明在视听之表"②,故而领悟佛教真理必须于"象外"。如慧琳说:"象者理之所假,执象则迷理。"③又如僧卫说:"抚节于希音,畅微言于象外。"④僧肇也说:"穷心尽智,极象外之谈。"⑤显然,佛学所主张的这种于"象外"求理的思想对美学意义上的"象外"说有直接影响。但追究起来,"象外"说的更深根源还是扎在富有中国传统特色的老庄美学的土壤中,受老庄美学所提出的"言有尽而意无穷"与从"无"观"妙"审美观念的影响。如前所述,老庄美学强调"有无相生",推崇"无言之美",要求从"无"观"妙",认为美的生命本体"道"是精微的、绝妙的,无法用语言表达,不能言传只可意会,只有凭借主体自己的心灵去感悟、体味。《老子》云:"道之为物,惟恍惟惚。惚兮恍兮,其中有

---

① 宗炳:《明佛论》。
② 范晔:《后汉书·郊祀志》。
③ 《龙光寺竺道生法师诔》。
④ 《十住经合注序》,《全晋文》卷一百六十五。
⑤ 《般若无知论》,《全梁文》卷一百六十四。

象。恍兮惚兮,其中有物。"《庄子·大宗师》云:"大道,有情有信,无为无形,可传而不可受,可得而不可见。"《庄子·秋水》又云:"可以言论者,物之粗也;可以意致者,物之精也;言之所不能论,意之所不能察,不期精粗焉。"郭象注云:"夫言者意者有也,而所言所意者无也,故求之于言意之表,而入手无言无意之域,而后至焉。"成玄英疏曰:"神口所不能言,圣心所不能察者,妙理也。必求之于言意之表,岂期必于精粗之间哉!"受生命本体"道"的作用,天地自然中的任何"象"都表现出"恍惚窈冥"的特性,故而审美创作要通过"象"以传达美的生命本体"道"的精义,只能"求之于言意之表,而入乎无言无意之域"。可见,老庄的论述是从美学的高度揭示出审美创作的真谛:即"物之精"者,是只可意会不可言传的。审美创作中意象与意境的构筑也应于言意之表含蓄妙理,"言有尽而意无穷"。"道"的本涵是"无"与"虚",所谓从"无"观"妙""虚室生白""唯道集虚"①。以此为思想基础,中国美学所推崇的审美创作追求蹈光蹑影,抟虚成实,"墨气所射,四表无穷"②,讲求"咫尺而有万里之势"③,于有限中见出无限,于充实处见出空灵,"无字处皆其意"④,"无画皆成妙境"⑤,并由此形成中国艺术意境虚静、空灵、深邃,洋溢着整个宇宙本体和生命之美的审美特性。

老子说:"常无,欲以观其妙。"从"无"观"妙",审美境界创构取景在世间而悟境在景外,涉象而不为象滞,只有这样,方能够创构出中国美学所称许的艺术意境。这也正是司空图所强调的"韵外之致""味外之旨"⑥和"象外之象,景外之景"⑦。所谓"超以象外"方能"得其环中",也正因为审美意蕴在于"象外""言外""韵外""味外",所以才能"不著一字,尽得风流"。苏东坡云:"萧散简远,妙在笔墨之外","发纤秾于简古,寄至味于澹泊"⑧,"欲令诗语妙,无厌空且静。静故了群动,空故纳万境"⑨。审美创作要达到"妙"的审美境界,就不要怕"空"与"静",愈"空"、愈"静"就愈"妙"。因为"空"境才能包容宇宙万象,"静"境才能涵摄宇宙"群动"。黄庭坚《大雅堂记》:"子美诗妙处,乃在无意于文。"郑允瑞《题社友诗

---

① 《庄子·人世间》。
② 王夫之:《姜斋诗话》卷二。
③ 王夫之:《姜斋诗话》卷二。
④ 王夫之:《姜斋诗话》卷二。
⑤ 笪重光:《画鉴》。
⑥ 《与李生论诗书》。
⑦ 司空图:《二十四诗品》。
⑧ 《苏东坡集》后集卷九《书黄子思诗集后》。
⑨ 《送参寥师》。

稿》云："诗里玄机海样深,散于章句领于心。会时要似庖丁刀,妙处应同靖节琴。"戴复古《论诗十绝》云："欲参诗律似参禅,妙处不由文字传。"静中生动,动静相成;无中生有,有无相生;无中生妙,妙存言外,方能体现出意境艺术魅力生生不息、味之不尽的审美特质。受老庄美学的影响,中国画总是以虚实相生、空处见妙来表现其审美意蕴,来体现宇宙生命的节奏,并且从中显现灌注于自然万物中的不尽的生气。正如清人郑绩在《梦幻居画学简明》中所指出的:画的审美本质就在于虚实,"生变之诀,虚虚实实,实实虚虚,八字尽矣"。笪重光在《画筌》中也指出:"空本难图,实景清而空景现。神无可绘,真境逼而神境生,无画处皆成妙境。"王翚、恽格评曰:"人但知有画处是画,不知无画处皆画。画之空处,全局所关。……空处妙在,通幅皆灵,故云妙境也。""无画处皆成妙境""空处妙在",揭示了中国画把满幅的纸看成一个宇宙整体,其中蕴含着不尽的生命力,而画面中的审美意象正生存于这种空间之中,体现出宇宙大化的美的生命本体"道"的审美特性。

宗白华先生在《中国艺术意境之诞生》中说:"中国艺术意境的创成,既须得屈原的缠绵悱恻,又须得庄子的超旷空灵。"而"超旷空灵"之由来,"超以象外"之产生,则与老庄美学所高扬的"妙"这一审美理想的追求密不可分。正是对"妙"的追求,才使得中国美学的"超旷空灵"与特有的有无虚实审美观念结合在一起,体现出以老庄美学为核心的中国美学对宇宙生机的把握方式,也显示出以老庄美学为核心的中国美学从有限中获得无限,瞬间获得永恒的无穷的生命力特性。

第五章

老子的"气"(道)论与审美主体建构论

以老庄哲学为主流的中国美学肯定人的生存意义,认为四大之中人居其一,在自然、社会、人类,即天、地、人三才中,人是天地的中心、万物的尺度。通过"见素抱朴,少私寡欲",保持心境的纤尘不染、澹泊恬静,回复到"赤子"与"婴儿"时的天真无邪心态,人就能够向内认识自我、实现自我、超越自我而进入与道合一、与天地万物合一的审美境界。守中坐忘、反观内照则能穷尽宇宙人生的真谛,并使人从中获得审美的自由与超越。要达到此,作为主体的人的感知、想象、情感等审美心理能力则必须得到增强和提高,要"以至敏之才,做至纯功夫"(朱熹语),健全其审美心理结构和智能结构。只有具备健全的审美心理结构与极高的审美感受能力,并且,通过亲身审美实践,以感受现实世界,增加生活经验和审美经验,使自己的审美感知活动适应客观世界中对称、均衡、节奏、有机统一等美的动力结构模式,从而始可能于审美体验中透过物相,感悟到自然万物内核中所蕴藉的生命意旨,进入心物合一的天地境界。此即所谓静虚淡泊,返璞归真,保持人所特有的天真烂漫的童心,即能"和之至",自然地遵循中道,进入绝对自由的心灵境界,与道为一、与天合一。在老子美学中,则同老子的"道"有密切联系的"气"对构成中国美学独具特色的审美主体建构论有极为直接的重要作用。

一、气:生命之本

老子认为:"道"产一混沌的"气",混沌的"气"分化为"阴""阳"二气,阴阳二气互相交汇而形成一种和合的状态,万物自然就是从阴阳二气氤氲化合、交通交融中产生出来。所以"道""气"是化生天地万物的生命本原,是人与自然共同的构成质料。《老子》第二十五章云:"有物混成,先天地生。寂兮寥兮,独立而不改,周行而不殆,可以为天下母。"这个"先天地生""可以为天下母"的"混成"之

"物",就是"道",又称"混沌",实际上也就是"道"所生成的混沌之气。

因此,杨兴顺翻译老子的这段话为:"这是一种在天地产生以前发生于混沌之中的东西!啊,它静寂空虚!它独立存在而不变化。它到处都不停地循环运行。可以认为,它是天地之母。"同时,在《中国古代哲学家老子及其学说》这本书中,杨兴顺还指出:"老子断言:'道'是'有物混成,先天地生',它是'太始',是'万物之母'。'天地'尚未形成时,'道'是恍惚不定而不断变化的分子'气'的混合体。"所谓"气的混合体",也就是混沌。《老子》四十二章说:"道生一,一生二,二生三,三生万物。"《淮南子·天文训》说:"道始于一,一而不生,故分而为阴阳。阴阳合和而万物生。故曰:一生二,二生三,三生万物。"张尔岐《老子注》说:"道生一,一生二,无名天地之始;二生三,三生万物,有名万物之母也。一谓气,二谓阴与阳,三谓阴与阳合和之气,即所谓冲气也。万物负阴而包阳,冲气以为和,即申说三生万物也。"由此可见,老子所谓的"二"指阴阳二元或二气,"三"则是指阴阳二气合和氤氲在一起的"冲气",而所谓的"一",也就是指一团混沌的作为宇宙万物生命本原的原物质之气,或者就是老子以后道家学者所说的"元气"。如成玄英疏:"一,元气也。"李荣《道德真经玄德纂疏》云:"元气未分,故言一。"陈景元《道德真经集注》也说"一"就是指的"元气",也就是"浑(混)沌一气"。近代学者朱谦之在《老子校释》中也说:"道生一,一者,气也。"总之,在老子看来,气是生命的基础,是生命活力的源泉,是指人在内的宇宙万物,都是阴阳精灵之气氤氲积聚、化生化合而来的。可以说,正是受老子这种气("道")为宇宙万物生命本原观念的影响,并被后来的美学家引进中国美学,从而遂形成中国美学"以气为主"的审美主体的心理结构论。

管子就继承老子气("道")为宇宙生命本原的思想,并进一步丰富了作为哲学范畴的"气"的哲学意蕴。《管子·内业篇》说:"凡物之精,化则为生,下生五谷,上为列星。流于天地之间,谓之鬼神;藏于胸中,谓之圣人。是故此(名)气,杲乎如登于天,杳乎如入于渊,淖乎如在于海,卒乎如在于屺。是故此气也,不可止以力,而可安以德;不可呼以声,而可迎以意。"精气聚散氤氲,流动升降不已,充塞于太空、大地、高山、大川、深谷、四海之间;精气化合,产生宇宙万物,构育成人,并且使人与自然相通共感,能"安以德""迎以意"。《管子·内业篇》说:"凡人之生也,天出其精。"又说:"精也者,气之精者也。"有精气然后才有人的生命,有生命然后才有思想感情,才有智慧和审美的要求。故《内业篇》又说:"气道(通)乃生,生乃思,思乃知,知乃止矣。"

庄子也是本着"气"为宇宙万物的生命本原的这一哲学思想来看待人与人生

的,故而对人生表现出豁达、潇洒、通脱的审美情趣。《庄子·知北游》说:"人之生,气之聚也;聚则为生,散则为死。若死生为徒,吾又何患!故万物一也。是其所美者为神奇,其所恶者为臭腐,臭腐复化为神奇,神奇复化为臭腐。故曰通天下一气耳。"气是生成与构建自然万物的生命基因。气凝聚起来便营构出自然万物的形体,自然万物的化解裂变又返原为气,生与死、神奇与臭腐、美与丑、善与恶的相互对立、相互转化、相互交通、相互连贯,都统一于气。可见,气原本是统一的,又是多样无限的。

荀子进一步发展了"气化"说,指出尽管人与万物的生命之源都是气,但天地万物中,人却具有最高的地位。《荀子·王制》说:"水火有气而无生,草木有生而无知,禽兽有知而无意,人有气有知亦有义,故最为天下贵也。"天地之间,受气的作用,草木虽有生命,但是却没有知觉,禽兽有知觉,却没有道德意识,人则有生命有知觉有道德意识。因此,人"最为天下贵"。即如老子所说的:"道大,天大,地大,人亦大。"荀子则对此作了更为深入的解释,认为人与自己之外的万物相比,具有道德意识,故而是天地之间最为尊贵、最有价值的。

人在天地自然间最为贵重,为"四大"之一,具有自身的独立性、高贵性和能动性,"有义",所以孔子说:"天地之性,人为贵。"继承这种思想,齐梁时期的文艺美学家刘勰也认为人"为五行之秀,实天地之心"[①]。人不但能"参"天,让心灵"摇荡"于四海之内、天地之间,通过主客体生命本原的气的交通共感、互融互渗活动,以达到天人合一的宇宙之境。并能通过审美活动,将这种审美境界创构中的心灵体验物态化于作品之中,"心生而言立,言立而文明"。这也正是人的最高存在和最高价值之所在。

二、文以气为主

正是吸收了以老子为首的古代哲学家所提出的"气化"论思想,中国美学才熔铸成自己的"文以气为主"的审美主体心理结构论。

刘勰就认为人与万物都成于"太极"(气)。他在《文心雕龙·原道》篇中说:"文之为德也,大矣;与天地并存者,何哉?夫玄黄色杂,方圆体分,日月迭璧,以垂丽天之象;山川焕绮,以铺理地之形,此盖道之文也。仰观吐曜,俯察含章,高卑定

[①] 《文心雕龙·原道》。

位,故两仪既生矣。惟人参之,性灵所钟,是谓三才。为五行之秀,实天地之心。心生而言立,言立而文明,自然之道也。"又说:"人文之元,肇自太极。"这些地方所提到的"太极""两仪",最早的提出与使用都见于《易传》。《易·系辞》云:"易有太极,是生两仪,两仪生四象,四象生八卦。"而"太极"就是"易",也就是"气"。《易·乾凿度》云:"孔子曰:易始于太极。"郑玄注云:"气象未分之时,天地之所始也。"可见,这里就把太极看作是混沌未分的元气。刘歆在《三统历》中也指出:"太极元气,涵三为一。"所谓"三",是指天、地、人,即所谓"三才"。郑玄在《周易注》中也曾指出:"太极,极中之道,淳和未分之气也。"王元化在《刘勰的文学起源论与文学创作论》中说得好:"刘勰的宇宙构成论并没有汲取前人在自然科学方面所获得的成果,相反,他仍袭《易传》'太极生两仪'之类的陈旧说法。《原道篇》的理论骨干是以《系辞》为主,并杂取《文言》《说卦》《彖辞》《象辞》以及《大戴礼记》等一些片断拼凑而成。不管刘勰采取了怎样混乱的形式,有一点很清楚,这就是他以为天地万物来自太极。《原道篇》所谓'人文之元,肇自太极',显然是从'太极生两仪'这一说法硬套出来的。这样,他就通过太极这一环节,使文学形成问题和《易传》旧有的宇宙起源假说勉强结合在一起。"《易传》的宇宙起源假说,就是说宇宙万物起源于"太极",也就是说宇宙万物起源于"淳和未分之气"。"气"是自然万物的生命本原。

既然天地万物与文学审美创作的起源都来自"太极",而"太极"就是"气",那么,作为自然万物的生命本原的"气"也自然就是将自然万物与社会生活作为源泉的文学审美创作活动的生命力所在了。故而,尽管刘勰没有直接提出"文以气为主",但显而易见,他还是把"气"作为"文"的本体的。

就审美创作主体而言,以老子为代表的中国美学家认为,"气"决定着主体的审美创作能力。人不能无气,"才力居中,肇自血气";"气"还决定着审美创作体验活动的开展,"志气统其关键","气以实志,志以定言"[①];"气"决定着审美情感的生成与审美情感活动,"情之含风,犹形之包气","风"与"气"互文见义,"风"也就是"气","气"构成了情的物质内涵。"怊怅述情,必始乎风",气盛才能情畅,气衰必致情滞。可以说,在中国美学看来,没有"气"作为主体的生命基础,就没有审美创作体验的发生,也就没有审美创作这种生命运动与生命体验。

在以老庄美学为主的中国美学,作用于创作主体审美心理结构的"气"有时叫作志气、骨气、素气,有时又叫作精气和血气。精气一说,也应源自老子。《老子》

---

① 《文心雕龙·体性》。

二十一章云:"道之为物,惟恍惟惚,惚兮恍兮,其中有精。其精甚真,其中有信。""道之为物,惟恍惟惚","道"是气,故称之"为物",其特征是混混沌沌、恍恍惚惚、空空洞洞、杳杳冥冥。道家将此称之为"混元无极"或"先天一气";老子则将此称之为"有物混成""玄牝之门"等等。"恍惚"同"荒忽",《说文》:"荒,狂之貌;忽,忘也。"这就是说,道之为物,或狂放而不能把握,或忘却而无从摄影。潘岳《西征赋》:"古往今来,邈矣悠哉,寥廓惚恍,化一气而甄三才。"作为"先天一气"的"道"不会处于一成不变的静止状态,有动静、引斥、聚散的变化而生生不息。它"周流六虚,变动不居",故而老子说"其中有精"。《管子·内业》篇就是在老子这一思想的基础上指出精气是一种无所不在、独立于人之外、流动于天地之间的精灵之气,所以它既化生天上星辰和地下五谷,又化生鬼神和人。所谓"凡人之生也,天出其精,地出其形,合此以为人","人,水也。男女精气合,而水流行",就指出人的形体、生命都是由精气构成的,甚至包括人的思维和智慧以及审美能力,都是精气作用的结果。即如王充在《论衡·论死》中所指出的:"人之所以生者,精气也,……人之所以聪明智慧者,以含五常之气也。"又如阮籍在《达庄论》中所指出的:"人生天地之中,体自然之形。身者,阴阳之精气也。性者,五行之正性也。情者,游魂之变欲也。神者,天地之所以驭也。"人的形体,包括禀性、个性、性格、情感、想象(神)都是由"阴阳之精气"所构成。

  的确,无论是从先天的生理和心理条件来看,还是以后天的审美实践来看,我们都可以发现,在审美活动发生之前,在主体的头脑中,确实存在着一个属于主体个体的审美心理结构。中国美学称此为"成心"。故而,在审美活动中则会出现如刘勰在《文心雕龙·体性》中所指出的"各师成心,其异如面"的现象。所谓"成心"相异"如面",《左传·襄公三十一年》云:"人心之不同,如其面焉。"《庄子·齐物论》云:"夫随其成心而师之,谁独且无师乎。"郭象注云:"夫心之足以制一身之用者,谓之成心。"可见,刘勰所谓的"成心",其实也就是我们所说的在审美活动中支配着主体的趣尚取舍的审美心理结构。它决定着审美活动中主体对审美对象的认同和同化,决定着审美活动中的指向性和注意点,决定着主体个体的审美趣味,是产生审美差异性的根本原因。刘勰曾经在《文心雕龙》一书中就汲取老子"气"(道)论与"冲气为和"的思想对审美心理结构现象进行过多方面的描述,指出:"风趣刚柔,宁或改其气","才力居中,肇自血气;气以实志,志以定言,吐纳英华,莫非情性","才性异区,文辞繁诡"。① 这些论述涉及主体审美心理结构的形

---

① 《文心雕龙·体性》。

成原因、审美心理结构的特性与功能、审美心理结构的认同和调节,以及审美心理结构的建构和优化等多方面的问题,对属于审美主体心理结构的重要组成因素诸如"风趣""才力""血气""情志""情性",包括审美趣味、审美能力、审美理想、审美个性等,及其相互关系与相互联系的心理现象,都作了比较深入的揭示,依据"万物一气"的观点,强调作为人与自然万物生命本原的"气"对于主体审美心理结构形成与建构的决定性作用。同时,还指出了"以气为主"的审美心理结构既是进入审美活动的关键,同时也决定着"英华"的"吐纳"、文辞的"繁诡"、风趣的"刚柔",决定着审美趣味的指向与集中,决定着审美活动的进行与开展、成功与失败。对此,我们可以用"才性异区,以气为主"的组合命题来概括。

"才性异区"的"才性",本意是指审美主体的资质、禀赋和个性、性格,在这里,我们把它视为主体的整个审美心理结构和智能结构的构成。作为个体,审美心理结构和智能结构是存在着差异现象的。在审美活动中,往往可以发现,不同的审美主体对同一审美对象会产生不同程度的审美差异,毁誉不同,爱憎各异。不仅如此,由于时间、空间的不同,就是同一审美主体在不同的年龄与心境下,其审美活动中的心理美感状态也是不同的,也会表现出不同的审美兴趣与审美偏爱。这种主观差异现象就是审美心理结构的调节作用使然,是"才性异区"所为,"各师成心"所致。

"以气为主"则指先天气禀、才气对主体审美心理结构与智能结构的构成起着决定性的作用。我们知道,以老子为首的中国古代哲人认为,"气"是人体的原初生命物质,形因气而生,因气而活。即如《淮南子·原道训》所指出的:"夫形者,生之舍也;气者,生之充也。"外在形体与内在精神气质、才识智慧、生命底蕴相统一,始构成一个完美的人。"气"乃主体基于生理基础上旺盛的内在生命力,决定并支配着主体的审美心理结构与智能结构。

受"气"所作用的先天禀赋在主体审美心理结构中占有主要的地位。按照老子的"气"化论,人的生命分阴分阳、分柔分刚与其禀赋之"气"有阴有阳、有清有浊分不开,那么,引用进美学,"气"化的作用影响及审美创作,则有阳刚、阴柔之美的品类与风貌。生命的底蕴是气,人生与人格的底蕴也是气,气是人的本质力量与内在生命力的表现,决定着个体审美心理结构的差异性和独特性,此即所谓"气之清浊有体,不可力强而致","引气不齐,巧拙有素,虽在父兄,不能以移子弟"。但必须指出,主体的先天禀赋只是为其审美心理结构的构成准备了必要的生理与心理条件,而主体审美心理结构的最终形成和发展则还必须通过一定的中介,这个中介就是后天的学习和生活积累,以及大量的审美实践活动。

现代审美心理学理论指出:人的审美心理结构可以分成表层结构与深层结构。前者形成于人的审美经验,具体表现为审美情趣、审美观念、审美理想等内容;后者则形成于人的原始体验,具体表现为原始意象、原始思维、原始的情感模式等等,属人类心灵深处最精致、最深刻,也是最隐微曲折的底蕴。两者的相互制约、相互渗透,从而构成一个无穷无尽的相互作用的网络,一个丰富而生动的内在的心灵机制,或谓审美心理结构。

正是这样,审美心理结构才不是固定的、封闭的,而是和任何有生命活力的结构一样,本质上是开放的、发展变化的动态结构。也正是如此,中国古代美学思想才以聚散氤氲,升降磨荡,始终处在不断地运动变化之中的"气"来意指构成主体审美心理结构的根本要素,认为构成主体审美心理结构的生命底蕴是"气"。在刘勰之前,魏文帝曹丕就曾汲取老子等人的气化论思想,在《典论·论文》中指出:"文以气为主,气之清浊有体,不可力强而致。"这里的"气",就是意指形成并主导着属主体审美心理结构方面的气质、个性等要素的根本。按照以老子为首的中国古代哲人的说法,宇宙万物和人类社会都是由"气"所构成。气有阴阳、刚柔、清浊之别,则人有宽柔、刚健、骏爽等个性差异。曹丕将这一思想引入美学思想之中,指出主体所禀之"气"是其审美个性与审美趣味,以及文艺创作与作品风格形成的关键。在他看来,正是由于主体所禀赋的"气"有阴阳清浊之分,从而促使其在审美心理结构上表现出差异现象。如徐干"时有齐气",而孔融则"体气高妙",应玚之气"和而不壮",刘桢之气则"壮而不密",从而形成他们各自独特的审美个性并影响及人们的审美趣味与作品的审美风貌。显然,中国美学就正是在这一思想基础上,以总结出"才性异区,以气为主"的美学命题的。

"才性异区,以气为主",主体禀气不同,审美能力与审美意趣必然不同,所构成的审美心理结构也不同,对于审美对象的敏感度和趋向度也就不同,从而形成不同的多样的审美趣味和爱好。刘勰在《文心雕龙·知音》篇中说:"智多偏好,人莫圆该,慷慨者逆声而击节,蕴藉者见密而高蹈,浮慧者观绮而跃心,爱奇者闻诡而惊听。"人的气质性情好尚憎爱是各有所偏,不可能面面俱到的。现代心理学的研究表明,人的性格、气质,密切地相关着审美感知的敏感性和情感指向,并且会在情绪的强度、稳定性、持久性、主导心境,以及感知、想象、思维等心理因素中表现出来,从而影响人们的审美趣味。在审美活动中,有的人善于感悟形式美,有的人则易于领悟意蕴美,可以从音乐、建筑中体悟到其中所蕴藏的精深的审美意旨。就审美意趣而言,即如以老庄为首的中国古代哲人所描述的"姑射国"中,人人心如渊泉,形若处子;"沃民国"中,则处处凤鸟自舞,鸾鸟自歌。同时,也正是由于

"气"的作用,任何个人独特的审美心理结构,才又与其他个人的审美心理结构有某种联系和相通之处,从而始能构成人与人之间审美意趣与审美情感的沟通和交流。

以老子为首的中国古代哲学家认为,就气而言,其运动变化的形态是多种多样的。它"变动不居,周流六虚,上下无常,刚柔相易,不可为典要,唯变所适"①。它"依于天地,则有上下之分;依于男女性别,则有刚柔;色泽,则有五色;味,则有五味;声,则有五声;人体性情,则有动静;天地开辟及人与动物之生长,则有清浊;伦理美感的观念,则有善恶、美丑"②。充塞于宇宙天地间的只有一"气",它弥漫于一切,浸润于一切,动静屈伸,流转演变,有阴阳、得失、顺逆、有常与无常等的不同特性,当"气"的这种随机性使得"灌注生气"于自然万物时,则形成自然万物状态各异的审美属性,并促成其生息变化;作用于人,则形成其气质的刚柔清浊。曹丕率先将它引入中国美学思想,以之来说明审美心理结构构成的生命底蕴及其相通性和差异性,强调指出:"文以气为主。"认为主体所禀之"气"是审美创作活动和作品风格形成的生命和关键,指出"气"对主体审美心理结构构成具有极为重要的作用;由于主体禀赋之"气"有阴阳清浊之分,从而使其在气质个性上表现出差异现象。曹丕还以音乐审美活动为例,来说明主体气质个性即审美心理结构上的差异性和独特性的形成就是主体所禀赋的这种生命底蕴"气"的作用所致。同一歌曲,尽管曲调相似,节奏相同,但是演唱的人不同,唱出来所引起的审美效应则有"巧拙"之别。究其原因就是作为审美主体的个体所禀之气不同。"引气不齐",则会造成主体审美心理结构的差异并形成其"虽在父兄,不能以移子弟"的独特的审美意趣和审美风貌。这种思想尽管缺乏科学性的说明,但在中国美学史上,却有着十分重要的意义。后来的刘勰就是在此基础上,对"气"在审美心理结构的构成与建构中的作用,作了比较系统的论述,认为"才"与"气"分不开,并提出"才性异区"的命题,从而丰富了中国美学思想中最具民族特色的"气化"说。

三、气与审美趣味

中国美学的审美主体建构论还与老子的阴阳二气合和而生万物思想的作用

---

① 《周易·系辞下》。
② 梁钊韬:《中国古代巫术·宗教的起源和发展》,中山大学出版社1999年版。

分不开。宇宙天地中,作为审美对象的万物造化,既有奇峰怪岩,长风出谷,翠柏苍松,平湖曲涧,绿柳红桃。这些自然景观或给人凌云劲节慨当以慷之思,或给人以春意盎然心旷神怡之想。同时,作为审美主体,由于审美心理结构的作用,则有的人喜爱风起云涌、雷奔电掣的景观及其气势,有的人欣赏轻柔妩媚、淡雅自然的景观及其情态。从审美心理学的理论来看,则前者表现为对阳刚之美的崇敬,其审美个性属"慷慨者"一类;后者则表现为对阴柔之美的向往,其审美个性属"蕴藉者"一类。以老庄美学为主的中国美学认为,主体个体在审美活动中所显示出来的这种心灵模式的倾向性现象,是与其所禀赋的"气"以及受"气"所作用而形成的审美心理结构的差异性分不开的。气有阴阳刚柔之分,人有刚毅柔婉等个性之别。"因内而符外",内在禀赋必然影响到审美情趣的外在指向,故《易传》提出"阴阳合德,刚柔有体"的命题,来揭示主体审美个性与审美意趣的差异及其形成缘由。

《易传》的这一观念来自老子的阴阳二气化生万物说。"阴阳合德"中的"阴阳",指生成与化育万物的两种气;"德"则是指万物得之于"气"并使万物得以存在、发展的属性和功能。受老庄"通天一气""气"与"精"都是人体生命的主要物质基础思想的影响,中国传统哲学的宇宙意识认为,世界上的一切,包括自然、社会、人身,所谓天、地、人三才,均为阴阳二气交感化合的产物。诚如《老子》所说:"万物负阴而抱阳,冲气以为和。""气"连绵不绝,冲塞宇宙,施生万物而又不滞于物。大自然中的云光霞彩、高山大海、小桥流水、珠玉贝壳、花草鸟兽,社会生活中的仁义礼乐、政令农事、人情事态、歌舞战斗,人类自身的膝理五脏、四肢百骸、生命机能,心性思维等,从自然、社会,到人事以至人的道德、情感、心态等,都是由气所化生化合,都包含着阴阳的属性。阴阳二气相互补充、相互转化,才能生育化合万物。也正是由于阴阳二气的互待、互透、互转、互补,相互激荡,循环往复,从而始构成万事万物生生不息的属性。《黄帝内经》说得好:"阴阳者,天地之道也,万物之纲纪,变化之父母,生杀之本始,神明之府也。"《淮南子·天文训》也说:"道始于一,一而不生,故分而为阴阳,阴阳合而万物生。"受老子阴阳二气化生自然万物观念的影响,在中国美学看来,宇宙大化的生命节奏与律动,人们心灵深处的节奏与律动,都是源于阴阳二气的相互化合作用。这种"阴阳二气化生万物"的审美意识与审美观念渗透在自然美和艺术美的全部审美意境之中。正如孔颖达在《周易注疏》中所指出的:"天下之万声,出于一阖一辟;天下之万理,出于一动一静;天下之万数,出于一奇一偶;天下之万象,出于一方一圆;尽起于乾坤二画。"所谓"乾坤二画",乃是指《周易》的阴爻、阳爻,就是阴阳,也即阴阳二气。"阴阳者,气之大者也。"①"阴阳者,天之气也(也可谓道)"②万物是阴阳二气交感的产物,人类亦是阴阳气化而生。《淮南子·天文训》说:"阴阳合和而万物生。"《精神训》又说:"于是乃别为阴阳,离为八极,刚柔相成,万物乃形。烦气为虫,精气为人。"

即如老子所说,正是由于作为生命之源的气有阴阳的对立统一特征,从而才构成氤氲、聚散、动静、磨荡而运动变化,并由此以生成自然万物与人类,故而,当以老子为代表的中国古代哲人面对世界进行沉思时,往往把万物与人的生成放在阴阳对峙的矛盾中去考察,从阴阳与气化的运动中去描绘。《黄老帛书》云:"凡论必以阴阳大义。天阳地阴,春阳秋阴。夏阳冬阴。有事阳而无事阴,信(仲)者阳而屈者阴,君阳臣阴,上阳下阴。男阳女阴,父阳子阴,兄阳弟阴,长阳少阴。……诸阳者法天……诸阴者法地。"整个宇宙天地与社会人生的生成都可以用"生"之于"阴阳"来概括。此即《周易》所谓的"一阴一阳之谓道"。《吕氏春秋》也指出:"凡人、物者,阴阳之化也。"唐代道士成玄英给阴阳以规定性内涵;"阳动也。阴,寂也。"③认为阴阳即动与静二气的调和:"阴升阳降,二气调和,故施生万物。"④李筌在《太白阴经》中,也认为"万物因阴阳而生之"。他说:"人禀元气所生,阴阳所成,淳和平淡,元气也。聪明俊杰,阴阳也。"强调阴阳二气对生成自然万物与人的决定性作用。并且还指出属于主体审美心理结构的"聪明俊杰"心理因素的生成也离不开阴阳二气的作用。是的,"天以阳生万物,以阴成万物"⑤。一方面,阴阳二气大化流衍,聚散无定;另一方面,阴阳二气又相推相摩,相激相荡,相交相感,相合相比,使万物化生,"物不可穷"。故而,由阴阳交合而生成的宇宙万物与社会人生也就变化无穷,气象万端,丰富多彩。人与万物概莫能外。

就人而言,"性情形体,本乎天者也;走飞草木,本乎地者也。本乎天者,分阴分阳之谓也。本乎地者,分刚分柔之谓也。夫分阴分阳,分柔分刚者,天地万物之谓也。备天地万物者。人之谓也"⑥。所谓人"备天地万物",是指人乃为天地之心,阴阳刚柔之会;故人能参赞化育,与天地万物一体。天地万物与人都凭借阴阳而生,而阴阳又都存在于万物之中,故而在审美活动中,天与人、心与物能相渗相透、相互沟通与融合。同时,正如老子所指出的,阴阳作为"气"的审美属性,它又

---

① 《庄子·则阳》。
② 《张载集·语录中》。
③ 《庄子·在宥疏》。
④ 《庄子·天运疏》。
⑤ 周敦颐:《通书·顺化》。
⑥ 邵雍:《皇极经世·观物内篇》。

具有对峙性与统一性,以及动态性特征,是"冲气为和","专气致柔",循环往复,周流不息。而自然、社会、人生等万物万象,就都表现出聚散、动静、虚实、内外、上下、大小、清浊、刚柔等性质状态。这些性质状态,都可以概括为相互对峙、统一、变动的关系,也即阴阳关系,这样一来,整个宇宙就都由阴阳二气联系成一个整体。在阴阳二气这个层次上,宇宙万物同源同构而相通,宇宙乃是一个具有对峙、统一、变动的全息性整体。这样,阴阳二气作为自然万物与人生命的本体意蕴,使天地万物与人都纳入其阴阳气化的范围,能相通互感,遂成为中华民族的传统审美意识和审美观念。

正因为阴阳二气为人体生命之底蕴,所以人体生命之气则同样具有阴阳、聚散、动静、清浊等性质。作为个体的审美主体因为所禀受的生命之气有阴与阳、聚与散、动与静、清与浊的不同,所以其性格、情性、审美兴趣与审美意向也有阳刚阴柔的差异。人格方面,前者如《周易》所推崇的进取人格,"天行健,君子以自强不息"。这种人格大气磅礴,耀同日月,表现出一种积极、向上的进取精神;后者则如老庄所标举的谦退、不争人格;其人生态度是退避,寄情山水,放归田园,身在江湖而心弃魏阙。"智者乐水,仁者乐山",中国美学既推崇光明正大、具有天空般坦荡而博大的阳刚人格美,同时也赞许如大地一般有内涵、含蓄、谦逊而儒雅的阴柔人格美。在审美兴趣方面,中国美学认为,正是因为人格情性与审美趣尚的或阴或阳,或刚或柔,或刚柔相济,互融对摄,从而使其审美情趣与审美意趣也存在着差异。有的人喜尚壮美、刚性美、阳刚之美、白马秋风冀北式的美;有的则倾慕秀美、柔性美、阴柔美、杏花春雨江南式的美。或红日出大海,或月上柳梢头;或翠柏苍松,激流飞瀑;或平湖曲涧,绿柳红桃。伯牙鼓琴,志在高山,志在流水,巍巍乎而洋洋乎,崇尚阳刚之美;韩娥歌唱,余音绕梁,三日不绝,推崇阴柔之美。所禀阴阳之气不同,则趣尚取舍有异。李白、杜甫与王维、孟浩然同时活跃在盛唐诗坛上,然而其诗歌审美创作的风格却迥异其趣;苏轼、辛弃疾与柳永、周邦彦同时驰骋于宋代的词场,但是其词作的风貌却大不相同;同属唐宋八大家,欧阳修、曾巩的文章就偏于阴柔,韩愈、柳宗元的文章则偏于阳刚。

的确,作用于人体生命的气,不仅有阴阳之分,还有刚柔之别。故《周易》指出:二气既"分阴分阳"又"迭用柔刚","阴阳合德,而刚柔有体",从而"以体天地之撰,以通神明之德",强调"动静有常,刚柔断矣";"立天之道,曰阴与阳;立地之道,曰柔与刚"。认为正是由于"气"有阴阳动静的审美属性,所以"气"才有刚柔的区别。气分阴阳,人分阴阳,于是有阳刚、阴柔之美,有阳刚、阴柔的趣尚差异。生命的底蕴是大化流衍的或阴或阳之气,性情、品格、趣尚的底蕴也是气。受"气"

的这种阴阳刚柔审美属性的作用,人所禀之气不同,自然其情性、气质、性格也就不同了。王充说得好:"人,以气为寿,形随气而动,气性不均,则于体不同。"①"气性"决定着个体情性。故刘勰说:"才有庸俊,气有刚柔。"②"才"与"气"相联系。审美创作主体的审美能力有一般与杰出之分,气质有刚强和柔弱之别,由此遂形成审美意趣与指向的不同。所谓"风趣刚柔,宁或改其气"③。创作主体的个性气质与审美意趣有刚有柔,作为审美创作活动的物态化成果,其作品的审美风貌也就自然有刚有柔,或气象堂皇、刚健雄浑,使人惊心动魄;或蕴藉隽永、柔婉清新,使人想味无穷,思之不尽。前者如屈原、李白、苏东坡等人的大多数作品;后者则如陶潜、王维、孟浩然等人的大多作品。或"大江东去",或"晓风残月"。前刚后柔,刚柔相济。有以阳刚美取胜的,有以阴柔美见长的,正是这样,才形成中国文学史上群星璀璨,各呈异彩的多样化的审美风貌。

现代审美心理学也指出,作为个体,受先天的气质禀赋等内部生理机制与社会历史、民族文化、地理环境、风俗习惯、文化教育等外部机制的制约,影响和范导,主体的审美心理在结构类型上是存在着差异的,并受此作用以形成各自不同的审美意趣、指向、取舍以及不同的审美创作方法、审美个性和审美风格。所谓"刚柔有体"、风趣有别,则正是在各种因素的交互作用下,整个主体在自我的审美心理结构的建构过程中,各自突出和强调不同的心理要素,从而所形成的各不相同的审美心理结构类型和审美趣味及其在审美创作活动中的体现。

在现代审美心理学看来,审美心理结构主要可以分为认知型与情感型。属认识型审美心理结构的创作主体侧重于对审美对象进行历史的、哲学的深层意旨的把握,以"通神明之德,以类万物之情"④。审美创作注重名小类大旨远,总是在有限的、偶然的、具体的形象中,去捕捉和展现生命本质的无限、必然的内容和意蕴。熔铸于作品中,则表现为一种体识深远、悠然逸宕、意新理惬、趣味澄夐的淳厚蕴藉之美,启人深思,耐人寻味。情感型审美心理结构的创作主体则往往以情感功能作为统辖其审美心理因素的核心机制,总是利用审美情感的弥漫性和渗透性来形成心理结构的整体情意状态,并通过此来感知和表现审美对象,所谓"登山则情满于山,观海则意溢于海,我才之多少,将与风云而并驱矣"⑤。属于这一类型的

---

① 《论衡·无形》。
② 《文心雕龙·体性》。
③ 《文心雕龙·体性》。
④ 《周易·系辞下》。
⑤ 《文心雕龙·神思》。

主体都具有非凡的审美体验能力和想象力,在审美创作活动中,受情感内驱力和创造性审美想象的作用,常常表现出一种对现实事物的审美超越能力。其审美构思物化于作品中,则呈现为一种充实光辉、雄浑劲健、萦回盘礴、千变万态的理想审美境界,催人奋发、令人神往。

总之,以老庄美学为主的中国美学认为,审美心理结构的构成是形成创作主体审美意趣与审美风趣的关键。而这之中,"气"又起着决定性作用。审美创作则应该做到"情与气偕,辞共体并"①,使情感与气质相互偕合,审美意趣与审美风格相互统一,以形成既刚健有力又情韵深长,既柔美清新又风骨劲健、刚柔相济的审美个性和风格,从而其审美作品始可能像多棱形的钻石,闪耀出多面的绚丽光辉。

四、气与审美情感

受老子"气"(道)论的影响,在中国美学看来,生命之气既规定着主体审美心理结构的构成,作为个体所禀赋的生命之气,也决定着其自身审美情感的生成。即如刘昼在《刘子·防欲》中所指出的:"人之禀气,必有性情。"这里所谓的"性情",广义地说,是指包括人的情感、性格、资质、情趣在内的属于主体的精神方面的心理因素;狭义地说,则是指人的情感。刘勰《文心雕龙·征圣》说:"夫作者曰圣,述者曰明,陶铸性情,功在上哲。"《文心雕龙·情采》说:"文质附乎性情。"唐皎然《诗式·重意诗例》也说:"但见性情,不睹文字,盖诗道之极也。"上述"性情",都可以作审美情感讲。人禀气而生,"气"不但生成人的形神、意识、意志、才智,而且决定着人的情性、性格,生成人的情感。老子所提出的"气化生万物"思想引入中国美学,则形成"人之禀气,必有性情"的命题,认为审美心理结构中那种具有鲜明个性、表现出审美主体的性格气质、审美情趣的个性化审美情感的生成,也必然离不开生命之"气"的作用。

从人的生命之气所具有的性质来看,作用于人体生命的气之聚散动静阴阳的运动,则表现为人的心理、情感的活动,生成人的情感之气。此即所谓"人有五脏,化五气,以生喜、怒、悲、忧、恐"②。既然如老子所说,人与万物皆由气化所生成,人体生命之气与自然万物生命之气是相通相应、相感相交的,那么,自然万物生命

---

① 《文心雕龙·风骨》。
② 《素问·阴阳应象大论》。

之气的运动变化,必然会影响及人体生命之气的运动变化,进而影响及人的心理和情绪、情感的活动。即如刘勰《文心雕龙·物色》所指出的:"春秋代序,阴阳惨舒,物色之动,心亦摇焉。……岁有其物,物有其容;情以物迁,辞以情发。一叶且或迎意,虫声有足引心。"又如钟嵘《诗品序》所指出的:"气之动物,物之感人,故摇荡性情,形诸舞咏。"《灵枢·口问》也指出:"故悲哀愁忧则心动,心动则五脏六腑皆摇。"审美情感的生成及其波澜,离不开生命之气的作用和激发,没有生气的灌注就没有审美情感的起伏。

现代审美心理学告诉我们,情感是人对现实世界的一种特殊反映形式,是人对一客观事物是否符合自己的需要而产生的体验。审美情感不同于一般的感官愉快,也不同于日常生活中因是否满足于物质实利而产生的情感和纯伦理的情感。审美情感具有一种强烈的超越性和指向性。如王昌龄《送柴侍御》诗云:"流水通波接武岗,送君不觉有离伤。青山一道同云雨,明月何曾是两乡。"此诗是诗人被贬谪龙标(今湖南省洪江市)尉时的作品。尽管遭遇不平,被放逐边荒,然而,诗情却毫不消沉颓废。我们可以从诗中所蕴含的与友人云雨相同,明月共睹,人分两地,情同一心的深情厚谊中感觉到抒情主体健爽豪放的、不凡的激情,却不可能将这种豪情外化在现实生活中,而只能存在于我们的审美想象之中。审美情感的产生总离不开审美对象,总是指向一定的审美对象。即如白居易《与元九书》所说:"事物牵于外,情理动于内。"并且,审美情感的产生来自于主体丰富的想象力,来自于"我才之多少",而一般不具备直接的现实性。在审美观照与审美创作中,我们可以感觉到不同年龄、不同身份、不同性格的人的情感,但却不可能将这种情感表现为直接的现实。欣赏《孔雀东南飞》,我们在为兰芝与仲卿的爱情悲剧洒下泪水的同时,也使我们的心灵因剧烈的冲动而获得净化,从而使内心得到审美的愉悦。人们在现实生活中往往容易陷入情感之网而难以自拔,而在审美活动中,人们尽管也表现出如醉如痴、似颠如狂,或仰天大笑,或长吁短叹,如金圣叹自述,读《西厢记》一本三折,"见'他不偢人待怎生'之七字,悄然废书而卧者三四日",不知自己是死是活,是迷是悟,三四日不茶不饭,不言不语,但却始终保持着理智的敏感。也就是说,一般情感不易为意志所控制,而审美情感则容易为理智所控制。也正是因为这样,审美主体往往能从审美情感中跳出来以理性的眼光审视对象,并再度体验对象所给予的情感享受。

是的,正如老子所说,人与万物自然都以"气"为本,审美情感的产生当然也离不开生命之"气"的作用,生命之"气"是审美情感的生成本原。刘勰在《风骨》篇中说:"情之含风,犹形之包气","情与气偕,辞共体并"。主体的审美情感与"气"

是分不开的。"人禀七情，应物斯感。"①审美情感的感发需有"心""物"两个方面的契机，即主体的需要与对象的激发。同时，两个方面又共同受制于生命之"气"。从主体需要来看，子产说："民有好、恶、喜、怒、哀、乐，生于六气。"②这里的"好、恶、喜、怒、哀、乐"就是六种情感类型。《荀子·正名》说："性之好、恶、喜、怒、哀、乐谓之情。"天有六气，人有六情，天人相应。主体的审美情感来源于生命之"气"。同时由于其指向性特点，审美情感的生成还离不开审美对象的激发。李百药曰："人有六情，禀五常之秀；情感六气，顺四时之序。"③审美对象之所以能引起主体的性情"摇荡"，产生审美情感，归根结底还是由于生命之"气"的作用。可见，审美情感的生成离不开生命之"气"的推动，"气"决定着审美情感。

我们还可以从审美活动中看到"气"对审美情感的作用。由于审美情感具有个体独特性，所以，审美心理结构是有差异的。具有不同审美心理结构的主体，在对审美对象的指向与选择上表现出很大的差异现象。刘昼说："人之与兽，共禀二仪之气，俱抱五常之性，虽贤愚异情，善恶殊行，至于目见日月，耳闻雷霆，近火觉热，履冰知寒，此之粗识，未宜有殊也。声色芳味，各有正性，善恶之分，皎然自露，不可以皂为白，以羽为角，以苦为甘，以臭为香，然而嗜好有殊绝者，则偏其反矣，非可以类推，弗得以情测，颠倒好丑，良可怪也。"④审美活动中的这种"嗜好殊绝"的现象，就是情感的指向性特点对主体审美心理结构制约的结果。在审美活动中，当审美对象作用于主体时，审美客体的一切信息，并非全部都直接无保留地呈现在主体的意识中并做出被动的反应。相反，审美对象总是要经过审美主体原有心理结构作为内在的依据和尺度的选择改变和同化认可，"类固相召，气同则合"⑤，使主体禀赋的生命之"气"与审美对象蕴含的生命之"气"化合，从而始能获得审美感悟。既然主体所禀之"气"有清浊、阴阳、刚柔的不同，并影响及审美情感的差异，那么依照"同气相求"的原则，在审美活动中也就自然会形成爱憎与好尚的差异了。白居易说："天地间有粹灵气焉，万类皆得之，而人居多；就人中，文人得之又居多。盖是气，凝为性，发为志，散为文。粹胜灵者，其文冲以恬；灵胜粹者，其文宣以秀；粹灵均者，其文蔚温雅渊，疏良丽则，检不扼，达不放，古淡而不

---

① 《文心雕龙·明诗》。
② 《春秋左传·昭公元年》引。
③ 《北齐书》卷三十七《文苑传序》。
④ 《刘子·殊好》。
⑤ 《吕氏春秋·有始览·应同》。

鄙,新奇而不怪。"①就是通过审美活动和文艺作品审美风格上的差异来说明"气"对于审美情感以及主体审美心理结构的作用的。

在审美心理结构的诸种要素中,情感是最重要的,也是最活跃的因素。即如唐代李商隐《献相国兆公启》所指出的:"人禀五行之秀,备七情之动,必有咏叹,以通性灵。"在整个审美活动中,审美情感自始至终都起着积极的作用。审美情感是促进审美活动发生的动力,倘若没有审美情感的波动,没有"情感六气",就不会有审美活动的发生与开展。文艺审美创作活动更是如此,可以说,审美创作的整个过程,从本质上讲就是主体审美情感的物态化过程。故纪昀说:"诗本性情也。……举日星河岳,草秀珍舒,鸟啼花放,有触乎情,即可以宕其性灵。"②在审美创作活动中,人们总是从一定的情感模式出发,去指向、感受、体验审美客体,以"宕其性灵"的。

从现代审美心理学的角度来看,审美心理结构是由感知、想象、理解、情感等诸种心理元素所构成的,而情感则处于中枢地位,它推动感知、想象、理解等自由地运动,并和它们组成一个和谐的整体。同时,审美情感在审美活动中还具有导向功能。作为审美心理结构中的灵魂和内驱力,审美情感对其他审美心理元素有着强烈的渗透和弥漫作用。首先,审美创造中主体的审美意象活动总是与审美情感的浡兴相互推进的,所谓"情瞳昽而弥鲜,物昭晰而互进"③。正是如此,从而才使审美活动不同于科学认知活动。其次,审美创作活动中的想象必须由情感来推动。正如刘勰所说:"神用象通,情变所孕。"④审美创作中的意象是在情感和想象、理解的相互渗透中孕育而成的。科学认知活动中情感往往要与意象相分离,而审美创作活动中的情感却与审美意象联姻。一旦离开审美意象,情感则无从表现。情不能没有景,景也不能没有情。即如王国维在《屈子文学之精神》中所指出的:"诗歌者,感情之产物也。虽其中之想象的原质,亦须有肫挚之感情,为之素地,而此原质乃显。"情景相融,物我统一,则"十里轻红自笑,两山浓翠相呼"。只有化景物为情思,情景浑融,才能创作出美妙的诗的意境。

情感在审美创作活动中有着突出的地位,尤其是文艺审美创作活动,总是伴随着强烈的审美情感的。所谓"诗从肺腑出"。情感既是审美创作的动力,也是审美创作所要表现的核心。没有情感的激发,就没有审美创作活动,也就没有文艺作品。

---

① 《白氏长庆集·故京兆元少尹文集序》。
② 《纪文达公遗集》,《冰瓯草序》。
③ 《文赋》。
④ 《文心雕龙·神思》。

五、气与审美知觉

受老子"气"（道）论的影响，中国美学认为审美知觉的形成也离不开气的作用。

知觉是审美心理中最基本的要素。登临探索，遇物兴怀。审美活动的发生，离不开审美知觉对外物的感知遇合。现代审美心理学指出，审美知觉既具有一般知觉的共性，又具有自己的独特性。知觉是直接作用于感觉器官的客观事物的整体在人脑中的反应，人的各种知觉器官（视觉、听觉、触觉、味觉、嗅觉、动觉）是知觉的生理基础。审美知觉则是处于审美态度中的知觉。审美知觉具有一般知觉的共性（如能动性、整体性、理解性等），同时还具有自己独特的个性。具体而言，审美知觉的特殊性主要表现在敏感性、朦胧性、生动性和丰富性等几个方面。

首先，审美知觉具有觉察外界事物的细枝末节及其变化的敏感性。在审美活动中，审美知觉往往能够抓住审美对象中所包含的特殊情味，这些细节变化与情味是一般人所习焉不察的。海浪澎湃，细雨迷蒙，鲜花凋谢，泉水叮咚，这些景致，现实生活中不少人会视而不见，听而不闻的。即如袁枚《续诗品三十二首》所指出的："鸟啼花落，皆与神通，人不能悟，付之飘风。"相反，具有敏锐的审美知觉能力的主体，却能从自然的这些景致中感觉到包蕴着某种特殊情味的色彩、线条、体态和天趣，并通过心灵的综合而产生审美趣味的知觉印象。

其次，审美知觉能够将朦胧的对象所提供的朦胧信息，与主体经验融合，从而产生朦胧的知觉印象，以理解审美对象所包容的意蕴。这和一般知觉不同。一般知觉往往是理性化的，直接为客观而又真实地认识事物的感性形态服务。如从地理学的角度来看，那眼中的山山水水，仅仅只是巩固和丰富理性的地理知识的对象，显得客观、明晰。倘若由此用望远镜去观看三峡神女峰，所得到的也只不过是一块粗糙的立式岩石的印象而已。但在情感化的审美知觉中就完全不同，这时的神女峰则总是披上一层迷离扑朔的轻纱，恍惚氤氲，宛若情思绵绵的女子，伫立岸边等待打鱼未归的丈夫了。

再次，审美知觉还具有生动性特征。所谓生动性，是指知觉印象的生机勃勃，富有活力。心理学研究表明，知觉可分为有意的（随意的）和无意的（不随意的）两大类。后者可以由外界对象的特点（鲜明性、排列次序、异常性等）所引起。如蔚蓝的天空中展翅飞翔的苍鹰，浩瀚的大海里劈波斩浪的轮船，就总是以其异常于背景的动态吸引起人们的无意知觉。此即所谓"烘云托月""鹤立鸡群"。无意知觉有时也可能由客观对象与审美主体个人兴趣暗合而引起。如置身百花吐艳、万紫千红的花园。因其兴趣爱好的不同,有的喜巡览烂漫的杜鹃,有的则爱观赏艳丽的山茶。在审美知觉中,无意知觉的知觉印象是充满生机的,那是主体审美情趣映照的结果。所谓有意知觉,是指为了某种目的,做出一定的意志努力,以便更好地实现其意图,随意地选择知觉对象。主体在对大千世界不经意的浏览中,蓦然间发现某一事物的审美意味,"神理凑合,自然恰得"。虽然此时的发现还带有朦胧预感的性质,但其全身心都为这种发现的心理冲动所迷漫,并随即进入到探求的审美历程。为了探求其内在价值,审美知觉则有意地选择与此有关的大量的感知信息,特别是其中十分生动鲜明的信息。大脑信息仓库中的细节库存,在有意知觉过程中不断得到充实。对事物的知觉也在有意知觉中滋长着生机勃勃的印象。在审美创作中,将这种感受和知觉经验用艺术媒介表达出来,就成为生动具体能给人以感性观照满足的审美意象。

第四,审美知觉的丰富性。是指五官感觉的积极性被整体地调动起来,以形成知觉印象的丰富。审美感知活动的发生与开展总是建立在五官感觉的积极性被整体地调动起来的基础之上,总是多种官能共同参与的结果,这既为审美知觉的丰富性奠定了感性基础,又能使主体对审美对象产生多层次、多侧面的知觉感受,有助于从整体上把握审美对象。

老子说:"味无味。"这里的前一个"味"就是一种感知觉。可见,对审美知觉,以老庄美学为核心的中国古代美学思想是用"味"这个概念来表述的。所谓"熟味""细味""深味"。同时,依照"气化"说的规定,"味"这种审美知觉的生成又离不开"气"的作用。在人的各种感觉中,具有审美作用并成为审美知觉的基础的,主要是视觉、听觉和味觉,而人体生命之"气"则是人类视听味等感觉能力赖以生成的物质基础。我们可以从《春秋左传·昭公元年》所引医和等人的话中证明这一观点。医和说:"天有六气,降生五味,发为五声,征为五色。"子产也说:"则天之明,因地之性,生其六气,用其五行。气为五味,发为五色,章为五声。"一切味、色、声都是生命之"气"作用的结果。生命之"气"使作为审美对象的自然万物形成多种多样的感性状貌,例如各种色彩、声音、形状、硬度、温度等,也即"五色""五声""五味"。依据老庄美学"通天下一气"的气化思想,人的知觉就是在对事物的这些个别特性的感知基础之上,由生命之"气"所生成的。即如王充在《论衡·论死》中所说:"形须气而成,气须形而知。""气"作用于自然万物,并通过此以影响及人的知觉,决定着知觉的形成。并且,在由人的一般知觉上升到审美知觉的过程中,也离不开"气"的作用。《淮南子·原道训》说:"今人所以眭然能视,䏁然能听,……察能分白黑,视丑美,而知能别同异,明是非者,何也?气为之充,而神为之使也。"是的,审美知觉之所以能直接感知审美对象,并敏锐、整体、生动地对审美对象做出反应,"察白黑,视丑美",引起审美感兴,以展开审美活动。其主要原因就是"神气"的"充使"。人体生命之"气"决定着审美知觉,并由此而影响及主体审美心理结构的构成。

六、气与审美联觉

受老子"气"论的影响,以老庄美学为核心的中国美学认为审美知觉中的一种重要的心理现象——联觉(synesthesia)的形成也离不开"气"的作用。

据《国语·周语下》记载,春秋末年,单穆公曾就声味心气的关系发表过一段有趣的言论。他说:"夫耳目,心之枢机也。……口内味而耳内声,声味生气。气在口为言,在目为明。""气"在口中,人则能说话;在眼中,则能看清东西;在耳中,则能听见声音。没有"气"的作用,人就不能说话,不能有任何感觉能力。人的心理活动也是这样的,"气佚则不和",气和则心平,心气相连。显然这里的"心"就是指心理活动能力,无气则无心之功能,无心理活动动力。"气"作用于人的整个心理与感知觉,既生成声又生成味。声与味都通过"气"而相通相连。老子所谓"味无味",以及"声亦如味",味亦如听,听亦如视。在我们看来,这种把声与味以一气相连而并通的思想,已经涉及联觉现象。

所谓联觉,就生理学而言,是指身体的一部分发生的感觉与伴生的感觉;就心理学而言,则是指一种感觉兼有另一种感觉的心理现象。20多年前,钱锺书先生曾把联觉称为"通感",并在《通感》一文中对之做过一番生动的阐释:"在日常经验里,视觉、听觉、触觉、嗅觉、味觉往往可以彼此打通或交通,眼、耳、鼻、舌、身各个官能的领域可以不分界限。颜色似乎会有温度,声音似乎会有形象,冷暖似乎会有重量,气味似乎会有锋芒。"在日常用语中,这种感觉"彼此打通或交通""不分界限"、相互沟通和转换的现象是屡见不鲜的。例如"饱餐秀色""饱看青山",就是视觉向味觉的转移和交通。再如"热烈""冷酷""香雾""暖红"等,都是不同感觉可以流通和交换的例子。在审美创作中,特别是诗歌审美创作中,描写联觉的例子更是不胜枚举。如"花重锦官城"(杜甫),"苦雾沉旗影,飞霜湿鼓声"(林鸿),"泠泠七弦上,静听松风寒"(刘长卿),以及为人们所熟知的宋祁《玉楼春》中的名句"绿杨烟外晓寒轻,红杏枝头春意闹",等等。

心理学的研究告诉我们,客观事物作用于人的感官而引起感觉,如视觉、听觉、肤觉(触压觉、温度觉)、味觉、嗅觉等。这些不同的感觉,是在不同的感觉分析器的外周部分接受外界事物的刺激,经过传入大脑皮层下的中枢神经而形成的。而这各种神经又相互影响,彼此打通,建立暂时的神经联系。联觉就是这样产生的。

前面我们曾经谈到审美知觉具有丰富性特征,而审美知觉的丰富性往往表现在联觉上。审美联觉不同于一般联觉的最大区别,在于审美联觉是在审美感知的支配控制下所产生的心理现象,它注意的是审美对象的外在形式结构,追求的是外在形式结构与内在情感模式的对应契合。而心理学意义上的联觉则主要是一种生理反应,它传达的是生理信息。审美联觉则不同,它主要是一种心理反应,传达的是心理信息和审美信息。也就是说,审美联觉是在想象中发生和完成的。心理联觉是审美联觉的基础,审美联觉是对心理联觉的选择和优化,它只出现在那些具有一定程度的审美能力的主体身上。没有审美能力的人不会有审美联觉的意识。审美联觉是主体感知审美对象的形式与意蕴的重要功能。它不是简单的躯体的自然机能,而是人类的文化进化的结果。

依据老子的"气"论,以及生命之"气"决定并规定着审美知觉的生成,并通过此以影响主体审美心理结构构成的理论,以老庄美学为主的中国美学认为,由于人体生命之气的作用,主体审美心理结构具有整体心理功能,在审美感知活动中,主体的心意情志,以及各种感觉器官是浑然为一、互通互感的整体。叶燮说:"才、胆、识、力,四者交相为济,苟一有所歉,则不可登作者之坛。"[1]又说:"曰才、曰胆、曰识、曰力,此四言者所以穷尽此心之神明。凡形形色色,音声状貌,无不待于此而为之发宣昭著;此举在我者而为言,而无一不如此心以出之者也。"[2]心气相连,声亦如味,人体生命之"气"包容了主体审美心理结构中的情、志、神、意、才、德、习、味等各方面的心理素质,并使之成为一个有机的整体。各种审美感官相互统一,互转互换,共同作用,都有益于审美活动。即如《列子·黄帝》所说:"眼如耳,耳如鼻,鼻如口,无不同也,心凝形释。"是的,主体的审美感知能力是可以转换互通的,都由"气"所生成;同时,主体的审美感官又能生"气"。故在以老庄美学为主的中国美学看来,审美感官的功能是可以相互转化、整体作用的。在审美活动

---

[1] 《原诗》。
[2] 《原诗》。

中,主体可以身游、心游、内游、外游、神游、足游、目游、鼻游、耳游、舌游,种种游法,各有妙悟。郑日奎在《游钓台记》中说:"山既奇秀,境复幽茜,……足不及游,而目游之。清风徐来,无名之香,四山飘至,则鼻游之。舟子谓滩水佳甚,试之良然,盖是即陆羽所品十九泉也,则舌游之。……返坐舟中,细绎其峰峦起止,径路出没之态,惝恍间,如舍舟登陆,如披草寻蹬,如振衣最高处,……盖神游之矣。……舟泊前渚,人稍定,呼舟子劳以酒,细询之曰:'若尝登钓台乎?山中之景何若?其上更有异乎?四际云物,何如奇也?'舟子具能悉之,于是乎并以耳游。噫嘻,快矣哉,是游乎?"各种审美感官相互沟通转换,共同作用,更能增强审美感受。徐上瀛《溪山琴况》说:"若得之弦外者,与山相映发,而巍巍形现;与水相涵濡,而洋洋徜恍;暑可变也,虚堂疑雪;寒可回也,草阁流春。"若要弹出绝妙的琴声,给人以审美快感,那么审美主体不仅可以将听觉感知化为视觉感知("与山相映发""与水相涵濡");而且可以将其转化为意觉感知与触觉感知("暑可变也""寒可回也"),即虽在暑夏亦可以使人觉得冷得雪浸心,而"虚堂疑雪",虽在严冬亦能够让人觉得暖风拂面,"草阁流春"。这里显然就是在强调审美联觉在审美活动中的特殊作用。"寒""暑"虽然是一种温度触觉,然而在审美主体的心灵感受中,却是一种意觉。而意觉中的感受又可以具体形象表现出来,转变为视觉感知,使内心激发出来的情绪明朗化。这也可以体现生命之"气"作用于审美感知的妙处。

七、气与审美想象

受老子"气"论的作用,以老庄美学为主的中国美学认为,生命之"气"还决定着想象的生成以及审美想象能力的高低强弱。

想象是审美心理中又一重要的心理要素,也是主体所必须具备的审美创造与欣赏的独特的心理功能。作为一种特殊的心理活动,审美想象总是伴随着强烈的审美情感。审美想象往往表现着主体的审美趣味和审美理想,其自身就渗透着浓烈的审美情感,体现着主体的审美经验世界和想象世界的和谐统一。我们认为,正是这种统一,创作主体始能够在艺术作品中构筑出情景交融、物我合一的极高审美境界。试看李白《望庐山瀑布》诗:"日照香炉生紫烟,遥看瀑布挂前川。飞流直下三千尺,疑是银河落九天。"瀑布垂直挂下,如珠帘垂空,白练曳下,悬空飞注。这里的"疑是银河落九天"一句,就是诗人借助奇妙的审美想象,使景物升腾到更高的境界。这样,瀑布凌空而下、半洒云天、"隐若白虹""忽如飞虹"的壮美景象,及其磅礴的气势、飞动的特征、雄伟的情状,都极为生动地展现在我们眼前。同时,这神奇的审美想象中又熔铸着诗人热爱自然山水之情。无论是兀傲高耸的香炉峰顶,还是豪迈奔放的瀑布急流,我们都能够从中恍若见到诗人自己的影像,都能够从中感觉到诗人自己的情感。可以说,正是把美好的想象、激越的热情与自然景物极为自然地交融在一些,从而才会使这首诗产生动人心弦的艺术效果。

同时,受老子"气"论的影响,在中国美学看来,审美想象的生成也离不开生命之"气"的作用。即如司空图在《二十四诗品》中所指出的:"行神如空,行气如虹。"这里的"神",又谓"神思",就是指审美创作中主体的心灵飞跃与浮想联翩。神思的畅达有如天空似的广阔,生命之气的贯通则如横亘太空的长虹。"行神"与"行气"互为基础,相辅相成。"神"依赖着"气","气"决定着"神"。审美想象离不开"气"的贯通,"气"规定着审美想象。首先,按照老子的"气"(道)论,主体审美想象能力的养成就离不开生命之"气"的作用。以老庄美学为主的中国美学认为,审美想象活动是一种心灵的感悟,具有激荡、高妙、神奇等心理特征,故而把审美想象称为神思。我们知道,审美想象是主体创造力的最高表现。通过审美想象,主体可以心在此而意在彼,可以"精骛八极,心游万仞"[1],"观古今于须臾,抚四海于一瞬"[2],可以"转观而延缘万古,回瞬而周流八区"[3]。在审美想象中,主体能不受身观限制,悠游于心灵所独创的时空之中,融汇万趣,意象纷呈,感情炽烈,文思泉涌,进而完成审美创作构思。要使自己进入这种心境,并具有游刃有余、运用自如的审美想象能力,以"坐究四荒",审美主体则必须"闲居理气"(宗炳语),通过"理气""养气",以获得丰富的审美想象能力。陆游在《次韵和杨伯子主簿见赠》中说得好:"谁能养气塞天地,吐出自足成虹霓。"审美想象能力的养成必须要有"气"的作用,能"养气"以使自己心灵充实,才能具有丰富新奇的想象力。"气"和"神"是分不开的。刘大櫆在《论文偶记》中说:"行文之道神为主,气辅之。……气随神转,神浑则气灏,神远则气逸,神伟则气高,神变则气奇,神深则气静,故神为气之主。"依据以老子为首的中国古代哲人"万物一气"的宇宙意识,传统美学认为审美想象的作用与功能主要在于通过崭新的审美意象和情致以营构和建造出一个审美意象世界,其实质则是主体以自己的生命之气,去体合审美对

---

[1] 《文赋》。
[2] 同上。
[3] 韦承庆:《灵台赋》。见《全唐文》卷一八八。

象的自然之气。此即所谓以气合气,以天合天,"与天地冥合,然后元气从一阳而来复。"亦就是所谓"如将白云,清风与归"。正如《列子》讲的:"心凝形释,骨肉都融,不觉形之所倚,足之所履,犹木叶干壳,意不知风乘我耶？我乘风耶？"这就要求主体充分发挥其心灵的自由和想象的自由,去"听之以气",去神思妙想。显然,这种想象的自由和神妙是离不开"气"的辅佐的。《管事·内业》说:"灵气在心,一来一逝,其细无内,其大无外。"气氤氲飘浮,细微无比,无孔不入;气飞腾四溢,弥漫宇宙,无处不在,只有在"气"的辅助引导下,才能够达到神与物合,神与物游,从而感悟到自然的内在之气和永恒生命。正如刘勰所说,尽管"寂然凝虑,思接千载;悄焉动容,视通万里",但是却"神居胸臆,而志气统其关键"。

现代审美心理学告诉我们,审美活动中这种想象的自由根源于主体心灵的自由,它所服从的不是物理规律而是心理规律。并且,艺术的真实不等于生活的真实,创作主体的审美想象也不一定就是真实的生活中的现象。即如黄庭坚《道臻师画墨竹序》所指出的:"夫心能不牵于外物,则其天守全,万物森然,出于一境,岂待含墨吮笔,槃礴而后为之哉？故余谓臻欲得妙于笔,当得妙于心。"是的,"欲得妙于笔,当得妙于心"。在审美创作构思活动中,客观现象事实摄入审美创作主体的意识后,就变成了一种主观现实,一种渗透着主体思想情感和性格意趣,亦即主体"灵气""气志"的"现实"。在这里,所谓"灵气""气志",实质上可看作心灵活力。故而,创作主体进行审美创作的旨趣,不仅是对作为审美对象的客观事实做出再现、说明与评价,而是要通过对审美对象内在意蕴的揭示以表现自己的心声,吐露其心曲、心情、心境和灵魂。审美想象的最高追求,就是能够超越外在事物的限制,来表现主体内在的心灵世界,显示其深邃的灵魂,唤起潜意识中的生活印象,从而使审美创作达到对外在客观事实的超越和升华,"心不牵于外物"而"万物森然"。可见,创作主体超越外在客观事实,显示其深邃的心灵世界,是同其识见、心声和个性能在审美创作中得到自由的表现分不开的。同时,要实现此目的,又离不开主体的心灵活力,正是主体的心灵活力,即"灵气""气志"的作用,从而才促使主体力图超越外在客观事实的表象,去发现其中所蕴藉的生命奥秘,去透视宇宙生命的内在意蕴,以展现自己的心灵世界,并由此营构出生气流动的审美意境。

受"灵气"与"气志"所作用与统制,审美想象的这种"行神如空,行气如虹"的自由特征和对现实的超越性表现,在中国古代艺术作品中是最为常见的。从屈原的"饮余马于咸池兮,总余辔乎扶桑。折若木以佛日兮,聊逍遥以相羊"①到李白的"吾将囊括大块,浩然与溟涬同科"②,再到张孝祥的"吸尽西江,细斟北斗,万象为宾客"③,均表现出"想落天外"④,"吐出自足成虹霓"⑤的超越常理的想象美。我们认为,审美想象的自由与对外在客观现实的超越性也就是审美想象的合理性,亦正是因为这种特征,使审美想象在审美创作和审美欣赏中有着不容忽视的地位。在"灵气"与"志气"作用下,审美想象的神思飞跃能够打破时空界限,"八极可围于寸眸,万物可齐于一朝"⑥。在"灵气"与"气志"作用下,审美想象活动能够"无远不到","无高不至"。其活动范围和幅度是无限广阔和无限丰富的。它可以超越"常理""常情",突破其限制,不受其束缚。惠满腔在《冷斋夜话》中就曾举王维作画雪中芭蕉为例,说明审美创作乃是"妙观逸想"的活动,是"神情寄寓于物",而不可"限以绳墨"。艺术审美境界的营构,是高妙的审美想象(神)与真挚的审美情感的融合,并通过审美意象得以表现的结晶。

总之,按照老子的"气"(道)论原则,审美想象活动,离不开生命之"气"的作用。老子说:"致虚极,守静笃。万物并作,吾以观其复。"通过"虚""静",体内真气就会异常活跃,宇宙万物都会纷然呈现,内视返观,则能拓展其心灵空间。所谓"神思",就是审美主体在生命之"气"的推动与心灵活力的作用下,"纵其心思之氤氲磅礴,上下纵横"⑦,透过视听味等审美感官,让心灵沉潜到审美对象的底蕴,并通过此以激发、唤醒埋藏在深层生命结构中的审美经验,引出潜意识里大跨度跳跃的联想,神合感应,交感同游,从而得到宇宙生命的解悟。即如符载《观张员外画松石序》中指出的:"箕坐鼓气,神机始发","气交冲漠,与神为徒"。故以老庄美学为核心的中国美学强调"守中"以"养气",认为通过"守中""养气"以培养胸中的浩然之气,审美想象力才活跃自由,奇特新颖,隽永空灵,无所不至。

---

① 《离骚》。
② 《日出入行》。
③ 张孝祥:《念奴娇·过洞庭》。
④ 沈德潜:《说诗晬语》卷上。
⑤ 陆游:《次韵和杨伯子主簿见赠》。
⑥ 左思:《魏都赋》。
⑦ 叶燮:《原诗·内篇》。

八、气与审美理解

这一命题涉及审美理解与生命之气的关系。

受老庄美学的影响,中国艺术追求一种极高的精神境界,致力于审美意境的构筑。一个充满音乐节奏的时空合一体是中国艺术的灵魂。中国传统审美创作要求以心理时空融汇自然时空,强调人与自然、物与心、景与情的统一浑融。审美创作活动中,作为审美对象,自然景物是客观的,触物兴怀,情以景生;而所要表现的情志则是主观的,咏物寓志,"摅发性灵"。情与景、物与怀、审美对象与审美性灵、客体生命与主体生命必须相互激发、相互认同、相互契合、浑然合一,只有达到此,审美创作才算成功。

受这种中国艺术审美旨趣的规定,创作主体在进行审美创作构思活动时,总是力求在有限的、偶然的、具体的形象中,去捕捉和展现生命本质的无限、必然的内容,使"微尘中有大千,刹那间见千古"。显然,要完成这种审美创作活动,必然离不开审美理解心理因素的参与。就诗歌审美创作来看,其感受、发现和表现的过程按歌德的话来说就是这样:"在这以前我对于它们没有任何概念和任何预感,可是它们突然之间就控制了我,并要求立刻得到表现,于是我只得像梦游者一样,不由自主地把它们记录下来。"[①]但是无论这种"不由自主"的无意识审美直觉过程在审美创作中有多大的作用,我们也不能将其绝对化。在审美创作中,无意识与意识、直觉与理解、情感与想象、先天的禀赋与后天的修养都在发挥作用。我们认为,尽管审美创作活动中理解因素不占优势,但在实质上却决定着审美创作的许多本质内容。审美理解把握着创作的主旨、最高目的和审美构思的基本轮廓,照亮着创作主体审美意识中的光点,并促使其整个的生活经验与审美经验都聚集到这一光点周围,以帮助主体在直觉中艺术地把握审美对象的深层意蕴,揭示其"微尘"中的"大千","刹那"中的"千古"。

主体审美心理结构中的理解因素,首先是指审美主体对作为审美对象的客体的属性、本质和规律的把握;其次则是指审美主体对整个创作活动中的各种审美原则、审美规律和审美方式的认识。

审美理解的最主要特点是它始终渗透在感知、直觉、想象、情感等诸审美心理

---

① 伍蠡甫:《西方文论选》(下),上海译文出版社 1979 年版。

因素之中,与它们融汇成一体,以构成一种非确定性的、多义性的认识。审美活动中的理解因素与科学认识是有区别的。它沉积于审美主体的深层心理结构,在审美创作活动中,主要不是以概念、范畴、理论体系的形式来反映客观事物的本质、规律,而是以微妙之心来体悟自然万物的深层韵律,以得到最精深的生命隐微,是通过意象的营构以表达审美对象中蕴藉的宇宙精神。钱锺书先生《谈艺录》中所谓的"理之于诗,如水中盐,蜜中花,体匿性存,无痕有味。现相无相,立说无说",就道出了审美理解与感知、直觉、想象、情感融为一体的特点。是的,审美中的理解,是理性积淀在感性之中,理解溶化在想象和情感之中,正如水中之盐,无痕有味,水有咸味而不见盐,性质虽存而形体隐匿。

在审美活动中,审美理解具有"意无穷"性,而非任何确定性的概念所能表达、所能穷尽。如我们欣赏徐悲鸿画的马,给我们深刻感受并引起我们审美玩味的不仅是画面上生龙活虎、栩栩如生的奔腾的马的形象,我们还从中体会到生命的活力,感受到一种勃勃向上的精神,从而产生对生活与理想的无限憧憬与向往。尽管画面上没有把这些直接画出来或加以说明,然而其中却包容着更多、更广阔、更丰富的意蕴。体味郑板桥的兰、竹、石,总使我们想味着画面之外的旨趣,但又不是可以说得清的。是愤世嫉俗还是自得其乐?是昂扬挺直还是悠闲自得?都是,又都不是。吟诵陈子昂的《登幽州台歌》,从中感悟到宇宙无限与人生有限的矛盾,细加品味,又总觉得除了宇宙意识外,似乎还有忧患意识。出世乎?入世乎?恐怕一时难以论定。但诗中所包孕的哲理思想与人生意味倒的的确确是难以说清的。慷慨者诵之,会激励起勇于进取的豪情;郁闷者吟之,会倍增人生短暂的悲凉。审美理解的非确定性、多义性,使人们只能领悟,不能言传。所谓"心有灵犀一点通",这正是审美理解的妙处之所在。

受老子"气"(道)论的影响,在中国美学看来,主体审美心理结构中的理解因素也离不开"气"的作用。刘勰说:"缀虑成篇,务盈守气。"①所谓"虑",即审美认识活动;"缀虑",就是指审美构思。创作主体在进行审美构思与谋篇布局等审美创作活动前,必须充分积蓄鼓荡于自己审美意识与心灵世界中的生命元气。倘若"守中""守气"不力不足,没能"专气"那么,就会出现如刘勰所指出的"思有利钝,时有通塞,沐则心覆,且或反常,神之方昏,再三愈黩"②,就会"思钝""时塞""心覆""神昏",从而影响审美创作的正常进行,出现"反常"现象。故以老庄美学为

---

① 《文心雕龙·养气》。
② 《文心雕龙·养气》。

主的中国美学思想强调"守中""抱一""专气""养气""守气""调气""畅气",认为审美主体只有谨守其"精气",才能"昭知天下,通天四极"①,通过"专气""养气"等活动,使精气"入舍""留处",从而始能"思利""时通",促使"思虑"活跃,以加深对审美对象的认识。即如刘勰所说:"是以吐纳文艺,务在节宣,清和其心,调畅其气;烦而即舍,勿使壅滞。"②是的,审美主体"心神澄泰,易于会理,精气疲竭,难于用思"③。因此只有"神充气足",才得以获得审美理解能力,才能神思风发,在审美构思活动中,让思绪纵横驰骋,使意象纷至沓来,从而于强烈的情感体验中,与审美对象的深刻意蕴气合神交,以获得最精深的生命意旨。

---

① 《管子·心术下》。
② 《文心雕龙·养气》。
③ 黄侃:《文心雕龙札记》。

第六章

老子的"味无味"与审美范畴论

老子还提出了"味无味"说,其中涉及"味""无味"两个范畴。老子云:"道之出口,淡乎其无味,视之不足见,听之不足闻,用之不足既。"(三十章)又云:"为无为,事无事,味无味。"(六十三章)"味无味"之"无味"是"道"的特征的显现。老子认为,"道"说出来淡而无味,而这"无味"也是一种"味",而且是一种至高至上的"味"。王弼《老子注》云:"以恬淡为味。""无味"是一种"恬淡"之"味"。"味无味"之前一个"味",指对道的"恬淡"之"味"的体味,即对"道"的特征的体验、感受和把握。老子认为,道具有惚恍冥渺、不可捉摸的特点,"视之不足见,听之不足闻",恬淡无味,不可言说,无法以语言逻辑概念分析的方式把握,把握它的最好方式,只能是"味",即体味、体验、体悟,悟之以心,感之以神,会之以意。

老子所提出的"味""无味"两个范畴对后世的美学、文艺学产生了巨大影响。"味"作为老子哲学的体道方式,被引用于美学、文艺学领域,便成为创作者把握对象生命意旨的审美体验方式。如"澄怀味象""繁采寡情,味之必厌""熟读玩味,自见其趣"等即是。"味"被衍化发展为审美体验方法,是由中国古代艺术自身的特点决定的。中国古代艺术,特别是诗、画,极重视意境的创造。意境情景交融,韵味复杂微妙,对作品意境、韵味的理解把握,只能以细心玩索、深切体悟的方式,即以"味"的方式才能实现。因而古代理论家极重视创作者心理感受、心理体验对审美对象生命意蕴把握的重要性。如魏庆之《诗人玉屑》记载朱熹读诗之法:"诗须是沉潜讽诵,玩index义理,咀嚼滋味,方有所益。"张炎《词源》云:"作词者能取诸人之所长,去诸人之所短,精加玩味,象而为之,岂不能与美成辈争雄长哉!""玩味义理""精加玩味"即是认为词创作者只能通过持久地感受深思、琢磨揣度、品味默会,才能真正理解把握审美对象内在丰厚深化隽的生命意趣情韵。

作为"道"的表征,"无味"被引用于中国美学、文艺学领域,指艺术品的审美特征和审美标准。如"大羹之遗味""余味曲包""辩于味而后可以言诗"等即是。以"味"为艺术品的审美特征和创作标准,意在要求作品应情韵深永,旨趣悠远,从而使作品耐人咀嚼,并给人以体味不尽、余味无穷之感。欧阳修《六一诗话》评梅尧臣诗云:"近诗尤古硬,咀嚼苦难嚅,又如食橄榄,真味久愈在。"陆时雍《诗镜总论》评杜甫诗云:"少陵七言律,蕴藉最深。有余地,有余情。情中有景,景外含情。一咏三叹,味之不尽。"沈涛《瓠庐诗话》评黄庭坚诗云:"豫章诗如食橄榄,始若苦涩,咀嚼既久,味满中边。"富于"真味"的作品,"情中有景,景外含情""咀嚼既久,味满中边。"鉴赏者可从中获得丰富的审美体验。而浅陋平庸的乏味之作,缺乏深永的情韵和悠远的趣旨,难以引发鉴赏者的兴趣,正如张戒《岁寒堂诗话》所云:"句中若无意味,譬之山之无烟云,春无草树,岂复可观?"

可以说,正是受老子"味无味"说的影响,从而才形成中国传统美学鲜明的体验性民族特色。

一、老子的"味无味"与"道"

老子"味无味"说的提出与其"道"论有密切关系。老子所提出的"道"论,即万物都是由"道"所化生化合、发生构成的思想。"道"先于自然万物,为自然万物纯构成的本源,是"道"论中最重要、最基本的含义。老子说,有一个浑然一体的东西,它先天而存在。无声无形,杳冥空洞,永远不依靠外在的力量,自身不停地循环运行,可以称之为天下万物的母体。我不知道它的名称,把它叫作"道",再勉强给它起名叫作"大"。道之所以被命名为"大",是因为其无边无涯。道不止于大,又能不分昼夜地运行不息,故又可谓之"逝"。其愈逝愈远,无法穷尽其源,故又可谓之"远"。但虽远至六合之外,无穷无尽,却始终未尝离"道",仍然依"道"不断发生构成,故又可谓"反"。"反"表明境域的构成绝不依靠任何现有的存在者。这是老子对"道"这种构成域的全面描述,它构成天地万物,具有时间和空间的无限性。作为万物构成本原的道,它生成宇宙自身所固有的生命力和创造力。张祥龙指出:"对……老庄而言,这最终的根源都不是任何一种'什么'或现成的东西,而是最根本的纯境域构成。""老庄的'道'也同样不是任何一种能被现成化的东西,而是一种根本意义上的'湍流',总在造成新的可能,开出新的道路。"[1]换言之,"道"是一切生命的总源泉、总生机,万物发生构成于"道",又内含着"道"而得其生命之常。所以老子以最崇敬的心情讴歌大道,他赞叹说:道不可见,但却不亏

---

[1] 张祥龙:《从现象学到孔夫子》,商务印书馆2001版。

不盈,永无穷尽。它是那样渊深啊,好似万物的宗主,它不露锋芒,超脱纠纷,涵蓄着光耀,混同于垢尘。是那样的无形无象啊,似亡而实存。我不知道它是从哪里产生的,但却知道它出现在上帝之先。正是基于此,所以老子指出,"道"是生命能量的总体与万物的本原,世界上最伟大的力量莫过于"道",它就是大自然的造化之力。最终,老子将万物自然与宇宙人生纯粹构成境域"还原"到"道"。

在老子看来,作为万物发生构成本原的"道",不能说它有,因为所谓境域就是在终极处的发生构成,所有的现成存在性都不能达到本源境域。"道"不是现成的物,无形无象;又不能说它无,不能说它可以独立于万事万物而"生出"万事万物,因为它缘于有而成就有,所以老子指出"有"与"无""同出而异名"以构成异彩纷呈的动态世界。所以"道"体是无,"道"用是有,"道"是无与有的统一,两者同出而异名。他说:无,是天地的原始;有,是万物的根本。所以经常从无形无象处去认识道的微妙,经常从有形象处去认识万物的终极构成境域。

那么,作为大道本体的"无",也就是"道",是宇宙最原始的构成境域,此原始之构成境域并非绝对的空无,它朦朦胧胧、浑然一体,其中包孕着生成天地万物的基因,这就是"精"。也正是因为此,所以"道"才表征为"无味"。西汉时期的道家学者曾经比喻说,老子之"道"就像一个鸿卵一样。鸿卵看上去什么也没有,既没有头又没有尾,既没有翅又没有腿,可是包孕着鸿的一切;"道"看上去什么也没有,既没有天又没有地,既没有人又没有物,可是却包孕着天地人物的一切。老子说:"道"这个东西,没有固定的形体。它是那样的惚恍啊,恍惚之中却有形象。它是那样的恍惚啊,恍惚之中却有实物。它是那样的深远暗昧啊,深远暗昧中却涵着极细微的精气。这极微的精气,非常具体,非常真实。从古至今,它的名字不能废去。根据它,才能发现万物的源起。我何以知道万物最初生成的状况呢?基础就在于此。也就是说,"道"这种东西虽然恍惚不清,好像什么也没有,但实际上有"形"、有"象"、有"精"。这个"精"就是构成天地万物的基因。正因为内蕴着构成天地万物的基因,所以"道"才可以生成天地万物并表征出"无味"来。当然,这个生成宇宙万物之"道"并非我们现实生活中的事物,是纯粹境域之"道",它超越了人类一切感官的知觉作用,这就是老子说的"不可致诘"(即不可思议)。有了"精"这个基因,老子就可以设想道生成天地万物的程序了。"道",看起来什么也没有,所以可称为无。说它是无,那只是相对于天地万物而言的,而不是说它不存在。它是一种无形无象、无分无界、朦胧不清、浑然一体的东西。正因其无分无界,浑然一体,所以可称其为"一"。这样一来,"一"就从"无"中生发了出来。老子把这个过程称为"道生一"。这个"一",指出是阴阳未分之前混沌一体的宇宙。

它与"无"字虽然只是一字之差,却体现了"道"的这种纯境域性。这个混沌未分的宇宙,"其中有精",在自我的构成之中,逐渐生成为阴阳二气,老子把这个过程称为"一生二"。"二"就是阴阳。

阴阳间的对话交流,犹如强大的动力,激活并构成了宇宙间的"精",从而生成天地,生成了人类,他们与道并存,老子把这个过程称为"二生三",所谓"三",即指天、地、人三才。宇宙间有了这三种东西,万物得以发生构成,即通过阴阳运动生成新的统一体后,生化出世界万物,老子把这个构成式称为"三生万物"。在对"道"生化天地万物的构成式做了描述之后,老子总结说:"万物负阴而抱阳,冲气以为和。"(四十二章)明确地指出,天地万物皆内含阴阳,阴阳二气又在冲和之气中相构相成,相互召唤,万物亦在冲和之气中氤氲摩荡、化生化合。从无形无象最原始的境域的"道",生化构成气态宇宙,生化构成固态天地,乃至形形色色的物体;宇宙生命其发生构成的根本缘在便是阴阳两种元素的相激相荡。在整个宇宙发生构成生成的各个层次上,阴阳间的交流对话是万物生成、生命构成的活力,"道"则是先于任何现成状态的最本源构成、通达万有的终结本源,其构成与最"边缘"境域是密不可分的,因此,老子把它形容为"玄妙之门"。

概括而言,作为天地万物原构成境域的"道",具有两大特征。第一,从哲学发生构成论的角度上看,老子的"道"论非常强调一个"生"字,在老子看来,"道"是宇宙自然生命的原初境域,自然万物的化生化合及其生命力都源自于"道","道"是生成万物的纯粹构成域;"道"具有能生而又不被生的永恒不息动力。这种重生的观念,深刻地影响了道家和道教,成为道家、道教学说的核心学说之一。如《庄子·大宗师》曰:"(道)自本自根,未有天地,自古以固存;神鬼神帝,生天生地。"《管子·形势解》曰:"道者,扶持众物,使行生育,而各终其性命者也。"《淮南子·原道训》亦说:"夫太上之道,生万物而不有,成化象而弗宰。……待而后生,莫之知德;待而后死,莫之能怨。"后来的道教正是遵循老子的教诲,高扬"道"论重生的理念,成为老子学说忠诚的弘扬者。第二,从哲学发生构成论的角度,老子的"道"论突出一个"通"字,指出宇宙万物相互依存,"自身的缘构发生"的境域就是"道",万物最终构成于"道","道"虽然无形无象,却是万物存在的普遍根据,因为它无所不在,无所不通。《庄子·渔夫》曰:"道者,万物之所由也。"扬雄说:"道也者通也,无不通也。"王弼亦曰:"道者,无之称也。无不通也,无不由也,况之曰道,寂然无体,不可为象。"(《论语释疑》)道教《灵宝天尊说大通经》云:"大道无象,故内摄于有。真性无为,故外不生其心。如如自然,广无边际,对境忘境,不沉于六贼之魔。居尘出尘,不落于万缘之化。致静不动,致和不迁,慧照十方,虚变无为。"一切物象皆有滞而成,道通而无滞,故可以为物象之本,它不是"迹",而是所以"迹";它"无象""无为",故可以"摄有",可以称为"虚变""无为";它"无味",而又可以"味"。

在以老子为首的道家哲人看来,"道"是天地万物的纯粹构成境域,天地万物都是由"道"发生构成的,都从"道"那里构成自己的形体和性能,所以它们的本性和"道"是一致的,它们的行为都以"道"的自身缘构为构成式。

从"道"为原发生构成境域思路的出发,老子将天、地、人的原初生成域是"道"。他说:"有物混成,先天地生。寂兮寥兮,独立而不改,周行而不殆,可以为天下母。"(二十五章)。在老子看来,天地万物的纯粹构成本原,"道"较之于"天地"更为根本,更为久远,可以为天下母。因此,他主张"人法地、地法天,天法'道','道'法自然(二十五章)"强调在天地万物构成中纯任自然的思想。作为道家形而上学的本体论预设,"道"的存在状态不是"有"(实体),也不是纯粹的"无":"视之不见,名曰'夷';听之不闻,名曰'希';抟之不得,名曰'微'。此三者不可致诘,故混而为一。其上不皦,其下不昧。绳绳兮不可名,复归于无物。是谓无状之状,无物之象,是谓惚恍。迎之不见其首,随之不见其后。"(十四章)这里"夷""希""微"都是对"道"的存在状态的说明。"道"超出人类的感官,不是感官经验中的具体事物,所以是"无"。"无"即无形无象,超出感知范围;其次,"无"即无规定,没有任何具体属性,只能强名之曰"大",大,即趋于无限之意。"无"的意识,是道家哲学自由思想的闪亮。因为自由是对有限事物的超出,意识不到"无",就不可能超出有限事物,也就没有更高层次的自由。"无"这一思想,在西方直到海德格尔才第一次作为原则而出现。海德格尔教人不要沉沦于"有"(现实事物),而要从"有"中超出,在"无"中敞亮存在的可能性,以复归于"本真状态"。当然,老子之"道"与海德格尔之"本真状态"不可同日而语,但其精神意向却是共同的。

但是,作为原初生成域与表征为"无味"的"道"并不是绝对的虚无(Nothingness),不是什么都没有,也不是绝对的、与现象界分离的精神实体(如西方形而上的神或理念),而是"无状之状,无物之象","老子用"惚恍"来说明。惚恍,即若有若无,闪烁不定。"道之为物,惟恍惟惚。其中有象;恍兮惚兮,其中有物。窈兮冥兮,其中有精;其精甚真,其中有信。"(二十一章)吴澄在《道德真经注》里曾对"物""象"作注说:"形之可见者,成物;气之可见者,成象。"可见,物,象都是可由感官感知的形而下存在,人们可以从形下的物、象之中体悟到"道"的真实存在,领悟到"道"的内在生命(精)与灵验(信)。所以"道"的存在状态是若实却虚,若有

143

却无,若明却昧。"道"不仅是真实的存在,而且正是那"真实的存在"之所以存在的根和本。老子说:"'无',名天下之始;'有',名万物之母。"(一章)又说:"天下万物生于'有','有'生于'无'。"(四十章)"有"生于"无",或者反过来说,"无"中则生"有"。"有"即有限、有规定性。"道"虽超出人的视听感官,但又借"有"以显示自己的真实存在,因为它生成一切存在者(有),包含一切存在者。从体用关系看,"无"乃道之体,"有"乃道之用;道之体由用而显,道之用由体而定。有与无就这样统一于"道"之中。所以老子讲:"故常无,欲以观其妙;常有,欲以观其徼。"(一章)也就是"常体无,以观照道的奥妙;常体有,以观照道的边际。"

有与无,有限与无限,是老子对"道"的性质的规定。这个规定,其实也就是美之为美的规定。谢林曾经说过,美是要在有限之中看出无限。一切作用于人的视听感官的美,同时又表现出某种超出视听感官的性质。美作为人类创造的一种社会性质,既存在于一定的物理时空,是实在的、有限的,同时又呈现于无限的心灵时空,是经验的、超验的。声、色、形、质等有限存在物,不过是将我们导入经验与超验的媒介、手段、途径。有人曾根据老子说过"五色令人目盲;五音令人耳聋;五味令人口爽;驰骋畋猎令人心发狂;难得之货,令人行妨。"(十二章)的话,就断定老子否定美和艺术。其实,老子并不一般地反对美和艺术。老子所反对的只是那些可以由视听感知的浅层次的美,而追求一种超越感官阈限,诉诸心灵体验,趋于无限的美——"道"之美,或可称作"大美"。

显然,对显现为"大美"的这种生成天地万物的"道"的把握则只能"味"。老子说:"道可道,非常'道';名可名,非常'名'"(一章)。如前所说,老子所说的"道",既非前人或他同时代的人所说的礼乐制度、经术政教之道,也不是现象界物理之道,而是带有普遍性的、形而上的"道",亦即"常道"。"常道"是超验的,本根性的,是一切由之生成的最终根源和始源。"常道"是不可言说的。不可言说即意味着语言有效性的丧失。在中国古代的语言哲看来,言以定名,名以指实,这是学,但是老子则认为,语言所把握的只是有限的外界事物,而不可能是宇宙的整体。语言之为逻辑符号,往往容易割断事物的因果链条。损害宇宙的和谐与完整,也损害"道"的整体、混沌的状态,成为体"道"的障碍。所以对"道"的把握就不可能通过语言,而只能超越语言,另辟他途。这就是"致虚极,守静笃,万物并作,吾以观复"(十六章)。"观复"之"观",不是主客二分式的理性观察,也不是概念分析式的,而是主体修养实践能达的境界,是一种超然于智识之上的生命投入与整体把握。所以有人说:"观"只能是一种自我反观,亦即自我修养的实践活动。"复"即"道",即万物之始与根。"致虚极,守静笃"实际是对观者提出的要求,就

第六章 老子的"味无味"与审美范畴论

是让心灵达到素朴明澈,至于无为的境地,从而以心的自然状态,回归到宇宙的本真状态。所谓体"道"的过程,也就是"味无味",就是将自己的生命与天地万物融为一体的过程。使整个心灵安息沉浸于宇宙自然之中,从而超越有为与世俗,通达宇宙境界。老子这种通过反观以求无限,较之西方哲学通过反思以求无限,是一种更高的智慧。"'思想'到那抽象的、概念式的'无限',有'小智慧'就行了,但要'看'到那具体的'无限',则非有'大智慧'不可。"①"观"蕴含着超越思想,这种超越,既不是舍弃生命与世俗的宗教超越,也不是舍弃现象与个别的思辨式超越,而是既离不开感性事物,又不滞于物的审美的超越——于每一感性事物上面,看出超越的意味。

老子所提出的通过"味无味"以体"道"的审美观决定了中国艺术风格崇尚"无为自然"的审美取向。这里的"自然",并不是一个实体,如后世将自然作为天地的代称,而是一种状态。这一"自然"义,最先出现在《老子》中,为道家首创。即如陈鼓应所指出的,"自然"的观念是"老子哲学的基本精神。"

对老子所提出的"自然",朱谦之《老子校释》解释说:"黄、老宗自然,《论衡》引《击壤歌》:'日出而作,日入而息,凿井而饮,耕田而食,帝力何有于我哉!'此即自然之谓也,而老子宗之。"②认为《老子》的"自然",就是"帝力"无作用于我的自由状态。蒋锡昌则解释说:"《广雅·释诂》:然,成也。'自然'指'自成'而言。"即,自然就是自己如此,自然的状态就是本然、天然、自然而然。王充《论衡·谴告篇》也云:"夫天道,自然也,无为。"可见,"道"的存在态势为本然、天然、自然而然。这在老子"道法自然"的表述中体现得最为充分。对老子所谓的"道法自然",汉代河上公解释说:"'道'性自然,无所法也。"吴澄也解释说:"'道'之所以大,以其自然,故曰'法自然'。非道之外别有自然也。"③意思很清楚,他们认为,作为万事万物生成本身的境域所在,"道"的构成式与构成状态,都是"自然"。这就是说,"自然"是对"道"发生构成状态的描述,这也就是说"道"的构成状态是"自身的缘构发生",即所谓道任天势。而"天势",其本身就鲜活"自然"。对此,王弼解释得好:"道不违自然,方得其性。法自然者,在方而法方,在圆而法圆,于自然无所违也。"④宋吕惠卿也解释得好:"道则自本自根,未有天地,自古以固存,

---

① 朱谦之:《老子校释》,中华书局1984年。
② 朱谦之:《老子校释》,中华书局1984年。
③ 陈鼓应:《老子注译及评介》,中华书局1984年,第168页。
④ 王弼:《老子注》。

而以无法为法者也。无法也者，自然而已，故曰道法自然。"①也就是说，在道之上并不是还有一个实实在在的主宰，而只是强调道作为纯粹构成境域，不是缘境之外的实体或意义单位，而是在境域中构成自身，必然表现出自然而然的构成态，从而突出了道的自然无为的本来状态。这一强调和突出，展示了老子学说的终极目的，这就是通过对万事万物生成本身的境域所在，与"道"的构成式与构成状态都是"自然"的探寻，以揭示"道"的构成是"自身的缘构发生"，天地万物的发生构成总的缘在"道"，总的构成态则是自然。既然如此，域内一切事物的发生构成都是自然而然，便成了无可异议的事情，因为道是纯粹构成境域，而天、地、人、物则都是由"道"生成。万事万物的构成态为自然，其构成式则表征为自然。因此，可以说，法自然，宗无为，是老子思想的核心。

老子学说与道家思想的主旨在"无为"与"法自然"。这种独具特色的"自然"观，深刻影响了中国哲学、中国文化。从老子的"道"论出发，其"法自然"的思想包含着三层意义。第一是说天地万物、宇宙人生的构成都有所法，有其构成式。第二是说天地万物、宇宙人生都无所为。第三是说天地万物、宇宙人生的构成都是自然而然的。换而言之，是说构成是生生不息、永无休止、自然而然的，天势是不可违背的，天地万物都共同遵守一个总的构成态势。将这三层意义融合在一起，便形成一条基本的思路：探究事物的构成态势，探究万物的总构成态势；用事物的构成态势解释事物的一般属性，用万物的总构成态势解释事物的根本构成势；自觉遵循事物的构成态势来认识事物，以领悟万物的总构成态势作为人生的最高境界。道家、道教是这样，其他学派也趋向于这样。可以说，正是这种构成观奠定了中国美学史的基本思路。

"法自然"的思想，突出地强调了自然而然、无为无作的构成态势。所谓"法"，在这里就是指遵循、仿效、取法之意，老子是希望人们用"道法自然"的构成论思维方式去观察事物，认识事物。后来的学人大多依循其旨，去探究事物发生构成的态势。如韩非子曰："道者，万物所然也，万理之所稽也。理者，成物之文也；道者，万物之所以成。故曰：道，理之者也。物有理不可以相薄，故理之为物之制。万物各异理，万物各异理而道尽。"②把具体事物的构成态势称为"理"，把万物的总构成态势称为"道"。认为理（即态势）制约着万物，万物借助于理而相互区别；道总合万物之理，是万物之所以存在的总态势。汉初陆贾亦说："故事不生

---

① 张继禹：《中华道藏》，第10册，华夏出版社2004年版，第326页。
② 韩非子：《韩非子解老》。

于法度,道不本于天地,可言而不可行也,可听而不可传也,可小玩而不可大用也。"①认为一切事物都有其存在态势,万物都有所循,而根本的构成境域则在于"道"。在他看来,所谓"道",是指遵其而行则可达到目的行径,亦即物行的轨道、事行的法则。按他自己的话说:"道者,人之所地也。夫大道,履之而行则无不能,故谓之道。"②扬雄也接受了老子的自然观,主张因循物则的思想。他说:"夫玄也者,天道也,地道也,人道也,兼三道而天名之,君臣父子夫妇之道。"③又说:"道者,通也,无不通也。"④即把事物的构成态势分为二层,一层是诸类事物各自的构成态势,一层是诸类事物的共同构成态势。他将各自的构成态势称为"道",即天道、地道、人道;将共同的构成态势称为"玄",认为"玄"兼有三道。"道"是各类事物的构成所遵循的,"玄"则是所有事物的构成都遵循的。理解这一构成态势,循之则通,无所不通。

受"法自然"思想的影响,中国美学在两个方面形成了自己鲜明审美诉求。一是推崇性情表现的"自然"。如刘勰就指出,"人禀七情,应物斯感,感物吟志,莫非自然"⑤;钟嵘则推崇表征为"自然英旨"风貌之作,即"应目会心""直寻""性情"表现自然而然的诗歌佳作⑥;宋张戒肯定那种情感自"胸襟流出","卓然天成"的诗歌精品⑦,金元好问认为诗歌创作的极致是"一语天然万古新,豪华落尽见真淳"⑧;明袁宏道则要求为诗歌创作应该"独抒性灵,不拘格套"⑨;王国维则强调指出:"古今之大文学无不以自然胜。"⑩可以说,鄙视矫情与伪饰,推崇性情之真实自然,是中国文艺美学优良的传统。二是文艺作品语言表达上追求"芙蓉出水"的"自然"之美。美学家宗白华曾将中国艺术的美归结为"错彩缕金"和"芙蓉出水"的美。他说:"楚国的图案、楚辞、汉赋、六朝骈文、颜延之诗,明清的瓷器,一直存在到今天的刺绣和京剧的舞台服装。这是一种美,'错彩镂金、雕缋满眼'的美。汉代的铜器、陶器,王羲之的书法、顾恺之的画,陶潜的诗、宋代的白瓷,这又是一

---

① 陆贾:《新语·怀虑》。
② 陆贾:《新语·怀虑》。
③ 扬雄:《太玄·玄图》。
④ 扬雄:《法言·问道》。
⑤ 刘勰:《文心雕龙·明诗》。
⑥ 钟嵘:《诗品序》。
⑦ 张戒:《岁寒堂诗话》。
⑧ 元好问:《论诗三十首》。
⑨ 袁宏道:《叙小修诗》。
⑩ 王国维:《宋元戏曲考》。

种美,'初发芙蓉,自然可爱'的美。"①在吸取以老子道家美学"道"的"无为"精神的中国传统美学看来,后者比前者更美,因而历来就反对华巧雕琢和卖弄人巧而标举素朴自然,并长期以来形成一种自觉的审美追求。如在书法眉心方面,南齐王僧虔就曾以"自然"法则作为品评准则,称赞孔琳的书法作品,"天然绝逸"②;孙过庭则要求从造化自然的千姿百态中吸取灵感,妙笔精书,标举"同自然之妙有"③。在文学艺术方面,陆游则认为"文章本天成,妙手偶得之"④,明谢榛认为"诗有天机,待时而发,触物而成","自然妙者为上,精工者次之"⑤李贽也推崇自然表现,认为:"自然发乎情性则自然止乎礼义,非情性之外复有礼义可止也。"⑥反对用教条束缚艺术创作。在创作规律的把握上,他主张重"化工"而轻"画工",认为"画工"之作虽工巧之极,却忽略自己真心的表现,缺乏一种真情实感,"其气力限量只可达于皮肤骨血之间";而"化工"之作,"虽有神圣",却"不能识之化工之所在","风行水上之文,决不在于一字一句之奇",而在自然天成。故他强调无意为文,反对有意为文。认为"世之真能文者,比其初皆非有意于为文也","其胸中有如许无状可怪之事,其喉间有如许欲吐而不敢吐之物,其口头又时时有许多欲语而莫可所以告语之处,蓄积极久,势不能遏。一旦见景生情,触目兴叹;夺他人之酒杯,浇自己之垒块;诉心中之不平,感数奇于千载"⑦从绘画艺术看,唐以后,中国山水画由水墨替代青绿着色,一个根本的原因是,水墨更能体现"道"的自然无为的特性而耐人玩味。所以荆浩在《笔法记》中用"墨"替代谢赫"六法"中的"随类赋彩",并称赞项容"用墨独得玄门"。这种转向,实际是"道"的精神在艺术审美传达上的落实。离开了"道法自然"这一本根,对中国艺术崇尚自然与推崇体味的精神指向就不能做出令人信服的说明。

二、老子的"味无味"与"象"说

老子以"道"为宇宙万物的构成本原,在中国哲学史中第一个明确提出并解释

---

① 宗白华:《美学散步》,上海人民出版社1981年版,第29页。
② 王僧虔:《法书要录》卷一。
③ 孙过庭:《书谱》。
④ 陆游:《文章》。
⑤ 谢榛:《四溟诗话·卷四》。
⑥ 李贽:《杂述.读律肤说》。
⑦ 李贽:《杂说》。

了宇宙万物的原初存在域问题,为中国古代哲学宇宙论的建构提供了最初范本,显示了中国古代哲学思维的成熟和理性意识的觉醒,同时,老子还以"道"为本,以"无味"为表征,将"道""气""象"联结起来,作为指涉宇宙生命存在的本体范畴。"象"不离"气","气"通向"道","道""气""象"三位一体,共同表征为"无味",以生成宇宙生命的原初构成域。老子这种以"道"为本,以"无味"为表征,"道""气""象"相结合的哲学思想,深刻地表明了中国美学中"象"的意义所在。"象"在中国古代美学中,之所以成为一个基元范畴,就在于它是一个有生命的存在,体现着"道""气",秉有"道""气"一体,宇宙万物和合交通的生机和活力并表征为"无味"。老子哲学这种对"象"的规定,实际上也引发了中国古代审美意境理论。意境美学理论可以说最早就明确包含在老子"道""气""象"与"无味"的原点智慧中,包含在对"象"富有生机活力的哲学规定和描述中。

老子的"象"说,通向"气"与"道",还包含着一个极其重要的思想,即重视"象"的虚空超无,对"象"的意象而非言语的符号指涉功能做出了种种描述和规定。《老子》书中有所谓"大象"一说,如云:"执大象,天下往。"(三十五章)"大音希声,大象无形,道隐无名。"(四十一章)老子以"大象"言"道",重视的就是"道"的虚空无名之状。在老子看来,"道之为物,惟恍惟惚。惚兮恍兮,其中有象;恍兮忽兮,其中有物"(二十一章),"绳绳不可名、复归于物,是谓无状之状,无物之象"(十四章)。"象"无形无状,惟恍惟惚,同时在恍惚无形之中又有象有物。这种若有若无之象,对"道"的运行和存在作了极其精微的阐发,它是非言语能表达的,只能凭借意象,存在于人的意象感悟和体验中。《老子》全书充满了这种意象感悟的符号,如"水""谷""母""朴""阴""玄牝""婴儿"等,它们均指向不可言状,难以穷尽的"道"。老子这种虚象非言的意象符号指涉功能的确认,使他进一步提出了指涉中国古代文艺美学创造和鉴赏方面问题的一系列范畴,如"虚""实""有""无""妙""味""玄鉴"等。其中,"虚""无""妙""味""玄鉴"等具有形而上超言语意义的范畴更为重要。尤其是"味"的范畴提出,以"味无味"言"象"的哲学美学体验方式的确定,深刻地影响着中国古代艺术意境理论的生成。因为,中国古代意境理论,在哲学美学本质上就是一种味象超象、形而上超经验的向着宇宙生命本体生成的理论。

老子以后,庄子继承并发展了老子的"象"说思想。庄子哲学美学对现实存在的把握,无时无刻不保持着一种"象"的体验的完整性。正是在这一意义上,庄子承继了老子道、气、象的哲学,执大象而言"道",道、气、象三者同一。不过,相对于老子,庄子以神话寓言形象和影像来言"道",所说更神秘诡怪,更是以"虚""无"

为本,不可名状和不可言说。老子对语言功能的哲学批判,那种以"味像"为基本特征来达"道"的直觉感悟方式,到了庄子这里明确变成了一种难以言说、充满奇幻想象力的人生境界的体验。"视乎冥冥,听乎无声。冥冥之中,独见晓焉;无声之中,独闻和焉。"(《庄子·天地》)"道",视而无形,听而无声,但无形无声中又见明朗之象,又闻至和之音,这便是"道"的传达和展现,它是一种人生境界的体验和感悟,语言文字是无能为力的。《田子方》言老聃游心于"道","心困焉而不能知,口辟焉而不能言",但其内心体验却能再现遨游天道的景象,从而得"至美至乐",达到"至人"的境界,这亦表现了"象"的体验的完整性和丰富性。庄子言"象",蹈虚非言,重体验感悟,还可以从他关于"象罔""混沌""滑疑之耀"等寓言比喻更明显见出。《天地》云:"黄帝游乎赤水之北,登乎昆仑之丘而南望,还归,遗其玄珠,使知索之而不得,使离朱索之而不得,使喫诟索之而不得也,乃使象罔①,象罔得之。黄帝曰:'异哉! 象罔乃可以得之乎?'"这里的"知"指的是"思虑""理智";"离朱"指的是"视觉",相传是黄帝时期视力最好的人;"喫诟"指的是"言辩"。这三者都没有寻找到失去的"玄珠"。"玄珠"则指称的是本体意义上的"道",得"玄珠"也就象征着得"道"。老子的"道",是一种不可把捉,不可设想的东西。但为了了解它,可以勉强"名"之为"大"。《老子》一书,相当于"象"的解释很多:"有""无""常""反""逝""远""一""虚""冲""玄"等都是"象"。"无"表征出"道"的隐蔽性,此即所谓"大象无形……道隐无名"(四十一章)。"道"虽然是物的存在,但道本身不是物。物可道,可名,道却不可道,不可名。物有名,道则无名。故道虽是"万物之始""可以为天下母",而却"吾不知其名",虽"字之曰道",而却"大象无形,隐而无名"。因此,"道"是"无"或"无名"。"有",表示道的开显性,所谓"天下有始,以为天下母"(二十五章)。"道"虽然是"无",但却是存在原理,即是"万物之母","可以为天下母"。因此,道不是纯粹的空无。因此又可说道是"有"。"常",表示"道"的不变性及现实性。"常"含有"不变"与"现实"的意义。所谓"常"者,不但"无攸易",而且"无定理"。有定理,则不能常。因此,"常""象"表征出"道"的一种不变而不可道的现实性,因此老子说:"道可道,非常道;名可名,非常名。""一",表征"道"是的终极境域性。所谓"天得一以清,地得一以宁,神得一以灵,谷得一以盈,万物得一以生,侯王得一以天下贞;其致之"(老子三十九章)。天、地万物,都要得"一"才能保持正常构成态。所以说"一"表征出"道"生成万物的最初境域性。"反",表征道的构成性。庄子以"道"之构成为

---

① 陆贾:《新语·怀虑》。

第六章　老子的"味无味"与审美范畴论

"化",而老子却以之为"反"。此即所谓"反者,道之动也"(四十章)。"反"又为"复",所谓"万物并作,吾以观复……夫物芸芸,各复归其根"(同书十六章)。万物之变化,复归于"道",而道之构成性是"反"。"玄",表征出"道"的构成态。所谓"此两者,同出而异名,同谓之玄。玄之又玄,众妙之门"(一章)。可以说,"象"就是"空无"与"存有"的表征。"象"是从"道体"表征出来的。"道之为物,惟恍惟惚,其中有象"之"其中有象"表明"象"的生成域是"道"体。可以说,"象"就是"无味",不能得自所谓理性、理智、认知与言语上的作用,而只能从体味"道"体而得。因此,即透过"味"而体验"道"。老子所谓的"涤齐玄览""致虚守静""专气致柔"的味道方式,就生动地显明"味""道"的境界。老子说:"古之善为士者,微妙玄道,深不可识,夫唯不可识,故强为之容,豫兮焉若冬涉川,犹兮若畏四邻,俨兮其若容,涣兮若冰之将释,敦兮其若朴,旷兮其若谷,混兮其若浊。"(十五章)而"象"则是只有这种人才能"味"到的。

老子所谓的"象"在庄子看来就是"无象",因此,只有"无象"才能得道。作为"道"之"玄珠","知""离朱""喫诟"均不能得到,只有无心之谓、无形之物的"象罔"可以得到。"象罔"状态也即"混沌""滑疑之耀"的状态,它似有若无,恍惚朦胧,依宗白华先生所说,即是一种虚幻的"境相",它"象征宇宙人生的真际"[1],是超言语超经验的,是一种以"象"的虚空为极诣的深刻人生体验和人生境界的实现并表征为"无味"。庄子这种对"象"的描述和规定,与其《庄子·天道》篇中所说的"书不过语,语有贵也。语之有贵者意也,意有所随。意之所随者不可言传也"的思想相一致,上承老子"象"论,下启魏晋玄学以"无"为本体的对"象"的义理发挥,并直接引发了佛学的"象外之谈",构成中国古代意境理论赖以形成的哲学基础。中国古代意境理论,虽然从总体上讲,以"象"的思想为出发点,言"境"不离"象",但其重点又在象外之象,在象外虚空的人生体验和境界的实现。所以老庄"道之象"的哲学和重象外虚空、非言味象的思维提出,应该说奠定了中国古代意境说的理论基础。魏人荀粲可谓最早提出"象外之意"概念的人,他以此来否定《易传》的"立象以尽意"之说,正以老庄思想为本。就是佛学家僧肇将涅槃之境称为"穷微言之美,极象外之谈"的境界,也没有超越老庄的虚象非言的思想。意境理论,可以说在唐代大体形成。唐人言意境,其基本规定是"境生于象外"。"境生于象外",也就是老庄所说的那种执大象而言道,以有限之象表现宇宙人生无限之意的象外虚空境界。戴叔伦云:"诗家之景,如兰田日暖,良玉生烟,可望而不可

---

[1] 宗白华:《美学散步》,上海人民出版社1981年版

置于眉睫之前也。"①这里"诗家之景",就是唐人所推崇的审美意境,也正是老庄所描绘的那种若有若无、虚诣微渺的"象"的存在状态,正是老子"惟恍惟惚",庄子"视乎冥冥,听乎无声"的"象罔"之境。可以说,司空图正是从老庄"道""气""象"的哲学阐发和规定出发,揭示了审美中"道""气""象"圆融通合的浑成关系,提出"象外之象、景外之景","超以象外,得其环中"和"韵味"说等诸多美学命题和范畴,从而深刻地阐发了中国古代艺术意境理论的美学本质,形成较完备的意境美学理论。

三、"味无味"与老子的"有""无"论

老子说:"天下万物生于有,有生于无。"(四十章)显然,在老子看来,比较起"有"来,"无"似乎是更根本的存在。那么,"有"和"无"的本旨究竟是什么呢?"有"和"无"在老子哲学中具有非常重要的地位,如何理解"有""无"问题直接关系到正确把握老子之"道"的关键,历史上种种对老子"道"论的歧见亦皆由此出。要廓清"有""无"问题上的歧见,还得从其字源说起。

所谓"有",《说文解字》释云:"有,不宜有也。春秋传曰,日月有食之。从月,又声。"段注:"谓本是不当有而有之称,引申为凡有之称。凡春秋书有者,皆有字之本义也"。不宜有,即没有任何进一步的规定性。所谓"无",《说文解字》释云:"无,亡也。"段注:"形声中有会意,凡物必自多而少而无。"另,"奇字无也。通于元者,虚无道也。"段注:"谓虚无之道上通元气寂寞也。"《玉篇》曰:"无,虚无也,奇字之元与篆文之义乃微别。许说其义,非仅说其形也。"从奇字"无"之本义而言,亦接近作为哲学范畴之"无",即:"纯无",王弼注:"以无形始物,不系成物,万物以始以成,而不知其所以然,故曰'恍兮惚兮,[其中有物](依俞樾说补)。惚兮恍兮,其中有象也。"前引"寂寥……",王注亦称:"寂寥,无形体也。无物匹之,故曰'独立'也。返化终始,不失其常,故曰'不改也'。"即按道之属性,无声无形,永恒不易。《老子》之"道""复归于无物","是谓无状之状,无物之象,是谓惚恍",皆同此义。

可见,从老子对"道"的形上思考来看,"道"既是"有",也是"无":"故有无相生。"(二章)就《老子》全书而言,"有"与"无"是在"道"中统一的。"道"之缘发构

---

① 司空图:《与极浦书》。

成是有其自身的规定的,是"有"到"无":"天下万物生于有,有生于无。"(四十章)"道衝而用之或不盈。"(四章)"衝"乃"盅",《说文》:"盅,器虚也。"引申为"虚"。也就是空无。盈,读作逞,《文选·思玄赋》李善注引《字林》:"逞,尽也。"实借为䜩。《说文》:"䜩,器中空也。"①"不䜩",也就是不空,亦即"有";又是从"无"到"有"。从"有"到"无"又从"无"到"有",是"有""无"相生、相构,生生不息的过程,"道"亦有生化构成一切的生命的活力。宇宙万物之生成必然要从最原初的无形无状之形而上的"道"往下落实到有形有状的天地万物,这个生成过程就是:"道生一,一生二,二生三,三生万物。万物负阴而抱阳,冲气以为和。……故物或损之而益,或益之而损。"(四十二章)所谓"一二三",《说文解字》云:"一,惟初太始,道立于一,造分天地,化成万物;凡一之属皆从一;壹,古文一。"王弼注曰:"万物万形,其归一也。何由致一?由于无也。由无乃一,一可谓无?已谓之一,岂得无言乎?有言有一,非二如何?有一有二,遂生乎三。从无之有,数尽乎斯,过此以往,非道之流。故万物之生,吾知其主,虽有万形,冲气一也。""道"是"有""无",的自本自根、自生自成。

　　同时,老子所论的表征为"无味"之"道"的一个重要特征是"有无虚实"的统一。老子云:"道可道,非常道;名可名,非常名。无为,天地之始;有名,万物之母。故常无,欲以观其妙;常有,欲以观其徼。"(一章)又云:"天下万物生于有,有生于无。"(十四章)一方面,"道"作为"天地之始"是"无",它无形无象,"微妙玄通,深不可识"(十五章)。所谓"大象无形""无状之状,无物之象"(十四章),就是对"道"的这一特征的具体说明。另一方面,"道"作为"万物之母"是产生有形万物的本体和根源。就此来说,"道"又是"有"。所谓"道之为物,……其中有象;……其中有物;……其中有精"(二十一章),就是对"道"的这一特征的具体说明。在无形的"道"中包孕着丰富无穷的有体有象的形形物物,"道"不是绝对虚无的存在,"道"是有无的统一、虚实的结合。老子认为,有无虚实诸因素之间又存在着一种相互依存、相互利用的辩证机制。老子云:"有无相生,难易相成。"(二章)"实""有"离不开"虚""无",对立因素的相互依赖和作用,是"道"发挥作用的真正奥秘。老子云:"三十幅共一毂,当其无,有车之用。埏埴以为器,当其无,有器之用。凿户牖以为室,当其无,有室之用。故有之以为利,无之以为用。"(十一章)车轮、盆子、房屋等物之"用",在于中间的"空无"。事物的作用在于有与无的统一,不可只有"有"而无"无";而"无"也必须有赖于"有"而存在。在老子看来,有无虚实

---

① 高亨:《老子注译》,河南人民出版社1977年版,第27页。

的统一是宇宙万物化生运行发挥作用的根本。这种思想完全适用于艺术,并揭示了艺术创作的基本方法和艺术作品的基本特征。对于创作,"虚实结合"是一种极重要的方法。这一方法要求作家创作时不对对象的外在形貌进行细腻精确的摹写,而是选取最突出的特征,以精练的语言,简洁的线条,进行典型的勾勒概括,在组合意象时,故意取出一些联系环节,使作品在整体上呈现出一些虚空,从而使作品显得更富于空间性、容涵性和内容的丰富性。"虚实结合"在我国古代诗歌、小说、绘画、书法、戏剧、园林设计等艺术的创作中被广泛使用。如《陌上桑》对罗敷的容貌美不作直接描写而留下一片空白,非但不影响罗敷容貌美的表现,反而效果更佳。作者以"虚"处理的方法未使罗敷的容貌美定型化,从而为不同读者按自己的理想标准对罗敷之美进行"完型"提供了广阔想象空间。古典小说的创作也同样需要"虚实结合",《三国演义》中"温酒斩华雄"是著名例证。古代绘画中的重意重神,而不计较光影色彩,以富于表现力的线条勾勒景物轮廓,而在画幅中留出大片空白;古典戏剧中人物的象征性动作;书法创作的疏密布置;园林设计的"借景"等,都是运用"虚实结合"的艺术方法,从而取得了"虚实相生,无画处皆成妙境"(笪重光《画筌》)的艺术效果。

"有无统一""虚实结合"也是艺术作品的基本特征。绝对"空无"无法构成作品,而毫无"空无"的"厚、重、实、有"也不为真正的艺术品所接受。真正优秀的作品无不是"有无虚实"的有机结合,无不体现着"有之以为利,无之以为用"和"无味"之"味"乃"致味"的相生相成、相化相合关系。马致远的著名小令《天净沙·秋思》尽管只罗列几个名词,却表现出了充满哀伤悲凉情怀的旅人的无限愁思。《琵琶行》中"此时无声胜有声"的精彩诗句,淡淡七个字,表现出了声无而情意有余、令人回味不尽的音乐境界。这些作品无不是以实见虚、以有限之语表现无限之情。

"道"以"无"而见其"奥妙"。在艺术中,正是虚处空白才为读者留下了广阔的"体味"空间,从而引发读者产生邈远无限的想象和情思,获得丰富的审美享受。中国古代艺术家之所以特别钟爱"意在言外""韵外之旨",鄙弃"言尽意尽""一览无余";崇尚"清空""空灵"与"韵味",厌恶"质实""板滞"与"淡而寡味",其主要原因即在于此。

"虚实结合"是中国古代美学、文艺学的一贯主张。钟嵘提倡诗歌"文已尽而意有余"。姜夔主张书法"疏密停匀为佳"。董其昌要求绘画"实虚互用"。王骥德提出:"剧戏之道,出之贵实,而用之贵虚。"计成认为:"夫借景,林园之最要者也。"而"虚实结合"艺术原则的哲学基础和最初源头,是老子的"有无"相生相成论与"无味"说。

四、老子的"味无味"与"淡"说

中国美学推崇"淡"之域的创构。所谓"淡",指平淡、清淡、疏淡,侧重指意蕴情味。最初"淡"指一种"味"。如王充云:"大羹必有淡味。"①董其昌云:"淡然无味,天人粮殆于此发窍。"②李佐贤云:"声希味淡,无迹可求。"③这些地方都是指意蕴情味。引入文艺美学,"淡"则并非指平直浅淡,而是有"味"能"深",是"发纤秾于简古,寄至味于淡泊"④,是"外枯而中膏,似淡而实美"⑤,是绚烂之极后的平朴,因而是"淡中有旨"。

中国美学对"淡"之境域的美学追求,其原发生成也应该归依于老子美学中的"味无味"论。老子讲"大音希声,大象无形"(四十一章)、"执大象,天下往……'道'之出口,淡乎其无味"(三十五章);后来,庄子也说:"夫虚静、恬淡、寂漠、无为,此天地之本而道德之质也。"⑥"道"不仅无形无象,而且虚静恬淡、寂寞无为。既然艺术之妙在于传"道",而"道"又是没有感性形式,所以作为"道"的表征的语言之于艺术也就不那么举足轻重了:"筌者所以在鱼,得鱼而忘筌;蹄者所以在兔,得兔而忘蹄;言者所以在意,得意而忘言。"⑦所以就必须最大限度淡化"言",让"言"消融于意蕴情味之中,进入简、淡的境地,以更好地"味无味",体悟自然无为的"道"。所以说"淡然无极"方能"众美从之"⑧。

"淡"范畴要求文艺创作应追求平淡自然、韵味淡远的审美意境。"淡"之境域意味着超凡脱俗、飘逸淡远、雅洁冲淡,自然高妙。"淡"之境的创构则是无心偶合、自然天成;其审美特色是平淡而不流于浅俗,澄淡雅洁。故而,在中国美学"淡",又称"平和冲淡""淡远空明"与"雅洁淡远"。唐代司空图在《诗品·典雅》中云:"玉壶买春,赏雨茅屋。坐中佳士,左右修竹。白云初晴,幽鸟相逐。眠琴绿荫,上有飞瀑。落花无言,人淡如菊。书之岁华,其曰可说。"这里所描绘的境域,

---

① 王充:《论衡·自纪》。
② 董其昌题倪瓒《双松图》。
③ 李佐贤题《富春大岭图》。
④ 苏轼:《书黄子思诗集后》。
⑤ 苏轼:《东坡题跋》卷二。
⑥ 庄子:《庄子·刻意》。
⑦ 庄子:《庄子·外物》。
⑧ 庄子:《庄子·刻意》。

就是一种淡雅闲适、悠然澄明、空灵邈远、莹洁疏朗的和雅冲淡之境。

所谓"淡",最早意指"薄味""无味"。《说文》云:"淡,薄味也。"就指出"淡"是极其浓厚之味道的反面。老子说:"道之出口,淡乎其无味。"(三十五章)又说:"恬淡为上,胜而不美。"(三十一章)《汉书·扬雄传下》云:"大味必淡,大音必希。"都指出,"淡"是一种"无味""大味"。老子说:"味无味。"(六十章)即"把无味当作味",或者说是"在恬淡无味中品出味来",这种"味"才是"大味"。故而王弼解释"味无味"是"以恬淡为味"(《老子注》)。《礼记·中庸》云:"淡而不厌。"《管子·水地》:"淡也者,五味之中也。""淡"也是一种"味",是一种极高极美、只可意会不可言传之"味"。正由于此,所以在中国美学,"淡"才运用来表述人格之美,如所谓淡雅、淡净、素净、淡泊、淡如、恬淡、不追求名利之美。《庄子·山水》云:"且君子之交淡若水,小人之交甘若醴。"《礼记·表记》:"君子淡以成。"《世说新语·言语》云:"其水淡而清。"曹植《蝉赋》云:"实淡泊而寡欲兮。"诸葛亮《诫子书》云:"非淡泊无以明志,非宁静无以致远。""淡淡"则为"无味"淡远的表征。《列子·汤问》云:"淡淡焉,若有物存,莫识其状。"引申到中国古代文艺美学,"淡",即指艺术文本意境所表征出的韵味淡远、语淡意深审美域。故而,"淡"之境域所表现出的"淡远"、审美风貌中的"冲淡",意指冲和、宁静、闲适、雅淡,是淡而意韵悠长、渐远而至无穷;是平淡萧疏、冰痕雪影、鸟迹山廓,渐远渐无的清澄平淡之境;是淡中见浓、淡中见深;是浮云卷舒、孤鸿轻逝、空灵淡远。以"淡"为意境之美的表征,体现了中国美学重生生、重体验的审美特色。

(一)"淡远"之境

首先,"淡远"说追求一种"雅洁冲淡"的审美境界。在中国美学,"淡远",又称平淡、枯淡、平淡天然、旨淡而远、言淡而旨远、平淡而味长。而"淡远"的"淡雅"之境则表现出一种清淡高远、超凡脱俗之美。如《隋书·牛弘传》就认为牛弘"有淡雅之风,怀旷远之度"。曹雪芹则在《红楼梦》第四十九回中指出,唐代诗人韦应物诗歌创作的艺术风格是"淡雅",与杜甫诗歌的"沉郁"之风不同。"淡雅"之境的创构是"容情入境"周济在《介存斋论词杂著》中说得好:"耆卿容情入景,故淡远,方回容景入情,故秾丽。"只有"容情入景",才能使作品的审美意境达到气敛神藏、意蕴深厚、韵味淡远,才能给人"雅洁淡远",即"淡雅"的感受。所谓"素处以墨,妙机其微,饮之太和,独鹤与飞,犹之惠风,荏荏在衣。阅音修篁,美曰载归。遇之非深,即之愈稀。脱有形似,握手以违"①。"雅洁淡远"的"淡雅"之境,其审美特色是"水流花开","过雨采萍",是"落花无言,人淡似菊"。这种审美境界体现着中国美学"天人合一"的宇宙意识。在中国人的思想意识深处,自来就存在着一种天人一源、物我一类、形神一统的观念。自觉地追求天人的契合、心物的交融与形神的相彻,这不但是中国古代人学所要求的在人性完善中必须达到的终极目的,也是中国美学所推崇的在审美活动中应该努力追求的最高审美境界。中国美学精神的主流为强烈的天人合一宇宙意识所渗透,故而,在中国古代文艺美学家看来,心灵体验的目的并非为物质利益方面的个人得失,而是要"妙造自然"(司空图语),"与天为徒"(刘熙载语),"以一管之笔,拟太虚之体"②,这里经过"妙造"的"自然"与"太虚之体"均为心灵之境,是主体通过对宇宙自然活跃生命的传达与审美主体内宇宙奥秘的显示,以表现审美主体于心灵体验中所领悟到的人生哲理、历史意识与宇宙生命真谛。如石涛就认为,画者"天下变通之大法也,山川形势之精英也,古今造物之陶冶也,阴阳气度之流行也,借笔墨以写天地万物而陶泳乎我也"③。王夫之也认为,诗歌创作的要旨乃是"以追光蹑影之笔,写通天尽人之怀"④。虞世南认为,审美创作是要达到"神应思彻"⑤。我们认为,审美创作活动中的这种"通天尽人""神应思彻"审美心境的获得和主体对宇宙精神的体悟和表现以及主体自我实现的过程,也就是和雅冲淡、疏朗豁明、雅洁淡远境界的生成过程。"淡远"之境的构筑是对作为审美对象的自然万物鲜活灵动的内在生命的体悟,要求超凡脱俗,独标孤素,一任慧心飞翔,以进入高远奇特、大道玄妙、冲灵淡远、温雅洁澄的审美境界。这就是所谓"妙悟天开"和"妙观逸想"。宋代诗僧惠洪在《冷斋夜话》中说:"诗者,妙观逸想之所寓也。"这就是说,诗歌是通过"妙观逸想"的审美创作活动创构出来的。所谓"妙观"的"妙",是精妙而不可思议的意思。意指审美主体亲自进入自然社会,身历目见,仰观俯察,纵情独往,与物悠游,精细体会,以见得真切,观得精妙。是外师造化,深入地观照和感受作为审美对象的自然万物外在的审美形态以把握其内在审美意蕴的过程。"逸想"的"逸",则是超越世俗,摆脱尘念闲适自在、洒脱不羁的意思。窦蒙《语例字格》说:"纵任无方曰逸。"朱景玄《唐朝名画录》以"不拘常法"为"逸"。黄休复《益州

---

① 司空图:《二十四诗品》。
② 王微:《叙画》。
③ 石涛:《石涛画语录·变化章第三》。
④ 王夫之:《古诗评选》。
⑤ 虞世南:《笔髓论》。

名画录》说得更为生动具体,在他看来,所谓"逸"乃"拙规矩于方圆,鄙精研于彩绘,笔简形具,得之自然,莫可楷模,出于意表"。这些见解,都说明了"逸"是指心灵体验的出人意料,超逸拔俗,不拘常法,不依常规,也即所谓"天马行空""独鹤与飞"的特性。由此,不难看出,"逸想",则是指心灵体验中,那种自由自在、洒脱超然、神奇飘逸和变化莫测、高标脱俗的心灵自由之境。它是在"妙观"的基础上打破主体心灵结构原有的平衡,感物起情,因情起兴,而神思飞越,所展开的一种自由适意、超然拔俗的心灵遨游。而所谓平和淡雅、"雅洁淡远"之境,则既是指心灵体验活动中主体"素处以默","人淡如菊",摆脱尘世的喧嚣、外物的诱惑和庸俗之念的纠缠,体"道"而后寄形骸之外,游神然后穷变化之端的超然自由的审美心态;同时也指主体"玉壶买春,赏雨茅屋","俱道适往,著乎成春","幽人空山,过雨采苹"①,由眼前景以为诱发心灵自由遨游的契机,由自己所观感到的万象罗立,纷纭复杂、"水流花开"的景象应会感神,而生发出无数新奇独特的构想,感召无象,变化不穷,并进而达到超越物我,灵光绰绰,自由自在的最高境界的心灵体验过程。

(二)"冲淡"之境

其次,"冲淡"说表现出一种"和雅冲淡"之境。这种"和雅冲淡"之境的审美特色是自由自在、鲜洁澄澈、和雅清淡、温和适意。我们知道,中国古代美学始终一贯地在探索着人的自我价值,探寻着如何构成一种和谐完美的人生境界,寻求着如何克服客体的制约与束缚以发展作为主体的人的自身。人的意义存在的自明性本质规定,决定了"雅"境构成的自显性。在中国美学看来,通过人格的完善,心性的复归,则能由"克己""由己""反身""尽心"而"知性""知天",并进而使"天地与我并生,万物与我为一",以达到"如将白云,清风与归","少有道契,终与俗违"②的自由适意、超尘绝俗的"和雅冲淡"之境。或者如道家所提倡的,通过"涤除玄鉴",以保持主体的虚静澄明心境来静观体悟"道"这种宇宙的生命本原,"合其光,同其尘",以"俱似大道,妙契同尘"③进而"同于道",以与天地合一,使人成为自然的密友、社会的友人、自我生活的主人,最终构成冲然而淡,悠然而远的自由境界。这既是中国古代美学所追求的最高审美理想,也是其审美境界建构论的

---

① 司空图:《二十四诗品》。
② 同上。
③ 同上。

指归。

　　作为一种审美境界,"落花无言,人淡如菊"的"淡雅"之境是指审美活动中,审美主体超越自我情欲与自我智识以及外在物相的局限,于虚澈灵通的审美心境中,直达自身与宇宙万物的生命底蕴,由此而获得的自我外化与自我实现。在这境界中,主体超越凡俗,摆脱尘念,"虚伫神素"(《二十四诗品·高古》)、"体素储洁"(《二十四诗品·洗炼》)、"超以象外,得其环中"(《二十四诗品·雄浑》),丧失了一己之情感而获得人类共有的生命意识并使宇宙意识与生命意识同构,物我一体、人天合一,自然万物的内在生命结构与人的内在心理结构相契合,人与自然处于和谐统一之中,以进入冲和、淡雅,如将白云,清风与归,俱道适往,著手成春,娓娓浸入,悠悠无垠的"和雅冲淡"之境。

　　在中国古代,不管是儒道,还是佛禅,都视"和雅冲淡"的"淡雅"之境界为人生与审美的最高境界。如儒家孔子在提倡弘毅进取,积极入世,以天下为己任的同时,就更追求与宇宙自然合一的自由境界。在孔子看来,人生境界的建构有由"知天命"到"耳顺",再到"从心所欲不逾矩"的几个层面。按照朱熹的解释:"矩,法度之器,所以为方者也。随其心之所欲而自不过于法度,安而行之,不勉而中也。"①由此,我们可以看出,"从心所欲而不逾矩",实质上就是一种实现了与自身的和谐,克服了私欲妄念,迥迥然脱尘,与天地万物合一的人生自由完美境界,也即"雅洁空灵"之境。具有崇高品格的人自有其道德行为的规范,如礼、义、仁,但是这些规范法度又并非是机械的、教条化的,而是与人生境界合一的。所以品德高尚的人在这些规范与法度中,仍然能超越平庸、流俗,不失超然独立而与天地万物的合一,他是完全自由的。对此,程子解释得比较精到:"圣人之神,与天为一,安得其二。至于不勉而中,不思而得,莫不在此。"②人生的最高境界是人与自然的融合沟通,是人心与宇宙精神的直接合一。处于这种境界,由于心灵的开拓与视野的拓展,人生和人生的活动不再是平庸低级、趋炎附势、随波逐流、追名逐利、同流合污、浑浑噩噩,而是自觉的、自由的选择,是"不勉而中,不思而得",也就是"安而行,不勉而中"。这种自觉与自由,又与"自然境界"中的"顺才""率性"具有本质的不同,看似率意自得,实际却是超凡脱俗,自然超妙,其中蕴藉着人对宇宙自然、社会人生的深沉的内心感受与高度的觉解。即如青原惟信禅师所说:"老僧三十年前来参禅时,见山是山,见水是水;及至后来亲见知识,有个入处,见山不是

---

① 朱熹:《论语集注·为政》。
② 程颢、程颐:《河南程氏遗书》卷二。

山,见水不是水;而今得个休歇处,依前见山只是山,见水只是水"①前一个"见山是山,见水是水"与后一个"见山只是山,见水只是水"绝不可以等量齐观。

  同时,在我们看来,这种"和雅冲淡"之"淡雅"境界也是完善与完美的宇宙意识在人生中的再现。在这种境界中,人的心灵总是处于活泼泼的状态。诚如梁漱溟在《儒佛异同论》中所指出的:"譬如孔子自云:七十从心所欲不逾距(矩),而在佛家则有恒言曰:得大自在。""所谓得大自在",也就是得到大自由。儒家的另一代表人物孟子也推崇超凡脱俗的天地之境。孟子认为人性乃是人心之本性,为天之所赋,故人性与天性是合一的。但由于人受世欲杂念的干扰,亡失了纯真的本心,所以人生的最大追求,就是要回复本心,这样,就可以达到人性与天性合一,"上下与天地同流",而万物皆备于我的自由的最高审美境界。他说:"诚者,天之道也。"②"思诚者,人之道也。"③"万物皆备于我矣,反身而诚,乐莫大焉。"④这里就强调人应该从内心做起,通过深切的内心体验,以真切地把握本心,从而才能达到鲜洁澄澈、和雅冲淡、与天地万物一体的最高境界。道家的老子则把"同于道"作为人生的最高追求与一种极高的人生境界。而庄子则有对"无所待"而"逍遥游"理想境界的向往。在庄子看来,人生的意义与价值在于任情适性,以求得自我生命的自由发展。要实现自我,则必须摆脱外界的客体存在对作为主体的人的束缚和羁绊,以达到精神上的最大自由。在庄子看来,只有"游心于淡,合气于漠,顺物自然而无容私"⑤,才能构成"以天合天"⑥的"和雅冲淡"之境,故他强调:"以虚静推于天地,通于万物,此之谓天乐。"⑦"天乐"是"至乐",是道之行于天地的一种自由境界。佛教禅宗则追求超越人生的烦恼,摆脱与功名利禄相干的利害计较,使心与真如合一,来构成绝对自由、清澄和雅的人生境界。

  由此,我们不难看出,诸家人生境界论的建构都是和传统美学所尽力营构的"和雅冲淡"之境相一致的。这种一致突出地表现在心态特征方面。无论是人生最高境界,还是审美境界,都是把对宇宙自然生命之源的体悟,与由此所获得的对有限的现实时空的超越和心灵的自由作为最高的追求。所谓"从心所欲""不思而

---

① 《五灯会元》卷十七《青原惟信禅师》。
② 《孟子·离娄上》。
③ 《孟子·离娄上》。
④ 《孟子·尽心下》。
⑤ 《庄子·应帝王》。
⑥ 《庄子·达生》。
⑦ 《庄子·至乐》。

得""与天地同流"的心理状态与"纵浪大化中,不喜亦不惧"①所表露出的随其所见,任兴而往,由物感触,忽有所悟的自然自得的审美心态,显然是相如合一的。从传统的审美活动来看,审美境界的创构,实际上就是审美主体通过虚静观照,将个体生命意识投入到宇宙生命的内核,超越感官所及的具体、有限的意象,超越时空,超越生命的有限,以获得人生、宇宙的奥秘,达到精神的无限自由,由此而获得审美体悟和审美感兴,并获得最大的审美愉悦,也就是进入"大乐""至乐"境界。只有超越世俗物欲、生死、感官,如像庄子所谓的"外物""外生""外天下"②,才能"得至美而游乎至乐"③,从物中见美,从技中见道,在有限、短促的瞬间领悟到无限、永恒,也获得无限、永恒,获得心灵的自由,也才能"心合造化,言含万象,且天地日月,草木烟云,皆随我用,合我晦明"(虚中《流类手鉴序》)。我们知道,获得审美的感悟是情感的净化和心灵的飞升,通过此,审美主体可以得到精神的升华和情感的慰藉。即如徐夤《十里烟笼》诗所云:"白云明月皆由我,碧水青山忽赠君。"又如汤显祖《将之广留别姜丈》诗所云:"风霞余物色,山水淡人心。"在"和雅冲淡"审美境界中,主体摆脱了世俗欲望经验的干扰,从宁静平和的生活情趣中,求得神清气朗、清静虚明、晶莹洞彻的审美心境,并从而使心灵获得一种高尚的自由与解放,无拘无束,优游自若,一颗审美的心灵俯仰自得,神游于无穷,超然于物外,无处不至,无时不在,直达深远的生命之源。韦应物《登乐游庙作》诗云:"归当守冲漠,迹寓心自忘。"司空图《二十四诗品》云:"饮之太和,独鹤与飞。"都极为明显地表现了这种恬淡自然,透明澄澈,超然旷达的心境与清澄和雅、雅洁淡远审美境界创构的关系。方回在《心境记》中曾以陶渊明《饮酒》诗"结庐在人境,而无车马喧"为例,来表述自由自得审美心态的获得对深层审美境界创构的重要性。他说:"有问其所以然者,则答之曰:'心远地自偏。'吾言即其诗而味之,东篱之下,南山之前,采菊徜徉,真意悠然,玩山气之将夕,与飞鸟以俱还,人何以异于我,而我何以异于人哉?……其寻壑而舟也,其径丘而车也,其日涉成趣而园也,岂亦扶天地而出,而表能飞翔于人世之外耶?顾我之境与人同,而我之所以为境,则存乎方寸之间,与人有不同焉者耳。昔圣人之言志也,子路则率尔对矣,求尔何如,赤尔何如,则亦各言之矣,然点也铿尔舍瑟而作曰:'异乎三子者之撰。'然则此渊明之所谓心也。心即境也,沾其境而不于其心,则迹与人境远,而心未言不近;治其心

---

① 陶渊明:《神释》。
② 《庄子·大宗师》。
③ 《庄子·田子方》。

161

而不于其境,则迹与人境近,而心未言不远。"①"境"就心而言,是指一种内在的超越精神,"和雅冲淡"之境的创构,也就是一种心境的获得。"心即境",故"心远地自偏"。所以,中国美学推崇"以天合天""妙观逸想""寓目辄书"的心灵体验活动。在这种心灵体验活动中审美主体必须"澄心端思",雪涤俗响,一洗凡目,以"治其心",达到心灵自由、专一和空灵,进入自在自为的心理状态,才能一任自由的心灵,率意而为,不期然而然,以自致广大,自达无穷,使心与宇宙精神参合,从而臻于一个生命自由的"雅洁淡远"之境。

就艺术审美创作而言,"和雅冲淡"与"雅洁淡远"之"淡雅"境界的创构是大化流衍的宇宙生命精神的传达,是宇宙感、历史感和社会人生的哲理进入审美主体的心灵,化为血肉交融的生命有机力量的显示。审美主体要使自己在"和雅冲淡"与"雅洁淡远"之境的深入发掘和开拓中进入纯精神领域,让心灵任意自由飞翔,就应该保持心境的平和自得与自适自在,使之物我两遣,超越人世、感官、物欲的羁绊,于萧然淡泊、闲适冲和的心理状态中,由"游心"而"合气",顺应宇宙万物自然之势。只有这样,才能在与"雅洁淡远"审美境界的创构活动中,"以天合天","超以象外,得其环中","俱似大道,妙契同尘",使物我合一。我们认为,也只有这样,才能达到"抚玄节于希声,畅微言于象外"②和雅澄澈的审美境界,以酝蓄发酵出独特而隽永的艺术意境。即如王弼《老子注》五章所云:"天地任自然,无为无造,……无为于万物而万物各适其所用,则莫不赡矣。"又如张彦远所云:"不滞于手,不凝于心,不知然而然。"③是的,"雅洁淡远"之境的熔铸是无心自适,黯然心服,油然神会。只有达到心灵自由,超越客观物相的局限与人世杂务的干扰,审美主体才能在心灵体验活动中一无牵挂地游心万仞,俯仰宇宙自然,从而以创构出"不知其何以冲然而淡,翛然而远"④的超诣清空、"和雅冲淡"的"典雅"之境。正如沈灏《画麈》所说:"如太虚片云,寒塘雁迹,舒卷如意,取舍自由。"现代美学告诉我们,人的生命意识的核心,是对自由与完美的渴望和追求。在我们看来,只有在心灵体验与"落花无言、人淡如菊""雅洁淡远"之境的自由自得的超越心态中,人的这种本性与真情,以及深层的生命意蕴,才能得到很好的表露,并由此而获得自我的实现。同时,在心灵体验活动中,也只有借助人的这种深层的生

---

① 方回:《桐江集》。
② 僧卫:《十强经合注序》。
③ 张彦远:《历代名画记》。
④ 蔡子石:《拜石山房词序》。

命意识作为内在活力,才能进入自由的审美境界,"使在远者近,抟虚作实"①,也才能创构出深广幽邃,焕若神明,生气氤氲,翛然而远的"冲淡"之境。

"冲淡"之域又表征为一种"空灵"。空灵意为超逸灵动,不着迹象。如"羚羊挂角,无迹可求"②。中国艺术的魅力,不在于有限的实像,而在于实象之外的虚空,空灵则创造出生命的流动,所以汤显祖称诗"以若有若无为美"③,王夫之要求"墨气所射,四表无穷,无字处皆其意也"④。姜白石认为诗词审美创作:"语贵含蓄。东坡云'言有尽而意无穷'者,天下之至言也。……若句中无余字,篇中无长语,非善之善者也。句中有余味,篇中有余意,善之善者也。"⑤彭辂认为:"盖诗之所以为诗者,其神在象外,其象在言外,其言在意外。"⑥周济劝初学诗者求空,"空则灵气往来"⑦,而司空图则要求艺术家的心灵应该保持空明澄澈,如"空潭泻春,古镜照神"⑧,强调以精神的淡泊为创造空灵的条件。

空灵是艺术中"虚"的境界,虚实关系是中国文艺美学的核心问题。所谓"虚实相生,无画处皆成妙境"⑨,所以,董其昌作画,特别善于用"隔"的手法创造出恍惚变幻却寄情深远的虚境之美,米点山水的妙处也在于创造出翁郁惚恍,若有若无的情趣,中国园林艺术特别善于通过"虚"的造境以"纳千顷之汪洋,收四时之烂漫"⑩,进而引发出游者对整个宇宙、历史富有人生哲理的感悟,获得升华。

艺术中"虚"的境界也就是中国古代美学的"韵味"说所谓的"象外之象""景外之景"。"象外之象""景外之景"强调诗歌创作必须先有"象""景",然后才可能表征为"象外之象""景外之景"。"象外之象"的第一个"象",就是指诗歌文本所描写的具体物象,即"实境";第二个"象"是指读者从具体物象出发,结合自己的生活经验,通过想象而呈现于心目中的意象,即"虚境"。司空图对这种"虚境"的构成极为推崇。他在《与极浦书》中说:"诗家之景,如蓝田日暖,良玉生烟,可望而不可置于眉睫之前也。"显然,他所谓的"象外之象""景外之景",与老子"味无

---

① 王夫之:《夕堂永日绪论》内编。
② 严羽:《沧浪诗话·诗辨》。
③ 汤显祖:《玉铭堂文之四·如兰一集序》。
④ 王夫之:《姜斋诗话》,人民文学出版社笺注本。
⑤ 姜夔:《白石道人诗说》,中华书局本,何文焕辑《历代诗话》下册。
⑥ 彭辂:《诗集自叙》,味芹堂本《明文授读》卷三十六。
⑦ 司空图:《二十四诗品》。
⑧ 笪重光:《画筌》。
⑨ 计成:《园冶》。
⑩ 宗白华:《美学散步》,上海人民出版社1981年版。

味"说中的"无味"之域非常接近。也正由于此,所谓"象外之象""景外之景",在司空图看来,又显现为"韵味"。司空图把诗歌的意境分为"实境"和"虚境"。"实境"是诗歌文本中实有的和表层的东西,"虚境"是读者从作品文本中所感受和品味到的境界。司空图的"韵味"说立足宇宙本体论,把读者的"味"归于领悟,即读者对表征为"无味"之"道"的领悟与体味。宗白华则把这种作为"虚境"的"韵味"称之为视之不见,听之不闻,抟之不得的"无边的虚白"。他在评论宋元文人山水花鸟画时曾经说过,在宋元人山水花鸟画里,"自然生命集中于一片无边的虚白上。空虚中荡漾着'视之不见,听之不闻,抟之不得'的'道',一花一鸟,一树一石,一山一水,都负荷着无限的深意,无边的深情。"[①]显然,艺术中的"虚",正是表征为"无味"之域的"道"及其生命和元气的体现。"道体若虚""集道唯虚",构成中国艺术家的生命情调和中国艺术的实相。虚空之中冲破了形质束缚,而引发无限生机。老子讲"凿户牖以为室,当其无,有室之用也"(十一章)。室之"用"由"无"而显,"无"乃"有"与"用"的母体。魏晋玄学进一步发展了老庄哲学尚"无"的思想,如王弼《老子解》中将"无为"视为万物之本;"无形无名者,万物之原也","天下之物,皆以有为生,有之所始,以无为本"。这种尚"无"风气进一步与后来佛家"空"的主张合流,遂生成为中国美学在艺术审美风格上追求"冲淡"与"韵味"的重要特征。苏轼"静故了群动,空故纳万境",即与这一思想有内在渊源。

[①] 宗白华:《美学散步》,上海人民出版社1981年版。

第七章

老子的"味"论与审美体验论

受老子"味无味"审美观的影响,中国美学认为审美体验活动是主体对心灵自由的追求,是心与物、情与景、神与形、意与象、生命与活力的融合,是生命意义的瞬间感悟,因而,在中国美学看来,审美体验过程是最为重要的问题。以老庄美学为主的中国美学从大量的审美体验实践活动中,总结并提出了许多有关审美体验的范畴和命题,诸如体味、澄怀、心虑、目想、神游、妙悟、兴会,等等。体味,是中国美学审美体验论的中心范畴,它在审美体验论构架中具有举足轻重的地位,中国古代美学把审美体验概括为"味""体味""咀味""寻味""品味""研味"等过程,认为深藏于审美对象核心的生命意蕴只有通过审美主体玩味体悟,才能使主体自己从中获得对生命的体验和心灵的震动,从而把握住活泼泼的生命实在,以获得自己精神的自由和高蹈。这里先来解读老子"味无味"中的前一个"味"。

一、老子"味无味"命题的提出

老子说:"有物混成,先天地生……吾不知其名,强字之曰道,强为之名曰大。大曰逝,逝曰远,远曰返。故道大、天大、地大、王(人)亦大。"这里的"逝""远""反"所表述的是"道"的循环往复、变化运动。老子强调人应法地之博厚,法天之高明,法道之周行不殆,法自然之生生不息;应与道徘徊,同于物化,入万物而同流,去而来,来而去,如此循循不已,生生不绝。这就是所谓"逝""远",所谓"逝而返,远而返"。而人法天、地、自然,则要求人通过对"道",即宇宙自然生命底蕴的把握和体验,以参与天地的变化,契合大化运动所展示的生命节奏,牟于天而从于天,与天为一,与物为一,最终使心灵的脉动与自然的生命节奏和谐一致。并且,老子还提出"致虚极,守静笃"的命题,强调在对"道"的体验中主体应对心灵"涤除玄鉴",从而以增强心灵的穿透力,通过心灵观照,以接触到宇宙大化的生命意蕴,即"道"。为此,老子把传统饮食文化中的重要概念"味"借喻过来,强调"味无味",既表明他所标举的崇尚自然、返璞归真、无为而无不为的美学主张,同时,又以"味无味"这一命题来揭示了中国美学的体验性特点。可以说,老子"味无味"的命题,对中国美学关于审美观照及审美体验和文艺创作的审美体验性特征,以及两者之间的内在联系的探讨和表述,都发生了深刻的影响。"味无味"表明了对"无味""至味",这一"道"的特性的把握,必须要通过"味"(体味)这个步骤和过程。老子把"无味"作为一个审美理想与审美标准,指出作为自然万物生命意旨的"道"的审美特征"无味"之"味",就是一种"至味",也就是一种最高的审美追求与审美境界。因而"味无味"就是体味与体验"道"的生命意蕴和本质特征。可以说,"味无味"既是一种生命体验,也是生命体验的最高存在方式,是生命意义的瞬间感悟。正是受老子这种体验性美学特征的影响,中国美学始把审美体验以直观理性主义的思维方式概括为"味""体味""玩味""咀味""寻味""品味""研味"等活动过程,认为蕴藉于审美对象深层结构中的生命意蕴只有通过审美主体的玩味体悟,才能转化为审美主体自己的审美情感,从而在自己心灵体悟中形成有关审美对象的真实世界。我们认为,受老子美学作用下的中国美学所推崇的从"味"到"味"("无味""韵味")的审美活动过程,其体验性贯穿始终,从而决定着中国美学的体验性特征。而老子提出的"味无味"命题也很好地揭示了中国美学所推崇的心灵体验审美方式。

二、"味无味"与"体味"说

的确,受老庄哲学的影响,中国美学非常重视对自然造化蓬勃生命力的显示。但是,这种对于宇宙生命奥秘的探求与揭示,其目的却是为了求得主体自身的超越与解脱,以及由此而带来的审美愉悦。这也就是说,中国传统审美观念认为,审美体验的意义在于通过有限的现实时空的超越而获得一种永恒、无限的心灵自由和高蹈。因而老子强调指出"大音希声""大象无形""大巧若拙";庄子则认为"天地有大美",而"大美无言""朴素而天下莫能与之争春"。也正是由此,在中国美学中,审美体验才是一个重要的组成部分,它广泛涉及审美感兴、审美心境、审美心态、审美想象、审美直觉各方面的内容;它表述的是进行审美活动的起点和基础,属于中国美学的重要领域。

关于审美体验,以老庄美学为主的中国美学是用"体味"这个概念来表述的。

所谓"体味",意为体会、领悟,指亲身经历,亲自玩味,以身体之,以心验之,以思悟之。禅宗美学则称之为"亲证",是"如人饮水,冷暖自知"。作为美学范畴的"味",它的基本含义有两个方面:一是指审美主体的审美活动(主要指审美体验),二是指审美对象(主要是文艺作品)的审美特征、美感力量。这两方面的含义常常是密切结合在一起的。文艺创作要通过审美体验获得对"道"的生命感悟,并将这种审美体认物态化为文艺作品;文艺欣赏要通过审美观照及体验,才能感受并把握住审美对象(文艺)的审美特征与味外之味、言外之言。

中国美学用"体味"来指审美主体的审美活动,主要指审美体验时,其用语有:"玩味""咀味""寻味""研味""讽味""吟味""熟味""细味""深味",等等。"体味""玩味""咀味""寻味""研味"是从性质上表明审美体验是一种直觉和领悟而不是说理和推论。"熟味""细味""深味"是表明审美体验的深度和广度。"讽味""吟味"是表明进行审美体验的某种方式。

审美感兴是进行审美活动的起点。审美活动不同于科学认识活动和伦理实践活动,它是采取审美感兴和情感体验的方式去把握世界。文艺创作不以概念为中介,不用抽象概念的形式去反映客观事物的本质,而是用具体感性的形象形式去反映客观对象的本质特征。因此,它只给人们提供一个想象的、假定的、可供直接观感的审美对象。人们进行文艺欣赏时,也只是对文艺作品进行观照和体验,而不能直接采取意志实践的态度(采取意志实践的态度,就要采取或者改变对象的性质和形态,或者消灭对象的行动)。唐代大画家韩滉画的《五牛图卷》中的牛,是只供欣赏,而不能乘坐的。文艺创作要通过审美观感才能体味到审美对象中所蕴藏的生命意旨,才能实现自我的复归;以"婴儿之心",去"以物观物",展开艺术精灵的翅膀,酝酿、组合、凝聚成审美意象;文艺欣赏也要通过审美观感才能将文艺作品的艺术形象转化为自己头脑中的审美意象,从而去领会艺术意境的审美意蕴和艺术家的审美情思及其韵外之致。

在审美观照中必然产生审美体验。审美体验是指审美主体对审美对象进行聚精会神的审美观照时在内心所经历的生命感悟,是生命意义的瞬间体认。审美体验的成果,就是审美感悟与生命意蕴的获得。审美体验的深入,引起审美感悟的深化。这样,审美感兴及其审美体验的发生,必然涉及审美客体与审美主体两个方面。只有当审美对象具有审美特征,富于美感力量,从而能够投合主体的审美需要,激发主体的审美情感的时候,它们才能成为主体注意的中心,引起人们的审美观感,产生强烈的审美体验。另一方面,只有当审美主体具有审美能力和审美需要时,他才能对审美对象进行聚精会神的观照,从而产生审美体验并获得生命感悟。

"味"在以老庄美学为核心的中国美学中作为一个内涵极其丰富的审美范畴,其源甚远。"味",原本指自然物的气味和饮食的味道。《左传·昭公元年》:"天有六气,降生五味。"杜预注:"谓金味辛,木味酸,水味咸,火味苦,土味甘,皆由阴阳风雨而生。"很明显,这里的"味"指的是自然物的气味。《孟子》一书中多次讲到"味",特别爱用饮食之味来打比方。《告子上》云:"口之于味也,有同嗜也。"又云:"口之于味也,有同嗜焉。"《尽心下》云:"口之于味也,目之于色也,耳之于声也,鼻之于臭也。四肢之于安佚也,性也。"由此可见,"味"这个美学范畴与中国早期的饮食文化有着密切关系。上面所说的"味",都是客观的、自然的味,在语法上作名词用。不过,古汉语中名词活用为动词是相当普遍的现象。老子就将"味"作动词用,以表达主体的体验活动。《老子》第六十三章云:"为无为,事无事,味无味。"这里所说的"味无味",用今天的话来说,就是"把无味当作味",或者"在恬淡无味中品出味来"。很明显,第二个"味"仍是名词,而第一个"味"则已作为动词,用以表明人的"品味"活动。此后,"味"被引进中国美学,最先仍是用来打比方,然后逐渐增加美学理论上的确定含义,不过它依然是以名词与动词双重身份,向着艺术的客体与主体双向推进。据《左传·昭公二十年》记载,晏子对齐侯说:"声亦如味,一气、二体、三类、四物、五声、六律、七音、八风、九歌,以相成也。清浊、大小、短长、疾徐、哀乐、刚柔、迟速、高下、出入、周疏,以相济也。君子听之,以平其心,心平德和。"这是用"味"的多种调和来比喻声音的"相济"与"相成",从而显示音乐的美感与教育作用。西汉王褒《洞箫赋》云:"哀悁悁之可怀兮,良醰醰而有味。"这也是用"味"来比喻音乐所具有的醇厚深沉的美感力量。如果说从老子到两汉,"味"的运用多少总带有某些比喻性质,那么到了刘勰、钟嵘,"味"就变成一个具有特定的两重含义的审美范畴了。"味",就客体而言的有:"是以往者虽旧,余味日新"[1],"五言居文辞之要,是众作之有滋味者也"[2]等;就主体而言的有:"繁采寡情,味之必厌"[3],"使味之者无极,闻之者动心,是诗之至也"[4]等。

表述审美主体的审美体验活动的"味"这个范畴,我们可以认为,到刘勰的时代已基本定型,其后的理论概括,便是向深度与广度发展,即从审美体验的方式、范围、程度等方面,对"味"这一审美范畴进行完善与补充。在这种发展过程中,表

---

[1] 《文心雕龙·宗经》。
[2] 《诗品序》。
[3] 《文心雕龙·情采》。
[4] 《诗品序》。

述主体审美体验活动的"味"的内涵大大地丰富了,相继出现的术语有"研味"①"讽味"②"玩味"③"细味"④"体味"⑤"寻味"⑥等。在所有这些表述中,"体味"说最通俗易懂,而且"体"字又兼有"体会""领会""体验"等义,形象鲜明而又含蕴深广,因此,"体味"说无形中便成了诸"味"说的代称,言简意赅地揭示出以老庄美学为主的中国美学体验论的突出特点。从以上简要的回顾中我们可以看出,中国古人正是从自然物的"味"和饮食的"味"中得到启示,借"味"和对"味"的感受、体验来谈政治,谈哲学,然后推而广之,逐渐将它与文学艺术和美学理论挂上钩。中国古代美学家既注重客体的性质,尤重主体的体悟,一旦赋予"味"以审美体验的确定含义,便历代相传,沿用不衰。

如上所说,"体味"说的形成与以老庄为代表的道家美学的影响分不开。在中国美学史上,老庄的哲学思想对后代的美学思想发生过深远的影响;老庄提出的许多哲学范畴和哲学命题,都延伸和转化成为意蕴丰富的美学范畴和美学命题,特别是那些关于审美心理特征的范畴和命题,对中国美学的发展,影响是非常深刻的。老子提出的"味无味"的哲学命题,它深刻地影响了中国美学关于审美感兴(及审美体验)和文艺的审美本质,以及两者之间的内在联系的探讨和论述。"味无味"的前一个"味"字,作动词使用,其含义就是体味和观感;老子把"无味"当成一种"味",而且是最高最美的味。王弼解释为"以恬淡为味"。老子自己也以"恬淡为上"。老子还说:"道之出口,淡乎其无味。"老子是把"无味"作为一种审美理想与审美意趣,指明"道"能给人一种美的生命感悟。我们知道,在《老子》那里,"道"是一个哲学范畴,是天地间万事万物产生的生命本原:"道生一,一生二,二生三,三生万物。"在老子看来,"道"是最真实的,而且是最高最美的境界,对"道"的体味和观照,也就是对最高的、最真实的生命意旨与最美的境界的体味和体悟。然而"道"是"视之不足见,听之不足闻",它需要进行体悟和体味,才能领略和把握它的意蕴。在老子看来,"道"是一种"无味"之"味",而"无味"之"味"却是一种至味,因此王弼指出老子"以恬淡为味",而"恬淡"却是"道"的本质特征。这

---

① 《文心雕龙·情采》:"研味李老,则知文质附于情性。"
② 《诗品》:"华靡可讽味焉。"
③ 《东坡题跋·书王公峡中诗刻后》:"过南海,见部刺史王公进叔,出先太尉峡中石刻诸诗,反复玩味。"
④ 《苕溪渔隐丛话》:"后人不细味太虚诗,遂谓诚然,过矣。"
⑤ 《诗薮》:"学者精心体味。"
⑥ 《原诗》:"能令人永言三叹,寻味不穷。"

样,"味无味"就是体味观照生命本原"道"的本质特征和深刻意蕴,体味、观照美的生命本原,以获得最大的审美享受和生命感悟。这个命题,直接启示和影响了南北朝刘宋时期的画论家宗炳,他直接把"味"(体味)这个概念引入中国美学,提出了"澄怀味象"①"澄怀观道"②的命题。"味象"就是"观道",就是进行审美体悟。宗炳指出了在对大自然的山水美景进行审美体验时,在对描绘大自然的山水画进行审美欣赏时,就应该以一种摆脱了人世间一切利害欲求,以自由而愉悦的审美心境,去观照和体味审美对象的审美特征和审美意蕴,以达到"畅神"③的目的,使心胸无限宽广,无限喜悦。南朝齐梁时期著名的美学家刘勰,在他的巨著《文心雕龙·情采》篇中,也用"味"(体味)来说明审美体验。魏晋南北朝之后,历代许多文艺家和文艺美学家,在文论、画论、乐论、书法美学理论中,都曾用"味"(体味)这个范畴来表述有关文艺审美创作中的审美体验问题。

三、体味的过程

经老庄美学为主的中国美学对"体味"说的探讨,着重注意了对下述三个重要环节的研究。

(一)用志不分,乃凝于神

"体味"说所表述的审美体验既然是审美主体在对审美对象进行聚精会神的观照时所经历的心灵活动,是生命意义的瞬间感悟,那么,审美心境的营构与审美注意在审美活动中就处于十分重要的地位。按照心理学的解释,"注意是心理活动对一定事物的指向和集中。由于这种指向和集中,人才能够清晰地反映周围现实中一定事物,而离开其余事物。"④而审美注意最重要的特征,就是有选择的指向性。由于这种有选择的指向性,在每一瞬间,人的审美心理活动就只能指向一定的审美对象,即审美主体只能凭借相应的审美心理因素(诸如感兴与体认等)去注意特定的审美对象,而离开其余的对象。这样,审美注意的指向性,就使审美主体能够清晰地观感审美对象,从而获得审美体验。

---

① 宗炳:《画山水序》。
② 《历代名画记》。
③ 《画山水序》。
④ 曹日昌主编《普遍心理学》上册,人民教育出版社1980年版。

>>> 第七章 老子的"味"论与审美体验论

  中国美学对审美注意的特点及其在审美活动中的重要性,作了形象化的描述和精彩的论证。《庄子·达生》篇云:"仲尼适楚,出于林中,见痀偻者承蜩,犹掇之也。仲尼曰:'子巧乎,有道邪?'曰:'我有道也。五六月累丸二而不坠,则失者锱铢;累三而不坠,则失者十一;累五而不坠,犹掇之也。吾处身也,若厥株拘;吾执臂也,若槁木之枝。虽天地之大,万物之多,而唯蜩翼之知。吾不反不侧,不以万物易蜩之翼,何为而不得!'孔子顾谓弟子曰:'用志不分,乃凝于神。其痀偻丈人之谓乎!'"又云:"梓庆削木为鐻。鐻成,见者惊犹鬼神。鲁侯见而问焉,曰:'子何术以为焉?'对曰:'臣工人,何术之有?虽然,有一焉。臣将为鐻,未尝敢以耗气也,必斋以静心。'"这里关于"痀偻者承蜩"和"梓庆削木为鐻"的寓言,就表明掌握一种技艺应该"用志不分,乃凝于神"。痀偻者"虽天地之大,万物之多,而唯蜩翼之知";梓庆"斋以静心","未尝敢以耗气",甚至忘记自己的"四肢形体",不分心于外物,心中只有"鐻"的形象。"用志不分,乃凝于神"形象而又准确地表述了审美注意的特点——审美注意就是凝神的心境,就是一种极端的聚精会神的心理状态(虽然注意本身并不是一种独立的心理过程,而是感觉、知觉、记忆、思维、想象等心理过程的一种共同特性,但审美体验却是审美注意的积极成果)。晋代陆机提出审美创作构思时"其始也,皆收视反听,耽思傍讯"[①];齐梁时代的刘勰提出"陶钧文思,贵在虚静,疏瀹五脏,澡雪精神"[②],都是强调创作主体只有将全部注意力集中在所体认、观感的客观事物上,才能使"情瞳昽而弥鲜,物昭晰而互进"[③],引起审美体验,获得审美感受,形成鲜明、清晰的审美意象,然后才能"窥意象而运斤"[④],把审美意象转化为艺术形象。

  以老庄美学为主的中国美学和艺术理论,不仅在文艺审美创作和欣赏中重视审美注意,而且在绘画、书法等审美创作和欣赏中同样重视审美注意。唐代画论家张彦远指出:"守其神,专其一,合造化之功,假吴生之笔,向所谓意存笔先,画尽意在也。凡事之臻妙者,皆如是乎,岂止画也。"[⑤]宋代画论家刘道醇指出,观画"要当澄神静虑,纵目观之"[⑥]。他还指出,画家傅文用"每见禽鸟飞立,必凝神详观,都忘他好,遂精于画","赵光甫,尤善画番马。凡欲为之,必心潜虑密,视听皆

[①] 《文赋》。
[②] 《文心雕龙·神思》。
[③] 《文赋》。
[④] 《文心雕龙·神思》。
[⑤] 《历代名画记》。
[⑥] 《圣朝名画评》。

171

断,方肯草本"①。汉代书法家蔡邕也指出:"夫书,先默坐静思,随意所适,口不出言,气不盈息,沉密神采,如对至尊,则无不善矣。"②唐代书法家虞世南指出:欲书之时,当收视反听,绝虑凝神,心正气和,则契于妙。"③上述所谓"守其神,专其一""澄神静虑""凝神详观,都忘他好""心潜虑密,视听皆断""默坐静思""收视反听,绝虑凝神"等,都是强调"虚静",强调"用志不分,乃凝于神"在艺术审美创作和欣赏中的重要作用。无论是在文艺审美创作中,还是在审美欣赏中,只有注意力高度集中,才能对所描绘和欣赏的审美对象进行深入的观照,从而引起审美体验,获得审美感受。正如清代书论家周星莲所说:"神凝而象滋,无意而皆意,不法而皆法。"④

在对山水自然的审美体验中,同样也需要收视反听,凝神观照。明代文学家袁中道在《爽籁亭记》一文中,生动地记叙和描绘了他在欣赏大自然美景时凝神观照的经验:

玉泉初如溅珠,注为修渠,至此忽有大石横峙,去地丈余,由泉而下,忽落地作大声,闻数里。予来山中,常爱听之。泉畔有石,可敷铺,至则趺坐终日。其初至也,气浮意嚣,耳与泉不深入,风柯谷鸟,犹得而乱之。及暝而息焉,收吾视,返吾听,万缘俱却,嗒焉丧偶,而后泉之变态百出。初如哀松碎玉,已如鹍弦铁拨,已如疾雷震霆,摇荡川岳。故予神愈静,则泉愈喧也。泉之喧者,入吾耳而注吾心,萧然泠然,浣濯肺腑,疏瀹尘垢,洒洒乎忘身世而一死生。故泉愈喧,则吾神愈静也。

由此可见,在进行审美活动的时候,如果审美注意力不能集中在审美对象身上,就不能发生审美感知("耳与泉不深入")。甚至审美体味也会受到干扰("风柯谷鸟,犹得而乱之"),不能形成审美体验。只有将审美注意高度集中,收视返听,"万缘俱却,嗒焉丧偶,而后泉之变态百出",在头脑中涌现出千姿百态的审美意象;美妙的泉声入耳注心,使审美者的心胸为之"浣濯","萧然泠然",从而经受强烈的审美体验。总之,对自然美的审美观感,同样应该"澄怀观道,静以求之"⑤。

---

① 《圣朝名画评》。
② 蔡邕:《笔论》。
③ 虞世南:《笔髓论·契妙》。
④ 周星莲:《临池管见》。
⑤ 恽正叔:《南田画跋》。

从"体味"说的规定性内涵出发,中国古代一些文艺美学家还指出,在对审美客体的审美观感中,应该做到能所双遣,物我两忘,以便引起强烈的审美体验,进入最高的审美境界。张彦远指出:"凝神遐想,妙悟自然,物我两忘,离形去智。身固可使如槁木,心固可使如死灰,不亦臻于妙理哉?所谓画之道也。"①宋人罗大经记述了曾云巢工画草虫的审美创作经验:"曾云巢(无疑)工画草虫,年迈愈精。余尝问其有所传乎,无疑笑曰:'是岂有法可传哉?某自少时,取草虫笼而观之,穷昼夜不厌。又恐其神之不完,复就草地观之,于是始得其天。方其落笔之际,不知我之为草虫耶,草虫之为我也。此与造物之机缄盖无以异,岂有可传之法哉!"②宋人陈师道记述了包鼎画虎的情形:"宣城包鼎画虎,扫洒一室,屏人声,塞门涂牖,穴室取明。一饮斗酒,脱衣据地,卧起行顾,自视真虎也。复饮斗酒,取笔一挥,意尽而去,不待成也。"③所谓"不知我之为草虫耶,草虫之为我也",所谓"卧起行顾,自视真虎",都是指审美创作主体在审美观感和艺术构思中进入了物我两忘、能所双遣的极境,从而感受到最强烈的审美体验的心理状态。

(二)咀嚼既久,乃得其意

以老庄美学为主的中国美学和艺术理论,十分强调在审美体味活动中,对审美对象的观察、欣赏,要精心体察,反复玩味,以便由表及里,由浅入深地捕捉、领悟和把握审美对象的审美特征,揭示其更深的生命意蕴,从而使审美体验逐步深化。审美创作和欣赏的实践经验也表明,对艺术作品的鉴赏和体味,"咀嚼既久,乃得其意"④,只要"精加玩味"⑤,往往是"咀之而味愈长"⑥,在审美体味的逐步深入中去透悟作品所包容的隽永的人生意味和深厚的生命意旨。元人杨载指出:"观汉魏古诗,蔼然有感动人处,如《古诗十九首》,皆当熟读玩味,自见其趣。"⑦宋代文学家、书法美学家欧阳修指出:"余始得李邕书,不甚好之。然疑邕以书自名,必有深趣。及看之久,遂于他书少及者,得之最晚,好之尤笃。"⑧宋代画论家郭若虚的《图画见闻志》和画论家董逌的《广川画跋·阎立本渭桥图》都记载了唐代画

---

① 《历代名画记》。
② 罗大经:《鹤林玉露》丙编卷六《画马》。
③ 参见《后山谈丛》,《中国画论类编》下册第1029页。
④ 范晞文:《对床夜话》。
⑤ 张炎:《词源》。
⑥ 魏泰:《临汉隐居诗话》。
⑦ 杨载:《诗法家数》。
⑧ 欧阳修:《试笔·李邕书》。

家阎立本鉴赏张僧繇的绘画那种由浅入深,反复咀嚼,从而把握了审美对象的审美特征,领悟了作品的深层审美意蕴的情景:"立本世以画显,当在荆州时,得张僧繇画,初犹未解,曰:'定虚得名耳。'明日又往,曰:'犹是近代妙手。'明日又往,曰:'名下定无虚士。'十日不能去,寝卧其下对之。夫画至于去辙迹者,其难悟如此,后人画未能辨笔墨,而学不知形象所主,见解又非得若立本极其功用,至于论画,一望而悬断是非得失者,妄也。"①阎立本对张僧繇绘画作品的欣赏,从"初犹未解",认为张氏"虚得名耳",直到认为张氏"名下定无虚士",因而"十日不能去,寝卧其下对之",为张氏之画所吸引,为之倾倒,说明对优秀的艺术作品要做到"去辄迹"而把握它的意蕴,是十分"难悟"的,只有反复揣摩、把玩、咀嚼,才能使审美体味逐渐深入。

(三)彻悟到家,一了百了

以老庄美学为主的中国美学和艺术理论强调审美体味要追求一种"韵外之致""味外之旨"②和"象外之象""景外之景"③。优秀的艺术作品的审美意蕴是十分丰富的,它能让人在有限的形式中领略无穷的生命意味。在具体的审美活动中,人的审美体验总是不断深入的,因而对审美对象的审美特征和生命意蕴的领悟和把握也总是不断深入的。一些文艺批评家和美学家用"寻味不穷"④、"味之不尽"⑤"味之无极"⑥等,来概括审美体味的这一重要特点。虽然优秀的艺术作品"滋味无穷",鉴赏者的审美体味总是"咀嚼不尽"⑦,但是,审美体味的深入,总会达到一种豁然开朗,心领神会,令人赏心悦目的超妙境界。这正如清代画家王时敏所说:"犹如禅者彻悟到家,一了百了,所谓一超直入如来地,非一知半解者所能望其尘影也。"⑧中国古代美学常用"悟"这个概念来表达审美体味所达到的这种境界。

---

① 董逌:《广川画跋》。
② 司空图:《与李生论诗书》。
③ 司空图:《与极浦书》。
④ 叶燮:《原诗》。
⑤ 王士禛:《带经堂诗话》卷三。
⑥ 刘熙载:《艺概·书概》。
⑦ 贺贻孙:《诗筏》。
⑧ 王时敏:《西庐画跋》。

四、审美体味的极致

"彻悟到家,一了百了"既指禅家大彻大悟的境界,也指审美体味充分深入所达到的当下顿悟的超妙境界。那么,审美主体的审美体验怎样才能深入呢?以老庄美学为主的中国美学对此作了多方面的探讨,提出了许多有参考价值的意见。

首先,审美体味的深入,需要有丰富的审美经验和较强的审美感受力。许多文艺家和文艺美学家指出,在审美活动中,要想使审美体味逐步深入,获得审美感受,必须使人们主要的审美感官(视觉和听觉)具有较强的审美感受力。汉代文学家王褒指出,对于洞箫演奏的欣赏:"知音者,乐而悲之;不知音者,怪而伟之。"①《淮南子·泰族训》指出:"六律具存,而莫能听者,无师旷之耳也。……律虽具,必待耳而后听。"宋代画家韩纯全指出:"琼瑰琬琰,天下皆知其为玉也,非卞氏三献,孰别其荆山之姿而为美?"②他们从不同的角度说明了同一道理,即要能欣赏音乐与绘画之美,获得审美体验与感受,必须要有能感受音乐美的耳朵和感受形式美的眼睛;对于不辨音律的耳朵和不能欣赏形式美的眼睛来说,最美的音乐和绘画也是毫无意义的,因为,这"何异于奏雅乐于木梗之侧,陈玄黄于土偶之前哉"③。一些文艺美学家明确提出审美体味必须有"具眼""具耳",必须有"独闻之听,独见之明",方能对审美对象作深入的观照、体验。明代诗论家李东阳指出:"诗必有具眼,亦必有具耳,眼主格,耳主声。闻琴断,知为第几弦,此具耳也。月下隔窗辨五色线,此具眼也。"④唐代书论家张怀瓘指出:"玄妙之意,出于物类之表;幽深之理,伏于杳冥之间,岂常情之所能言,世智之所能测!非有独闻之听,独见之明,不可议无声之音,无形之相。……有千年明镜,可以照之不陂;琉璃屏风,可以洞彻无碍。"⑤

其次,审美体味的深入,还需要有丰富的生活经验。中国古代许多艺术家和文艺美学家都十分强调生活阅历以及对生活的深入观察、研究对于文艺审美创作和审美欣赏的重大意义。他们说"不读万卷书,不知道理之渊博;不行万里路,不

---

① 王褒:《洞箫赋》。
② 见《山水纯全集·识观画别识》。
③ 葛洪:《抱朴子·外篇·知止》。
④ 李东阳:《怀麓堂诗话》。
⑤ 张怀瓘:《书议》。

知天地之广大"①。他们认为应以大自然为师,"应知古人稿本在大块内"②。元代画家李澄叟指出:"画山水者,须要遍历广观,然后知著笔去处。"③清代画家沈大士说:"诗画均有江山之助,若促局门里,踪迹不出百里之外,天下名山大川之奇胜,未经寓目,胸襟何由而开拓?"④宋代著名山水画家范宽"居山林间,常危坐终日,纵目四顾,以求其趣。虽雪月之际,必徘徊凝览,以发思虑"⑤。

  一些文艺美学家还指出,审美鉴赏主体与艺术作品所表现的生活内容有相似或相同的生活经历或心境时,就能够比较深入地领悟和把握艺术的审美特征,获得深切的审美体验。宋人董逌说:"李咸熙作营邱山水图,写象赋景,得其全胜。溪山萦带,林屋映蔽,烟云出没,求其图者可以知其处也。余去国十年矣,官系于朝不得归。每升高东顾,想在家山,而神驰意到,自有见闻。宾想既悟,而悲悼随之。及观正夫所示图真得乡路矣,反若不敢识者,亦似失其悲心矣。咸熙画手妙绝今世共知之,他人恐不能尽识也。"⑥李咸熙把"营邱之寓于画",为什么董逌"独知之",而"他人恐不能尽识"? 因为李氏的营邱山水图勾起了董逌"去国十年"的思乡之情,引起了他对家乡山水的深切怀念,他的生活经历及其对生活的体验与作品所表现的生活内容和思想感情有相通之处,因而董逌能"独知"画中之意,从而获得强烈的审美体验。明代画论家董其昌介绍他的审美经验时说:"古人诗语之妙,有不可与册子参者,唯当镜方知之。长沙两岸皆山,予以牙樯游行其中,望之地皆作金色,因忆水碧沙明之语。又自岳州顺流而下,绝无高山,至九江则匡庐突兀,出樯帆外,因忆孟襄阳所谓'挂席几千里,名山都未逢;泊舟浔阳郭,始见香炉峰',真人语千载不可复值也。"⑦董氏关于"当境方知"之说,相当深刻地说明了当审美鉴赏者的生活经历与艺术作品的思想内容相似相通之时,就能产生亲切的审美体验。总之,对优秀的艺术作品的欣赏与体验,"必须实历此境,方见其奇妙"⑧。一些文艺美学家还指出了心境、情绪对审美体验的影响。章炳麟说:"凡感于文字者,其在得我心。是故饮食移味,居处缊愉者,闻劳人之歌,心犹怕然。大愚不灵,无所愤悱者,睹眇论则以为恒言也,身有疾痛,闻幼眇之音,则感慨随之

---

① 元代画家黄子久语,谢坤《书画所见录》引。
② 沈灏:《画麈》。
③ 李澄叟:《画说》。
④ 沈大士:《溪山卧游录》。
⑤ 见刘道醇《圣朝名画评序》。
⑥ 董逌:《广川画跋》。
⑦ 董其昌:《画禅室随笔》。
⑧ 瞿佑:《归田诗话》。

矣。心有疑滞,睹辨析之论,则悦怿随之矣。"①明代文学家袁宏道更明确指出:"人有真苦,虽至乐不能使之不苦;人有真乐,虽至苦亦不能使之不乐。"②

再次,审美体味的深入,还需要丰富的想象力。对艺术的审美鉴赏与体验,必须借助联想和想象,把艺术形象转化成审美者头脑中的生动的审美意象,并用自己的生活经历、思想情感、审美理想和情趣去补充和再造这种审美意象,使之更臻于成熟和完美。中国许多文艺家和文艺美学家都十分重视联想和想象在审美欣赏和体验中的作用。刘勰明确指出,必须进行"神思"(即在艺术构思中的创造性想象活动),才能把从生活中观察得来的生活形象转化为审美意象,然后"窥意象而运斤",把审美意象物态化为艺术形象。在从审美想象到形成审美意象的过程中,审美创作主体的审美情感、审美体验随着意象的逐渐鲜明与稳定而逐渐强化与深化,"神用象通,情变所孕","登山则情满于山,观海则意溢于海,我才之多少,将与风云而并驱矣"③。清代画论家沈宗骞说:"学画者必须临摹旧迹,犹学文之必须揣摩传作,能于精神意象之间,如我意之所欲出,方为学之有获。"④要想真正进入审美主体在艺术作品中创构的艺术境界,获得深切的审美体验,就必须借助想象活动,把艺术形象转化为自己头脑中的生动意象,真正"如我意之所欲出"。刘氏与沈氏虽然讲的是文学审美创作与学画,但其原理可通于审美欣赏。许多文艺家还用自己的创作实践和审美经验说明了想象在文艺审美创作和欣赏中所起的作用,清人廖燕说:"意也者,岂非为万形之始,而亦图画之所从出者欤?予尝闭目坐忘,嗒然若丧,斯时我尚不知其为我,何况于物?迨意念既萌,则舍我而逐物,或为鼠肝,或为虫臂,其形状又安可胜穷也耶?传称赵子昂善画马,一日倦而寝,其妻窗隙窥之,偃仰髬呼,俨然一马也。妻惧,醒以告之,子昂因而改画大士像。未几,复窥之,则慈悲庄严,又俨然一大士。非子昂能为大士也,意在而形因之矣。万物在天地中,天地在我意中,即以意为造物,收烟云、丘壑、楼台、人物于一卷之内,皆以一意为之而有余。"⑤这说明在艺术审美创作构思中,创作主体是生活在想象世界里,生活在意象之中,当意象产生("意念既萌")之时,常常就是审美体验获得之时。清代戏曲美学家李渔曾说:"予生忧患之中,处落魄之境,自幼至长,自长至老,总无一刻舒眉。惟于制曲填词之顷,非但郁结以舒,愠为之解,且尝潜

---

① 章炳麟:《国故论衡·文学总论》。
② 袁宏道:《与王以明书》。
③ 《文心雕龙·神思》。
④ 沈宗骞:《芥舟学画编·山水·摹古》。
⑤ 廖燕:《意园图序》。

作两间最乐之人,觉富贵荣华,其受用不过如此。未有真境之为所欲为,能出幻境纵横之上者——我欲做官,则顷刻间便臻富贵;我欲致仕,则转盼之际又出山林;我欲作人间才子,即为杜甫、李白之后身;我欲娶绝代佳人,即作王嫱、西施之配;我欲成仙作神,则西天蓬岛,即在砚池笔架之前……若非梦往神游,何谓设身处地。无论立心端者,我当设身处地,代生端正之想;即遇立心邪辟者,我亦当舍经求权,暂为邪辟之心。"[1]李渔在这里,也生动而深刻地说明了审美创作主体在进行审美创作构思时,是生活在"幻境纵横""梦往神游"之中,常常"设身处地",亲身体味自己所创造的人物的命运和情景。在这种情况下,审美创作主体便感受了强烈的审美体验,获得了最充分的审美享受,并进入到审美体验的极致。

---

[1] 李渔:《闲情偶寄》。

第八章

老子的"无味"说与审美张力论

老子提出的"味无味"中的"无味"说对中国美学审美张力论的形成具有重要影响,是审美张力论"韵味"范畴的构成原点。

在中国古代美学审美艺术范畴论中,"韵味"曾被广泛地运用来评价诗歌、小说、戏剧、音乐、绘画、书法等各种艺术部类的审美特征,是一个具有中国民族特色的审美范畴。

在中国美学理论发展史上,"韵味"这一美学范畴有一个逐步构成、丰富和发展的过程,而其原初构成域就是老子所提出的"味无味"的命题。"无味",就是无形迹可寻之味。在老子看来,甘、酸、辛、咸、苦,是有迹可辨(通过口)之"五味"(因此人们可为这五味分别命名),老子说:"五味令人口爽。"(十二章),《广雅·释诂》云:"爽,败也。"可见,老子认为,正由于有甘酸辛咸苦这五味,使人的败坏了口味败坏,所以他推崇一种"无味"之"味",把"无味"当成一种"味",是最高最美的味,这种"味"是不能感知的,是超越感知的。这种观点显然与西方不同。

一、"味"审美范畴的原初构成

从"味"这个审美范畴原初构成语义看,最初,"味"即"美味",也即"美"。在先秦,"美"的原初义,就是指味道的美,亦即好吃。《说文》云:"美,甘也。从羊从大。羊在六畜主给膳也。美与善同义。"后来的徐铉对这条注释又有一个补充:"羊大则美。"这就是说,许慎认为"美"是个会意字,古人觉得羊肉最好吃,尤其是大羊的肉,故将"羊大"二字合而为一来表示味道的甘美。古音中,与"美"同韵的还有"旨"。"旨"字从甘,它在古代就是指美味。《诗·小雅·甫田》:"攘其左右,尝其旨否。"《诗·小雅·鱼丽》:"君子有酒,旨且多。"所谓"旨"都是味美的意思。因为它与"美"的本义相同,"旨"到后来亦可概括美的事物,如《诗·陈风·防有鹊巢》:"防有鹊巢,邛有旨苕。中唐有甓,邛有旨鹝。"苕与鹝皆草名,"旨苕"与"旨鹝",皆美草之意。又,扬雄《太玄·居》:"凡家不旨",注:"旨,美也"。最能说明"美"字的本义是指"美味"的,是"美""味"二字古音的相同。《礼记·檀弓上》引孔子的话:"竹不成用,瓦不成味",郑玄注:"味当作沬(读作昧,黑色光也);""味""沬"相假借,可见读音相同。《白虎通义·礼乐》:"西狄之乐曰味。味之为言,昧也"。汉人训字义,每借同音字来比附推衍,则"味"在古代读"昧",当不成问题。又,《汉书·地理志》载益州郡有味县。注:"孟康曰:味音昧",也证明了这一点。当然,从先秦人的用韵情况来看,"美"与"味"在韵母上有时存有细微的差别,故章太炎将"美"字的古音定为脂部,而将"味"放在队部。既然"美""味"在古时声韵皆一,那么它们也即同音字,本义相同。即如阮元所云:"古音相通之字,义即相同。"①;又如刘师培所云:"造字之源,音先而义后,考字之用,音同则义通。"②。

既然"美"字的初义本指"美味",那么也就是说,中国人的美的观念本是从口腹的快感中生发出来的。即如日本学者笠原仲二先生在《中国人的美意识》里所指出的:"中国人最原初的美意识,就起源于'肥羊的味甘'这种古代人们味觉的感受性。"③说中国人的美感意识起于"味觉的感受性"是有道理的。先秦哲人在谈到五官感受时往往将听觉、视觉、味觉并置:如史伯云:"声一无听,物一无文,味一无果。"④墨子云:"目之所美,耳之所乐,口之所甘。"⑤孟子云:"口之于味,有同嗜焉;耳之于声,有同听焉;目之于色,有同美焉。"⑥荀子云:"目好之五色,耳好之五声,口好之五味。"⑦等,在这些表述中,味觉与视觉、听觉平行并列。它意味着中国人对于美感的生成与以希腊文化为渊源的西方哲学家不同。在西方的美学传统中,官能的感受并非人所仅有,因而被远远地排除在美感之外。柏拉图认为"美是由视觉和听觉产生的美感"⑧。中世纪的托马斯·阿奎那承此说。康德和黑格尔在他们各自的美学理论中也区分感觉的高低贵贱。如康德认为尊贵的是近于

---

① 阮元:《释门数》。
② 刘师培:《文章源始》。
③ (日)笠原仲二:《中国人的美意识》,北京大学出版社1987年版。
④ 《国语·郑语》。
⑤ 墨子:《墨子·非乐》。
⑥ 孟子:《孟子·告子》。
⑦ 荀子:《荀子·劝学》。
⑧ 柏拉图:《大希庇阿斯篇》,见朱光潜译《文艺对话集》,人民文学出版社1980版,第200页。

智慧之官的视觉、听觉、触觉,而嗅觉、味觉近于机体之官,自然稍逊一筹。黑格尔说:"艺术的感性事物只涉及视听两个认识性的感觉,至于嗅觉、味觉和触觉则完全与艺术欣赏无关。"①中国传统美学与之迥异,,中国哲学家似乎更推崇味觉、视觉和听觉。表现在思维上,更重味、色、声,并且将之作为认知的方式。《老子》三十五章云:"乐与饵,过客止。道之出口,淡乎其无味,视之不足见,听之不足闻,用之不足既。"王弼注云:"言道之深大。人闻道之言,乃更不如乐与饵,应时感悦人心也。乐与饵则能令过客止,而道之出言淡然无味,视之不足见,则不足以悦其目,听之不足闻,则不足以娱其身。若无所中然,乃用之不可穷极也。"②也就是说,老子的道为平常的感官所不能感知,它玄而又玄。刘勰在《文心雕龙·总术》中亦三觉并用云:"义味腾跃而生,辞气丛杂而至,视之则锦绘,听之则丝簧,味之则甘腴。"

和西方不同,中国古代美学对美感的认识更注重感性的同一性。众所周知,康德在建立审美判断必然性的理论时有一个著名的假定,那就是对人人皆有的"共同感觉力"的假定。康德说:"我们都假定一种共同感觉力作为知识的普遍可传达性的一个必然条件,这是一切逻辑和一切认识论(只要它不是怀疑主义的)都要假定的前提。"③从这个假定出发,康德为美下了定义:"凡是不凭概念而被认为必然产生快感的对象就是美的。"康德所谓的共同感觉力同样是诗学的前提。而中国哲学家并不需要这种假定。在孟子看来,人皆有五官,感受也就大同小异:"故凡同类者,举相似也,何独至于人而疑之?口之于味,有同嗜焉;耳之于声,有同听焉;目之于色,有同美焉。"④接下来,孟子探讨作为思维器官的人心之同:"至于心,独无所同然乎?心之同然者何也?谓理也,义也。圣人先得我之心所同然耳,古文理义之悦我心,犹刍豢之悦我口。"⑤整段话联系起来看,孟子肯定了共同感觉力的存在,因此感觉之"同"可以类推,人同此官,心同此理,这样获得的经验性认知毋庸置疑。必须指出,在中国美学中,虽然视觉、听觉、味觉并列,但是味觉在其中却具有极为突出的特性。尤其在中国美学看来,"味"更具有美学上的意义。所以,中国美学中至关重要的范畴"和"也起源于味觉。《尚书·说命下》云:"若作和羹,惟尔盐梅。"盐和梅都是调味品,"和"就是原料调出来的味。

---

① 黑格尔:《美学》第一卷,商务印书馆1979年版,第48页。
② 王弼:《老子道德经注》。
③ (德)康德著,邓晓芒译:《判断力批判》,人民出版社2002年版。
④ 孟子:《孟子·告子》。
⑤ 孟子:《孟子·告子》。

应该说,古代"美"的原初义为"美味"的现象首先体现了中国人"以食为天"的文化传统。这与西方不同,在马斯洛的需求五层次中,将"饮食男女,人之大欲焉"之类的生理需要设计为金字塔的底端,并且认为人所有的需求都是在下一层次实现之后。而中国哲人则认为"饮食男女"是人类生存的第一要义,这样,"口之于味,有同嗜焉"也就自然成为中国人体验思维的最好工具,成为审美意识生成的原初域。

老子提出"味无味"之后,庄子一方面认为,"味"之特性是给人以生理快感,说:"声色滋味之于人心,不待学而乐之。"①则"味"可以通过将一己的精神上愉悦置换为普遍的生理上的快感,再由己及人,由此物及彼物来推演。另一方面,庄子则认为最大、最美的"味"给人的是精神的愉悦和美感。

在中国美学,所谓"无味",即"淡"。"淡"是"无味"的表征,也是"味"之一种,在五味之外,是"五味"之原初根本。依照老子以"无"为本、为"母"的思想,"五味"皆以"淡"为本,因此老子认为"恬淡为上"(三十一章)。庄子传承老子思想,也认为"五味浊口,使口厉爽",不讲求"厚味",而推崇"淡"。《庄子·山木》篇云:"君子之交淡若水,小人之交甘若醴。"又云:"君子淡以亲,小人甘以绝。"《庄子·刻意》篇中专论"恬淡"云:"平易则恬淡矣。平易恬淡,则忧患不能入,邪气不能袭,故其德全而神不亏。"认为"恬淡"是人的一种心态。为了更加生动地表述"淡"的意义,庄子还以水性的清澈澄明来解释"淡若水"之"淡",说:"水之性,不杂则清,莫动则平;郁闭而不流,亦不能清。"将"清"与"淡"连缀而言,并称此为"天德之象"。

庄子反对刻意为之,认为恬淡、寂寞、虚无、无为才是天地的本原,所以他认为"不刻意为高","无不忘也,无不有也,淡然无极而众美从之。"②"众美"皆从"淡"生,"此天地之道,圣人之德也。"从味觉产生的"淡",本来也是有形迹的(清澈之水),将它升华,成了"淡而无为,动而以天行"的高层次审美观念。可见,庄子所谓的"淡然无极",即"淡"的极致,也即"美味"的极致。

老子美学所提出的"无味"之"味",在西方美学很难找到完全相当的词语,英加登提出的优秀作品所具有的特殊的"形而上学性质",倒是可以拿来与"无味"之"味"作个对照。英加登说:"文学作品通过表现出形而上学性质才达到它的顶

---

① 庄子:《庄子·盗跖》。
② 庄子:《庄子·刻意》。

峰。"①。所谓文学的"形而上学性质",按英加登的解释,这是文学作品最高层面("再现客体层")整体包蕴的一种"审美价值属性",它是一种"复调和声",一种由无数层面与"未定点"有机合成而产生的"格式塔属性",一种"自成一类的、简直无可比拟的和不可言说的独特性",它经常"显示为一种气氛的东西,这种气氛凌驾于这些情景所包含的人和事件之上,用它的光辉透视并照亮一切",它既不能单纯归结为作为审美对象的"事物的属性",也不能单纯归结为审美者"某种心理状态的特征",而是心物交感统一的产物,含有既确定又不确定的"两面性",所以它"不允许对之做出纯理性的确定",而"只是在具体实现的确定情景中允许本身被人单纯地甚至可以说'出神地'看到","形而上学性质的显示构成生存的顶点和深层基础"②。英加登关于文学作品"形而上学性质"的阐释,与以老子美学为构成原点的中国美学关于"无味"之"味"的表征的表述——"象外之象""韵外之致""行神如空、行气如虹""不着一字、尽得风流"——默默相通。作为审美效应与审美感染力之"味"被解释为由多重审美意义的有机合成,在整个审美创作独创风格与氛围中显示出来的审美境界与超越价值,这正是中国式审美意境的永恒魅力所在。

但是,老子所提倡的"味无味"所谓的"无味"与英加登所说的"形而上学性质"又有全然相异的历史文化根基。西方现代解释学美学虽然现在也开始认识到"意义"与"意味"的重要区别,察觉到文艺作品的解读,既有一个意义的理解与诠释问题,又有一个情感意味的体验与品鉴问题,不容混为一谈,却尔甚至企图通过"意义"与"意味"的区别来解决现代接受美学客观解释派与主观解释派之间的矛盾,认为"一部作品可能只有一个正确的解释,而它的意味则是无穷无尽的。"③,然而,由于深受崇尚抽象思辨的"逻各斯"理性主义与语言形式主义的影响,西方美学解释理论一贯执着于符号与意义之间关系的探寻,将"释义"放在第一位,陷入意义的迷宫,而对突现文艺本质的、更深一层的意象与意味的关系则常常搁置一边。其实美学解释的任务重在"释象"而非"释义",在美学解释活动的"符号—意义—意象—意味"依次递进的三层关系中,符号与意义的关系处于表层,"象"是文学解释过程处于中介地位的关键环节,文艺作品的全部意义与意味都隐匿在"象"内,对"象"的解释,又以"义"为基础,而以"味"为指归。

---

① 蒋孔阳:《二十世纪西方美学名著选》下册,复旦大学出版社1987年版,263页。
② 蒋孔阳:《二十世纪西方美学名著选》下册,复旦大学出版社1987年版,第260-267页。
③ 却尔:《解释:文学批评的哲学》,文化艺术出版社1991年版。

老子提出的"无味"之"味"说对后代美学理论"味"这个美学范畴的生成产生了深远的影响。先秦哲人喜用"味"来表述审美感染力。如《论语·述而》中就曾记载孔子在齐国听了《韶》乐的演奏竟忘了"肉味"的故事:"子在齐闻《韶》,三月不知肉味。曰:'不图为乐之至于斯也。'",显然,这是孔子为《韶》乐的审美感染力所折服,"乐味"取代了"肉味",因为《韶》乐是"尽美矣,又尽善也"的。但孔子尚未直接用"味"这一概念来说明音乐艺术的审美感染力。直接用"味"来比喻音乐的美感效应和教育作用的是晏子。他说:"声亦如味,一气、二体、三类、四物、五声、六律、七音、八风、九歌,以相成也。清浊、大小、长短、疾徐、哀乐、刚柔、迟速、高下、出入、周疏,以相济也。君子听之,以平其心,心平德和。"①《吕氏春秋孝行览第二·二曰本味》在关于"说汤以至味"中,讲了五味的"调和之事,必以甘酸辛咸,先后多少,其齐甚微,皆有自起"。五味在"调和"中获得了美味。晏子则是借用味的调和来说明音乐只有"相济相成"才能产生审美感染力。晏子是反对音乐上的单调,赞成多样统一的,"相济相成"就是讲音乐的和谐与统一。从这里还可以窥见中国古代传统审美观念是重视艺术表现的和谐统一的。《礼记·乐记》云:"清庙之瑟,朱弦而疏越,一唱而三叹,有遗音者矣;大飨之礼,尚玄酒而俎腥鱼,大羹不和,有遗味者矣。"将音乐的美与味觉的美互陈,共性在"遗"。"和"起于味,类于味。西汉时的王褒曾用"味"来比喻音乐所具有的审美感染力和审美效应:"哀悁悁之可怀兮,良醰醰而有味。"②东汉时的王充曾说:"师旷调音,曲无不悲;狄牙和膳,肴无澹味;然则通人造书,文无瑕秽。"③他用狄牙"和膳"使"肴无澹味"来比喻师旷"调音"使"曲无不悲"——音乐获得了强烈的审美感染力量。王充是从多样统一的美学原则,用五味的调和来比喻文艺作品的审美效应的。"味"的审美方式进入文学就是"味言"。汉贾谊《新书》云:"使人味食然后食者,其得味也多;使人味言然后闻者,其得言也少。"王充用"味"论文:"衍传书之意,出膏胶之辞。"④到了汉末论人中和之质也就顺便以"味"论之。刘邵《人物志·九征》:"凡人之质量,中和最贵矣。质白受采,味甘受和。人情之良田也。中和之质,必平淡无味。"因此,"味"是中国人感性认知的方式之一,其他的感性都比不上"味"觉内涵丰盈。这注定了它迟早成为一个美学的概念。这种思想也影响到晋代的葛洪,

---

① 《左传·昭公二十年》。
② 王褒:《洞箫赋》。
③ 王充:《论衡·超奇篇》。
④ 王充:《论衡·超奇》。

葛洪说:"五味舛而并甘,众色乖而皆丽。"①他也是用五味的调和能产生美味来比喻五色的错置配合能产生美感效应的。

鲁迅说,魏晋是"文学的自觉时代"②。也可以说,魏晋时期是绘画、书法等艺术的"自觉时代"。文艺美学思想在前人的理论和审美创作实践的基础上,有了新的发展。文学艺术家和美学家都开始注意对文艺审美特性的研究和探讨。西晋陆机的《文赋》,是中国美学史上第一篇完善而系统的文艺美学理论专著,对文艺审美创作的很多重要问题,进行了比较细致的探索和系统的论述。他提出了"诗缘情而绮靡"的重要命题。李善注云:"绮靡,精妙之言。"陈柱《讲陆士衡〈文赋〉自纪》云:"绮言其文采,靡言其声音。"可见,陆机的这个论断,是要求诗歌创作必须抒发诗人的感情,而且要求语言精美。也就是说,在陆机看来,诗歌审美创作既要有强烈的感情色彩,又要有鲜明、生动的艺术形式。这就明确强调了文艺审美创作的两个基本特点,即情感性和艺术审美感染力。而且陆机直接把"味"这一概念引进文艺美学理论。他在论述文章必须防止五种弊病时指出,要防止清空疏缓、缺少"遗味"的问题:"或清虚以婉约、每除烦而去滥,阙大羹之遗味,同朱弦之清汜。虽一唱而三叹,固既雅而不艳。"③陆机提出了文学作品应该具有一种"遗味",所谓"遗味",也就是"余味",即要求文艺创作必须要有极大的审美包容性与审美张力,有给受者以无有穷尽的审美感染力。怎样才能使文学作品具有这种"遗味"呢?由于陆机未能把"遗味"问题与"缘情绮靡"问题直接联系起来论证,所以未能对此问题做出明确的回答。但是陆机用"味"来表明文学作品应该具有一种审美特征和审美感染力,使"味"这一概念具有了极强的美学意义,这是对老子"味无味"说的承续和发展,也是对中国美学理论的一个贡献。

继陆机之后,齐梁时代的刘勰在《文心雕龙·隐秀》篇中提出了"余味曲包"之说,主张文艺审美创作应有含蓄蕴藉之美。他说:"情在词外曰隐。"又说"隐也者,文外之重旨者也"。可见,所谓"隐",就是含蓄,有余味,耐人咀嚼;所谓"余味曲包",就是强调在艺术文本中应尽量包孕着言外的余味。如何达成"余味曲包"?那就要"深文隐蔚",以"复意为工",要"义生文外,秘响旁通,伏采潜发,譬爻象之变互体,川渎之韫珠玉"。也就是说,要使深刻的文辞含蓄而多彩,使在文辞表达出的意义之外,还应该包含有另外的更多的意味,这就是要有弦外之音、味外之

---

① 葛洪:《抱朴子辞义》。
② 鲁迅:《魏晋风度及文章与药及酒之关系》,见《而已集》,人民文学出版社1973年版,第97页。
③ 陆机:《文赋》。

味。一句话,刘勰所谓的"味"就是文学艺术文本塑造审美意象与熔铸审美意境所产生的审美感染力。刘勰还说,文艺审美创作应该做到"物色尽而情有余",也就是艺术文本既要具有真实的、完整的审美意象,又要饱含着创作者通过心灵体验所产生的真挚的、强烈的思想感情和审美意旨。这样的作品,必然"使味飘飘而轻举,情晔晔而更新",具有耐人寻味的艺术魅力。可见,刘勰的"余味"说已经接触到艺术文本所具有的两个基本特征(意象性和情感性)与艺术文本的美感力量("味")的关系问题。南北朝后期的钟嵘则明确地提出了"滋味"说,并对此作了比较系统的论述,提出"文已尽而意有余","味之者无极"的重要观点,明确指出了艺术文本的意象性和情感性是生成"味"的机理与要件。他在《诗品序》中说:"五言居文词之要,是众作之有滋味者也;故云会于流俗。岂不以指事造形,穷情写物,最为详切者耶?"他认为诗人根据自己耳闻目睹、亲身经历的事情(包括社会的、自然的)和心灵观照,塑造意象,既充分抒发自己的感情和理想,又生动描写事物的形貌与神采,并通过此以传达其内在的生命运动的节奏和韵律,无论是"穷情"还是"写物",都要细致而深刻,深邃而含蓄,这样的作品就会有"滋味",就会使"味之者无极,闻之者动心",具有一种激动人心的审美感染力。钟嵘根据前人的论述,把诗味作为一种审美标准和审美意味缘发构成境域,而且形成了比较系统的理论。这无疑是对审美艺术意境论做了有益的探索,做出了重要的贡献。

二、"韵"与"韵味"说

"韵味"说之"韵",又称高韵、远韵、雅韵、逸韵、气韵、神韵、风韵。最早,"韵"被用于音乐美学,指谐音,也即乐音,所谓"同声相应谓之韵",故《说文》云:"韵,和也。"魏晋时,"韵",被用于品藻人物与品味画作。品藻人物时,指人所表现出的那种超然于世俗之外的节操、气概。如《晋书·桓石秀传》谓其人"风韵秀彻";《晋书·庾敳传》称其人"雅有远韵,为陈留相,未尝以事婴心";《全宋文·诏谥王敬弘》谓其人"神韵冲简,识宇标峻";肖绎《金楼子·后妃》记宣修容相静惠王"行步向前,气韵殊下"等。总体来讲,就是指一个人的风神姿态、气貌风度,是就人物的外貌形体看其所表现出的内在的生命运动、内在的审美节奏和韵律。引申人绘画、书法、诗文等艺术审美创作领域,即指其所达到的一种极高的审美境界。

以"韵"品画源于以韵品人。谢赫最早提出绘画六法,首标"气韵生动",旨在强调画人物要画出内在精神活力。晋宋之后,山水画逐渐取代人物画而成为绘画之主流,因而出现了以"韵"品评山水画的审美特征与审美感染力的评论。正如钱锺书所指出的,"韵""盖初以品人物,继乃类推以品人物画,终则扩而充之,并以品山水画焉"①。绘画作品能传达出作为审美对象之自然万物的内在生命韵律,使鉴赏者能从整体上体验到形象中所包容的宇宙自然活泼泼的生命情调和审美韵味。

以"韵"评文则首推陆机,他在《文赋》中说:"收百世之阙文,采千载之遗韵。"这里所说的"韵",就是指佳美的文章及其审美感染力。后来萧子显在《南齐书·文学传论》中说:"文章者,情性之风标,神明之律吕也。蕴思含毫,游心内运,放言落纸,气韵天成。"这里引申了谢赫以"气韵"论画的审美观念,强调文艺审美创作应注重再现与表现的结合,要创构审美者心灵化的审美境界,"于天地之外别构一砰种灵奇",追求对人的生命与宇宙自然生命意蕴的表现。而以"韵"论诗,则见于梁简文帝《劝医论》:"又若为诗,则多须见意。……皆须寓目,详其去取,然后丽辞方吐,逸韵乃生。"高旷清远、超迈拔俗是"逸","逸韵"则是指诗歌审美创作所达到的淡远超迥、超凡脱俗、独标孤怀的审美境界。在这种超迈悠远的审美境界中,能使人感受到蓬勃旺盛的生命。到齐梁间,"韵"已经基本上形成一个美学范畴,具有了比较确切的规定性内容。中国美学所推崇的审美创作强调取"韵",要求在对有实的形的描写中,注重通过生动鲜明的审美意象传达出作为客观审美对象的自然万物的神态情状、精神气质和美的生命意旨,并在具象化的艺术本体中含蓄、曲折地表现出一种精匀疏淡的审美意味。如沈约《宋书·谢灵运传》云:"降及元康,潘陆特秀,律异班贾,体变曹王,缛旨星稠,繁文绮合,缀平台之遗响,采南皮之高韵。"《文心雕龙·体性》篇云:"安仁轻敏,故锋发而韵流;士衡矜重,故情繁而辞稳。""触类以推,表里必符,岂自然之恒资,才气之大略哉。"裴子野《雕虫论》也云:"高才逸韵,颇谢前哲,波流相尚,滋有笃焉。"这些地方所说的"高韵""逸韵""韵"和"气韵"同。高者,超凡脱俗、风韵朗畅也。故皎然在《诗式》中指出:"高:风韵朗畅为高。逸:体格闲放曰逸。"高,实质上也可看作是逸的一种表现。所谓"高韵",也就是冲然而淡,翛然而远的审美境界。后来唐人论诗论画,一直沿用"韵"这一审美范畴。如皎然所说的"风韵朗畅";张彦远在《历代名画记》中也说:"古之画,或能遗其形似而尚其骨气,以形似之外求其画,……今之画,纵得形似而气韵不生,以气韵求其画,则形似在其间矣","若气韵不周,空陈形似,笔力未遒,空善赋彩,谓非妙也。"荆浩《笔法记》论画也云:"韵者,隐迹立形,备仪不俗。"认

---

① 钱锺书:《管锥篇》,中华书局1979年版,第1356页。

为:"无形之病,气韵俱泯,物象全乖,笔墨虽行,类同死物。"又认为:"王右丞笔墨宛丽,气韵高清,巧ססּ写成,亦动真思。""张璪员外,树石气韵俱盛,笔墨积微,真思卓然,不贵五采,旷古绝今,未之有也。"强调艺术本体的生命和美妙,全在于其中充满着流动不息的"气韵","气韵"能给人以深永的心灵感受,空白处能见万境,"句穷篇尽,目中恍然别有一境界意思",墨气所射,光华无穷。

晚唐时代的司空图正是在总结和吸取前人有关"韵""气韵""高韵""远韵""逸韵""风韵"说审美观念的基础上,提出了著名的"韵味"说。他从艺术文本的形象性和情感性同艺术的审美感染力之间的必然联系这种思想出发,明确地指出了"辨于味而后可以言诗"①的重要审美原则,对前人的美学理论补充了新的内容。对于明辨诗味的问题,他还提出了要明辨"醇美"之味与"全美"之味,并对两者之间的关系作了明确的论述。所谓"醇美"之味,就是"韵外之致""味外之旨"②。"韵"和"味"是作品审美意象或意境所包含的神韵、情趣;而韵外之"致"、味外之"旨",则是指在审美意象或意境之外别有余味,也就是"咸酸之外"的"醇美"。所谓"全美"之味,就是指优美的审美意象或意境所包蕴着的无尽的神韵、韵味。关于"醇美"(可称之为"味外味")与"全美"(可称之为"味内味")之间的关系,司空图指出:"近而不浮,远而不尽,然后可以言韵外之致","倘复以全美为工,即知味外之旨矣"③。这就是说,在艺术审美创作中,首先要使审美意象做到"近而不浮,远而不尽",使之包孕着无尽的韵味,然后才能使作品具有"韵外之致""味外之旨",以具有无尽的余味。或者说,首先要使审美意象做至"全美",有"味内味",然后才能使艺术文本具有"醇美"有"味外味"。"味外味"是在"味内味"的基础上产生的。司空图在这里实际上指出了审美意象的审美感染力不只是意象本身所呈现出来意味,它还包括意象作用于欣赏者的感知、想象、感情等心理功能而诱发出来的意味。也就是说,由于意象具体、生动、鲜明,情趣含蓄蕴藉深远,能够调动欣赏者的想象、感情的能动性,所以能够使欣赏者用自己的生活经历、思想情感、文化修养、审美理想去补充、丰富创作主体所塑造的意象和意境。在中国美学思想史上,司空图是唐代美学家中第一个承续老子的"味无味"说,陆机的"遗味"说和刘勰的"余味曲包""情在词外""文外之重旨"说,以及钟嵘的"滋味"说、"文已尽而意有余""味之者无极"说,标举"味外之旨"的。如果说司空图的"近而

---

① 司空图:《与李生论诗书》。
② 同上。
③ 同上。

不浮,远而不尽"的主张,是受了刘勰"物色尽而情有余"和钟嵘"指事造形,穷情写物,最为详切""文已尽而意有余"①审美观念的影响,那么,他所标举的"韵外之致""味外之旨"的"韵味"说则是他的创见。刘勰的"余味"说和钟嵘的"滋味"说,都主要侧重讲艺术文本的意象和意境本身所包含的神味,而司空图的"韵味"说则主要强调审美意象和意境引起欣赏者的审美再想象后所获得的一种境界和情趣,他重视了在审美活动中欣赏者的主观能动性,这是司空图对中国美学做出的重要贡献。

在宋代,许多文艺美学家都喜欢采用"韵味"这一美学范畴来表述文艺审美创作所达成的审美境域和品评艺术文本的审美特征及其审美感染力。如欧阳修品评苏舜钦的诗歌创作说:"近诗尤古硬,咀嚼苦难嚼,又如食橄榄,真味久愈在。"②苏轼说:"阅世走人间,观身卧云岭,咸酸杂众好、中有至味永。"③黄庭坚说:"子美诗妙处,乃在无意于文,夫无意而意已至,非广之以《国风》《雅》《颂》,深之以《离骚》《九歌》,安能咀嚼其意味,阆然入其门耶?"④杨万里说:"读书必知味外之味;不知味外之味而曰我能读书者,否也。"⑤不难看出,这些地方所谓的"真味""至味""意味"与"味外之味",实质上就是"韵味"。

这里,我们要特别提到宋代诗论家、美学家范温关于"韵"的论述,他把"韵"作为艺术作品的审美特征,要求艺术作品应该具有不尽的余味。他在《潜溪诗眼》中指出:"凡事既尽其美,必有其韵,韵苟不胜,亦亡其美。"他明确地把"韵"与"美"联系在一起,实质上指明了有"韵"还是无"韵"是艺术作品的是否具有极高审美价值的关键。范温对"韵"的含义的历史演变,以及宋人对"韵"的内涵的理解,都做了细致的解释。而且他"首拈'韵'以通论书画诗文"⑥,使"韵"成为衡量各种艺术审美价值的标准,对"韵味"范畴的生成做出了重要贡献。他说:"自三代秦汉,非声不言韵;舍声合韵,自晋人始;唐人言韵者,亦不多见,惟论书画者颇及之。至近代先达,始推尊之以为极致。"⑦"舍声言韵",指魏晋人将"韵"从声律学与音韵学剥离出来,以"韵"品人论画,专论审美境域及其感染力,这在中国美学范

---

① 钟嵘:《诗品序》。
② 欧阳修:《六一诗话》。
③ 苏轼:《送参寥师》。
④ 黄庭坚:《大雅堂记》。
⑤ 杨万里:《习斋论语讲义序》。
⑥ 钱钟书:《管锥篇》,中华书局1979年版,第1361页。
⑦ 范温:《潜溪诗眼》。

畴发展史上是一个很大的发展。当然,前文已有所论及,在中国古代的声律学与音韵学中,"韵"的基本美学意义就已具备。韵又作韻,《说文解字》解释云:"韵,和也,从音员声,裴光远云:古与均同。""韵"主"和",就蕴藏着美的最基本的特征;以和谐为美,是中国古代美学最古老的传统思想。葛洪在《抱朴子·博喻》篇中,则将视觉美之"悦情"与听觉美的"快耳"并提,云:"妍姿媚貌,形色不齐,而悦情可均;丝竹金石,五声诡韵,而快耳不异。"应该说,以"韵"论人的气质风貌,使"韵"完成了从品评声律美向表征风格美的转化。以"韵"论画,"韵"的内涵在不断丰富,使"韵"与"生动"联结在一起,旨在表现出生动的精神风貌,要求绘画作品中的生气处于一种有节奏的和谐的音乐状态,所以现代画家刘海粟在《黄山谈艺录》中说:"韵是带着节奏"的。也正因此,所以范温说"舍声合韵,自晋人始"。以"韵"论诗,也始于魏晋南北朝,至中唐释皎然也在《诗式》中以"风韵"为诗风特征之一。到晚唐,诗人们追求"韵"的和谐悠远,司空图把这种审美的追求集中体现在"韵外之致""味外之旨"等理论之中,它对以后的以韵论诗(以及论书画)产生了很大的影响。在司空图之前,韵在诗论中,其内涵主要属于风格的范围。自他之后,韵的另一个内涵——言外有余意,被诗论家提倡并日益受到重视。但在有唐一代,以"韵"论诗的还是不多,故而,范温认为,"唐人言韵者,亦不多见,惟论书画者颇及之"。到宋代,诗歌创作更加追求意味,意旨表达非常含蓄蕴藉,诗人们所向往的艺术审美境界是"状难写之景如在目前,含不尽之意见于言外"①,所以范温认为,"至近代先达,始推尊之以为极致"。在《潜溪诗眼》中他又强调指出:"有余意之谓韵。"他解释韵的含义,是不重风致,而重在意味。在他看来,陶渊明诗"质而实绮,癯而实腴","发纤秾于简古,行至味于淡泊",表现得充裕"有余",所以是最有"韵味"的。在书法品评中,他认为二王(王羲之、王献之)的书作是最有"韵味"的。所以他说:"是以古今诗人,惟有渊明最高,所谓出于有余者如此。至于书之韵,二王独尊。"这里所谓的"有余"就是有"余味""韵味"。可见,范温继承了司空图的"韵外之致"的精神,同时还吸取了苏轼等人对艺术审美表现的见解,并进一步作了具体深入的阐发。从范氏对"韵"的解释,可以看出"韵"与老子所谓的"无味"之"味",后来所谓的"气韵""高韵""远韵""逸韵""风韵"以及"真味""至味""意味"与"韵味""味外之味"的含义极为接近,是指艺术文本的审美特征、美感力量。

对"韵味"这一美学范畴作了比较深入的论述、提出了新的见解的,应该是严

---

① 欧阳修:《六一诗话》。

羽。严羽论诗"宗法表圣"①。他在《沧浪诗话》中大力提倡"兴趣"说,这正是对司空图"韵味"说的继承和发展。他说:"读骚之久,方识真味。"②"语忌直,意忌浅,脉忌露,味忌短,音韵忌散缓,亦忌迫促。"③陶明濬《诗说杂记》解释说:"味何以忌短? 渊永浑厚,非鸡豚味薄者可比。或得之于回,口橄榄然;或得之于老,如甘蔗然。咀嚼不尽,舌本惟芳,此其所以为贵也。"严羽是主张诗歌审美创作艺术文本应该具有渊永的"真味"的。他又说:"夫诗有别材,非关书也;诗有别趣,非关理也。而古人未尝不读书,不穷理。所谓不涉理路、不落言筌者,上也。诗者,吟咏性情也。盛唐诸人惟在兴趣,羚羊挂角,无迹可求。故其妙处莹彻玲珑,不可凑泊,如空中之音,相中之色,水中之月,镜中之象,言有尽而意无穷。"所谓"兴趣"就是艺术文本的意象或意境所包含的兴味和趣味。严羽要求这种包含在审美意象和审美意境中的"兴趣",要象羚羊挂角一样,做到"无迹可求",要"如空中之音,相中之色,水中之月,镜中之象,言有尽而意无穷"④,只有这样,才能让人在咀嚼回味之中,获得一种强烈的审美享受。所谓水中之"月",已不是天上之月的自然形态,而是经过了"水"得以显现的,也就是经过诗歌审美创作主体心灵化、审美化了的"月"。因此,它既似天上月,又不似天上月。而对包孕在诗歌审美意象和意境中的"兴趣",正应该在这种"似与不似之间"去领会和把握。严羽不仅标举"盛唐诗人惟在兴趣",而且推崇"唐人尚意兴而理在其中"⑤。"意兴"即"兴趣"。严羽是主张在"兴趣"中包孕着"理"的,而且他要求"词理意兴,无迹可求"⑥,也就是说,"理之于诗,如水中盐,蜜中花,体匿性存,无痕有味"⑦。水有咸味而不见盐,盐的性质虽存而体形却匿,这就是审美体验中的心灵观照的特点。严羽的论述的启示在于:对于文艺审美创作来说,应该把情趣和理趣"无迹可求"地包孕在审美意象和意境中,才能使艺术文本具有审美感染力。对于文艺欣赏来说,对情趣和理趣的把握则应该在"可解不可解间求之"⑧。总之,严羽的主张,给"韵味"这一审美范畴补充了新的内容。严羽标举"兴趣"说,对清人王士祯的影响很大。王氏本诸严羽而倡神韵说,他推崇严羽的主张"乃不易之论","皆发前人未发之

---

① 许印芳:《与王驾评诗书跋》。
② 严羽:《沧浪诗话·诗评》。
③ 严羽:《沧浪诗话·诗法》。
④ 严羽:《沧浪诗话·诗辨》。
⑤ 严羽:《沧浪诗话·诗评》。
⑥ 同上。
⑦ 钱钟书:《谈艺录》,中华书局1984年版。
⑧ 王世贞:《艺苑卮言》。

秘"，因此他说自己"深契其说"①。

在明、清时代，不少文学艺术家和文艺美学家，他们依据自己的文艺思想和审美观点，从不同的文艺审美创作主张出发，也采用"韵味"这一范畴来品评当时的文艺审美创作。在明代，包括前后七子、公安派在内的许多诗人和诗论家，都运用过"韵味"这一审美范畴。如宋濂说："独陶元亮天分之高……直超建安而上之，高情远韵，殆犹大羹充铏，不假盐醯而至味自存者也。"②李梦阳说："词之畅者，其气也。中和者，气之最也，夫然，又华之以色，永之以味，溢之以香。是以古之文者，一挥而众善具也。"③谢榛说："大篇约为短篇，涵蓄有味。"胡应麟说，杜甫的诗作"雄深浑朴，意味无穷"④。王世贞说，陶渊明的诗作"清悠澹永，有自然之味"⑤。袁宏道说："世人所难得者唯趣，趣如山上之色，水中之味，花中之光，女中之态，虽善说者不能下一语，唯会心者知之。"⑥李贽说："惟作者穷巧极工，不遗余力，是故语尽而意亦尽，词竭而味索然亦随以竭。"⑦在清代，包括主神韵说、格调说、肌理说、性灵说的诗人和诗歌美学家在内，也都采用过"韵味"这一审美范畴。主神韵说的王士禛说：乐府诗"本词'使君自有妇，罗敷自有夫，'绰有余味"⑧。主格调说的沈德潜说："七言绝句，以语近情遥，含吐不露为主。只眼前景、口头语，而有弦外音、味外味，使人神远，太白有焉。"⑨主肌理说的翁方纲说："韩子苍诗，平匀中自有神味。"⑩主性灵说的袁枚说："味欲其鲜，趣欲其真，人必知此，而后可与论诗。"⑪他们都运用自己的审美经验和美学主张，在不同程度上丰富了"韵味"这一范畴的规定性内容。

---

① 王士禛：《带经堂诗话》卷二。
② 宋濂：《答章秀才论诗书》。
③ 李梦阳：《驳何氏论文书》。
④ 谢榛：《四溟诗话》。
⑤ 王世贞：《艺苑卮言》。
⑥ 袁宏道：《叙陈正甫会心集》。
⑦ 李贽：《杂说》。
⑧ 王士禛：《带经堂诗话》卷二。
⑨ 沈德潜：《说诗晬语》。
⑩ 翁方纲：《石洲诗话》。
⑪ 袁枚：《随园诗话》。

三、构成"韵味"之审美因素与审美特征

在探究"韵味"这一审美范畴的形成和发展过程中,已经涉及了构成"韵味"的审美因素问题。在这里,我们需要进一步探讨中国古代美学思想对构成"韵味"的审美因素及其显现的相关论述:

(一)"韵味"与"情"

在中国古代美学范畴史上,不少文艺美学家都十分明确地提出了"情"是产生"味"的基础,有情则有味,情真则味长。文艺审美创作的实践也证明:"没有感情这个品质,任何笔调都不可能打动人心。"[1]在中国古代美学中,是十分强调表现和抒发情感的明人焦竑曾指出:"诗非他,人之性灵之所寄也。苟其感不至,则情不深,情不深则无以惊心而动魄,垂世而行远。"[2]清人黄宗羲说:"诗以道性情。"[3]又说:"诗之为道,从性情而出。"[4]清人谢章铤则明确指出:"诗无性情,不可谓诗。"[5]清人刘鹗则强调指出,无"情"不成书:"盖哭泣者,灵性之现象也","其感情愈深者,其哭泣愈痛","《离骚》为屈大夫之哭泣,《庄子》为蒙叟之哭泣,《史记》为太史公之哭泣,《草堂诗集》为杜工部之哭泣,李后主以词哭,八大山人以画哭,王实甫寄哭泣于《西厢》,曹雪芹寄哭泣于《红楼梦》"[6]。

中国古代美学不仅强调艺术审美创作要抒发情感,而且明确指出有"情"则有"味","情"真则"味"长。如明人胡应麟就指出:诗"以情真为得体","情真则意远"[7]。钱振锽则指出:"真则亲切有味矣。"[8]明人陆时雍说:"古人善于言情,转意象于虚圆之中,故觉其味之而言之美也。"[9]清人潘德舆更以南宋与汉魏对比,指出"性情"是产生"余味"的基础:"南宋以语录议论为诗,故质实而多俚词;汉魏

---

[1] 狄德罗:《论戏剧艺术》,见《狄德罗美学论文选》,人民文学出版社1984年版。
[2] 焦竑:《雅娱阁集序》。
[3] 黄宗羲:《马雪航诗序》。
[4] 黄宗羲:《陈苇庵年伯诗序》。
[5] 谢章铤:《赌棋山庄词话》。
[6] 刘鹗:《老残游记自序》。
[7] 胡应麟《诗薮》引顾华玉语。
[8] 钱振锽:《词话》。
[9] 陆时雍:《诗镜总论》。

以性情时事为诗,故质实而有余味。"①清代标举"神韵"说的王士祯是十分强调诗中应有"兴会"即"兴趣"的,并且他明确指出:"兴会发于性情"②。也就是说,"兴趣"与"韵味"来源于诗歌审美创作主体的情感,只有在诗歌审美创作中表现了诗人的真性情,诗歌才会具有动人的审美感染力量。

(二)"韵味"与"意"

"韵味"构成离不开"意"与"意象"。所谓"意",即意旨、意蕴、意义与意味,"意"的生成与中国美学所谓的"象"分不开,"意"与"象"融合则为"意象"。在中国美学,"意象"命题是有其独特的意蕴的,与生成"韵味"说的老子所谓的"无味"之"味",以及后来所谓的"气韵""高韵""远韵""逸韵""风韵""真味""至味""意味""味外之味"的含义极为接近。这我们可以从"意象"的子命题"象外之象"的含义中看出来。司空图《与极浦书》云:"戴容州云:'诗家之景,如蓝田日暖,良玉生烟,可望而不可置于眉睫之前也。'象外之象,景外之景,岂容易可谭哉!"这里,司空图在"象"外再添一象,"景"外更设一景,说明他对"象"的认识较为深入,已不拘于表面之"象"了。本来,"象"这一概念,是由哲学方面首先提出来的。如老子说:"道之为物,惟恍惟惚,惚兮恍兮,其中有象。"(十一章)又说:"无状之状,无象之象是谓恍惚。"(十三章)"象",即物象或形象。《易经·系辞下》更说过:"易者,象也,象也者,像也。"在谈到文字的产生时又说:"圣人有见天下之赜,而拟堵其形容,象其物宜(仪),是故谓之象"此中已透出"象"能达"意"的意思。王弼《周易略例·明象》云:"夫象者,出意者也,言者,明象者也,尽意莫若象,尽象莫若言。"更明确了"立象以尽意"的原则,并进一步发挥:"言者所以明象,得象而忘言;象者所以存意,得意而忘象。"这便同庄子所谓"得鱼而忘筌,得兔而忘蹄"是一个意思了。所以,他在注"象"时说:"得意在忘象,得象在忘言,故立象以尽意,而象可忘也。"这些"象"虽属哲学的范畴,但对后世的文艺却发生了相当大的影响。其一,"象"首先具备二方面的特点:一个是其外在的、具体的形象;另一个是"象"包含的内在的象征意义,两者是统一的。因此"象"可以反映老子所谓的"道","道"可藏于"象",也就是说,通过具体的"象",可以反映出一定的思想来立"象"是为尽"意"服务的。以后的"以形写神"论无不受其影响。其二,"象"又具朦胧、恍惚的特点,因为即如老子所说,"道之为物","惟恍惟惚"。故有"无状之状,无

---

① 潘德舆:《养一斋诗话》。
② 王士祯:《带经堂诗话》卷二。

象之象"。以后的文艺美学家喜欢讲含蓄朦胧,与此也不无关系。其三,既然"象"可以尽"意",立"象"是为尽"意"服务的,那么,既得"意","象"自然可忘。"意"借"象"来表达,却又超乎"象"外,这使后来的文论家引申为文学上的"象外"与"味外"说。这些对"象"的论述,有一个共同的特点,就是"象"与"意"总是联系在一起的,"象"都有尽"意"的意思。到魏晋时期,佛教经典大量输入,这种观点得到进一步发挥。佛家是以超脱、空无为旨归的,它不执着于事物形象本身,而看富于具体形象之外的佛理,主张求理于象外。这种理论对文艺的影响,首先是绘画中产生了"取之象外"①、"旨微于言象之外"②等理论。但此时诗义论落后于画论,文学创作中很重要的"象"这一概念迟迟未被吸收。到中唐,随着诗歌的再度繁荣,人们对艺术规律的认识愈来愈深刻,诗文论中,才明确提出"象"的问题。加王昌龄"搜求于象,心入于境"③,刘禹锡"境生象外"④,皎然"假象见意"⑤"采奇于象外"⑥等。但这些言论都却还很零散,与"味"也没有联系起来。如前所说,真正以"象外之象"为诗论重点,形成其理论系统的是司空图。他提出"象外之象",在字面上看来,似乎与前者大同小异,但其中的内涵,却与前者大为不同。其不同点,主要在于:(1)从塑造艺术形象的角度出发,对"象"提出了更高的要求,有一定的系统性;(2)"象"不同于一般之象,而与"味外之旨"有密切的联系。"象外之象",正如孙联奎《诗品臆说》所指出的:"人画山水亭屋,未画山水主人,然知亭屋之中必有主人也。"可见,后一"象",正是建立在前一"象"的基础上,有赖前一"像"。

而前"象"外是否有后一"象",又是判定前一"象"存在的价值的重要标志,没有前者使无后备无后者,前者的"象"也就无"味",失去了存在的价值,因此,我们可以说,所谓"象外之象",前一"象",指的是作品所描绘的具体的、可感的艺术形象,而后一"象"'正是读者通过对前一"象"听蕴含的义理、韵味的把握,通过想象,在脑子里再造的形象,它源于艺术作品之象,却又不完全同于彼象,在某种程度上,是再造之象。诗人首先描结出栩栩如生的"象",使之跃然纸上,达到"近而不浮",使可激发读者的想象,把读者引入诗的意境中去,领略"象"所包含的内蕴,

---

① 谢赫:《古画品录》。
② 宗炳:《画山水叙》。
③ 胡震亨:《唐音签》。
④ 董武陕集序。
⑤ 《诗式》。
⑥ 《诗议》。

在这个基础上再造一"象",收到"远而不尽"的艺术效果。因此,就构成了"象外之像"。这样,就有了"味外之旨"和"韵外之致"。古人有"言不尽意"之说,正道出优秀的作品审美形象大于思想、象外还有象的特点。因为成功的"象",不论多么具体、形象:它所表达的思想总要超过它。借用朱熹的一句话说,便是"言之所传者浅,象之所示者深"①。也正因为此,所以才有"象外之象";而"象"越是具体、形象,包含的味外之味就众多。"味"愈深、愈长、愈浓,则证明"象"更具有真实性、深刻性。可见,"味外文旨",指的正是读者通过对作品形象(象)的把握,经过改造加工以后,在脑子里重新构造"象"(象外之象)的过程中,所获得的美感,品赏到的"韵味"。这些,正是司空图不同于一般人言"味"言"象"之处。

有了"象外之象",然后才可得"味外之旨"。那么,要使作品具有味外之味的"韵味",关键就在如何塑造一个"近而不浮,远而不尽"的"象",使之产生"象外之象"了。显然,这个"象"绝对不是对外物的简单摹写。对此,司空图提出了"离形得似"的主张②。所谓"离形得似",《诗品隐说》解释说:"形容处断不可使类土木形骸。……似,神似,非形似也"。这就是说,司空图讲的"离形",就是主张不求与物(形)之貌同,而要达到比"形"更高的境界,与神相合,讲求"神似"。相同的言论还有"空潭泻春,古镜照神"③,不说照"形"而强调照"神";又云"神出古异,淡不可收"④;表现"古异"特征的决定于"神"而非"形"。可见,司空图提倡的正是"神似"。有关文艺审美创作中形与神关系的探讨,中国古代美学领域是开始得很早的。魏晋时期以评价人物为中心的绘画实践,产生了"以形写神"的绘画理论。可惜的是,诗论家很少明确提出传神的要求,相反,"形似"则普遍地受到重视。如《文镜秘府论·论体》将文分做十体,立"形似体"而无"神似体"。但是,文艺规律总是愈来愈为人们所认识,与"形似"相对立,有些诗人在长期的艺术实践中,认识到"形似"的不足,提出了"神似"的要求,如张九龄"意得神传:笔掐形似"⑤;杜甫"将军画马兹有神"⑥,"字贵瘦硬方迈神"⑦等,很明显地把作品是否传神,作为评价作品好坏的重要标准。司空图继承了这一优良传统,并做了进一步发挥,明确

---

① 《周易本义》。
② 《诗品·形容》。
③ 《二十四诗品·沈炼》。
④ 《二十四诗品·清奇》。
⑤ 《宋使君写真图赞并序》。
⑥ 丹青引《赠苔江军霸》。
⑦ 《李涵八分小篆歌》。

提出要铸造"象外之象",要达到"离形得似",即神似。他讲"离形得似",比前人提倡"神似"更为系统,更为全面,具有自己的特点:"离形名,非弃形也。"司空图讲"象外之象",就肯定了"象"形的并在,加"目击道存""思增援俏"等,都具有要铸造"象外之象",要追求"离形得似"的意思。

(三)"韵味"与"言不尽意"

"韵味"说还接触到接受问题,因此说道到"意"与"意象",就不得不说一下"言不尽意"与"得意忘言"。"言不尽意"的直接提出可追溯到《周易·系辞上》:"子曰:'书不尽言,言不尽意。'然则圣人之意其不可见乎?子曰:'圣人立象以尽意,设卦以尽情伪,系辞焉以尽其言,变而通之以尽利,鼓之舞之以尽神。'"此前,老子曾说:"道可道,非常'道';名可名,非常'名'。""致虚极,守静笃。万物并作,吾以观复。""知者不言,言者不知。""故常'无',欲以观其妙;常'有',欲以观其徼。""古之善为道者,微妙玄通,深不可识。"庄子《庄子·秋水》说:"可以言论者,物之粗也;可以意致者,物之精也;言之所不能论,意之所不能察致者,不期精粗焉。"《庄子·外物》说:"筌者所以在鱼,得鱼而忘筌;蹄者所以在兔,得兔而忘蹄;言者所以在意,得意而忘言。"这之后庾阐《蓍龟论》说:"……是以象以求妙,妙得而忘象;蓍以求神,神穷而蓍废。"王应麟《玉海》卷三十六,在"晋易象论"条中说:"嵇康作《言不尽意论》,殷融作《象不尽意论》,……",并谈到殷浩和刘惔等也倡导"言不尽意"。他又在《荀粲传》中说:"粲诸兄并以儒术论议,而粲独好言道,常以为子贡称夫子之言性与天道不可得闻,然则六籍虽存,固圣人之糠秕。粲兄俣难曰:《易》亦云,圣人立象以尽意,系辞焉以尽言。则微言胡为不可得而闻见哉?粲答曰:盖理之微者,非物象之所举也。今称立象以尽意,此非通于意外者也。系辞焉以尽言,此非言乎系表者也。斯则象外之意,系表之言,固蕴而不出矣。"张韩《不用舌论》说:"论者以为心气相驱,因舌而言,卷舌翕气,安得畅理,余以留意于言,不如留意于无言。徒知无舌以通心。未尽有舌之必通也。"王弼《周易略例·明象》说:"得意在忘象,得象在忘言。"嵇康在《声无哀乐论》中说:"吾谓能反三隅者,得意而忘言。"他在《阮嗣宗碑》中说:"先生承命之美,希达节之度,得意忘言,寻妙于万物之始;穷理尽性,研几乎幽明之极。"郭象在《庄子·则阳》注中说:"不能忘言而存意,则不足。"《庄子·天道》注中说:"得彼情,忘言遗书者也。"《庄子·山木》注中说:"夫庄子推平于天下,故每寄言以出意。"我们认为,中国美学的独特精神是"言不尽意"。"言不尽意"这一命题在本质上正是对诗学的超越性特征的揭示。这一命题告诉我们,一般的言语,不是从胸臆流出,是非本真之言说,是不可取的,是必须要超越的;同时,它提倡大道之言、本真之言、从胸臆自然流出之言,这是需要的,对文学来说,这是尤其不可或缺的。因此,"言不尽意"主张超越非本真言语而达于"微言""妙象"的本真言说以尽意。这一思想,在中国古代美学中有大量论述。

《易传》是在说明《易经》六十四卦的基础上形成的一部儒家文化典籍,它认为《易》是圣人观物取象而设立卦象的结果:"古者庖牺氏之王天下也,仰则观象于天,俯则观法于地,观鸟兽之文,与地之宜,近取诸身,远取诸物,于是始作八卦,以通神明之德,以类万物之情。作结绳而为罔罟,以佃以渔。盖取诸《离》。庖牺氏没,神农氏作,斫木为耜,揉木为耒,耒耨之利,以教天下,盖取诸《益》。日中为市,致天下之民,聚天下之货,交易而退,各得其所,盖取诸《噬嗑》。神农氏没,黄帝、尧、舜氏作,……垂衣裳而天下治,盖取诸《乾》《坤》。刳木为舟,剡木为楫,舟楫之利以济不通,致远以利天下,盖取诸《涣》。服牛乘马,引重致远,以利天下,盖取诸《随》。""是故《易》者,象也;象也者,像也。彖者,材也;爻也者,效天下之动者也。"也就是说,《易》是形象,形象是物像,彖辞是解说卦象的意义,而每卦都用六爻的阴阳交错来象征天下的运动变化。因而"圣人设卦观象,系辞焉而明吉凶,刚柔相推而生变化。是故吉凶者,失得之象也;悔吝者,忧虞之象也。变化者,进退之象也;刚柔者,昼夜之象也。"因此,在《易传》看来,卦象是圣人用以表征天地万物和人类社会一切变化与沟通天地人的有效途径。是终极意义的朗显与澄明。因而认为"言不尽意",但可"立象尽意"来解决:"子曰:'书不尽言,言不尽意。'然则圣人之意其不可见乎?子曰:'圣人立象以尽意,设卦以尽情伪,系辞焉以尽其言,变而通之以尽利,鼓之舞之以尽神。'""夫乾,确然示人易矣;夫坤,聩然示人简矣。爻也者,效此者也;象也者,像此者也。爻象动乎内,吉凶见乎外;功业见乎变,圣人之情见乎辞。"

这里的"书"指文字,"言"指语言。"书不尽言"是说文字不能穷尽语言。"言不尽意"是说语言不能完全揭示终极意义,所以圣人"立象以尽"。"系辞焉以尽言",因为系辞是特殊的语言。"圣人设卦观象,系辞焉以明吉凶","彖者言乎象也,爻者言乎变也。"所以卦爻辞就比一般文字更优越,可用它去更完整的传达"意",所以系辞就成为一种特殊的"象",能弥补"书不尽言"的缺失去"尽言""尽意"。当然,这里的"尽",意为"穷尽",是努力去尽,努力去传达。如理解为等同或完全传达就不对了。

老子说:"道可道,非常道;名可名,非常名。"(一章)在此,"可道","可名"都是可以称说的意思。在老子看来,"常道",即永恒之道,是不可言说的,一言说,道便被限定,无限的道的本来面目就失去了,所以用有限的言说不能指称无限的"常道"。

老子的"常道"不可道的思想在后来得到较普遍的认同,如列子就说:"得意者无言,进知者亦无言。"提倡以无言为言,以无知为知。稷下道家认为,"大道可安而不可说","道也者,口之所不能言也,目之所不能视也,耳之所不能听也",人可安于道,合于道,但说不出,也看不见,听不到,它超越语言和视听感觉。文子认为"无穷之智寝说而不言",而"著于竹帛,镂于金石,可传于人者,皆其粗也。""道","常道"不可言传,那言传的仅仅是隔靴搔痒。《吕氏春秋》说:"言者,谓之属也。""目击而道存矣,不可以容声矣。""至言去言,至为无为。"《黄帝四经·道原》说"人皆以之,莫知其名;人皆用之,莫见其形",之所以如此,在于道不可名,亦不可见。庄子对老子的这一思想有更进一步的阐释。《庄子·知北游》说:"道不可闻,闻而非也;道不可见,见而非也;道不可言,言而非也! 知形形之不形乎! 道不当名","夫道,窅然难言哉?",为什么说"道"不可"言"呢? 首先在于"大道不称,大辩不言"。道源于自然,大道无须言说,行之而成。"天地有大美而不言,四时有明法而不议,万物有成理而不说。"因此,天地、万物、四时都体现了大道不假言说,行之而成的特质。同时,古之得道、法道、体道的真人、圣人、王者都"知虽落天地,不自虑也;辩虽雕万物,不自说也;能虽穷海内,不自为也。"其因循物化,与天为徒,无为而无不为,所以道是不可言说的。其次,"道不可言",还在于"夫道未始有封","道,物之极,言默不足以载。"①道是圣心不能察、神口亦不能称说的妙理(成玄英语),是"言辩而不及"的。与此同时,"言未始有常","可以言论者,物之粗也","可言可意,言而愈疏"。对于道来说,言辩不能达到对道的体悟,而且愈是辩论会愈是与它远离相隔,人之言,总是有限之言,而道"在太极之先而不为高,在六极之下而不为深,先天地生而不为久,长于上古而不为老",有限的言,如风波般变幻不确定,相对于"道",它们是多么粗浅啊。再者,"道隐于小成,言隐于荣华",道往往由于人们的成见,偏滞而遮蔽,人们愈是巧言好辩,口若悬河,离道也就愈远,他们往往在夸夸其谈中背"道"而行。

到魏晋时期,人们不仅认为,语言不能"尽意"达道,而且认为"立象尽意"亦有困难。文字、语言、象都不能达于道,那么人凭借什么达道,传道呢? 人与道之间如果无路可通,那么道存在的根据就值得怀疑,人在苦难中获得拯救也就希望渺茫。信仰的破碎,本根的失落,使人有坠入黑暗深渊的危险,这就带来了大厦将

---

① 庄子:《庄子·则阳》。

倾的恐慌,但哪里有危险,哪里就有拯救。

《三国志·魏书·荀彧传》注引何劭《荀粲传》说:"粲诸兄并以儒术论议,而粲独好言道,常以为子贡称夫子之言性与天道,不可得闻,然则六籍虽存,固圣人之糠秕。粲兄俣难曰:'易云圣人立象以尽意,系辞焉以尽言,则微言胡为不可得而闻见哉?'粲答曰:'盖理之微者,非物象之所举也。今称立象以尽意,此非通于象外者也,系辞焉以尽言,此非言乎系表者也;斯则象外之意,系表之言,固蕴而不出矣。'"荀粲与荀俣都认为"言不尽意"是合理的。荀俣认为立象能尽意,通过象可以表示圣人的微言。而荀粲认为圣人之意不是一般的意,而是"象外之意",是"象"无法标举的"理之微者",是不可得而闻的"性与天道",所以"圣人之意"是一般的语言和物象无法表达的,但它可以通过"象外之意、系表之言"传达出来。"系表之言"即"微言"。颜师古《汉书·艺文志序注》引李奇释"微言","隐微不显之言也。"在荀粲看来,微言可以尽意。

正始年间,管辂提出"微言妙象尽意"。《魏志·管辂传》注引《辂别传》中管辂认为:"夫物不精不为神,数不妙不为术,故精者神之所合,妙者智之所遇。合之几微,可以性通,难以言论。是故鲁班不能说其手,离朱不能说其目,非言之难。孔子曰:'不尽言',言之细也,'不尽意',意之微也,斯皆神妙也。"在管辂看来,"妙象"是"物之精""数之妙","微言"是言不尽意的"言之细"。也就是说,"微言"可用来表达"妙象",用"妙象"可尽"意之微",也就构成了他的"微言妙象尽意"说。

在庄子提出"言不尽意""得意忘言",《易传》提出"言不尽意""立象尽意",荀粲提出"微言尽意",管辂提出"微言妙象尽意"之后,王弼在《周易略例·明象》篇中提出了自己的"言不尽意"论。

第一,"夫象者,出意者也。言者,明象者也。尽意莫若象,尽象莫若言。言生于象,故可寻言以观象。象生于意,故可寻象以观意。"在此,"言"指卦爻辞,"象"指卦爻象,"意"是圣人之意(即圣人作卦的意义)。在王弼看来,传达圣人之意要通过卦象,传达卦象要通过卦辞,卦辞是明象的方式,卦象是传达圣人之意的手段。言辞产生于《易》的卦象,卦象的意义可以通过言辞去追问,而卦象是圣人制定的,所以可以通过卦象去体会圣人的本意。

第二,"意以象尽,象以言著。故言者所以明象,得象而忘言;象者所以存意,得意而忘象。犹蹄者所以在兔,得兔而忘蹄;筌者所以在鱼,得鱼而忘筌也。然则,言者,象之蹄也;象者,意之筌也。"王弼引用庄子"得兔忘蹄""得鱼忘筌",来说明意义(圣人之意)才是最终目的,言、象仅仅是工具、手段,而得"圣人之意"有

"得象而忘言"与"得意而忘象"两个阶段,是一个由言而象而意的过程,但每一个阶段中,至关重要的是"忘","忘"是超越,是脱困,是解蔽,是敞亮与澄明。

第三,"是故,存言者,非得象者也;存象者,非得意者也。象生于意而象存焉,则所存者乃非其象也;言生于象而言存焉,则所存者乃非其言也。"反过来说,如果停留在言上,不能超越,则达不到象,停留在象上,不破除象的局限,则无法理解圣人之意。

第四,"然则,忘象者,乃得意者也;忘言者,乃得象者也。得意在忘象,得象在忘言。故立象以尽意,而象可忘也;重画以尽情,而画可忘也。"在王弼看来,圣人也仅仅把卦辞、卦象看作意义传达的方式和手段,而圣人之意只可意会难以言传,所以"得意在忘象,得象在忘言",通过两次"忘",才能领会圣人之意。

郭象在《庄子·逍遥游注》中阐明了他的"寄言出意"说。郭象指出:"鲲鹏之说,吾所未能详也。夫庄子之大意,在乎逍遥游放,无为而自得,故极大小之致,以明性分之适。达观之士,宜要会归而贵其所寄,不足事事由与生说,自不害其弘旨,皆可略之耳。"这就是说,读《庄子》应该融会贯通地了解其中的精神实质,至于细枝末节就不要纠缠不休了。要做到这点,就必须撇开《庄子》书中所寄托的言辞(或表面上的言辞),不要每字每句,每事每物都作生硬的解释(生说)。所以,"寄言出意"就是说,"言"仅仅是"出意"的寄托,不能把"言"当作"意",而正确的道路是通过"言"而领悟"意",甚至可以忽略"言",领会"言外之意",只有"遗言"才可以"存意"。

欧阳建提出"言尽意"论。《全晋文》辑录了他的《言尽意论》一文,文章指出:"夫天不言,而四时行焉;圣人不言,而鉴识存焉。形不待名,而方圆以著;色不俟称,而黑白已彰。然则名之于物,无施者也;言之于理,无为者也。而古今务于正名,圣贤不能去言,其何故也?诚心理得于心,非言不畅;物定于彼,非名不辩。言不畅志,则无以相接。名不辩物,则鉴识不显。鉴识显而名品殊,言称接而情志畅。原其所以,本其所由,非物有自然之名,理有必定之称也。欲辩其实,则殊其名;做宣其志,则立其称。名逐物而迁,言因理而变。此犹声发响应,形存影附,不得相与为二矣。苟其不二,则言无不尽矣。"在欧阳建看来,"天"未曾言说,但四时依然运行,圣人未曾言说,而人识鉴之力已然具足。方圆之形与黑色各色,没有称名即已存在,即便给以名称也丝毫改变不了它们。所以"名"对于"物"增加不了什么,"言"对于"理"也一样无所作为。虽然"名"与"言"都对物之"理"没什么影响,但从古至今人们却为名称而争论不休,这是因为人们用名称与言论来辩物定理。万物有其"理",人们对万物的鉴识不用言论就不能表达,人们不用名称也无法分辨万事万物,所以各种各样的名称能帮助人们鉴识事物,语言的交谈使人们可以交流思想。名称是人认识事物及其理的工具,所以"名逐物而迁,言因理而变",言称与物及其理是一致的。所以,从名与物一致的观点看,言称能尽意。只可惜,欧阳建仅仅从"名"与"物"的关系来说明"言"与"意"的关系,从而提出"言尽意"论,而不涉及天地人存在的终极意义,他的"意"与此前各家之"意"相比,是较为浅层次的,因而不能形成传统思想的主流,也不能使这一主流受到冲击。

总的来说,文艺审美创作中语言文字的言说方式是不能"尽意"的。但从另一个方面来看,终极的意义也通过多种言说方式言说着自己,关键在于如何听取这无言之言。文学艺术也是其言说方式之一,因而讨论"言不尽意"的诗学精神,也就要讨论中国人的"言不尽意"的诗意栖居(审美生存)。"言不尽意"的诗性审美之思,决定了中国人的审美生存理想。在中国人看来,审美的人生的价值和意义,在于遗弃世俗物欲给人造成的痛苦和焦虑,在于突破短暂生命的有限而向无限永恒的同于道的诗意栖居的超越,在于非本真生存的拒斥和本真生存的获得。所以我们认为,这种"言不尽意"式的审美生存追求是形成中国独特的"言不尽意"诗学精神的极为重要的因素。对大道的本体追求和与道为一、忘与游的诗意栖居两个因素共同孕育了"言不尽意"诗学精神。

中国古代美学思想认为文学的言说是对意义的言说,是对"道"的言说,而这一言说又是不能尽"意"的。所以要求文学作品要能启发读者去读出言外之意,看到境外之境,品到味外之味,文学之美也就产生于言与意之间的疏离与张力之间。

殷璠在《河岳英灵集》中评论唐代诗人及其作品时,提出"兴象"这一范畴。他论陶翰诗说:"既多兴象,复备风骨。"论孟浩然诗说:"无论兴象,兼复故实。"所谓"兴象",是诗歌中的审美意象,它可以极大地感发读者性情,引发浓厚的审美兴趣,启发人们丰富的想象。表明殷璠论诗重在言外之意。清代翁方纲在《石洲诗话》中就说:"盛唐诸公之妙,自在体气醇厚,兴象超远。"又说:"盖唐人之诗,但取兴象超妙。"殷璠的"兴象"就是在总结盛唐诗歌中提出来的。"兴象"的超妙是构成诗歌意境的基础,因此,殷璠在评论所选盛唐人诗歌时,所强调的具有言外之意的诗境,实质上是对"兴象"论的深化和发展。注重"兴象"的描绘,正是为了使诗歌的审美意象构成一种耐人寻味、含蓄不尽的境界。这种诗境可以引导读者发挥想象能力,在欣赏过程中实现再创造。殷璠评王维诗:"在泉为珠,着壁成绘,一字一句,皆出常境。"常境,是语言能描写出的境界。而"超出常境",则是诗歌中语言无法表达的境界。如殷璠说的"落日山水好,漾舟信风归","涧芳袭人衣,山月映石壁","天寒远山净,日暮长河急",其中所蕴含的隐居田园的心境与禅机,只能由读者体会。这种"兴象"所体现的境界，是无法具体说清楚的，它只能让读者去领悟，同时，也是读者再创造的结果。他评常建诗说："其旨远，其兴僻，佳句辄来，唯论意表。"所谓"意表"，指诗歌审美意象所蕴含的超乎象外，无法言喻的微妙之处。殷璠所举常建诗中的警策之语，如"松际露微月，清光犹为君"，"山光悦鸟性，潭影空人心"等，都曾被清代王士祯称为有禅悟之妙的作品。此外，他论刘慎虚诗"情幽兴远"，是"方外之言"，也可说明他的"兴象"是言不尽意的。他说张谓诗"行在物情之外"，说王季友诗"远出常情之外"，说綦毋潜诗"善写方外之情"，说储光羲诗"趣远情深，削尽常言"，都可看到他的"兴象"的含义。殷璠从"兴象"到"诗境"与王昌龄"诗境"说可以说是异曲同工，而且对唐代诗歌意境说的发展，有深刻影响，后来刘禹锡的"境生于象外"说与司空图的"象外之象""景外之景"说，都可以说脱胎于此。

自此，中国美学也就把"言不尽意"作为基本思想，形成了追求"言外之意"的诗与诗学的主流。王昌龄在《诗格》中提出"意境"说，指出"诗有三境"，"诗有三格"。刘禹锡提出"义得而言丧，故微而难能，境生于象外，故精而寡和"。司空图《与李生论诗书》说："辩于味而后可以言诗也"，"近而不浮，远而不尽，然后可以言韵外之致耳"，"倘复以全美为工，即知味外之旨矣。"他在《与极浦书》中说："戴容州云：'诗家之景，如蓝田日暖，良玉生烟，可望而不可置于眉睫之前也。'象外之象，景外之景，岂容易可谈哉！"苏轼《送参寥师》说："欲令诗语妙，无厌空且静。静故了群动，空故纳万境。"陆游《示子遹》说："工夫在诗外"。杨万里《颐安诗稿序》提出"去词""去意""遗味"。严羽《沧浪诗话》提出"别材""别趣"和"妙悟"说。杨载《诗法家数》说："语贵含蓄。言有尽而意无穷者，天下之至言也。如《清庙》之瑟，一倡三叹，而有遗音者也。"袁宏道《叙陈正甫会心集》提出"趣"。陆时雍《诗镜》提出"神韵"说："人情物态不可言者最多，必尽言之，则俚矣。知能言之为佳，而不知不言之为妙，此张籍、王建所以病也。"叶燮《原诗》说"可言之理，人人能言之，又安在诗人之言之？可征之事，人人能述之，又安在诗人之述之？必有不可言之理，不可述之事，遇之于默会意象之表，而理与事无不灿然于前者也。"他又说："呈于象，感于目，会于心。意中之言，而口不能言；口能言之，而意又不可解。划然示我以默会相象之表。"王士祯有"神韵"说。王国维有"境界"说。都可以说是对超以象外和言外之意和"韵味"的追求。

纵观整个中国古代美学思想，包括"韵味"说在内的所有美学范畴都以各自的方式去努力言说宇宙天地和人生，努力追求人的诗意栖居，然而它的主流则是主张言不尽意的，正如林庚先生所说：文学艺术的"真谛又往往在可谈与不可谈之间,这正是诗评诗话、千言万语,而未足穷其情,诗学美学、层出不穷,终难尽其意"。

(四)"韵味"与"意境"

"韵味"的突出显现则是"意境"。作为中国古代美学中一个重要的审美范畴,"意境"既是作为审美对象艺术文本审美意味与深层生命意蕴的体现和表现,又是艺术审美创作者思想情感与生命意识的表征。它是审美者的心灵体验与审美对象的审美意蕴互相交融的产物。中国古代文艺美学家都非常重视在创构"意境"过程中主观的"情"与客观的"境"之间的相互交融关系,强调审美"意境"的缘发构成,要求"情景相融而莫分",认为"景无情不发,情无景不生"①。中国美学所提出的诸如"思与境偕"②"神与境合"③"意与境会"④"情景混融"⑤"情景交炼"⑥等命题,都是描述的"意境"域缘发构成中这一现象。

的确,中国古代文艺美学家十分重视艺术审美"意境"域的缘发构成,强调"意境"域的构成必须包孕无穷的情趣,认为在构造审美意象、开拓审美意境时,不把自己要诉诸鉴赏者的景和情全部都表现在作品之中,而要留有"空白",要让鉴赏者通过艺术文本中所表现的内容,去领会没有在艺术文本中表现出来的那一部分意味,也就是要充分调动鉴赏主体的审美想象力去领略"空白"那无尽的"韵味"。司空图说:"长于思与境偕,乃诗家之所尚。"⑦他的《二十四诗品》就特别强调审美"意境"的创构,强调情景相生和情景的缘发构成。在整个《二十四诗品》中,都贯穿了"思"与"境"之间的交融与缘发构成作用。而他重视"思与境偕"则是为了使艺术审美"意境"能包蕴无尽的神韵和"韵味"。

《文镜秘府论》中多次论及审美创作中情与景的关系问题,并且提出了只有情景交融与缘发构成才能产生"味"。如"夫置意作诗,即须凝心,目击其物,便以心击之,深穿其境"⑧;"理入景势者,诗不可一向把理,皆须入景语始清味;……其景

---

① 范晞文:《对床夜话》。
② 司空图:《与王驾评诗书》。
③ 王世贞:《艺苑卮言》。
④ 叶梦得:《石林诗话》。
⑤ 胡应麟:《诗薮》。
⑥ 张炎:《词源·离情》。
⑦ 司空图:《与王驾评诗书》。
⑧ 《文镜密府论·论文意》。

与理不相惬,理通无味"①;"景入理势者,诗一向言意,则不清及无味;一向言景,亦无味";"事须景与意相兼始好"②等。张炎在评姜白石《琵琶仙》"双桨来时"、秦观《八六子》"倚危亭"诸词时也说:"离情当如此作,全在情景交炼,得言外意。"③沈祥龙赞赏秦少游诗词中的名句,说:"'雨打梨花深闭门''落红万点愁如海',皆情景双绘,故称好句而趣味无穷。"④朱存爵说:"作诗之妙,全在意境融彻,出声音之外,乃得真味。"⑤这些表述说明,艺术文本所包容的意旨不是抽象的说理,它必须融合在具体景物的描绘之中;具体景物的描写,又必须注入创作者的感情生命及其审美体验。只有寓情于景,托景抒情,"情景交炼""情景双绘",审美意象和意境构筑才会"得言外意"而"趣味无穷"。标举"境界"说的王国维就认为:"词以境界为上。有境界则自成高格,自有名句。"⑥如果不重视情景交融中"意境"的缘发构成,以及审美意象的塑造和意味的开拓,艺术文本则会缺少"韵味",意境就会浅薄。即如王国维所批评的:"至乾、嘉以降,审乎体格韵律之间者愈微,而意味之溢于字句之表者愈浅。岂非拘泥文字,而不求诸意境之失欤?"⑦

(五)"韵味"与风格及其表现

在中国古代美学思想史上,历来非常重视含蓄蕴藉之美的构成、不少文艺美学家认为,含蓄就是有余味。刘勰的"余味"说,就是主含蓄蕴藉之美的。唐代释皎然承续刘勰所强调的文艺创作必须要构筑"隐"的境域,要有"文外之重旨"的观点,认为"两重意已上,皆文外之旨。若遇高手如康乐公、览而察之,但见情性,不睹文字,盖诗道之极也"⑧。清人袁枚也说:"惟我诗人,众妙扶智,但见性情,不著文字。"⑨所谓"但见情性,不睹文字""但见性情,不著文字""不著一字,尽得风流""羚羊挂角、无迹可求"等,都是对"含蓄"这一审美特征、艺术风格、审美表现的生动表述,都是要求艺术文本在审美"意境"的缘发构成中,其意味应含蓄、蕴藉,以包容无穷的情味并显现出"韵外之致"。正如狄葆贤所说:"文学之中,诗词

---

① 《文镜密府论·十七势·第十五·理入境势》。
② 同上。
③ 张炎:《词源·离情》。
④ 沈祥龙:《论词随笔》。
⑤ 朱存爵:《存余堂诗话》。
⑥ 王国维:《人间词话》。
⑦ 王国维:《人间词话乙稿序》。
⑧ 皎然:《诗式》。
⑨ 袁枚:《续诗品·神悟》。

等韵文,最以蓄为贵者也。"①又如沈祥龙所说:"含蓄无穷,词之要诀。含蓄者,意不浅露,语不穷尽,句中有余味,篇中有余意;其妙不外寄言而已。"②再如胡应麟所说:"绝句最贵含蓄。"③陆时雍在品评杜诗时,也指出:"少陵七言律,蕴藉最深,有余地,有余情,情中有景,景外含情,一咏三叹,味之不尽。"④唐志契也认为诗词创作:"能藏处多于露处,趣味愈无尽。"⑤中国古代美学之所以重视"含蓄蕴藉"之美,就是由于对"韵味"境域构成的推崇。艺术审美创作必须通过高度包容性的审美意象、高度凝练的审美感情与审美意蕴,运用"以少总多"的表规方法,以表达丰富深刻的审美意旨和生命意味,也就是以有限形式,表现无限的意味。这样,就能调动审美鉴赏者的感知、想象和情感、认识等审美心理功能,去领会和把握艺术文本中所塑造的审美意象。创作者构筑出的虽然只是具体的、有限的审美意象,然而他希求的却是比已经融冶和构筑出的审美意象更为宽广的艺术境界,从鉴赏者来说,在艺术家所塑造的审美意象和缘发构成的"意境"的启迪之下,展开自己的想象力,不仅能领会和把握住艺术家所缘发构成的艺术境界,而且能依据自己的生活经验、思想情感、审美理想,去补充艺术家所塑造的艺术"意境",从而体验到比艺术家所塑造的审美意象更为宽广的艺术意味,这正像清人谭献所说的:"作者之用心未必然,而读者之用心何必不然。"⑥

  正由于对含蓄蕴藉与"韵味"的重视,所以不少文艺美学家反对艺术创作中的"直陈径说",认为"直陈径说"无"余味"。如宋代魏泰就非常强调"情贵隐",认为"如将盛气直述,更无余味,则感人也浅,乌能使其不知手舞足蹈","唐人亦多为乐府,……其述情叙怨,委曲周详,言尽意尽,更无余味"⑦。宋人张戒也主张诗歌审美创作必须有"余蕴"的,因为有"余蕴"才有"意味"⑧。同时,他又指出:"诗人之工,特在一时情味,固不可予设法式也。"⑨大凡一些流连光景之作,半吞半吐之辞,大都采用暗示衬托的方法,此即白乐天所谓"说喜不得言喜,说怨不得言怨"之意;而张戒则认为不一定必须如此。他说:"古诗'白扬多悲风,萧萧愁杀人',萧萧

---

① 楚卿(狄葆贤):《论文学上小说之位置》,《新小说》第7号,1903年。
② 沈祥龙:《论词随笔》。
③ 胡应麟:《诗薮》。
④ 陆时雍:《诗镜总论》。
⑤ 唐志契:《绘事微言》。
⑥ 覃献:《复堂词录序》。
⑦ 魏泰:《临汉隐居诗话》。
⑧ 张戒:《岁寒堂诗话》。
⑨ 张戒:《岁寒堂诗话》。

两字处处可用,然惟坟墓之间,白杨悲风尤为至切,所以为奇。乐天云:'说喜不得言喜,说怨不得言怨。'乐天特得其粗尔,此句用悲愁字,乃愈见其亲切处,何可少耶?"①总之,诗无定式,有以暗示衬托而妙者,有以直陈径说而妙者,总之要见一时情味乃见其工。

(六)"韵味"的审美特点

中国古代美学对"韵味"的审美特点进行过不少探讨;提出过许多有益的见解:

1."无理而妙"

贺黄公《皱水轩词筌》云:"唐李益诗曰:'嫁得瞿塘贾,朝朝误妾期,早知潮有信,嫁与弄潮儿。'子野《一丛花》末句云:'沉恨细思,不如桃杏,犹解嫁东风。'此皆无理而妙。"邹程村云:"张子野'不如桃杏,犹解嫁东风',《词筌》谓其无理而妙;羡门'落花一夜嫁东风,无情蜂蝶轻相许',愈无理而愈妙。"②"什么妙"?"百般滋味曰妙"③。所谓"无理",是指违反一般的生活情况以及思维逻辑而言,所谓"妙",一则是指其通过这种似乎无理的描写,反而更深刻地表现了人的审美感情,而富有审美意味。文艺审美创作中常有此种情况,创作者在一种特定的环境之中,对物事可能产生某种特殊的反常的感受,因而在创作兴会的冲动之下所塑造出来的审美意象,其表现可能是反常的、无理的,而鉴赏者却可以借助于自己的生活经验通过审美想象去领会、理解这种艺术意境的真实性和合理性。在文学审美创作中,这种无理和有理常常是对立统一的。张先《一丛花令》"伤高怀远几时穷"的最末一句,通过一个具体而新奇的比喻,表达了一位女子在她的情人远走他乡以后,独处深闺之境的极其细致的内心活动,揭示了这位女子在寂寞生活中的自怜自惜、自怨自艾,这位女主人对爱情的执着、对青春的珍惜、对幸福的向往、对无聊生活的抗议、对美好事物的追求,通过这一新奇的比喻,全都透露出来了。其的美感力鱼——"妙"就在这里,"韵味"也在这里。

"无理而妙"概括了审美创作构思的某些审美特点。审美体验不是如一般逻辑判断那样有确定的概念来规范束缚想象,使它符合于一定的概念,产生抽象的概念认识,具有客观的普遍性;审美体验是想象力与理解力处在一种协调的自由

---

① 张戒:《岁寒堂诗话》。
② 见冯金伯《词苑萃编》卷二《旨趣·彭门羡词袭张先》。
③ 窦蒙:《〈述书赋〉语例字格》。

的运动中,超越感性而又不离开感性,趋向概念而又无确定的概念,具有主观的普遍性,起主观接受上的审美愉悦,这就是产生审美愉悦的原因。"无理"既然是指违反一般的生活常规和逻辑,也就是没有客观的普遍性,也就是"无概念","妙"乃是审美鉴费者借助自己的生活经验,通过审美想象力与审美理解力的协调自由的活动,去领会这种似乎"无理"而却有合理性的艺术境界,引起主观感受上的愉快,也就是具有主观的普遍性,也就是趋于某种不确定的认识。

2. "其趣在有意无意之间"

明人王世懋云:"绝句之源,出于乐府,贵有风人之致,其声可歌,其趣在有意无意之间,使人莫可捉着。"①陆时雍说:"盛唐人寄趣,在有无之间"②。王世贞说:"秦时明月汉时关"一诗,"若以有意无意可解不可解间求之,不免此诗第一耳"③。陈廷焯云:"托讽于有意无意之间,可谓精于比义"④。叶燮指出:"诗之至处,妙在含蓄无垠,思致微妙,其寄托在可言不可言之间,其指归在可解不可解之会,言在此而意在彼,泯端倪而离形象,绝议论而穷思维,引人于冥漠恍惚之境,所以为至也。"⑤所谓"可言不可言""有意无意""有无之间""可解不可解""含蓄无垠,思致微妙""言在此而意在彼"等都是讲的审美艺术本体中的"趣味""指归""寄托"的"韵味"特点——审美心灵体验的特点。叶燮曾以杜甫的"碧瓦初寒外""月傍九霄多""晨钟云外湿"以及其他唐代诗人的名句,对此做过十分精辟的分析。比如他在解读"碧瓦初寒外"时就指出:只要"设身而处当时之境会,觉此五字之情景,恍如天造地设","划然示我以默会想象之表,竟若有内有外,有寒有初寒,特借碧瓦一实相发之"⑥。虽然"意中有言,而口不能言;口能言之,而意又不可解"是指审美创作,但"其理昭然,其事的然","其事如是,其理不能不如是也"⑦。所谓"意中之言,而口不能言,口能言之,而意又不可解",是指审美创作构思不是概念认识,是不能用概念语言来表达的。然而读者"设身处地",展开想象的翅膀,在审美想象力与审美理解力的和谐而自由的运动中,则能使审美想象趋向于某种不确定的认识,而领会到某种"可言""可解"的"意""趣""寄托""指归"和"韵

---

① 王世懋:《艺圃撷余》。
② 陆时雍:《诗镜总论》。
③ 王世贞:《艺苑卮言》。
④ 陈廷焯:《白雨斋词话》。
⑤ 叶燮:《原诗·内篇下》。
⑥ 同上。
⑦ 同上。

味"。可以是,审美愉悦正是在这种"有意无意""可解不可解"之间获得。

3."无迹之迹诗始神"

元代戴表元说:"无迹之迹诗始神也。"①胡应麟说:"婉转清空,了无痕迹,纵横变幻,莫测端倪"②。董其昌说:"《兰亭》非不正,其纵宕用笔处,无迹可寻。"③王士禛说:"语中无语,名为活句。"④"解识无声弦指妙,柳州那得並苏州?"⑤王夫之说:"无字处皆其意"⑥,"小雅鹤鸣之诗,全用比体,不道破一句。"⑦陈廷焯说:"若隐若见,欲露不露,反复缠绵,终不许一语道破"⑧。这些地方所谓的"无迹之迹诗始神""了无痕迹""无迹可寻""语中无语""无声弦指妙""无字处皆其意""不许一语道破"等,一直是中国古代美学"韵味"境域创构中的重要原则。所谓"羚羊挂角,无迹可求""不著一字,尽得风流""不道破一句""终不许一语道破",都是指的"韵味"境域审美特征的显现。的确,原发构成于以老子美学为原初域的中国美学所推崇的"韵味"创构中有一种理解因素("意味"),这种因素是融化在感知、想象、情感等审美心理因素之中的,特别是同审美情感密切融合在一起的这种理解因素是不能够用概念把它讲出来的,这就是"无迹""无字""语中无语""无声弦""不著一字""不道破一句",就是不用概念性的字词,但又能把要表达的事情表达出来,这就是无迹之"迹";无字处"皆其意""尽得风流"。这种文本"韵味"境域审美创构中的理解因素,它不是抽象的概念认识,它只是趋向某种概念而又无确定概念的认识。

以上所述,说明中国古代美学对原初生成于老子美学"味玩味"之"味"的"韵味"说的解读,涉及了审美艺术创作的功能"无理而妙""无迹之迹诗始神""其趣在有意无意之间",这种具有中华民族特色的论断,抓住了民族审美心态的特征,这些特殊性正是构成艺术审美创作和艺术审美欣赏的中心和关键。

---

① 戴表元:《许长卿诗序》。
② 胡应麟:《诗薮》。
③ 董其昌:《画禅室随笔》。
④ 王士禛:《带经堂诗话》引洞山。
⑤ 王士禛:《带经堂诗话》卷一。
⑥ 王夫之:《夕堂永日绪论·内篇》。
⑦ 王夫之:《姜斋诗话》。
⑧ 陈廷焯:《白雨斋词话》。

第九章

老子的"婴儿"心境与审美心态论

"自然"之域的生成植根在人自身生命的呈现和人本真的存在性境域显现之中。人的一生,即人自身的存在性展开过程,是积极进取、自强不息,还是消极悲观、倦怠无聊;是超越流俗,不为物役,宁静淡泊,以默为守,还是趋时媚俗,随波逐流,功名利禄,权重社稷,等等,历来就是中国哲人所关注的基本问题之一。老子认为,人生最宝贵、最本真的存在性境域,就是"清"与"真",就是心灵的自由、高洁。故而,他把"赤子之心""婴儿"状态作为人最本真的生存境域。人生最为宝贵的、最值得追求的是保持人所特有的那种天真纯洁的童心,回复到"赤子"和"婴儿"的心态。影响及中国美学,则形成其极为注重审美体验活动中主体审美心境的营构与推重超越心态的特点。受老子钟情于婴儿赤子,把婴儿心态、赤子之心当作人生最佳境界观念的影响,在中国美学看来,弥于六合、敛于方寸、吞吐烟云、腾踔万象的审美体验活动的开展离不开收神涤心、浣濯肺腑而营构出的心和气平、洞然无物的审美心境。即如《庄子·天道》篇所指出的:"以虚静推于天地,通以万物。"

一、老子虚静淡泊,返璞归真的人生理想

在以老子为首的道家哲人看来,人生最大的乐趣就是清心寡欲、迥绝尘世。所谓的功名利禄、是非利害、荣辱得失,都不过是过眼云烟。只有像婴儿那样的纯真,无忧无虑,无牵无挂,无是非得失,任性而为,率性而发,不做作,不矫饰,纯洁无瑕,天真烂漫,这才是人最本真的存在性境域显现。《老子》二十八章说:"知其雄,守其雌,为天下溪。为天下溪:常德不离,复归于婴儿。"五十五章又说:"含德之厚,比于赤子。"在老子看来,婴儿时期的人,明智未开,还没有受到世俗的污染,内心世界柔和淡泊,其存在状态天真无邪,保持着一种自然天性,能随自然的变化

而变化。这样,"复归于婴儿",就自然而然地使人超越世间的利害得失、是非好恶的私欲干扰,消弭主客观世界的区分界限,而进入无知无欲、无拘无碍、无我无物,以玄鉴天地万物,与生命本原"道"合一的最本真的"得一"存在性境域。构成这种境域,则会如老子所指出的,感受到一种"燕处超然",而达成一种广远宁静,与天合一的极境,而妙不可言。老子说:"众人熙熙,如享太宰,如春登台。我独泊兮,其未兆。"(《老子》二十章)人世间那些众多的人熙熙攘攘,挤来挤去,为虚名而争,为利益而忙,就如像赴国宴,享受山珍海味,咀嚼美味佳肴;又如像春天里结伴游玩,登高远眺;只有超越于这种情欲,回归自我、体知自我和行动自我,拭净心灵尘垢,实现对真实自我的复归,保持婴儿之心,心灵恬淡,虚怀若谷,静如水碧,洁如霜雪,清洁莹澈,才能怡然自适。而审美体验活动中,只有通过这种心态的营构,才能臻万物于一体,达到与万物同致的光亮鲜洁,超凡脱俗之境域。

受"道"论的作用,以老庄为首的道家哲人把"同于道"与"无所待"的"逍遥游"这种实现自我、保持心灵自由,以达成空明莹洁之域作为人存在的最高追求。在老子看来,"五色令人目盲,五音令人耳聋,五味令人口爽。驰骋田猎令人心发狂,难得之货令人行妨"(《老子》十二章)。"罪莫大于可欲,祸莫大于不知足,咎莫大于欲得,故知足之足恒足矣"(《老子》四十六章)。世俗社会,人欲横流。人的欲望是没有止境的,特别是物质方面的欲望,可以说是欲壑难平;然而对物质利益的无限追求是无益于人的身心健康,有损于人的生命发展的。它只能使人成为自身欲望的奴隶,损害人的身心生命。故而老子认为,对于物质欲望,不应该刻意去追求,而应以超然的心态去看待它。因而,老子说:"虽有荣观,燕处超然。奈何万乘之主,而以自轻天下。"(《老子》二十六章)的确,一切外在的东西、外部影响,都属于人为的范围,而一切人为的东西都只会损害人的本性,使人丧失其天真、自然、纯洁的心态,人只有"见素抱朴,少私寡欲",保持心境的纤尘不染,淡泊恬静,超越功利,摆脱与功名利禄等私欲相关的物的诱惑,求得精神的平衡与自足,才能进入人最佳的存在性境域。因此,老子极为鄙薄那种"俗人昭昭""俗人察察""众人熙熙",而主张"返朴归真","见素抱朴"。"朴"是指未经雕饰过的木头,可以说"朴"就是"清真""清淳"。老子用"朴"来形容事物与人心所原有的天然素朴、清淳雅洁的状态。"返朴归真""见素抱朴"就是清除后天的、非自然的、人为的种种桎梏枷锁,废除仁义礼乐,超越物质欲望,不让尘世的庸俗杂念扰乱自己恬淡、自由、纯洁、清雅的心境,自始至终保持自己得之于天地的精气,归于原初的自然无为、自由自得、清淳莹洁的心态。

的确,受道家美学的影响,中国人生美学洋溢着一种强烈的超越意识,超越俗我,使自我清淡、飘逸、空灵、洒脱、雅洁之心与自然本真浑融合一是中国古代艺术家在审美创作中所追求和向往的至高审美境域。而平居淡泊,以默为守,通过明净澄澈的心为去辉映万有,神合宇宙万物,以吞饮阴阳会合的冲和之气,则是贯穿整个审美体验活动的一种特殊的构成状态,或谓存在性境域的呈现。正是由此,遂熔铸成中国人生美学的"自然无为"之境域构成论。

二、中国美学"澄心端思"的审美心态论

的确,受老庄哲学的影响,中国美学洋溢着一种强烈的超越意识,超越俗我,使自我清淡、飘逸、空灵、洒脱之心与自然本真浑融合一是中国古代艺术家在审美创作中所追求和向往的至高审美境界。而平居淡泊,以默为守,通过明净澄澈的心灵去辉映万有,神合宇宙万物,以吞饮阴阳会合的冲和之气,则是贯穿于整个审美体验活动的一种特殊心理状态,或谓审美心境。正是由此,遂熔铸成中国古代美学有关审美心境构筑的"澄心端思"的美学命题。

"澄心端思"命题的提出见于王梦简《诗学指南》:"夫初学诗者,先须澄心端思,然后遍览物情"。要达成"自然无为"之境域必须雪涤凡响,"澄心端思"。"澄心",又称"澄怀",意为澄清净化心怀和心灵空间。作为营构"自然"之境域的一种存在性境域呈现活动,"澄心"主要是指达成"自然"境域之初,审美者洗涤心胸,澡雪灵府,以获得心灵的澄清和心怀的宁静。故而,可以说,"澄心"就是一种空明雅洁心怀与构成态势的形成,或者说是造成一种审美心理的构成态势,其实质是通过"澄心",清除世俗杂念,以虚廓心胸,涤荡情怀,让心灵超然于物外,达成一种和谐平静、冲淡清远的审美心境状态,造成无利无欲、无物无我的静态的超越心态,以能够于审美体验中"遍览物性",能够沉潜到特定的审美对象的生命内核,体悟到蕴藏于其深处的生命意义,而达成一种澄清雅洁的存在性境域。

"端思"则是集中心意,摆正心思,用志不分,用心不杂。"端思"又谓"凝神""专志"。明代唐顺之就认为审美创作构思活动以"解衣盘礴为上",因为"若此者凝神而不分其志也"[①]。通过"端思""凝神"可以使心神凝聚,意识集中。黄庭坚说:"神澄意定,……用心不杂,乃是入神要路"[②]。又说:"得之于心也,故无不妙;

---

① 唐顺之:《荆川先生文集·与田巨山提学》。
② 黄庭坚:《书赠福州陈继同》。

用智不分也,故能入于神。夫心能不牵于外物,则其天完守全,万物森然,出于一境。"①就强调指出"神澄意定""用智不分"是审美创作构思的关键。

从现代审美创作心理学思想来看,以老庄美学为主的中国美学所主张的创作主体在进入审美创作构思之初必须"澄心端思"的观念,对于审美创作活动的开展的确是极为重要的。就其审美心理活动的实际而言,"澄心端思",即排除外在干扰,中止其他意仿活动,使意念思绪集中到一点,进入一种虚静空明、心澄神充、聚精会神的心理状态,获得"内心的解脱",确实是审美创作活动中心灵体验得以进行的首要条件。没有构筑起这种虚灵清静、神充气盈的审美心理态势,则不可能有真正的审美创作活动。气和心定、虚明空静的审美态势的意义,在于它能使创作主体的各种审美能力都集中到审美构思上来。停止或淡弱主体意念中的其他活动,使其服务于即将开始的审美构思活动,通过澄怀静虑、安定心神以创构出一个适宜进入审美活动的心灵空间,集中审美能力,准备审美活动的开展,这就是"澄心端思"在审美创作活动之初的主要作用。我们知道,进行审美创作构思活动需要主体"心""思""神""想"的整体投入。中国美学所主张的审美体验活动是主体心灵的自由与契合,这不仅需要主体必须具备独特的审美能力,还需要主体必须营构出一种特定的审美心境。这同审美创作所追求的目的分不开。在中国美学看来,审美创作构思的目的是"欲令众山皆响",是要在物我的同感共通和情景的相交互融中铸造审美意象和审美意境。而客体的多方面的特性和主体纷繁杂乱的思绪必然会影响这种审美创作活动的深入,因此,创作主体在进入审美构思活动之初必须去物去我,使纷杂定于专一,澄神安志,意念守中,在高度入静中达到万念俱泯,一灵独存的心境,以保证审美创作构思活动中心灵的自由。即如恽南田在《南田画跋》中所指出的:"川濑氤氲之气,林岚苍翠之色,正须澄怀观道,静以求之。若徒索于毫末者,离也。"

是的,"遍览物情"与"妙悟自然"的审美创作活动离不开心灵的活力与心灵的能动。心灵自由是审美创作活动取得成功的保证,而"澄心端思"、澄怀净虑、忘知虚中、抱一守中以构筑出空明虚静的心理空间则是对心灵的解放。只有达到虚明澄静的审美心境,创作主体才能在审美创作中充分调动其审美能力,最大限度地发挥心灵的主动性,去"凝神遐想",以领悟宇宙人生的生命妙谛。即如宗炳所指出的,通过"澄怀"才能"味象""观道"②。要体味到宇宙自然间所蕴藉着的

---

① 黄庭坚:《道臻师画墨竹序》。
② 宗炳:《画山水序》。

"象"与"道"这种真美、大美,就要求审美主体进入清澄浩渺、虚寂无涯的审美心境,这就需要"澄怀",这是"味象"与"观道"的先决条件。如此,方能去"心游万仞,虑入无穷"①,让心灵尽性遨游,任意驰骋。

通过"澄心端思""用心不杂",实现心灵的自由,以"味象""观道",营构空灵雅洁的存在性境域,对于审美构思活动的重要意义及其在审美创作中的作用的体现,可以从明代文艺美学家吴宽分析唐代诗人兼画家王维的创作的一段精彩评论中得到进一步说明。他说:"至今读右丞诗者则曰有声画,观画者则曰无声诗。以余论之,右丞胸次洒脱,中无障碍,如冰壶澄澈,水镜渊停,洞鉴肌理,细现毫发,故落笔无尘俗之气,谓画诗非后辙也。"又说:"穷神尽变,自非天真烂发,牢笼物态,安能运心独妙耶?"②这里所谓的"胸次洒脱,中无障碍",就是指的心灵的自由与精神的超越;而"冰壶澄澈,水镜渊停",则是指经过"澄心端思",澡雪精神,中断理性思维,扬弃非我,以达到心如止水、空明灵透、不将不迎的审美心境。如此,在审美创作构思中主体就能够"洞鉴肌理,细现毫发",使玲珑澄澈的心灵突破"物"与"我"的界限,与自然万物中幽深远阔的宇宙意识和生命情调相互契合,妙悟人生奥秘而完成与达成一种空灵清洁的存在性境域。

究其哲学根源和美学根源,"澄心端思"美学命题的提出离不开老庄美学的影响。澄心虑怀,"用心不杂",使心中尘埃涤尽,烦忧洗却,以创构出一个明净澄澈、虚灵不昧的心理空间和审美心境,则能使审美主体的自由心灵与宇宙之心寂然咸通,周流贯彻,其根本就在于宇宙自然中的万事万物万象的本身是无目的性的。花开草长,鸢飞鱼跃,月落星移,春秋代序等等一切自然现象的自身都是无意识、无目的、无计划、无思虑的。用以老子为代表的中国古代哲人的话来说,它们都是"无心"的。但是在这种"无心"与无目的性之中,却又实实在在地存在着那种使这一切所以然的"大心"与大目的性,或谓"道""象"。这亦就是我们所谓的"宇宙之心"。大象无形,大美无言,它似有似无,若恍若惚,既决定和支配着宇宙万物、人类生命的存在,又将人的生命同社会自然的存在沟通、联结起来,使人心和道心相互作用、相互交通,以形成一个同源同构的整体。而一切有心、有目的、有意识、有计划的事物、作为、思念等,比起这种作为"宇宙之心"的大道、大象、大美来,都相形见绌,微不足道,只会妨碍它的充分展露。显然,作为审美创作主体的个人,其深心要能"体合宇宙内部的生命节奏",要实现"与宇宙的心的同一",以"遍览

---

① 辛文房:《唐才事传》。
② 吴宽:《书画鉴影》。

物情",那么就只有保持一种"无心"、无目的的审美态势,在一种静寂空明的审美心态和审美心境中,依靠心灵感悟,从而始能体验到这种宇宙的真谛与生命的意味。

三、老子"把一守中"与"澄心端思"

这种"澄心"观的孕育与产生是多种因素作用的结果,它和地域的、社会的与文化的作用分不开。仅就中国传统文化来看,其中老子提出的虚静淡泊、返璞归真的人生理想,就起着不可低估的作用。

以老子为首的道家哲人强调道德的自我约束与心理修炼,其哲学思想着重探讨人在养生实践中如何解决各种内外因素对心理的干扰和思想意识活动,以及各种官能欲求同清静养神炼气的关系问题,并提出了通过"虚静",以修性养心的原则与方法。它讲求清心寡欲,由清净虚明、自然恬淡的心理境界中以明心性,静以体道。这种思想在中国人生美学的发展进程中,特别是在中国人生美学以心为主,应物斯感,要求主体的审美神思宛转徘徊于心物意象之交,俯仰自得于千载万里之间的独特的审美体验方式的产生与形成中,具有催化与发酵的促进作用。它丰富并完善了中国古代审美体验论的思想内容。我们认为,就其对"自然无为"之境域论所主张的在审美体验与审美创作构思之初,创作主体必须构筑与达成虚明澄净、无欲无念的审美境域,也即"自然无为"之存在性境域审美意识的影响来看,主要有以下几个方面:

首先,体道返根的思想与"自然无为"之境域论相通。以老子为首的道家哲人认为宇宙生成的本原是"道"。"道"也就是充斥在自然万物与一切生命体之间的一种至精至微、阴阳未分的先天元气。它大化流衍,窈窈冥冥,恍兮惚兮,似有似无,既决定和支配着宇宙万物、生命人类的存在,又将人的生命同社会自然的存在沟通、联结起来,以形成一个同构的整体。审美主体只有在一种静寂入定的心理状态中,依靠心灵感悟,始能体会得到这种宇宙的真谛与生命的意味。因而,老子主张"抱一""守中""涤除玄鉴",庄子则提出"心斋""坐忘",要求解脱外在束缚,清净心地,使精神专一,心不旁骛,"致虚极,守静笃",清除心中的杂念,排除外部感觉世界的各种干扰,保持心灵的洁净无尘,表里澄觉,内外透莹,以创构出一种自由宁定的心境。只有这样,才能如空潭印月,以映照万物,直观宇宙自然、天地万物的生命本原。后来的道家哲人整个吸收了这一思想,提出"泯外守中""冥心守一""系心守窍"等修炼功法,要求精神内聚,思想集中,抱元守一,返观内照,通过精神和意念的锻炼,以使生理和心理状态得到调节与改善。所谓"人能以气为根"①,天地万物都是由"气"所构成。既然气是人与万物的生命之根,那么,养生健身的基本手段与法则就是清心正定,排除邪想杂念。只有澄神安体,意念守中,在高度入静中达到万念俱泯、一灵独存的境地,这样始能内视返听,外察秋毫,感悟到人自身与宇宙自然的生命精微。此即东汉早期道教重要典籍《老子想尔注》注文所谓的"清静大要,道微所乐,天地湛然,则云起露吐,万物滋润","情性不动,喜怒不发,五藏皆和同相生,与道同光尘也"。收敛感官,神不外驰,在情绪与心理上实现自我控制和解脱,专诚至一,是养精炼神的基本要求。是的,在以老庄美学为核心的中国美学来看,人的意念活动是最富于能动性的、高度自主的。气和心定、闲静介洁的心境,以保证意念活动的专一,有利于体内的气化过程和气的运行,也有利于人与自然之间混元气的交换,因而能强化主体自身的生命运动;反之,则将会导致人体内部气机运行混乱,阻塞天人交通的渠道,从而损害自身的生命运动。故而,老庄美学认为,修炼身心的第一要旨就是清净心地,冥目冥心,检情摄念,息业养神,以遵循人体生命整体观的自然规律,自觉地、能动地运用自己的意念,内而使神、气、形相抱而不离,外而与天相通,盗天地混元之气以强化自身的生命运动,变人的潜能为自为的智能,进而内外交融,天人合一,返归天道。这种专心一意,使形身精神相抱相依,合而为一,亦就是道教养生学所谓的"守一"。通过"守一",不但能够强身健体、祛病延年,而且还可以激发人体潜在的特异功能。如《太平经》就指出:"守一复久,自生光明,昭然见四方,随明而远行。""使得上行明彻,昭然闻四方不见之物,希声之音,出入上下,皆有法变。"达到"行天上之事,下通地理,所照见所闻,目明耳聪,远知无极去来事","开明洞照,可知无所不通,预知未来之事,神灵未言,预知所指"。就老庄美学来看,通过"抱中""守一",则能在审美体验中以洞照天地上下,人身内外,深入宇宙万物的底蕴,直观生命的本原,从而回归到混融滋蔓的生命之所。

由此,我们不难看出,以老庄美学为起源的道教美学所强调的这种通过"冥心守一",专心专意,使意念活动具有高度的集中性与明确的指向性,从修性入手,以进行心理、精神、意识、道德等方面的"性功"修炼,进而达到"明心见性"、体道返根的思想与美学"澄心"说所规定的内容是相通相关的。

从审美创作的视角来看,"澄心"说要求创作主体在进入审美创作构思之先应

---

① 《老子河上公章句·守道章》。

当"澄心端思",即切断感官与外界的联系,排除外在干扰,中止其他意念活动,使意识思绪集中到一点,进入一种虚静、空明的心理状态,以获得"内心的解脱"。前面我们曾经提及,王梦简说:"先须澄心端思,然后遍览物情。"①张彦远也说:"凝神遐想,妙悟自然,物我两忘,离形去智。"②进行审美创作构思活动的主体是"心""思""神""想",是心灵的契合,因此,创作主体在审美创作构思活动中必须具有心灵的自由。是的,"遍览物情"与"妙悟自然"的审美创作活动离不开心灵的活力与心灵的能动,心灵自由是审美创作活动取得成功的前提,而"澄心端思",澄怀净化,忘知虚中,以构筑出空明虚静的心理空间则是对心灵的解放。只有这样,创作主体才能在审美创作活动中最大限度地发挥心灵的主动性,去"凝神遐想"以领悟宇宙人生的妙谛。

以老庄美学为主的中国美学认为,审美创作是心灵的活动,是心灵的审美观照,需要充分实现主体的精神自由,使其"一情独往,万象俱开"③,于电光石火、稍纵即逝的瞬间,超越时空、物我,获得思想的升华和对生命世界的感悟。而"澄心端思"则是这种灵心独运的先决条件,因为"万虑洁然,深入空寂"。通过"凝神""专志",才能突破物象的界限,达到离形去智、物我两忘的心灵虚明澄静的审美境界。在这种心灵的虚明澄静境界中,作为审美创作主体的个人就好像进入另一个清澄浩渺、虚寂无涯的世界,去"游心万仞,虑入无穷",尽性遨游,任意驰骋。

老庄美学指出:"虚者心斋。"是的,通过"澄心端思",可以使心神凝聚,意识集中,使自己的心境达到空明虚灵。从这里我们可以看出,"澄心"说所主张的"澄心端思"实际上是虚以待物,以静制动的审美态度,它是一种高度平衡的心理状态。这种心理状态相似于老庄美学所谓的通过"抱一""守中""心斋""坐忘""冥心守一""系心守窍"以达到"安静闲适,虚融澹泊"的"自性""本心",也就是老子所说的"如婴儿之未孩""比之赤子"的归复本初,犹如初生婴儿时的心理状态。我们认为,无论是炼养身心,还是审美创作,都只有达到这种心理境界,才能"用心不杂","其天守全",克服其主观随意性,"不牵于外物",顺应宇宙大化的客观规律,在自然的徜徉中,逍遥无为,物我两忘,从而与造化融汇为一,直达道的本体,以获得最真确的生命存在。"端思"与"守一"是密切相通的。

---

① 《诗学指南》卷四。
② 《历代名画记》。
③ 谭友夏:《汪子戊己诗序》。

四、"收心离境"与"澄心静怀"

以老庄美学为起源的道教美学提倡"弃欲守静",认为保持虚空明净,无欲无念的心理境界是修炼心性,启迪智慧通乎天气,直达万化生命本原,求得长寿幸福的重要途径。这种思想对古代美学"澄心"观也有很大影响。宋曾慥《道枢·坐忘篇》说:"静而生慧矣,动而生昏矣。学道之初,在于收心离境,入于虚无,则合于道焉。"这里所谓的"收心离境",就是指涤尽心中尘埃,洗却烦忧,超脱于纷纷扰扰的世事,摆脱与功名利禄等私欲相关的物的束缚,以创构出一个明净澄澈、虚灵不昧的性灵空间。故书中又说:"《庄子》云'宇泰定,发乎天光'。何谓也?宇者心也,天光者慧也,虚静至极,则道居而慧生也。悲者,本吾之性也,由贪爱浊乱,散迷而不知。吾能澡雪,则复归于纯静矣。"是的,养生健身,激发智能至关紧要的是要"心静""心定""心明"。破除烦恼,不为物欲所役使,"虚静至极",始能使精、气、神得到修炼,与形相合,身心一体,形神依存,"则道居而慧生也"。因此,去物去我,使纷杂定于一,躁竞归于静,澡雪精神,"收心离境","复归于纯静"是道教美学所追求的炼养身心,开发智能,陶冶性情的特定的心理境界。正如南宗传人萧廷芝所说的:"寂然不动,盖刚键中正纯粹精者存。"[1]扫除不洁,净化心灵,以产生一个虚灵清明、神静气通的性灵空间,从而才能使自己的心性、意识、精神状态复归到小孩一样无分别、平等、真率的那种纯朴、天然上来,灵魂得到净化,情性获得陶冶,智慧受到增益,道德达到升华,真正进入真、善、美的崇高境界。

以老庄美学为起源的道教美学所注重的这种"收心离境",归朴返真的思想与中国美学"澄心"说的规定性内涵是完全一致的。"澄心"说不但规定创作主体在进入审美创作构思之始必须"澄心端思",而且还要求"澄心静怀",以摆脱与功名利禄相干的利害计较,创造出一个清静虚明、无思无虑的心理空间。徐上瀛说:"雪其躁气,释其竞心。"[2]沈宗骞也指出,在进入审美创作构思活动时,主体必须要"平其竞争躁戾之气,息其机巧便利之风。……摆脱一切纷争驰逐,希荣慕势,弃时世之共好,穷理趣之独腴"[3]。只有使心灵经过"澄心静怀",摒弃奔竞浮躁、

---

[1] 《全丹大成集》。
[2] 《溪山琴况》。
[3] 《芥舟学画编》卷一。

汲汲以求、生活情趣不高的意念,做到无欲无私,少思少虑,胸无一丝俗念,才能在审美创作构思中超越自我,通过直觉观照与内心体验,以体味到宇宙自然中的"大美",感悟到审美对象中所蕴藉的深远生命含义和人生哲理。

道教美学内炼理论所强调的"弃欲守静"与中国美学所要求的"澄心静怀"在观念上是相互沟通的。首先,道教炼心养性中收心离境的目的与"澄心静怀"就可以沟通。道教主张通过炼精养气、修养心性以陶冶性情,增益禀赋,并获得清静无为的生活情趣与"少私寡欲,见素抱朴"的最佳心理境界。而以老庄美学为核心的中国美学所主张的审美创作构思中"澄心静怀"的目的亦是要使审美创作主体的内在心理境界摆脱世俗的欲念,清心净虑,以达到一种清净虚明、澄澈空灵的审美心境。宗炳在《画山水序》中说:"澄怀味象。"通过"澄怀",超脱尘世俗念,排除外界干扰,是体味宇宙大化中那种无形的"大象"的前提。是的,我们知道,在审美创作活动中,如果创作主体在心理上有某种过分强烈的欲望、忧虑,则不可能形成空灵澄澈的心境,那么,主体也不可能真正进入审美创作构思。因此,李世民认为,进行书法审美创作之先,应"收视反听,绝虑凝神。心正气和,则契于妙;心神不正,字则敧斜;志气不和,书必颠仆"①。"心神不正"与"志气不和"就是未能从世俗的利害得失的羁绊之中解脱出来,这样就会影响审美创作构思的正常开展。对此,北宋诗人潘大临深有体会。据《冷斋夜话》卷四载:"潘大临工诗,多佳句,然贫甚。"谢逸曾以书相问,有无新作,他复信说:"秋来景物,件件是佳句,恨为俗氛所蔽翳。昨日清卧,闻搅林风雨声,欣然起题其壁曰:'满城风雨近重阳',忽催租人至,遂败意。"被"俗氛所蔽翳",则不能进入宁静空灵心理状态,从而影响及审美构思的开展。并且,即使在审美创作构思之中,如受世俗杂念的干扰,也会使构思中断而"败意"。进行审美创作活动必须脱俗,必须与世俗功利拉开一定的距离,在这一点上,"澄心"说与道教美学是可以相通的。道士田良逸说:"以虚无为心,和煦待物,不事浮饰,而天格清峻,人见者褊吝尽去。"②道士徐灵府也说:"寂寂凝神太极初,无心应物等空虚。性修自性非求得,欲误解真人只是渠。"③超脱于纷扰的世事,摆脱功名利禄等私欲相关的物的诱惑,寄心于太极之初,使自己丰富活泼的内在世界荡涤澡雪,成为空旷虚无的心灵空间。这样,去体味宇宙万物的幽微之旨,始不至于让纷繁复杂的外在物象迷乱自己的心神,以直达宇宙的底蕴,体悟

---

① 《唐太宗论笔法》。
② 《因话录》卷四。
③ 《自咏》。《全唐诗》卷八百五十二。

到生命的本原。从而始可能获得心理上的平衡与精神上的永恒。与此相通,审美创作活动亦是脱俗的、无功利目的的,应摆脱有关衣食住行等种种烦恼和焦虑。如果在审美创作活动中掺入某种世俗欲念,则势必影响审美心境的构成,进而影响及审美创作活动的开展。故以老庄美学为主的中国美学主张"澄心静怀"。虞世南说:"澄心运思,至微至妙之间,神应思彻。"①李日华也说:"乃知点墨落纸,大非细事,必须胸中廓然无一物,然后烟云秀色,与天地生生之气,自然凑泊,笔下幻出奇诡。若是营营世念,澡雪未尽,即日对丘壑,日摹妙迹,到头只与髹采圬墁之争巧拙于毫厘也。"②的确,我们认为。从审美创作构思的实践来看,也只有"澄心静怀",使"胸中廓然无一物",保持自然闲适、宁静空明的心境,始可能进入审美创作活动中的体验过程,并能于审美创作构思中让澄澈自由的心灵无所不至、无处不到,直达深远的生命之源,使艺术作者的心灵与宇宙万物相互消融,获得心灵的体验。如果"营营世念,澡雪未尽",那么,则不可能进入真正的审美创作活动之中,从而绝不可能创作出杰出的艺术品来。

其次,从心理效应上看,道教美学要求的"收心离境"与中国美学强调的"澄心静怀"亦是可以沟通的。道教养生学静功内炼理论注重神、意、气的修炼,认为神在人的生命的整体层次上,起着沟通天人的联系作用。如果人的心理状态很宁静,在神这个天人通道里很清明,人就有可能自觉地直接运用宇宙间的元气,以获得超乎常人的智能。正如道士司马承祯在《坐忘论》中所指出的,修炼之始就收敛心志。固守元神,"要须安坐,收心离境,住无所有因,住无所有,不著一物,自入虚无,心乃合道"。这种通过"收心离境",以恬静虚无而达到的返观守神的最好心理境界,即日本川烟爱义博士所谓的"超觉静思",它能够使人"把意识集中于一点","从而能够最有效地使用大脑"③。我们认为这对于以老庄美学为主的中国美学所推崇的"澄心"说也同样适用。从现代审美心理学理论的视角来看,尽管审美创作的发生是创作主体自我实现的需要,是"感物心动""发愤之所为作",基于功利的需求。但是,它却不仅仅是功利需要。因为依照心理学有关神经活动的优势原则,假使功利需要成为主导需要,那么,自我实现的需要就只能处于被抑制与服从的地位,这样,创作主体当然就无从进入审美创作活动了。所以,只有当自我实现的需要成为主导需要时,也才有可能实现审美创作。故创作主体在进入审美

---

① 虞世南:《笔髓论》。
② 李日华:《紫桃轩杂缀》。
③ 《健脑五法》第19—20页,王端林、冯七琴译,科学普及出版社1998年版。

创作活动时,必须摆脱尘世俗念的干扰,从宁静平和的生活情趣中,求得神清气朗、静明清虚、晶莹洞彻的审美心境,使心灵获得一种自由、解放与活跃。只有如此,审美创作主体才能在心灵观照中,突破客观物象的束缚,和审美对象的生命本旨与内在律动融为一体,于心物合一中与审美对象进行心灵和生命的交流,荣辱俱忘,心随景化,以达到审美的超越境界。庄子说:"有虞氏不及泰氏。有虞氏其犹藏仁以要人,亦得人矣,而未始于非人。泰氏,其卧徐徐,其觉于于,一以己为马,一以己为牛,其知情信,其德甚真,而未始入于非人。"(《应帝王》)虞舜以仁德笼络人心,得人而未能脱物("非人"即物);泰氏徐徐而眠,于于而睡,不辨自己为牛为马,超然于世,摆脱外物的纠缠,才是解脱物欲束缚,使精神自由无羁的最高境界。这种精神解脱也就是庄子所谓的"悬解"(《大宗师》)。"悬解"是超越自我,超越人生,达到心灵自由的必要途径。只有获得心灵的"悬解",才有可能进入俯仰自得,游心于无穷,超然于物外的审美境界。亦即庄子所说的"立乎不测,而游于无有者也"(《应帝王》);"乘天地之正,而御六气之辨,以游无穷"(《逍遥游》);"乘云气,骑日月,而游乎四海之外";"无谓有谓,而游乎尘垢之外"(《齐物论》),但是,无论是"游乎尘垢之外","以游无穷",还是"游乎四海之外"(《齐物论》)。都必须"顺物自然而无容私"(《应帝王》)。心灵的遨游是虚而任天,静而体道。故庄子主张"虚而待物"(《人间世》)。强调超脱于俗世,开拓胸襟,专注于内心的宁静,摒弃一切知虑,让精神超然于物象之外,使自己达到不容纤尘的心理境界,从而才能听任万物往来,"游乎天地之一气",获得与道为一,与万物为一,进而从思想的净化与心灵的飞升中得到精神的慰藉与情感的升华。

总之,老子所主张的虚静淡泊、返璞归真的人生理想,以及庄子所推崇的静以体道、游于无穷和后来在此基础上所形成的道教美学内练理论所强调的"安心澄神"与中国美学"澄心"说所规定的内容是相互沟通的。炼养身心"先定其心",始能"慧照内发,照见万境,虚忘而融心于寂寥"[①]。审美创作构思中,"澄心端思",实现心灵的自由、专一和"澄心静怀",超越名利、好恶得失等世俗杂念,保持心灵的净华与空明,从而才能于心灵观照中达到与宇宙自然合一的"至美至乐"境界,以创作出艺术珍品,恬淡自然、透明澄澈的喜悦和解脱心态既是道教美学养心益性心理进程中关键性的第一步,亦是为老庄美学为主的中国美学所推许的审美创作构思活动的首要前提,其思想间的相互影响也不言自明了。

[①] 司马承祯:《坐忘篇》下。

第十章

老子的"自然无为"与"目击道存"的审美体验方式

我们知道,老子主张取法自然,强调自然无为,影响及中国美学,"以天合天",心物交融,最终以实现天人合一的审美境界成为中国美学的基本精神。其根本特征是心源与造化之间的互相触发,互相感会。但与此同时,中国美学更强调主体以心击之,因心而得。其整个审美体验过程是内缘己心,外参群意,随大化氤氲流转,与宇宙生命息息相通,随着心中物、物中心的相互交织,最终趋于天地古今群体自我一体贯融,一脉相通,以实现心源与造化的大融合。故而中国美学强调"目击道存",要求审美主体走进自然山水之中,以自然万物为撞击自己心灵、激发审美创作欲望和冲动的重要契机,为产生灵感兴会的渊薮,去心游目想,寓目入咏,即事兴怀。

一、"自然无为"的美学思想

老子说:"知其雄,守其雌。"又说:"弱之胜强,柔之胜刚","致虚极,守静笃","归根曰静,静曰复命"。在老子看来,自然万物、宇宙天地都是运动变化的,这种运动变化又是循环反复的,"道"的特点,就是要使自然万物运动变化发展到它的极致。而所谓自然万物运动发展的极致,也就是向静的方面的复归。这实际上也就表明,宇宙自然中在动与静的关系上,动是暂时的,静才是根本,故而老子贵柔主静。老子认为,"道"也就是自然,大地自然都是由"道"所生,并由"道"所支配而变动不居,周而复始,自在自由,人道本于天道,向往天道。天道即自然之道。人道从自然之道而来,最终归结于天道。因此,人要把握与体会到这作为宇宙万物的生命本原"道",使人道归于天道,让自己的心灵遍及万物,与天心相通,与万物一体,进而达到"天人合一""万物皆备于我"的境界,直觉地体悟到宇宙、自然深处活泼泼的生命韵律,从而获得人生与精神的完全自由。那么,主体就必须要"潜心",从一般世俗的心态转化到审美心态,忘欲忘知忘形忘世忘我忘物,从而才能使主体进入精一凝神、视而不见、听而不闻的自由自在的审美心境,由此,也才能于心物交融、物我合一中获得审美体验,进入最高的审美灵境。

的确,正如我们多次论及的,老子认为"道"与"气"是宇宙万物的生命本原,作为孕育自然万物的核心生机的"道","先天地生","可以为天下母"。它既是宇宙大化最精深的生命隐微,又是宇宙大化运行发展变化的必然及规律性,因此,也是审美体验所要追求的美与艺术生命的本原。同时,老子认为"道"又是"无",是"无"与"有"的统一体。所谓"天下万物生于有,有生于无",所以"无"才是最高的境界。当然,"道"既然是"无"与"有"的统一体,就绝对不是完全的"虚无",它是"其中有象""其中有物""其中有精""其中有信"。"象""物""精""信"是真实的存在,但又是有限的,而"虚无",即"道",才是最高的、绝对的美。其表现特征为空灵、自然、无为、无限。审美活动中要生成并显现这种宇宙之美,就必须"绝圣去智""无知无欲",由"虚静"的心灵自由中,超越有限的、具体的"象",而体悟到"道"——这种宇宙生命的精深内涵和幽深旨意,并进入极高的自由境界。此即司空图所谓的必须"超以象外",方能"得其环中",进入宇宙的生命之环。

关于自然万物的生命属性,老子指出"夫物芸芸,各复归其根""复归于无极""复归于朴"。在老子看来,"道"和天地万有之间,只不过是一与多、无与有的关系,道因自身的圆满丰盛而创生天地万物,天地万物则因自身的贫乏有限而要求回归于作为生命本原的道体之中,这就是"归璞返真""复归其根"的过程。而这种循环往复,无有止息的复归又是自在自为、自然而然的。春秋代序、日出日落、花草树木、鸟兽虫鱼、江河湖泊,白云舒卷,春风轻拂……等等,都不需要人为的因素而自由自在地运动变化、生生不息。故而,审美活动中,主体只有效法自然,自然无为,才能使自己与自然浑然一体。

正是基于这种审美态度,中国古代艺术家在把握和体验自然万物时,总是采取老子道法自然、无为而为、淡泊恬静的审美态势,往往以自然山水为艺术灵感的渊薮,从而形成一种人对宇宙时空的依赖与人对自然万物的和谐氛围,走进山林,在山泉林野、荒木乱石中寻找自己的生活乐趣和寄寓自己的情怀;在齐物顺性、物我同一中泯灭彼此的对峙,自然无为,主客体之间显现出相亲相和、休戚与共的关系。同时,保持自由自在的心境,让心灵自由徜徉,人对外部世界,对自然万物,始终保持着一种精神上的自由,在主体虚静空明的审美心境中,自然万物与人自由地认同,人自由地驾驭、吐纳万物自然。故而,受老子取法自然、自然无为、顺应物性、"无为而无不为"思想的影响,拥有"审美型"智慧的中国人可以顾念万有,拥抱自然,跃身大化,有时竟达到"我见青山多妩媚,料青山见我应如是""相看两不厌",而物我同一、物我两忘的地步。

既然如老子所说,人与自然之间为"道"所生化,是"天人合一","以类合之,天人一也",天地人皆为同类,都出于"道",那么,天人之间也就自然是息息相通的。由此,我们就常常在中国古代文艺审美创作中发现一种人与自然万物相互感应、相互融合的现象,像李白诗中所描绘的那样,"相看两不厌,惟有敬亭山"①。在虚灵空廓的审美静观中,"目既往还,心亦吐纳"②,主体会摄物归心,客体也必然会移己就人,在主客运动中,最终臻万物于一体,达到与万物同致的境界。这种"天人合一""我"与"非我"的一体化,小宇宙与大宇宙的互渗互摄,表现在审美创作活动中,则形成了"情景交融""神与物游""情往似赠,兴来如答"等一系列审美意境生成的理论。主体和客体的交感、情与景的交织、心与物的交游,可以创构出多种多样虚灵空活而又幽远深邃的审美境界。

所谓"天地一东篱,万古一重九",天人合一,自然与人相类一体,相通相合,以老子为首的道家哲人的这种宇宙意识渗透到中国美学所推崇的审美活动中,人的心灵、精神、情感就成了审美关系中真正的主动者,自然万物也就理所当然地能为人们自由地驾驭和吐纳。在中国艺术家的心灵空间里,自然万物任凭自我"舒卷取舍,如太虚片云,寒塘雁迹"③。嵇康诗云:"目送归鸿,手挥五弦;俯仰自得,游心太玄。"④就很传神地展现了这种以人为核心的"天人合一"宇宙意识对审美观念的渗透,表现了人对自然万物的自由吐纳与审美认同。我们认为,可以说,正是受老庄宇宙意识影响而形成的中国人这种对大自然的亲密感、认同感,视大自然为可居可游的精神家园的审美观念,生成了中国人能够超越时空限制,以直觉的方式去接近自由生命的气韵律动,同时把不同情景、不同际遇下经验颤动的深层结构和全部幅度蕴含在艺术审美创作的兴感触发的魅力中的审美意识,并从而直观地触及审美境界论的某些端倪。

在老庄哲学"天人合一"、人与自然都由"道""气"所化育,同源同构的宇宙意识的作用下,中国美学强调人必须与天认同,认为人与自然、本质与现象、主体与客体的浑然统一的世界中,人始终处于核心的地位。同时,受道家"以天合天""以

---

① 《独坐敬亭山》。
② 《文心雕龙·物色》。
③ 沈灏:《画麈》。
④ 《赠秀才入军》其十四。

合天心"以及"乘物游心"审美意识的影响,中国美学非常推崇一种借助刹那以求永恒的审美境界的途径,即袁守定所说的"触景感物,适然相遭,遂造妙境"①和恽格所说的"灵想之所独辟"②。概括地说来,也就是以老庄美学为主的中国美学经常所标举的"目击道存"与"应物斯感"。

二、目击道存的审美体验论

以老庄美学为主的中国美学认为引发审美活动的契机是"感物心动",强调"情以物兴,物以情观"③,要求审美主体必须以当下的观物为审美体验活动的起点,走向自然,去感物起兴,使"天人合发",从而于我与物、主体与客体的相通相应中领悟到天地之精神、造化之玄妙。可以说,由感物使当下之"景物"与主体之"心目""磕著即凑"而达到的心境相合、情景相融、意象相兼,是以老庄美学为主的中国美学努力追求的一种审美极致。它既体现出审美主体进行心灵化加工的双向异质同构的精神活动;同时,又规定着主体审美心理时空的构筑必须以当下景、眼中物触发情志,直观外物,自然兴发,瞬间即悟,以进入"以天合天""以合天心"的审美境界,并深切地体验到审美对象中所蕴藉的生命之"道",从而在审美创作活动中举重若轻地营构出审美意境。这种营构审美境界的途径也就是庄子所说的"目击道存"④。

在我们看来,"目击道存"中所谓的"道"和"气"相同,就是老子所谓的"道生一"中的"道",是万物生命的本原。它主宰着自然万物、宇宙天地和人的生命与存在,体现着宇宙的活力和生机。老子说:"道冲而用之或不盈,渊兮似万事之宗。"戴震也说:"气化流行,生生不息,是故之谓道。⑤"在审美活动中,主体只有走向生活,走进自然,去以目观眼见为感发审美冲动的重要推动力,于遇景触物的瞬间,促使兴会爆发,迅速沉潜到自然宇宙与社会人生的生命底蕴中,用心灵拥抱整个宇宙,去体悟那总是处于恍惚窈冥状态的生命本原之"道"。目击之,心入之,神会之,从而始可能容纳万物,辨识万物,综合万物,进而从整体上把握到那种"元气未

---

① 《占毕丛谈》卷五《谈文》。
② 《南国画跋》。
③ 《文心雕龙·诠赋》。
④ 《庄子·应帝五》。
⑤ 《孟子字义疏证》。

分""气化流行,生生不息"的"万物之宗",以进入物我合一的亲和、陶然、温馨的审美境界,也即天人源自"道"又归于"道"的天人合一的最高境界。在这种审美境界中,人的心灵自得自由、自适自在地"逍遥"于天则之中,深刻地体验到人的心灵的高蹈和对人生真谛的突然悟解。在我们看来,这也正是中国美学所标举的"顿悟"的一种表现形式,是乘兴随兴,自得自在,豁然开朗的审美极境。

"目击道存"中所谓的"目击",又称"即目""寓目""应目",就是要求审美活动应遇景起兴,即目兴怀。它强调直接的审美感悟,注重具象的感悟呈示,重视具有强烈感知效果的审美认识或审美感兴。认为对审美客体的"目击"式审美感悟,以及通过此而滋长的生机勃勃的审美意象是营构审美境界的直接源泉。唐代大诗人王维在审美创作活动中就喜欢采用这种方式。如他从"目击道存"、遇物兴怀中就获得过这样的佳句:"中岁颇好道,晚家南山陲。兴来每独往,胜事空自知。行到水穷处,坐看云起时。偶然值林叟,谈笑无还期。"[1]在这里,人与自然相招相引,相感相应,相亲相和;审美主体徜徉于山水烟霞之间,独来独往,优哉游哉,怡然自适。徐增在《唐诗解读》中说:"右丞中岁学佛,故云好道。晚岁结庐于终南山之陲以养静。既家于此,有兴每独往。独往,是善游山水人妙诀,……随己之意,只管行去。行到水穷,去不得处,我亦便止。倘有云起,我即坐而看云起。坐久当还,偶遇林叟,便与谈论山间水边之事,相与留连,则便不能以定还期矣。"我们认为,"随己之意,只管行去"这种随缘自适、任运自在的审美态度正好揭示了以老庄美学为主的中国美学所主张的"目击道存"审美境界营构中物沿耳目、临景结构的审美特征。

"目击道存"审美境界的营构活动特别注意从日常生活的细微小事中得到审美启迪,从对自然万物的悠然游览中获得超然顿悟,其审美心态突出地表现为一种自得性。它强调无心偶合,不期然而然。王羲之《兰亭诗》说:"仰观碧天际,俯瞰绿水滨。寥闲无涯观,寓目理自陈。大矣造化工,万殊莫不均。群籁虽参差,适我无非新。"天地自然中,作为审美对象的山水景物,变化无穷,万象罗列,美不胜收,既有高山峻谷,千峰万嶂,晴岚烟雨,激流飞瀑;更有杜鹃红艳,春兰幽香,松鸣泉笑,山鸟啼啭。它们或给人凌云劲节慨当以慷之思,或给人以春意盎然心旷神怡之想。步入自然山水之中,或"仰观碧天",或"俯瞰绿水",放眼落霞云海,以眼与心去追寻美的踪迹,探求美的造型,体悟美的韵律和节奏,领略美的风致和情味,"寓目理自陈",通过直观,以揭示自然景物中所蕴藉的宇宙生命的微旨。在我

---

[1] 《终南别业》。

们看来,这里的保持自由随兴的心境与自然的节律相一致,纵目游心,从而获得"适我无非新"的审美心理表现状态,就呈现为一种自得性。

我们认为,自得心态能使审美主体于心物相感、情景相合的瞬间,沉潜到宇宙自然的底蕴,把握住生生不已、大化不息的自然万物的脉律。只有与自然一体,才能使"理自陈",以体悟到万物自然的生命微旨,使"适我无非新"。程颐说:"天地人只是一道也。"①朱熹也说:"天即人,人即天","天人本只一理"。② 从物与心的关系来看,中国美学认为,宇宙便是我心,我心即是宇宙,故"能尽我之心,便与天同。"③即如王守仁所说:"人者,天地万物之心也。心者,天地万物之主也。心即天,言心则天地万物举矣。"④人的心即是天,人心与天可合为一体。"夫人者,天地之心,天地万物本吾一体也"⑤"盖天地万物与人原是一体"⑥。人本是自然的一部分,受天地灵气的作用,使人成为自然万物中最有灵气和智慧者而为"万物之主"。审美体验活动中,要领悟天地万物间生命的意味,人就得回归自然,让自我融于自然万象的生灭化迁之中,与自然合而为一,随自然万物的自由生息而冥合自然中所蕴藏的生命之根——"道"。陶渊明《饮酒》诗其五云:"采菊东篱下,悠然见南山。山气日夕佳,飞鸟相与还。此中有真意,欲辨已忘言。"这里表现出的就是一种自由自得的审美心态。诗人以一种空明的澄静的审美心境,逍遥闲放,无为自得,因景物的偶然触发,而使蕴含于心灵深处的情愫如泉水般自然溢出,朴实纯真,给人以强烈的审美感染力。故张戒指出:"'采菊东篱下,悠然见南山',此景虽在目前,而非至闲至静之中则不能到。此味不可及也。"⑦苏轼也指出:"渊明意不在诗,诗人以寄其意耳。'采菊东篱下,悠然见南山',则来自采菊,无意望山。适举首而见之,故悠然忘情,趣闲而累远。此未可于文字、语句间求之。今皆作'望南山',觉一篇神气索然。"⑧是的,只有在"至闲至静""悠然忘情"的"无意"自得、任运自适的审美心态中,凭借一种明澈、睿智、迅捷、灵敏的目光和心灵,于刹那间化入自然万物生气流动的韵律中,才能捕捉到自然万物的生命之美和转瞬即逝的诗意的灵感,并使之化为永恒。

---

① 《河南程氏遗书》卷十八。
② 《朱子语类》卷十七。
③ 《陆九渊集》卷三十五。
④ 《王文成公全书》卷六。
⑤ 《王文成公全书》卷二。
⑥ 《传习录》下。
⑦ 张戒:《岁寒堂诗话》卷上。
⑧ 见周紫芝《竹庄诗话》引。

可以说，正是在对审美实践活动进行总结中，以老庄美学为主的中国美学提出"目击道存"来规定审美活动应通过触物兴怀、瞬间顿悟以追求一种刹那以见永恒的审美极境。"目击"中所谓的"击"，具有瞬间的触动、感发、直寻的意思，是天然自得、"触物有感"。即如许印芳《二十四诗品跋》所指出的，是"比物取象，目击道存"。它强调的是无心任性中，"随其成心而师之"，由所见之物触发主体的生命意识，引起心旌摇动，此也即所谓"兴于自然，感激而成……应物便是"①；是"我初无意于作是诗而是物是事适然触乎我，我之意亦适然感乎是物是事，触先焉，感随焉，而是诗出焉"②。也正是由于"触先焉，感随焉"，决定了在"目击道存"审美境界的营构活动中，讲究不是我感物，而是物来感我，注重保持审美自得心态，由物起兴、睹物兴情的传统审美方式。

"目击道存"所强调的这种随其所见，任兴而往，由物感触，忽有所悟，从而由心物两交、情景两契中完成审美感兴活动，以构筑出天然空灵审美境界的审美方式，看似以动追静，动以入动，实质上仍是以静追动。在这种审美境界营构活动中，徜徉漫步于自然万物中的审美主体，形态虽处于行动之中，其审美心境却是空明澄澈、无为自在的，"适然感乎是物是事"，"感激而成"的整个审美活动过程中都显出一种"兴于自然"，如陶渊明所谓的"云无心以出岫"，"无心的遇合"，似行云流水般自然自得的审美心态。

"自然无心"，也就是中国美学所主张的虚静无为。"目击道存"审美境界营构活动中这种强调随心适意，天机自动，把观物起兴作为激发审美冲动的重要契机和兴会到来的直接诱因，表现为对自然万物的委顺、亲和的自得心态，同中国人"静以体道"的传统思维模式分不开。受老子贵柔主静思想的影响，中国美学认为动生于静，又复归于静，静能明照一切，而尽烛天地万物的情状。虚静是天地自然之本。老子说："夫物芸芸，各复归其恨，归根曰静。"庄子也说："夫虚静恬淡，寂寞无为者，万物之本也。"③动而归静，实生于虚，自然万物只有通过寂静才能呈现自己的形态，显示其美的本质特征。宇宙万物作为有形的运动变化的实体，最终依旧是要回复到"静"之中。与此相应，在审美活动中，主体也只有保持虚静空明的审美心境，才能以静追动，以静制动，以静体静，以侔于天而从于天，与天为一，与物为一，达到与自然万物的相通相融并把自己托付于整个宇宙大化，让自己的生

---

① 《文镜秘府论·论文意》，人民文学出版社1980年版，第127页。
② 杨万里：《诚斋集》卷六七。
③ 《庄子·天道》。

命完全消融于万物自然中,领悟到宇宙自然的生命真髓和美的精义。老子说得好:"致虚极,守静笃。万物并作,吾以观其复。"庄子也说得好:"水静则明,烛须眉,平中准,大匠取法焉。……圣人之心静乎,天地之鉴也,万物之镜也。"①郭象说得更为明确:"我心常静,则万物之心通矣。"②是的,在中国美学看来,唯静,在审美活动中才能掌握纷繁复杂、气象万千的大自然的动,并控制动,此即以静味动,静以体道。正如《管子·心术》所说:"是故有道之君,其处也若无知,其应物也若偶之。静因之道也。"要体认到宇宙自然中的生命意旨和美的精神,就应超越世欲、超越感官、超越智巧,"处若无知","应物若偶",排除主观的成见,完全循因客观自然的运行变化规律,无所用意,猝然与景相遇,使心灵与万象相合,率意天成。以老子为首的中国哲人这种强调审美活动应以静制动,"静因之道","静以体道",要求审美主体应实现在一种宁静自得的审美心理状态中直观宇宙人生妙谛的审美思想,为历代美学家所提倡,世代相循,逐渐积淀并潜藏于中国人的深层审美心理结构之中,遂形成中国人的一种"静"的审美心态。

以老庄美学为主的中国美学静以追动,以柔克刚,自然无为的思想对中华民族的心理要素、民族性格和民族文化、传统审美观念具有根深蒂固的影响,为传统审美观念的根本特征。故李大钊认为,和西方"动的文明"相比,东方则表现为一种"静的文明"③。朱光潜也认为"西方民族性好动,中国民族性好静"④。这种"静的文明"与"好静"的性格特征显然影响及"静以体道"的传统审美体验方式,促成其"目击道成"审美境界营构途径与审美境界营构过程中的自得心态的形成。此外,受老子贵柔观念的作用,并积淀在中华民族文化心理结构中的尚"柔"心态,也影响着中国人审美活动中的"静以待物""静因之道""目击道存"审美体验方式及其审美心理状态的形成。鲁迅说:"老,是尚柔的;'儒者,柔也',孔也尚柔,但孔以柔进取,而老却以柔退走。"⑤儒道两家都崇尚"柔",主张以柔克刚,强调心灵和谐宁静。这种思想自然会影响到中国人的文化心理结构,并扩大到审美心理结构和审美观念,从而形成中国美学所标举的触物起兴、遇景兴怀的审美直观体验方式与自得心态。

必须指出,"目击道存"审美境界营构活动中强调自得心态的重要,而这种自

---

① 《庄子·天道。》
② 《庄子·天道注》。
③ 李大钊:《李大钊文集》,人民出版社1999年版,第557页。
④ 朱光潜:《长篇诗在中国何以不发达》,《朱光潜全集》第八卷,安徽教育出版社1987年版。
⑤ 鲁迅:《鲁迅全集》第六卷,人民出版社1981年版,第520页。

得心态也并非完全、纯粹地排除审美主体的能动作用。宁静自由的审美心境使心灵获得真正的自得自适,从而才能在清空明静的心胸中涌起深层的活力,以"妙机其微"。即如曾巩在《清心亭记》中指出的:"虚其心者,极物精微,所以入神也。""入神",即深入与体悟到自然万物的生命本原。中国美学这种静而自待,静以体道,虚心入神的审美体验方式和注重由外物触发,感物起兴,即景兴怀的审美心理规律,用现代审美心理学理论来阐释,实际上就是审美活动中一种审美直觉心理状态的表现。换言之,即自得心态是"目击道存"审美境界营构中进入直觉体验的心态基础和前提性条件。王夫之说:"兴在有意无意之间,……关情者景,自与情相为珀芥也。情景虽有在心、在物之分,而景生情,情生景,哀乐之触,荣悴之迎,互藏其宅。"①又说:"天壤之景物,作者之心目,如是灵心巧手,磕着即凑,岂复烦其跱踌哉?"②这里所谓的"有意无意之间",就是一种自得心态。并且,不难发现,这种自得心态乃是静中藏动,柔中蕴刚,暗含着审美主体的能动作用。所谓"景生情"中的"景",是指作为审美对象的自然万物,为"天壤之景物",而"情生景"中的"景"则是主体通过"目击""即目"的审美活动在其脑海中生成的审美意象,是主体之"情"与作为客体之"景"的相互应合,是"哀乐之触,荣悴之迎,互藏其宅"。要能够达到情景合一,心物合一,"景物"与"心目"合一,使天人应合同构,审美主体必须具备并保持"有意无意之间"的自得心态。同时,主客体之间还存在着一种默契,作为审美主体的个人,有哀乐之兴;而作为客体的景物则有荣枯之象,因而始能为毫不跱踌的刹那"磕著即凑",相互凑泊。

我们认为,受老庄美学作用而形成的中国美学"目击道存"审美境界营构活动中这种于"有意无意之间"感物起兴以获得心解妙悟的方式和禅宗美学主张的世尊拈花、迦叶微笑,用自己的直觉观照,当下顿悟清净本性的参禅相通。所谓"禅道惟在妙悟,诗道亦在妙悟","惟悟乃当行,乃为本色"③,一旦悟入,豁然开朗,"信手拈来,头头是道"④。诗僧惠洪《题珠上人所蓄诗卷》说:"余于文字,未尝有意,遇事而作,多适然耳,譬如枯株,无故蒸出菌芝。"这也就是所谓的"天机自动",一出本心,皆出自心灵的自然要求。禅宗美学主张以"无心"的直觉体验去参悟"道",在感性中获得心灵的超升,既超升又不离感性,此即所谓"悬解"。禅是一种明心见性的功夫,它的本体是"真如",或曰"佛性",可以体验冥契,而不可以思

---

① 王夫之:《姜斋诗话》卷一。
② 王夫之:《唐诗评选》卷三。
③ 严羽:《沧浪诗话·诗辨》。
④ 《沧浪诗话·诗法》。

第十章 老子的"自然无为"与"目击道存"的审美体验方式

维求,不可以知性解,不可以语言取。禅宗美学所谓的参禅悟道,其实是一种"无目的的合目的性"行为。和"目击道存"所主张的"兴在有意无意之间"相同。禅与"目击道存"审美活动之所以能够在对大自然的仰观俯视中当下顿悟,获得宇宙的生命意旨与美的精义,就在于天地万物本身是无目的性、无意识的。水流花落,鸢飞鱼跃,其本身都是无意识、无目的、无思虑、无计划的,也就是说,它们都是"无心"的,然而,就在这种"无心"中,在这种无目的性、无意识中,却可以深悟到那冥冥之中使这一切所以然的宇宙"大心"、大目的性和"大美"。并且,主体只有保持自己"无心"、无目的性、无意识的心境,才能参悟这蕴藉于自然万物中的"大心"、大目的性和"大美"。

从现代美学来看,受老庄美学作用而形成的中国美学"目击道存"审美境界营构活动中这种由物触动、感发心气、瞬间顿悟的审美活动还表现为一种"移情"现象。审美主体在大自然中纵目游心,感物心动,睹物兴情,往往自觉或不自觉地把属于自己的知、情、意移入客观的自然景物之中,使本身没有情感的审美对象,仿佛也具有了情感、意志和性格等等。即如刘勰《文心雕龙·物色》篇中所指出的:"目既往还,心亦吐纳","情往似赠,兴来如答"。孔颖达《毛诗正义序》也指出:"六情静于中,百物荡于外。情缘物动,物感情迁。"审美主体心境怡悦,那么眼前花欢草笑,莺歌燕舞;而审美主体黯然伤神之时,则云愁月惨,鸟虫衔悲。同时,按照完形心理学理论,这种作为审美对象的自然景象对主体感兴的诱发,是由于它具有一定的表现性与一定情感具有同种性质的结构,能唤起主体一定的情感。鲁道夫·安海姆指出,这种具有表现性的结构乃是因具有与一定的情感活动所依据的张力相一致的力,故能唤起主体的情感。他说:"表现性其实并不是由知觉对象本身的这些'几何——技术'性质本身传递的,而是由这些性质在观看者的神经系统中所唤起的力量传递的。不管知觉对象本身是运动的,还是静止的,只有当它们的视觉式样向我们传递出'具有倾向性的张力'或运动时,才能知觉到他们的表现性。"[①]作为审美主体,之所以能为对象的唤情结构所捕捉,激发起情兴,并进而物我双泯,能所双遗,主客相融而俱化,则必须有一种积淀在经验中的"预成图式"(冈布里奇语)。这种"预成图式",既是经验积累的结果,也是参与感知活动的前在经验的心理状态。在审美活动中,它规定着审美感知的趋向、分类和重建。可以说,离开经验的参与,唤情结构的捕捉则不可能完全实现。这种"预成图式",中

---

① 鲁道夫·安海姆:《艺术与视知觉》,中国社会科学出版社1984年版,第616页。

231

国美学称之为"成心"(刘勰),或"缘自昔闻见"①,它"积之在平日"。只有具备这一条件,才可能"自然静生感者"而"得之在俄顷"。主体的这种潜在条件,也就是王夫之所谓的"互藏其宅"中属主体方面的内容。现代审美心理学的研究也表明,由即目即景所形成的表象只是人脑对客观事物的一种直接、被动的反映,带有自发的性质。在审美活动中,它们虽然也能起到作用,但不能起主导作用。仅凭表象是不可能产生审美意象的,只能产生对客观物象的模拟照相。因此,必须对自发性的表象进行审美加工、改造,通过心灵之光的折射以熔铸出自觉的表象来,才能符合审美的需要。这自觉的表象就是审美意象。由表象到审美意象的过程,虽然只是很短的一瞬,但却是审美活动中极其复杂和艰苦的审美体验与心灵洞见过程,是主体将自我生命灌注于生机盎然的自然万物,同时又尽情吸取天地精神的俯仰绸缪的"目击道存"、物我互观运动,必须倾入主体所有的审美心理因素与审美能力。王夫之说:"'池塘生春草','蝴蝶飞南园','明月照积雪',皆心中目中与相融洽,一出语时,即得珠圆玉润,要亦各视其所怀来而与景相迎者也。"②这也就是说,"池塘生春草"等诗句,所以兴趣天然、自然高妙、平淡超然、"珠圆玉润",完全是因为"皆心中目中与相融浃","现成一触即觉,不假思量计较"③,于自由"无心"的审美自得心态中感物心动、即目入咏、临景构创而成。其审美心理状态似"无心应景",然而实质上却是"各视其所怀来而与景相迎者也"。只不过这种"无心"包容着一种由平日积累而成的内在的生命欲求。故而要实现"目击道存"则需要审美主体通过长期的生活实践和审美实践,有着丰富的经验积累,从而形成一种由心理冲动趋势和情感反映模式结构的意念系统。只有这样,这种意念系统才能在主体与客体同构共感的瞬间,激发其深层生命的涌动,帮助主体在"目击"的同时领悟到生命之"道"。如张实居《师友诗传录》所说:"当其触物兴怀,情来神会,机栝跃如,如兔起鹘落,稍纵则即逝矣。"

是的,以老庄美学为主的中国美学所推崇的"目击道存"审美境界营构中所表现出的自得心态看似水镜渊渟,冰壶澄澈,而实地里则真气弥漫,空旷虚明的心灵空间蕴藉着活泼的情意跃迁。在此心理基础上,审美主体始能于短暂、神迅的瞬间,如"兔起鹘落"以体认感悟到自然山水那种活跃生命的传达,捕捉到天地精神与美的精灵——"道"。

---

① 张载:《张子语录·语录上》。
② 王夫之:《夕堂永日绪论》内编。
③ 王夫之:《相宗络索》。

第十一章

"清静"说及其审美构成态势与文化根源

《老子》一书以其博大精深的内涵极大地影响了中国文化的发展和中国美学品格的形成。书中,老子以"清静"作为全文统领和轴心,提倡自然界朴素与清明无为之美,以及人性的柔和谦逊之美。并对"清静"的构成与显现作了极具包容性的表述,并指出其生成的途径。以"清静"为美的理念不仅是老子个人美学观点的总结和悟道的体会,而且也是传统美学"清静"范畴的构成原点。管子、荀子的"虚壹而静"的"清静"观就承继了其思想。美学史上所谓的"虚心纳物,澄心静虚""凝神静思"等命题,强调以审美者独特的体验,对精神内涵的深度显示来切入艺术灵性的境界的思想构成原点都应追溯到老子的"清静"观。

一、"清静"域的审美诉求与构成态势

在中国美学史上,"清静"一直被看作为一种审美构成境域和最高审美诉求,所谓"诗以清为主"①、"诗家清境最难"②。正因为"清"之境域难以构成,因此,才成为历代美学家极力推崇"清静"之审美构成域和审美意趣域。

"清静"之"清"的含义是纯净、寂静、明白、廉洁、单纯、点验等,像清楚、清醒、清净、清白、清醇、清淡、清高、清廉等。"静"是与动相对应的,是指安定、没有声息等,像安静、沉静、平静、清净、静穆等。构成"清静"境域的心态与途径则是道家所标举的自然而然、清静无为,回归到最初的纯粹构成本源"道",保持"清静"自然之心,没有一点人世尘埃的污染,悠闲超脱而清净高洁。从而才能在"无常"的世界中求得"常清静",构成虚静之境域。就其原初的美学意义来看,所谓"清静",

---

① 宋咸熙:《耐冷谈》卷三。
② 贺贻孙:《诗筏》。

就是"虚静"。

　　作为一种无功利、超功利的纯粹的审美构成境域,"清静"说最早是由老子提出来的。老子主"静"。他认为"静为躁君","静胜躁,寒胜热,清静为天下正"。在老子看来,"静"是"根",是"命",是生命的纯粹的原初构成域。他说:"夫物芸芸,各复归其根。归根曰静,是谓复命。"(十五章)又说:"致虚极,守静笃。"基于这种思想,他指出,只有达成"虚极""静笃",才是真正还原到生命的原初,也就是还原到纯粹构成本源"道"。正由于"虚""静"是"根",是"命",是生命的纯粹的原初构成,所以他认为"清静为天下正",并在其书中多处提到"静"。如:"重为轻根,静为躁君。"(二十六章)他认为,在"归根""复命"中,必须控制好自己的情绪,保持无欲无为的心态,才能达到"静胜躁,寒胜热"的境域。以"静"胜,"不欲以静,天下将自正"(三十七章)。为什么呢？他形象地比喻道,"牝常(恒)以静胜牡,为其静也,故宜为下"(二十三章)。这种"归根"和"复命"式的"静",究竟是怎样的审美构成态呢？老子对此进行了追问。他说:"载营魄抱一,能无离乎？专气致柔,能如婴儿乎？涤除玄鉴,能无疵乎？"(十章)这里所谓的"营魄抱一""专气致柔""涤除玄鉴"的描述,深刻而又具象地揭示了"清静"这种绝对纯、静的审美构成境域像"玄鉴"一样纤尘不染的特点。庄子继承和发展了老子的"清静"思想,提出著名的"心斋"说。他说,"气也者,虚而待物者也。唯道集虚。虚者,心斋也"。可见,所谓"心斋",就是指的一种纯而又纯的审美构成态。只有达成这种构成态,才可以全性,才可能明察,才可以使意志处于绝对的自由,才可以排除外物、内情的干扰,这时来"瞻彼阕者,虚室生白,吉祥止止"①,才会感到四堵皆空,视有若无,才能进入大道和至美境域。在老子"清静"说的基础之上,庄子把"虚静"从本体论层面进一步扩大到人的精神境域,成就在他所设计的理想人格上:"真人"与"至人"是其理想人格境域的完美统一。

　　由"清"与"静"所构成的"清静"境域既是道家哲人所追求的一种原初纯粹境域,又是中国传统文艺审美创作的审美诉求和构成境域。在中国传统文化中,"清静"境域的构筑不仅是文艺审美创作的美学追求,而且展现了文艺审美创作主体的人生境界、人格修养的原初构成境域。所以说,"清静"也就是"虚静"。中国传统文艺审美创作原初的构成态势就是"清静"。这正好与道家哲人的"虚静"观殊途同归。

　　就其具体内容而言,所谓"清静",一是指审美创作主体原初构思心态的"清

---

① 庄子:《庄子·人间世》。

静",二是指作品意境构成境域的"清静"。道家虚静观在中国传统文艺审美创作中体现为以下三种境域。

(一)收心去欲

在以老子为首的道家哲人和和以老子美学为核心的中国传统美学看来,"体道"与审美活动进行的关键一步是"清静"心境的构筑,因此首先必须收心去欲,回归原初的"清静",而收心去欲则是回归原初的"清静"的前提条件。所以,中国传统文艺审美创作极为强调去欲以静心的重要性。在这一方面,古代许多哲人都深切地认识到它的重要性,把审美体验时"心"的虚静作为审美境域构成的首要条件。

在以老子美学为核心的中国美学,"清静"或谓"虚静",意谓"澄心端思",澄怀净化,忘知虚中,就是进入一种无视无听、寂寞无为的构成境域。苏轼《送参寥师》云:"欲令诗语妙,无厌空且静。静故了群动,空故纳万境。阅世走人间,观身走云岭。咸酸杂众好,中有至味永。诗法不相妨,此语当更清。"处静方能观动、虚心才能纳物,虚静之境,在杳冥寂寞中,"离形去知""无视无听""目无所见,耳无所闻,心无所知"[①],清代词人况周颐云:"人静帘垂,灯昏香直。窗外芙蓉残叶飒飒作秋声,与砌虫相和答。据梧冥坐,湛怀息机。每一念起,辄设理想排遣之。乃至万缘俱寂,吾心忽莹然开朗如满月,肌骨清凉,不知斯世何世也。斯时若有无端哀怨怅触于万不得已,即而察之,一切境象全失,唯有小窗虚幌、笔床砚匣,一一在吾目前。此词境也。"[②]"每一念起,辄设理想排遣之",此即老子所谓"致虚极";"乃至万缘俱寂",此即老子所谓"守静笃"。在中国古代美学家看来,只有通过这样致虚守静,达成离形去知、空明澄澈的"清静"构成态,在这样的构成态中,审美者才能放逐思虑、息机冥怀,进入心灵"忽莹然开朗如满月"、丰富情思不能自已地无端自来的佳境,于是审美意念便自然从中生发:"吾苍茫独立于寂寞无人之区,忽有匪夷所思之一念,自沈冥杳霭中来。吾于是乎有词。"[③]由此可见,去欲是静心的前提,只有守静才能寡欲,寡欲方能清心,因为清心而消除种种心理屏障,使自己的心呈现出以虚静为体的"道",从而使艺术家的生命力得到自由解放,在审美创作中出神入化,运用自如,使玲珑澄澈的心灵突破"物"与"我"的界限,和幽

---

① 庄子:《庄子·大宗师》。
② 况周颐:《蕙风词话》,北京:人民文学出版社1960年版。
③ 况周颐:《蕙风词话》,人民文学出版社1960年版。

深远阔的宇宙意识与生命情调相互契合，进入"应会感神"的境域。因此我们说，收心去欲是中国传统文艺审美创作中回归"清静"之心所达到的第一层境域。

（二）物我两忘

庄子在《齐物论》中多次提到"物化"，或"物忘"，这是一种主客两忘的境界。物我两忘是由"去欲"的"清静之心"消除了种种障碍，使生命力得到自由解放，从而泯灭了物我界限，是主体与客体反复移情互渗过程中人的物化与物的人化，以达到天地与我并生、万物与我为一、天人合一与道同化的境界。

"物我两忘"对于艺术家来说是审美创作构思中构成"清静"境域必经的途径，它从更深层次体现了艺术家自我的精神与物之精神相结合的程度。"物我两忘"既是一位艺术家在文艺审美创作必须体验的艺术经历，也是一位艺术家自身心态构筑所需具备的基本条件之一。但要做到"忘"并非易事，它需要一种功夫，需要一种锤炼，它是以"清静为体"之心"应会感神"，与物契合构成的结果，非一般人所能达到，如果一位艺术创造者在对万物进行观照时没有泯灭物我界限，仍有个中分别，就无法纯净自己的精神，无法完成自我超越，最终无法进入最高审美境域——"大美""大音"。"物我两忘"可以说是"清静之心"通向"大美""大音"境域的构成态势，也是虚静之心所体验到的第二层境域。

（三）"大美""大音"

"天地有大美而不言"①。庄子认为，所谓"大美"即"天地之美""天道"之"美"，也就是说，"大美"即"道"。"大美"既是各种美的本源又是各种美的归结，它是最高的、统帅一切的美，又是构成众"美"的原初本原！在中国文艺审美创作领域，"大美"即可等同于老子所追求的"大音"境域，可以说，"大音"是中国音乐艺术特有的"清静之美"。

所谓"大音希声"，最美妙的音乐是无法用听觉来直接感触的，它必须用"心""道"去感悟；反过来说，能用听觉就直接把握而无须心灵沟通的音乐也绝不是最美妙的音乐；道家"大音希声"的真谛在于超越听觉感受，摆脱听觉束缚，直接用"心"悟"道"，用"心"听"音"。

首先，在文艺审美创作中的心理状态方面，中国传统文艺美学要求"心"静，静而能体"道"，静而能构成"美"，静便能构成"大美"。不过，真正构成"大美"的关

---

① 庄子：《庄子·知北游》。

键还在于"心"的构成态势——有一颗"清静之心";"心静"而能"神静","神静"才能进入"虚静"的境域,通过这样的构成途径才能构成"大美"。

其次,在艺术意境的审美诉求方面,中国传统文艺审美创作追求"虚、远、逸、静"美学追求,这种美学追求也充分葆有道家道教"虚静"观的特色。中国传统文艺审美创作中的"虚、远、逸、静"是文艺创作以技而进乎道的结果,它以道家道教之"道",以"大美"为其精神构成态势,以"虚、远、逸、静"为其最终构成域。

最后,在艺术家的人生境界和人格修养方面,道家"清静"观更为中国传统艺术家提供了理想的心态构筑境域。

总上可见,中国道家和中国传统文艺审美创作虽然属于两种不同的文化范畴,但它们尚自然、崇清净的审美意趣却共同体现了中国民族文化的自身特点。两者虽然有不同的出发点,前者是宗教,后者是文艺,但是最后都归结于人之心,要求在人心上做功夫,强调"内省性",以敞亮本心,还原自然的心性,以"清静"为最原初的构成势态,这是对两种不同思想文化归趋的总结和概括。

二、"清"之域的审美构成

就美学意义而言,"清静"之"清",或谓"清"之域突出地呈现出一种的构成态势。据载,清代诗人殳梅生曾以诗稿请张云璈作序,其友人问殳诗品格如何,张称许之,说:"清才。"友人问:"如斯而已乎?"张云璈回答说:"子何视清才之易耶?古今来言诗者曰清奇,曰清雄,曰清警,曰清丽,曰清腴,等而上之曰清厚,等而下之曰清浅,厚固清之极致,而浅亦清之见端也,要不离清以为功。非是虽才气纵横,令人不复寻其端绪,则亦如刘舍人所云采滥辞诡,心理愈翳者矣。大都造诣所极,平奇浓淡,人心不同如其面,有未可执一例以相推,而先以清立其基,虽李杜复起,吾言当不易也。"①认为"清厚"之境是"清"域"之极致",作诗应"先以清立其基"。后来李联琇对此作了进一步阐释,指出:"诗之境象无穷,而其功候有八,不容躐等以进。八者:由清而赡而沈而亮而超而肆而敛而淡也。至于淡,则土反其宅,水归其壑,仍似初境之清,而精深华妙,有指与物化、不以心稽之乐,非初境所能仿佛。东坡《和陶》其庶几乎?顾学诗唯清最难,有集高盈尺而诗尚未清者。未

---

① 张云璈:《殳梅生诗序》,《简松草堂文集》卷五。

清而遽求赡，则杂鞣而已矣。甫清而即造淡，则枯寂而已矣。"①在这里，他将诗歌的审美境界划分为八等，"清"既是最初的原发生之境域，又是最高之构成境域；只有由"清"之境缘构，循序渐进才能构成"淡""静"之境，这种"淡""静"之境，或谓"清静"之境域，看"似初境之清"，但却"精深华妙，有指与物化，不以心稽之乐，非初境所能仿佛"，乃是更高的审美构成境域。这种视"清"为原发生域和最高的构成境域之"淡"、之"静"，经过升华，在更高的层次上又复归于"清"，或谓"清静"境域，体现了中国美学的基本精神，即天道生生不已，周流不居，美也是如此，既生气流荡，生生不穷，处于永不停息的创造和革新之中，同时又周匝无垠，是一个完整的、充满生机与活力的有机整体，圆融无碍，周而复始。前文曾经论及，最能体现中国美学天道生生不已、周流不息的这种基本精神的，是禅宗青原惟信禅师所提出著名的"三般见解"，他说："老僧三十年前来参禅时，见山是山，见水是水。及至后来，亲见知识，有个入处，见山不是山，见水不是水。而今得个休歇处，依前见山只是山，见水只是水。"②青原惟信在这里所表述的是禅体验中三个必不可少的过程，既是转迷入悟的三个阶段，也是由生命(真我、真心、本来面目)被遗忘到生命觉醒的三个阶段。而这三个阶段又周流圆融，回环反复。众所周知，禅宗所标举的参禅悟道，就是要根除妄心(分别心)而领悟和把握圆满具足的真心(直觉心)，见到父母未生以前的本来面目，或者说，把被遗忘的生命唤醒。在禅宗看来，由于人们后天形成的妄心(分别心)作怪，由于本身圆满具足的生命与真心被遗忘，因而用一种"连眼"来看待宇宙万物，以致所看见的事物只能是事物色相，这种色相是虚幻不实的。只有换眼易珠，把生命与真心唤醒，用一双"迷眼"来看待宇宙万物，才能见出事物本来圆洁自在的面目与法性，虽然这事物的本来面目是"性空无相"的，然而它毕竟是不生不灭而真实存在的。因此，同样是"见山是山，见水是水"，但开悟前后的两种心境是不可同日而语的，开悟前乃是生命，即真我、真心、本来面目被遗忘的心境，开悟后则是生命，即真我、真心、本来面目已觉醒的心境。青原惟信正是用悟道前"见山是山，见水是水"与悟道后"见山只是山，见水只是水"来比况开悟前后的心境。同时，我们从其"见山是山，见水是水"——"见山不是山，见水不是水"——"依前见山只是山，见水只是水"的描述中，可以看到禅宗"禅"境界缘发构成中往复回旋、逐层展开的缘构历程。是真心——妄心——真心的首尾相衔、开阖尽变、周转不息、往复回环，圆圈似的参悟解脱过程。而"禅"之

---

① 李联琇：《好云楼初集》卷二八《杂识》。
② 普济：《五灯会元》卷十七，中华书局．1984版

境则在这原发的时间,在过去、现在与未来的相互交媾中生成。正如百丈怀海所云"一切色是佛色,一切声是佛声",这个完全疏离于具体时空背景的个体化的山水其实只是观者参悟的心相。这一直观的心相,保留了所有感性的细节,却不是自然的简单摹写,它是心与物象的缘发构成,具有美学上的重要意义。

三、"清静"观生成的文化因素

"清静",或谓"清静"境域的这种构成性与开放性的形成是多种因素作用的结果,它和地域的、社会的与文化的作用分不开。仅就中国传统文化来看,其中老子提出"道"论与其"得一而清"、清静无为的虚静淡泊、返璞归真的人生理想,就起着不可低估的作用。所谓"道"论,是先秦时代的中国哲人,特别是以老子为首的道家哲人提出的一种思想。"道"先于自然万物,为自然万物纯构成的本源,是"道"论中最重要、最基本的含义。老子说,有一个浑然一体的东西,它先天而存在。无声无形,杳冥空洞,永远不依靠外在的力量,自身不停地循环运行,可以称之为天下万物的母体。我不知道它的名称,把它叫作"道",再勉强给它起名叫作"大"。道之所以被命名为"大",是因为其无边无涯。道不止于大,又能不分昼夜地运行不息,故又可谓之"逝"。其愈逝愈远,无法穷尽其源,故又可谓之"远"。但虽远至六合之外,无穷无尽,却始终未尝离"道",仍然依"道"不断发生构成,故又可谓"反"。"反"表明境域的构成绝不依靠任何现有的存在者。这是老子对"道"这种构成域的全面描述,它构成天地万物,具有时间和空间的无限性。作为万物构成本原的道,它生成宇宙自身所固有的生命力和创造力。换言之,在老子哲学,"道"是一切生命的总源泉、总生机,万物发生构成于"道",又内含着"道"而得其生命之常。所以老子以最崇敬的心情讴歌大道,他赞叹说:道不可见,但却不亏不盈,永无穷尽。它是那样渊深啊,好似万物的宗主;它不露锋芒,超脱纠纷,蕴含着光耀,混同于垢尘。是那样的无形无象啊,似亡而实存。我不知道它是从哪里产生的,但却知道它出现在上帝之先。正是基于此,所以老子指出,"道"是生命能量的总体与万物的本原,世界上最伟大的力量莫过于"道",它就是大自然的造化之力。最终,老子将万物自然与宇宙人生纯粹构成境域"还原"到"道"。

在老子看来,作为万物自身存在与构成本原的"道",不是现成的物,无形无象;既不能说它"有",也不能说它无,它缘于有而成就有,"有"与"无""同出而异名"以构成万物自然。

总之,在以老子为首的道家哲人看来,"道"既表征为"无",又可以表征出"有",是"有"与"无"的相构相成,相生相融是天地万物的纯粹构成境域,天地万物都是由"道"发生构成的。都从"道"那里构成自己的形体和性能,所以它们的本性和"道"是一致的,它们的行为都以"道"的自身缘构为构成式。那么,"道"的构成式是什么?是自然,亦即自然而然,他说:"域中有四大,而居其一焉,人法地,地法天,天法道,道法自然。"(二十五章)老子的这句话具有双重意义:其一在于突出"自然",其二在于规范域内。在道家哲人看来,大化流衍,旁通弥贯,但是追究其终结构成境域,则只能是"道"本身。"道"本身是有无相生、动静相成、阴阳相合的发生构成,是永恒的实在和无限的生命本体。它融化在天地万物的构成存在、生化流行之中,规定着社会和人生的一切发生构成;大化迁易,莫不是"道"的造化伟力所致。万物万化,只是一道。老子说:"道生一,一生二,二生三,三生万物。"道是天地自然的原构成境域,主宰着一切存在事态的构成与存在,道虽无形、无名、惟恍惟惚、虚无空廓,而存在事态的最终构成却来自于它,天下一切事理情尽皆由此而生。而作为天地万物的纯粹构成境域的"道",其构成态势则表征为"清"。老子云:"天得一以清。"(三十九章)"天"即自然,"一"即"道";这就是说,天(或谓自然)还原为最原初的纯构成境域,则呈现为明澈清纯的态势。老子云:"孰能浊以静之徐清,孰能安以久动之徐生。"(十五章)这里,老子又将清与静相连,是指人的心灵空虚澄明,这是一个转义,乃从"道"的存在状态(虚静无为)推演而来,"清静"蕴含着用自然之自在本性来规范人生理想的道家旨趣。可以说,"清静"就是自然之自在本性,也就是"静"。老子说:"大成若缺,其用不敝。大盈若冲,其用不穷。大直若屈,大巧若拙,大辩若讷。躁胜寒,静胜热,清静为天下正。"(四十五章)王弼注云:"静则全物之真,躁则犯物之性。故惟清静,乃得如上诸大也。"所谓"大成""大盈""大直""大巧""大辩"等诸"大"都是人生的终极期待,而要实现这些"大"则必须以"清静"为最原初的构成势态。这样,"清静"就被赋予了一种形而上的本原性意义。

四、"清静"说与审美心境构筑论

以老子美学思想为原初生成域的中国传统美学极为关注审美活动中人的精神境界与心灵境界的构筑。无论是儒家以"仁"为核心的伦理美学思想,还是老子以"道法自然"为旨趣的贵"道"尊"道"美学思想、禅宗注重当下主张"即心即佛"

第十一章 "清静"说及其审美构成态势与文化根源

的美学思想,都曾对人的精神境界与心灵境界的构筑活动进行过意义的追寻和具体的研究,由此形成了一种具有中国特色的心灵美学。由于古代社会历史条件的限制,中国传统心灵美学不可避免有其历史局限性。但历经两千多年,积累了十分丰富的思想资料,不少观念和思想为西方美学所未言或所忽视,许多心灵境界营构方法亦有其真理性与合理性。立足于现代人的认识与实践,系统地整理和研究这些历史遗产,进行新的解读与诠释,这对于新世纪的中国美学理论体系的建构,无疑具有重要的理论意义与现实意义。

中国美学承认审美活动中人的心灵状态及其种种心灵活动与心境营构现象,并以此为出发点,强调形神之辨、心物之辨、主客之辨,人的心志、情感、欲望、才能以至品格、才智、气质等问题。但由于文化传统和思维方式的不同,中国美学总是心性并举,把心灵问题与人性问题放在一起来考察,既研究心灵的意识层面,又研究其潜意识层面。因此,中国美学特别重视人的伦理美学境域的构筑、推崇"自然"境域和"清静"心域,强调内省直觉与心理体悟。

儒家从人性出发,建构其精神形上学。儒家所谓人性诚然也包括"食色,性也"的生物意义或生理意义,但人之为人之性主要是人的精神本性。孔子把天道作为精神本性的根源,孟子突出"尽心"以自觉人的精神本性,程朱主要向天理去追寻,陆王主要向内心去追寻。但都认为"性"是人的精神的本然状态,而性的发用流行则表现为人的情感、意志、欲望等。儒家精神哲学就是这样把人的精神本性、精神活动同天道、天理联系起来,在理论上完成了形上形下的贯通与转换。

作为中国美学的原发点,老子直接即从"道"去寻找精神本来状态。《老子》描述"道之为物"时,即提到"其中有精"(二十一章)。随后,庄子则更明确地提出"精神生于道"[1]的命题。不过,道家哲人所谓的"精神"首先指的是"天地之精神",其次才指人的精神,人之精神可以与天地精神往来。道家的精神哲学就是这样把人的精神、天地精神与"道"联系起来,在理论上完成形上形下的贯通与转换。

中国道家的"精神形上学",没有对人的精神如何发生、发展进行过具体的历史考察,很多内容是臆想的、抽象的。但在形上追求的过程中,也曾对人的精神活动、精神现象进行过大量的分析。诸如性与习、性与情、性与才、意与志、情与欲的关系,见闻与思虑的关系,在这些问题上,道家哲人都提出了许多很有价值的见解。而形上追求的结果,则为人的精神关怀、精神理想确立了一个终极目标。不管过去的哲学对天理、大道如何具体解释,其长短得失如何,人们在思想上必须承

---

[1] 庄子:《庄子·知北游》。

认,现象世界必有其内在本质和根本的规律。如果没有精神追求,没有进入形上之域,没有达到这样一种觉解或体悟,那么人的精神活动就无法从根本上摆脱各种矛盾与烦恼的纠缠,获得真正的安宁、自由与快乐。在理论层面上,精神哲学中的形上追求是不可回避的,不可缺少的。人类精神生活无论自觉不自觉,都会产生这种需要,都会进行这种追寻。其实质就是要求人的精神生活应该体现世界的内在本质及其规律,从而保持一种协调的关系,处于一种和谐的状态。应该说,道家哲人所谓的"修道""体道"中就有这种意义。

道家最初称精神修养为"为道"。自老子开始,以虚静无为作为基本原则。其中虽有思辨的理性成分,但更多的是非理性的成分。老子提出的具体方法有"闭门塞兑""浑其心""玄览""见素抱朴""绝圣弃智"等。庄子称精神修养曰"心斋",他把虚静的原则大大具体化,其具体方法有"坐忘""丧我""无思无虑"及"浑沌氏之术"等。其他道家人物还有静因、清淡、即心无心、灭动心、忘照心等。最后实现对大道的觉解,既包括天地之道,也包括人的生命之道,即所谓"知道""体道"与"得道"。

道家提倡无知无欲、无思无虑,这种追求则有助于精神解脱与超越,可以使人精神放松、心态安宁,构成"清静"心域,从而就能体验到一种特别的清静感和愉悦感,由此可以净化人的心灵,提高人的感知能力和思维能力。

人和动物都是一种生命存在,但人除了本能性的物质需要之外,还有进一步的精神追求,如生命的安全感、人际的和谐感,以及自我的创造、成就和荣誉感,自由和快乐的享受等。这些追求如果不能实现,人在内心就会感到不安、不幸和痛苦,这是人类精神生活普遍存在的一种矛盾。还有一个更深刻更严重的矛盾,就是人能自觉到自己是一种有限的存在,又总是力图超越有限去追求无限。中国传统的精神哲学归根到底都是围绕这样一个中心,即人作为精神主体应该确立一个什么样的精神目标,应该按照什么原则安排自己的精神生活,怎样才能不断地实现精神提升和精神超越,从而获得最大的自由与快乐。

道家把自然心作为精神生活的基点,这从老子开始已奠定了基础。老子提倡人们"闭门塞兑"和"浑其心",就是尽可能保持精神本来的自然状态,不受外界事物的干扰,不关心也不执着任何具体的存在。庄子以混沌开窍喻指世俗的修养,开窍而死则表示丧失了人的自然本性与自然心。道家的"绝圣弃智"和"无思无虑",虽然以自然心否定了世俗的智能心,却追求一种以道为内涵的大智若愚的智慧。同时,自然心是人的情感最真实的呈现,它又与天地万物自然而然地相融合,因此自然心最容易发现自然美,而自然地凸显出艺术心。在道家看来,世俗的道德修养都是虚伪的,都是自然心的一种扭曲或异化,所以在道家精神修养中没有或淡化了儒家那种道德心。

道家精神超越的目标是,上达于大道的觉解,从而使有限的个体在精神上与无限的大道合二而一,这是所谓"天人合一"的另一种范式。老子把这种超越称作"复归"。为什么?因为人的精神归根到底是大道的产物,所以最终也应该复归到大道那里去。"复归于(道之)无极"(二十八章),就可以超越个体生命的有限性;"复归于(道之)朴"(同上),就可以摒弃各种利欲之心与智巧之心,而呈现出天真的自然心。庄子称这种超越曰"得道"或"同于大道""达于至道"。由于人与大道的合二而一,个体就会在精神上产生一种一体感、同一感、和谐感,主体好像与大道完全融合,不可分割。所谓"天地与我并生,万物与我为一"[1],并非宇宙发生论,而是精神境界论。这是得道者以道观天地、观万物、观自我,所获得的天地万物与自我一体化的精神体验。

道家的精神超越之路也有两个显著的特点:

第一,十分强调潜意识的作用。道家对那些自觉的有意识的活动没有什么兴趣,对于感觉见闻和心智思虑的价值总是抱以否定的态度。相反,它所称赞和追求的是另一种精神状态,即无知无欲、无思无虑,这就是现代所谓的潜意识。道家提倡寡欲、无欲、虚无恬淡,这就是把意识的强度尽可能地降低,降低到零,便进入潜意识状态。道家认为,自觉的意识状态是一种人为的精神状态,不是精神本来的状态,和大道、和天地精神的本来状态不一致。只有自然无为的潜意识状态,才是精神的本来状态,才和大道、和天地精神相一致。"如婴儿之未孩""复归于婴儿",其意旨正在此。庄子曾曰得道者"无己""心忘""忘心",这种精神特征在意识活动中是绝对没有的,只有在潜意识状态下才能出现。道家之如此强调潜意识的作用,是因为只有回归到潜意识状态,人才能在精神上与大道合二而一。因此,道家所提倡的精神生活总是表现出一种自然无为的风貌,总是追求那种没有任何做作伪饰的天真与朴素。

第二努力超越世俗与名教的束缚。这是一种隐世的超越之路。老子虽然讲过如何治国的问题,实际对社会名教没有多大兴趣,而愿意做一个隐君子。最能代表道家精神生活特征的是庄子,这个特征就是远离世俗事务的纠缠,摆脱各种名教的束缚,淡泊忘怀和无拘无束,即后来嵇康讲的"越名教而任自然"[2]。庄子

---

[1] 庄子:《庄子·齐物论》。
[2] 嵇康:《释私论》。

所追求的精神超越,就是要超越那种有损于大道的世俗生活,在精神上进入大道世界,从而获得无限的自由和快乐,即"逍遥游"。"逍遥游"与孔子讲的"从心所欲"都是精神自由的写照。但庄子的精神自由要忘怀物我,而孔子的精神自由要立功立名;庄子的精神自由要超越名教,而孔子的精神自由必须"不逾矩"。道家与道合一的精神境界也达到了"极高明"的水平,但却不像儒家那样"道中庸"。典型的道家人物一般都离群索居,十分清高,难于与众生打成一片。

受以老子为首的道家哲学影响从而中国化的佛教哲学也把"清静"作为心境构筑的原初域,这主要来自印度佛教的传统,亦能看到道家的某些影响。佛教哲学将现实人的精神两重化,一重是体现佛性、未受污染的"清静"域,没有私欲、恶行和烦恼;一重是受到污染的习心、染心、妄心,具体表现为私欲、恶行和烦恼。佛教的精神修养说到底,就是克服习心、染心或妄心而发明自性的"清静"域。佛教之强调自心境域的"清静",一方面是相对尘世的污浊而言同时亦来自禅定所获得的心理体验。据说修行者禅定到最后,就会自觉"心地明静""皎浩泰然","净心珠体"就会"明相出现"。佛教的"清静"心域与道家的"自然"境域可以相通,但"自然"境域重在本然义,而"清静"心域重在本体义,所以慧能就把"清静"心域称为"净性""自性"。佛教的并不排斥智能心。诸如慧根、慧力、思维能知云云,都是智能心的表现。

道家和佛教的精神超越之路,各有自己的目标,各有自己的方式方法,但也有一个共同的范式,这就是"天人合一",因而在许多地方可以互通、互渗、互用。在人的精神生活中,如果丧失了道德心,个体在本质上将与动物无异,整个社会只能陷于混乱无序的状态。自然心如果不是真正复归于婴儿,而是在超越境界中具有婴儿那样的天真性与纯朴性,它将揭穿世俗生活中形形色色的虚伪性与欺骗性,人们将不再违心地装模作样、敷衍应酬,而能够自然而然地、真实地表达自己的思想感情。在人的精神生活中,如果丧失了自然心,人和人都将戴着一种面具往来,整个社会将笼罩在一种虚假的戏剧幻相之中。"清静"心域虽然不是对治人生烦恼的特效药剂,但确实是解脱烦恼的一种精神条件,它不但可以调节人的精神状态,减轻人的精神负担,而且可以看破种种没有真实意义的价值幻相。在人的精神生活中,如果不能达到"清静"心域,大家都将热衷于种种虚假的价值幻相,在烦乱的世界中将心神交瘁而永远不得安宁。道家总是在批判现实生活中寻求精神超越,这条道路把精神自由看得最为珍贵,精神上显得十分清高。

从实践上看,中国传统精神哲学有助于营建人的精神家园,确立人的精神理想,提高人的精神境界,解决现代人类存在的一些精神问题。在这方面,中国哲学比西方哲学更能发挥积极的作用。

人类作为一种有精神的生命存在,不应只是关注自己的物质生活,而且也要关注自己的精神生活。除了营建自己物质家园,还要营建自己的精神家园。如果没有精神家园,人的精神生命将无处安顿,没有支柱,没有寄托,没有方向。这就是中国传统精神哲学所关注的精神追求与精神目标问题。一个人如果对于自己所面临的种种精神问题不能理解,不能解决,即使他拥有再多的财富和再大的权力,也不能恰当地调节自己的精神系统,也不能摆脱自己的精神烦恼,也不能真正享受到生命的自由和快乐。

营建精神家园说到底,就是通过精神修养给自己营建一个丰富的、和谐的精神世界。中国古代所谓精神修养,包括道德修养、艺术修养、宗教修养、哲学修养诸多方面。对现代人来说,宗教修养并非每个人所必须,但道德、艺术、哲学修养都是不可缺少的。从现代文明的发展来看,还必须向西方学习,加强以智能心、逻辑心为标志的科学修养。所有这些修养,对于提高人的精神素质,丰富人的精神生活,无疑具有重要意义。但在中国传统精神哲学当中,哲学修养是最重要和最高级的修养。只有哲学修养才能对人的精神生命达到最深和最高的觉解,因而才能真正确立人的精神理想,从根本上提高人的精神境界,最终实现人的精神超越。中国传统精神哲学从不回避人们精神生活中的种种矛盾、困境与烦恼,并坚信精神修养可以解决这些问题。"中和"被认为是"天下之达道",也是精神生活之"达道"。

五、"清"之说与审美境域构成论

在中国美学,老子提出的"清"一直被看作为一种审美构成域。老子云:"天得一以清。"(三十九章)"天"即自然,"一"即"道"。王弼注云:"一,数之始而物之极也,各是一物之生,所以爲主也。物皆各得此一以成。"《吕氏春秋·论人》云:"无以害其天则知精,知精则知神,知神之謂得一。凡彼万形,得一后成。"高诱注云:"一,道也。天道生万物,万物得一乃(后)成也。"《楚辞·远游》云:"奇傅说之托辰星兮,羡韩众之得一。"王逸注云:"喻古先圣获道纯也。"陶潜《感士不遇赋》云:"承前王之清诲,曰天道之无亲;澄得一以作鉴,恒辅善而佑仁。"庾信《周祀圜丘歌·皇夏》云:"得一惟清,于万斯宁。"可见,所谓"得一",也即古代道家哲人所谓的顺应自然、与天合一"于万斯宁"的存在性构成境域。这就是说,"天""得一",即"得道",也就是自然万物还原为最原初的纯构成境域"道",则呈现为明澈清纯的态势,"得一惟清",达成"清"之境域。后来《庄子·知北游》云:"无思无虑始知道,无处无服始安道,无从无道始得道。"究其实质而言,这里所谓的"无思无虑""无处无服""无从无道"的"知道""安道""得道"之域,也就是"清"之境域。后来"清"则被引进到人生美学思想中,则以之来表现人的品德、情操、志向的冰清玉洁、清馨出尘。如《楚辞·渔父》云:"举世皆浊我独清,众人皆醉我独醒。"王逸注云:"我独清,志洁己也。"这里的"清"就是一种迥绝尘世的人格与人生审美境界。水澄明晶莹,透彻纯清,象征着人超圣拔俗的高尚的精神品质。"清"被引进到文艺美学思想,则被看作文艺创作所追求的一种审美形态。所谓"诗以清为主""诗家清境最难"。正因为"清"之域难以构成,因此,才为历代美学家所极力推崇。

就美学意义而言,"天得一以清"的"清",或谓"清"之域呈现出一种突出的构成态势。这个完全疏离于具体时空背景的个体化的"清"其实只是审美活动者直观感悟的心相。这一直观的心相,保留了所有感性的细节,却不是自然的简单摹写,它是清澄之心与物象的缘发构成,具有美学上的重要意义。

正由于"清",或谓"清"之域的构成性使然,所以"清",或谓"清"之境具有极大的开放性。它可以和更多的词结合起来,以构成新的意象系列。如魏晋时期《宋书》《梁书》《世说新语》等史册典籍中表征人为官品行端方,奉公守法的有"清正""清公""清廉""清恬""清谨""清约""清严";表征为人超尘拔俗,不同凡流,如"清傲""清真""清退""清慎""清静""清正""清节""清和""清望"等;表征人的风神气韵之美好,如"清令""清雅""清畅""清俊"等;表征艺术的清真天然之美,如"清工""清新""清约""风清骨俊""清典可味"等。

"风骨",基本含义就是"风清骨峻",由此形成一群以"清"为骨干的派生概念,如清典、清铄、清采、清允、轻清、清省、清要、清新、清切、清英、清和、清气、清辩、清绮、清越、清靡、清畅、清通等。特别值得注意的是,刘勰常用"清"来评诗,如《文心雕龙·才略》称曹丕"乐府清越",《时序》称"简文勃兴,渊乎清峻",《声律》称"诗人综韵,率多清切"。除《才略》篇外,"清"字用得最多的是《明诗》:论作家则"嵇志清峻,阮旨遥深","平子得其雅,叔夜含其润,茂先凝其清,景阳振其丽";论作品则"张衡《怨篇》,清典可味";至论诗体,首倡"四言正体,则雅润为本,五言流调,清丽居宗",确立了五言诗的风格理想。曹丕论诗赋的审美特征曾独标"丽"字,陆机附以"清"而成"清丽",以为文章美的共同标准,刘勰这里又将它从"文章"中剥离出来,独归于诗,遂使清在诗中的地位得以确立。稍后钟嵘在《诗品》中十七次用"清"字,构成的词有"清刚""清远""清捷""清拔""清靡""清浅""清雅""清便""清怨""清上""清润",与刘勰相映成趣,共同表征了南朝诗学以清为主导的审美倾向。

首先,"清"之域的生成植根在人自身生命的呈现和人本真的存在性境域显现之中。人的一生,即人自身的存在性展开过程,是积极进取、自强不息,还是消极悲观、倦怠无聊;是超越流俗,不为物役,宁静淡泊,以默为守,还是趋时媚俗,随波逐流,功名利禄,权重社稷,等等,历来就是中国哲人所关注的基本问题之一。老子认为,人生最宝贵、最本真的存在性境域,就是"清"与"真",就是心灵的自由、高洁。故而,他把"赤子之心""婴儿"状态作为人最本真的生存境域。在以老子为首的道家哲人看来,人生最大的乐趣就是清心寡欲、迥绝尘世。所谓的功名利禄、是非利害、荣辱得失,都不过是过眼云烟。只有像婴儿那样的纯真,无忧无虑,无牵无挂,无是非得失,任性而为,率性而发,不做作,不矫饰,纯洁无瑕,天真烂漫,这才是人最本真的存在性境域显现。超越物欲羁绊,以使心灵纯净澄明,清澈洁净,玉洁冰清,晶莹雅洁,确实是心灵体验得以进行的首要条件。没有构筑起这种虚灵清静、神充气盈的审美构成态势,则不可能有真正的心灵体验活动。在中国美学看来,心灵体验的目的是"欲令众山皆响"①,是要在胸次悠悠,上下与天地同流,与"道"为一中,以进入空灵邈远,迥脱尘寰,独参造化,物我两忘,朗照万物之境。因此,审美者在进入心灵体验活动之初必须高度入静中达到一灵独存的构成境域,以保证心灵的自由。

"得一以清"的"一"也就是"道",因此,可以说,"得一"就是"得道",或谓"体道"。只有通过"得道"与"体道",才能构成"清"之域。

老子这一"得一以清"的"清"之境域论的孕育与生成是多种因素作用的结果,它和地域的、社会的与文化的作用分不开。仅就中国传统文化来看,其中老子提出的虚静淡泊、返朴归真的人生理想,就起着不可低估的作用。

从"清"之存在性境域审美意识的影响来看,主要有以下几个方面:

第一,体道返根的思想与"清"之境域论相通。第二,"安静闲适"的心境与"清"之存在性境域相似。心灵自由是心灵体验活动取得成功以达成"清淳雅洁"之境域的前提。因此,庄子指出:"虚者心斋也。"②这里所谓的"虚",也就是"清"之境域,空明虚灵、清淳雅洁的存在性境域的构成离不开"清"的境域构筑。

---

① 庄子:《庄子·人间世》。

② 庄子:《庄子·人间世》。

六、"清静无为"说与自由创新精神

老子所谓的"清静无为"说,与中国美学的自由精神有直接的关联。美学意义上的中国传统观念,特别在其源头上,无疑是博大精深的,比如天人合一、天地有大美而不言、生生不息、天行健等,中国传统美学强调人的主体自由创新审美精神,既重人、贵人,又重视人与自然和谐相处,推重整体的世界观,认为人是自然的一部分,甚至其源头具有指向人类终极构成域的永恒意义。可以说,汤因比正是从这个意义上认为中国传统文化是挽救西方(也即世界,他们认为西方即世界)没落的最重要的甚至是唯一精神资源,这种精神资源就包括中国传统美学中的注重主体表现意识的自由创新精神。而中国传统美学的这种自由创新精神从其思想渊源上看,最早应还原到老子的"我自然""道法自然""无为"与"涤除玄鉴"。

中国美学具有一种自由精神,儒家追求"入世的自由",道家追求"忘世的自由",释家追求"出世的自由"。

儒家讲"为仁由己""求仁得仁"和"从心所欲不逾矩",追求真正"如其所是"的生活,即自由的生活。所谓"如其所是",就是在现实中的合乎本性的生活。所以,你得既意识到自己的本性,又意识到实现这种本性的现实。所谓"为仁由己"的"仁",是一种能力、潜能、"良能",就是"能爱"。自己本身能爱,并不是外在的力使然,不是别人强加给你的要求,而是你自家的本性。所以孔子说:"我欲仁,斯仁至矣。""仁"是自律,不是遵循"他者的法则",不是别人要你"仁",而是"我欲仁"。儒家认为:"仁者爱人。"又说:"仁民爱物。"爱一切人,而且爱一切物都是出自本心,因此说"为仁由己"。就现今的审美视域看,即"为仁"是人自身自由自觉的生命意志的活动,是审美的自律。而"从心所欲不逾矩",则是真正彻底自由了,自在了:一方面"不逾矩",不违礼犯规,不违法乱纪;一方面却感到"从心所欲",率性而为,随意而行,一如自然,不假安排。所以说"从心所欲不逾矩"是人自身自主性的获得,不必按照所谓的政治、经济、道德等原则,不停地调整自己的生存态势,而是对个体感性生命的肯定,自由的生存。这就是儒家所理解的真正的、现实的自由境域,也是率性随意、任性而为、自由自得的审美的境域。

"自然自得"是对人感性个体生命存在合法性的确认。对此,道家老子讲"我自然""道法自然""无为"与"涤除玄鉴",庄子则追求"逍遥游""无待",讲一个"忘"字,如"坐忘""相忘于江湖"等,追求在"无待"中自由自在地"得道",以获得

第十一章 "清静"说及其审美构成态势与文化根源

心灵的逍遥自由。胸次悠悠,上下与天地同流,与"道"为一中,以进入"清静无为"、空灵邈远,迥脱尘寰,独参造化,物我两忘,朗照万物之境。因此,审美者在进入心灵体验活动之初必须高度入静中达到一灵独存的构成境域,以保证心灵的自由。

"得一以清"的"一"也就是"道",因此,可以说,"得一"就是"得道",或谓"体道"。只有通过"得道"与"体道",才能构成"清静"之域。在以老子为首的道家哲人看来,"道"为自然万物纯构成的本源。道至大无外又至小无内,至高无上又至深无下,无所小在,无时不在,无所不能。它构成天地万物,具有时间和空间的无限性。作为万物构成本原的道,它生成宇宙自身所固有的生命力和创造力。"道"是一切生命的总源泉总生机,万物发生构成于"道",又内含着"道"而得其生命之常。人要体验道,与道合一,要进入悟道得道这种神奇的审美境界,获得这种神秘的审美感受,就必须做到"自然至上""法自然"。老子云:"人法地,地法天,天法道,道法自然。"(二十五章)这里所谓的"道法自然",意思是"道"效法自己本然的样子,也就是说,道顺其天然本真之性而动。道是自然而然,不由自主、自由自在的;元气分化为阴阳两极是自然而然,不由自主的;阴阳交合,冲气以为和亦是自然而然,不由自主的;万物之阴阳交合,繁衍生殖,亦是自然而然,不由自主的。人与自然同生并构成于"道",人的生命和生命活动都处于宏观的宇宙生命的背景条件中,离开了这个生命的大背景,人类生命就不复存在;离开了宇宙生命的法则,人就要会失落自己的精神家园。人必须以自然为自己精神的家园和乐土,人效法天地,天地则效法道,道则纯任自然。人的生命与自然万物的生命相互同源、相互沟通,相互构成。人应以宇宙自然的生命来滋养自己的生命,人类生命与精神得宇宙生命大化之精要,从而与宇宙生命浩然同流。这就是"道法自然。"而人要与天同运,与道同化,就也要顺乎自身天然本真之性而动。天然本真之性即道,就人而言,这自然自由自在性也就是人与生俱来的原初本然状态,也就是人的天然本真之性,顺乎天然本真之性而动,才能体道、得道。放弃后天人为的主观目的、意志、情感和欲望,也就实现了天人合一,道德玄同,从而成为绝对自由无限的存在。正由于人要体道悟道就必须循大道而行,消泯人为的自主意识和自主意志,去除人为的有意作为,顺乎自身的天然本真之性,自然而然地构成。人若有为便必有所不为,若自然无为便无所不为。所以老子说得道之人是"无为而无不为"的。所以老子极力主张返璞归真、自由自在、任情尽兴、自性自得、自然随心,回归人的天然本真之性。

可以说,所谓"得道"或者"体道"的"道"就是本然、"自然",也就是"自由",

249

亦即庄子所谓"在宥"("在宥"就是"自由")。道家所谓的"自然",不完全等于我们今天所谓的"自然界"。自然界当然是"自然",人也是、或者说应该是"自然"。道家的"自然"不是一个单词,如 nature,而是一个词组,意思就是"自己如此",也就是"如其所是"(being so in-oneself)。自然界是本来如此的,人也该是本性如此的。既没有上帝的安排,也没有人类社会当中的种种矫揉造作。自己如此,也就是"天性"或"本性"。所以,道家的"道法自然"与儒家的"天命为性"其实是相通的。"人性"之为天性,也是一种"自然"。只有恢复人的本然状态,回归人的自由生存,自然而然,才能"体道"。《庄子·知北游》云:"天地有大美而不言,四时有明法而不议,万物有成理而不说。圣人者,原天地之美而达万物之理,是故圣人无为,大圣不作,观于天地之谓也。"这里所谓的"观于天地"之"大美"和四时"不议"之"明法"、万物"不说"之"成理",而"原天地之美而达万物之理,"以对天地的体察而达于大道的"无为""不作"的体验方式,就是"自得",也就是庄子所主张的"体道"的方式。庄子又云:"夫体道者,天下君子所系焉。今于道,秋毫之端万分未得处一焉,而犹知藏其狂言而死,又况夫体道者乎!视之无形,听之无声,于人之论者,谓之冥冥,所以论道,而非道也。""体道",即以"自然自得"这种直觉体验方式而通于大道。因此,郭象解释说:"明夫至道非言之所以得也,唯在乎自得耳!"[1]言语已然是一般性的概括,"至道"非这种概括传达所可得,只有主体的亲在体验才能真正"得道"。同时,这种达于大道、"明夫至道"的自然而然,"自然自得""体道"的构成方式,还应指一种从容不迫、优游闲适、超然远引的自由自觉的生命构成态。

"清静无为"说其意蕴应为以身体之,以心验之,从容默会于幽娴静一之中,超然自得,自然而然地得之于己心。"清静无为""自然自得",重在强调自我体验、自我感悟。"清静无为""自然自得"是一种没有任何外在束缚与强制的个体性精神活动。它的特点是自由、自觉与自主。超越了一切束缚与强制的以自由为特征的人格境界的向往,向内则是开辟一片心灵的净土,使心灵有个安顿处的精神需求,独自树立、标新立异,从不依傍他人,"无欲"即超越,即心灵的宁静与自由;昂然挺立的独立人格和主体精神,特立独行、高迈远举,有着对个体精神自由的向往。所谓"君子可以寓意于物而不可以留意于物。寓意于物,虽微物足以为乐,虽尤物不足以为病;留意于物,虽微物足以为病,虽尤物不足以为乐"[2]。这也就是

---

[1] 郭象注,成玄英疏:《南华真经注疏》,中华书局1998年版。
[2] 苏轼:《苏东坡全集》卷三十六,中国书店1986年版。

是人们所谓的"存无为而行有为","以出世精神做入世的事业"。苏辙也说:"士生于世,使其中不自得,将何往而非病?使其中坦然,不以物伤性,将何适而非快?"①既要积极入世有所建树,又要保持内心的和乐与自由,这就是中国文人的人生旨趣、人格理想,生命意志自由自觉构成活动之核心所在,也是"自得"概念的文化心理内涵的主旨所在。

无论是儒家哲人,还是以老子为首的道家哲人都要求人们"不以物伤性"、顺应"道"、效法自然、依顺自然、自在"自得"。老子"清静无为""自然自得"的自由审美精神影响是非常深远的,可以说,正是受这种自由审美精神的影响,所以,后来的玄学家就把自然与道合而为一,认为自然即道,道即自然。道无形无体、无象无状、无名无称,自然也是如此,因此,人应"清静无为""自然自得",应顺应自然,自由自在,与自然合一,与"道"合一。何晏说:"自然者,道也。道本无名。"(《无名论》)王弼说:"道者,无之称也。""寂然无体,不可为象。"(《论语释疑》)"自然者,无称之言,穷极之辞也。"(《老子注》二十五章)又说:"自然,其兆端不可得而见也,其意趣不可得而睹也。"(《老子注》十七章)自然或道包含万物而自身却无一物,玄之又玄,只可意会,不可言传。在王弼看来,万物与自然是相互统一的,而郭象则把自然与万物分别开来,认为自然为事物自身的天然本性。他说:"自己而然,谓之天然;天然耳,非为也,故以天言之。"(《齐物论注》)天性自在自由,故而天就是自然。而且,万物各有自身的自然,人不同于物,贵不同于贱,都是各自所具有的自然所致,更是将"自然"抽象化,提高到至高无上的本体地位。自然既然与"道"和"无"同一,是宇宙生命构成的本原,因而万物皆由自然所生成。王弼说:"夫物之所以生,功之所以成,必生于无形,由乎无名。无形无名者,万物之宗也。"(《老子微指略例》)阮籍从"天地万物皆自然一体"的观点出发,认为:"天地生于自然,万物生于天地。自然者无外,故天地名焉。天地者有内,故万物生焉。"同时,在他看来,人也是由自然所生成:"人生天地之中,体自然之形。身者,阴阳之精气也。性者,五行之正性也。情者,游魂之变欲也。神者,天地之所以驭者也。"(《达庄论》)嵇康也认为:"元气陶铄,众生禀焉。"(《明胆论》)"浩浩太素,阳曜阴凝,二仪陶化,人伦肇兴。"(《太师箴》)郭象也指出:"万物皆自然",万物皆自生,"自然生我,我自然生。"(《齐物论注》)他还指出:"天理自然,岂真人之所为哉?"(同上)总之,在玄学家看来,自然社会、人类自身、物理人伦、情俗道德,莫不生于自然,自然为万物之母。这样,玄学家于是把自由自在、无心偶合、任其自然、

---

① 苏辙:《栾城集》,曾枣庄、马德富校点,上海古籍出版社1987年版。

与"自然"合一、与"道"合一,看作为人生的最高构成域。也正由于此,所以膜拜自然,崇尚自然,把有限的生命融入无限的自然,是中国人生哲学与美学的共同旨趣。王弼说:"法自然者,在方而法方,在圆而法圆,于自然无违也。"(《老子注》二十五章)若能顺自然而行,"因而不为,顺而不施",就能"达自然之性,畅万物之情",成为"圣人"(《老子注》二十九章)。郭象说:"物有自然而理有至极,循而直往,则冥然自合。"又说:"知天之所为,皆自然也。则内放其身而外冥于物,与众玄同,任之而无不至者。"(《齐物论注》)圣人所达到的人生构成域就是顺应自然、不刻意求之、无心随地地与道为一、与天为一。"圣人常游外以弘内,无心以顺有。故虽终日挥形而神气无变,俯仰万机而淡然自若"(《大宗师注》)。阮籍、嵇康则把顺应自然跃升到"与自然齐光""并天地而不朽"的至高构成域,也就是审美境域。阮籍的"大人先生"就是一位能够因任自然、与自然相合的理想人物:"夫大人者,乃与造物同体,天地并生,逍遥浮世,与道俱成,变化聚散,不常其形","养性延寿,与自然齐光。"(《大人先生传》)嵇康所追求的理想人生构成域是任心随意,顺应自然,无违大道,"顺天和以自然,以道德为师友,玩阴阳之变化,得长生之永久,任自然以托身,并天地而不朽"(《答难养生论》),这实际上是庄子笔下的"真人""至人"人生态度的生动写照,也是达到天人合一审美境域的形象描述。

　　既然人生于自然,顺应自然,自由自在,与自然融合是人生的理想构成域,那么随心所欲、因任自然、按自然而生活,就是人生与审美的必然追求。王弼说:"万物以自然为性,故可因而不可为也,可通而不可执也。"(《老子注》二十九章)"天地任自然,无为无造,万物自相治理","天地之中,荡然任自然。"(《老子注》五章)郭象认为,自然、道、天、命是相通相合、相融相汇的,因此,在他看来,任意随心、因任自然,才能超越个体生命的有限。他说:"人之所因者,一也;天之所生也,独化也。人皆以天为父,故昼夜之变,寒暑之节,犹不敢恶,随天安之。况乎卓尔独化,至于玄冥之境,又安得不任之哉?既往之,则死生变化,唯命从之也。"(《大宗师注》)阮籍则把是否顺因自然看作是生死存亡的大事:"顺之者存,逆之者亡,得之者身安,失之者身危。"(《达庄论》)嵇康也说:"夫称君子者,心无措乎是非,而行不违乎道者也。"(《释私论》)强调行不违道、自由自在、任意随心、因任自然。

　　文艺审美创作必须要创作者"清静无为""自然自得",必须自由、自在、自然,不要刻意为之,必须是从实际生活中亲身得来的感觉和体验。这就是说,按照"清静无为""自然自得"说的规定,文艺审美创作既要深思熟虑,又要自然兴发,乘兴随兴,自得自在,自得于心,要出自性、自情、自心,出自本心、发自肺腑,依自力不依他力。

　　"精骛八极,心游万仞"的文学审美创作是一种心灵的活动,必须依靠心灵的力量进行构思,并且使创作者自己的心灵不受外在事物的干扰,用自己的心灵体应宇宙生命的律动,情和物互动,自然景物作为表现情感的手段出于自然兴发。创作是心灵的自由活动,是"课虚无",从中"责有",是"叩寂寞",从中"求音",然后"函绵邈于尺素,吐滂沛乎寸心;言恢之而弥广,思按之而逾深"(《文赋》)。在这样的审美创作过程中,创作者处于"笼天地于形内,挫万物于笔端"自由状态,心灵的律动有如自由喷涌的泉水,咕咕地从创作者心底淌出,任何外在的势力都很难堵塞泉水的喷涌,它是难以遏止的。可以说,创作完全是个人心灵的自由活动。

文艺审美创作的构成心态必须"清静自然",在中国美学史上较早接触到了文艺创作自由、创新之审美精神,对文艺创作具有普泛意义。

首先,"清静无为""自然自得"说洋溢着一种自由的气息,具有丰富的自由美学精神。"清静自然"说,要求审美创作构思的发生与审美境域的构筑必须"澄心",以任情尽兴、自由自得、自在随心、"以天合天",心物交融,最终以实现"控引天地,错综古今""忽焉如胜,焕然而兴"(见《西京杂记》卷二)的审美境域。这也是中国美学的基本精神。其根本特征是心源和造化之间的相互触发、互相感会。但与此同时,受中华异质文化的制约与影响,中国美学更强调、要求审美创作构思中主体应虚廓心胸,"不复与外事相关"(同上),去"苞括宇宙,总览人物",与物悠游,以心击之,随大化氤氲流转,与宇宙生命息息相通,随着心与物、物与心的相互交织,最终趋于"天地""古今"群体自我一体贯融,一脉相通,以实现心源与造化的大融合。故而中国美学强调"以天合天""目击道存",要求审美主体走进自然山水之中,以自然万物为撞击自己心灵、激发审美创作欲望与冲动的重要契机和产生灵感兴会的渊薮,去心游目想,寓目入咏,即事兴怀。关于自然万物的生命属性,如上所说,在道家哲人看来,天地万物都是由"道"所生,"道"和天地万有之间,只不过是一与多、无与有的关系,道因自身的圆满丰盛而创育天地万物,天地万物则因个体的有限而要求回归于作为生命本原的道体之中,这就是"归璞返真""复归其根"的过程。而这种循环往复,无有止息的复归又是自在自为、自然而然的。春秋代序、日出日落、花开花谢、叶黄而陨、草荣草枯、花草树木、鸟兽虫鱼、江河湖泊、白云舒卷、春风轻拂⋯⋯等等,都不需要人为的因素而自由自在地运动变化,生生不息,故而,审美活动中,主体只有效法自然,自然无为,才能使自己与自然浑然一体。

基于此,中国传统美学"天人合一"美学精神作用下的"清静自然"说所规定的任情尽兴、自由自得、自在随心、"以天合天"的审美境域创构方式有两种:第一种是追光蹑影,蹈虚踏无,就是"神用象通""神游象外";第二种则是"目击道存""寓目辄书"。老子说:"大音希声,大象无形。"(四十一章)这里的"象"是虚灵的,所谓"无状之状,无物之象"(十四章)。有象但是却没有形,可见"象"实际上是没有其物,没有其形的,而是"心意"突破景象域限所再造的虚灵、空灵境域。正因为是虚灵的,所以通于审美境域。庄子就继老子"大象无形"说而提出"象罔"这个哲学概念。庄子认为仅凭借视觉、言辩和理智是得不到"道"的玄奥境界的,必须"象罔"才能得之。所谓"乃使象罔,象罔得之"(《庄子·天地》)。庄子标举的"象罔"境界在有形无形、虚与实之际。成玄英《疏》云:"象罔无心之谓。""象则非无,罔则非有,不皦不昧,玄珠(道)之所以得也。"宗白华进一步加以阐释说:"非无非有,不皦不昧,这正是艺术形相的象征作用。'象'是境相,'罔'是虚幻,艺术家创造虚幻的境相以象征宇宙人生的真际。真理闪耀于艺术形相里,玄珠的烁于象罔里。"①"虚幻的境相"可以说正好是"大象无形"中"象"的最恰当的解释。"以天合天"是在激荡中心灵自由飞跃,向更高层次上的升华,是心与象通,心灵与意象融贯,意中之象与象外之象凝聚,审美心态与宇宙心态贯通。庄子把这种审美境域创构活动称作"独与天地精神往来"(《庄子·天下》);显然,这也就是司马相如所谓的"得之于内""得之于心"。刘勰则称此为"独照之匠,窥意象而运斤"(《文心雕龙·神思》)。"独"是就心而言,它是指一种超越概念因果欲望束缚,忘知、忘我、忘欲、忘物,"物我两忘,离形去智","胸中廓然无一物","清静无为",以"遗物而观物"的纯粹观照之主体;"天地精神"与"意象"相同,就"象"而言,都是指超越一般客观物象的永恒生命本体,是自然万物所具有的共通的自然之"道(气)";主体意识和共通的自然之"道"又具有深层的共通,即宇宙意识与生命意识的同构。作为主体的个体是小宇宙、小生命,作为客体的宇宙万物则是大宇宙、大生命,"以天合天"则是以小宇宙、小生命融于大宇宙、大生命。也正因为这样才促使了物我互观互照的生命共感运动和心灵飞跃。

可以说,"清静无为""自然自得"说所规定的于"澄心端思"中"苞括宇宙,总览人物"审美境界的构筑方式就是通过"天人合一",即浑然与万物同体,浩然与天地同科,是循顺自然,玄同物我。即如孙绰《游天台山赋》所指出,是"浑万象以冥观,兀同体乎自然"。用邵雍的话来说,则是"以物观物"(《皇极经世书》),按照林希逸的说法,则是"以我之自然,合物之自然"(《庄子口义》)。在这种"清静自然"审美境域的创构中,主体的生命意志自由自觉地活动,自由的心灵深深地潜入宇宙万物的生命内核,畅饮宇宙生命的泉浆。由此,才可能创作出具有个性化特色的隽永之作。

---

① 宗白华:《艺境》,北京大学出版社1987年版。

第十二章

老子"道"论与审美意境论

"意境"是中国美学的一个极为重要的范畴,其内涵非常宽泛,可以说是包括审美意象、审美意蕴、审美意趣、审美意味在内的一个集合体。它是中国古代美学思想中风与骨、兴与象、形与神、物与心、学与悟等主要基本范畴的高度抽象结晶。它体现着以老庄美学为核心的中国美学以"道"("气")为主、天人合一的基本精神,展示着中国美学澄心静怀、遇目辄书、神游默会、兴到神会与物我两忘的审美体验方式,表现着中国美学重直觉、重体验、重感悟的主要审美特征。

一、老子的"道"论与意境论的形成

"意境"的提出,最早见于唐朝,但是,其美学思想的渊源,却要追溯到先秦的老庄美学。

我们知道,老子认为:"有物混成,先天地生。""道"与"气"是宇宙万物的生命本原。作为孕育自然万物的生命本体的"道""先天地生",为先天地而生的混沌一团的气体。它是空虚的、恍惚不定的、有机的灵物,连绵不绝,充塞宇宙,"可以为天下母",是生化天地万物的千变万化、无形无象的大母。它既是宇宙大化最精深的生命隐微,又是宇宙大化运行发展变化的必然及规律性,为美的最高境界,因此,也是审美体验所追求的美学哲理的本原。并且,老子指出"道"又是"虚无",是"无"与"有"的统一体。"老子说:"有无相生","常无,欲观其妙","无,名万物之始"。实质上,老子这里所谓的"无",并非真正的"空无所有"。《广雅·释言》云:"莫,无也。""无",古双唇音,读如"莫",意也相通。依照汉字的组成与性质,凡属同一语源的字,其字义是相通的。"无",既然与莫、暮、寞、漠、茫、渺、迷、朦等字出于同一语源,同发双唇音[m],那么,也就自然具有这类字都含有的遮蔽、冥闭、寂静、广渺、模糊不清等意思①。因此,"无",表面上看似没有什么,实际上却有某种东西蕴藏其中,是"其中有象……其中有物……其中有情"。在老子看来,"无"是孕育天地万物的最初母体,它与"道"一样,是老子所推崇的最高范畴。据此,老子始认为真正永恒绝对的美是"无言之美"。这种美只能心领神会,所谓"知者不言,言者不知"。庄子进一步发展了老子的审美思想,认为视而可见、闻而可听者为"地籁"和"人籁",只有块然而生,不假人工的"天籁"才是"至乐"。它"听乎无声,……无声之中,独闻和焉"②。因此,庄子主张"天乐"。这种"天乐",是"天机不张而五官皆备,……无言而心说,……听之不闻其声,视之不见其形,充满天地,苞裹六级。汝欲听之而无接焉"③。具有"无言之美"的"大美""天籁""天乐",生机勃勃,生气灌注,鼓荡于天地之间,人们只有排除各种干扰,使自己处于"虚静"的心理状态,方能体悟得到。可以见出,老庄所强调与追求的"无言之美",其实就是一种空白美,它和后来中国美学的"意境"所追求的以少总多、小中见大、意蕴含蓄等审美特征是相通的。

正是本着这种思想,故老子进而提出"大音希声,大象无形",认为一般的有声的音乐和有形的图像给人的感受是有限的,而体现着天地生命之美的"大音""大象"则能使人从无声无形中感悟到宇宙的生命意识,以获得无穷的审美意蕴。

庄子在《天运》篇中则借黄帝论乐的故事对如何体味生命之厚"道",以及如何把握"大音""大象""大美"这种属于心灵观照的审美体验过程做了更为形象、深刻的表述。他说:"帝张咸池之乐于洞庭之野,始闻之惧,复闻之怠,卒闻之而惑,荡荡默默,乃不自得。"(郭象注:"不自得,坐忘之谓也。")"始闻之惧",是人们对音乐的认识还处于一般感知阶段;"复闻之怠",则已经进入审美感知阶段,"惧"的情感得到慰藉,心灵得到净化;而"卒闻之而惑",则是在虚静淡泊的心境中体验到那个没有任何声响的宇宙之声——"大音",从而彻悟到家,直达美的本原。

上述老庄的哲学与美学思想,对于中国美学意境理论的发展具有极为深远的影响,可以将其看作是唐代意境说的早期源头。

唐代,由于审美创作实践经验的丰富积累,加上佛教思想的传播,在文艺美学中,出现了"境"的概念。影响及中国美学,在新的审美实践的基础上,美学家们继

---

① 参看王力《同源字典》,商务印书馆1999年版,第178页。
② 《庄子·天地》。
③ 《庄子·天运》

承老庄美学,结合以往有关审美创作中主体与客体、心与物、意与象、情与思,以及审美意象和审美境界的生成的思想成果,加以融会贯通,从而形成"意境"这一审美范畴。这里我们选取唐人有关"意境"的代表性论述,按年代先后列举如下:

诗有三境:一曰物境。欲为山水诗,则张泉石云峰之境,极丽绝秀者,神之于心,处身于境,视境于心,莹然掌中,然后用思,了然境象,故得形似。二曰情境。娱乐愁怨,皆张于意,而处于身,然后驰思,深得其情。三曰意境。亦张之于意,而思之于心,则得其真矣。①

诗者其文章之蕴邪?义得而言丧,故微而难能,境生于象外,故精而寡和。②

情,缘境不尽曰情。③

诗家之景,如蓝田日暖,良玉生烟,可望而不可置于眉睫之前也。象外之象,景外之景,岂容易可谭哉?④

唐代著名诗人王昌龄认为诗歌审美创作应"处身于境,视境于心",要求心与物相"感应","景与意相兼始好","与深意相惬便道",强调主客体的相融合一,并率先提出"意境"之说。"神之于心""张之于意""思之于心",表明了"意境"创构中的心灵观照过程,和老庄所主张的通过"虚静""坐忘"以体道合气的观照方式相对应。而刘禹锡"境生象外"中的"境",皎然"缘境不尽曰情"的"境",司空图"象外之象""景外之景"中的后一个"象""景",则是对具体、有限的"象"的超越,尽管它们仍然还是一种"象",但是,它们却远远超过其自身的构成而指向无限、永恒。它们真实存在,却又无迹可求,如镜花水月,蓝田日暖,良玉生烟,可望而不可即,可意会而不可言传,在有限的形象中暗示出不可穷尽的审美意味。以老庄美学为主的中国美学认为,只有这样,才能表现出创作主体于空明澄澈的心境中所体悟到的最广远幽微的宇宙精神,与自然万物的深沉韵律,也即由"道"或"气"这种生命本原所构成的那种宇宙之美。这也就是我们所认为的"意境"所规定的内容。

---

① 王昌龄:《诗格》。
② 刘禹锡:《董氏武陵集记》。
③ 皎然:《诗式》。
④ 司空图:《与极浦书》。

"意境"的生成如王昌龄所说,具有"神之于心,处身于境""视境于心,了然境象","张于意处于身"与"张之于意而思之于心"等三个层面,由此三个层面不同的建构过程所构成的一个系统,则生成"意境"。这里面"境"的意义有四种:"张泉石云峰之境"与"处身于境"中的"境"是指创作主体"眼中之境",为创作主体观照的对象,既是具体个别的感性形态,又是一般的纯粹观照之客体,为具体之境。"视境于心"与"了然境象"中的"境"则是创作主体"胸中之境"。它是经过"神之于心"的审美观照活动,通过从具体之境到纯粹之境的超升的产物,也是外在观照和内在神思中所产生的意象。换言之,则它是经由感兴和感触等审美创作的构思活动所带来"思应神彻"的结果,是一种渗透着创作主体思想情感和性格意趣的"境",是创作主体的心象,并构成渴望表达的意向发展的趋势。"三境"与"物境""情境""意境"中的"境"则是物态化于作品中的审美境界。至于"象"外之境与"味"外之旨,则是属于审美鉴赏接受过程中所出现的心灵境界,既是审美鉴赏效应的实现,也是鉴赏者通过审美再创造而获得的精神享受。

"皆张于意而处于身"是指设身处地或易地而处地去体味人们在娱悦、欢乐、哀愁、悲哀时的种种情感,将我心比他心,以我意拟他意,推己及人,人我不分,主客一体,物我两忘。而"张之于意而思之于心"则是一种更为深沉的内心体验和内心观照,是静观默识和神游玄想,由此以解悟到的人生真谛与宇宙生命意识即为"真"。

可见,"意境"理论来源于老庄"道"论。而在我们看来,"意境"的生成则主要可以归纳为两个来源:一是依附于视听知觉的直接观照,由大自然的万千景物触动主体心怀,从而即目起兴,目想心游,了然于心,莹然掌中,以获得审美感悟,激发起内心的生命冲动,从而运思抒怀的;二则是凭借其"内心观照",收视反听,冥思默想,心游神会,引起潜意识活动,以激发起心灵远游的动力,突破其有限感官所及的领域,开拓其心灵空间,从而获得自我的升华与神明般的"顿悟"发而为文的。

唐以后,宋代的严羽提出"兴趣"说,清代的王士祯则标举"神韵"说,他们分别从"别材""别趣""兴到神会""情景混融"等方面对"意境"说进行了补充与丰富。到王国维,集中国美学"意境"说之大成,并融贯中西美学思想,对"意境"进行了深入探讨,使之更加理论化和系统化,终于使以老庄美学为起源的"意境"说作为中国美学思想的结晶,丰富了世界美学的宝库。

二、"道生一"与审美意境的整合心态

从意境生成中所表现出的几种审美心态特征来看,可以说,也要追溯到老子美学的作用和影响上来。

首先,老子的道论对意境整合心态的形成有着重要的影响,老子认为:"道生一,一生二,二生三,三生万物。"自然万物生于一而归于一,"一"是"道"借以生成宇宙万物的一个中介,"一"其实就是太极、太一、太始,既是生成万物自然的开端和原始,又是一种阴阳未分的混沌的元气。即如王符《潜夫论·本训》所说:"上古之世,太素之时,元气窈冥,未有形兆。万精合并,混而为一,莫制莫御,若斯久之。翻然自化,清浊分别,变成阴阳,阴阳有体,实生两仪。天地壹郁,万物化淳,和气生人,以统理之。""一"是万物的起源,"一也者,万物之本也,无敌之道也"。因此老子指出:"天得一以清,地得一以宁,神得一以灵","圣人执一,以为天下牧"。受此影响,中国古代艺术家在进行审美意境的创构中总是贵悟不贵解,注重整体把握。

意境营构中心物交融的审美体验方式的特征就表现为一种整体把握,表现出一种整合心态。意境本身也就是一个整合体。因为所谓意境,就是指主体与客体、意与境、神与象、情与景融合一体所达到的审美境界。而意境的生成则是人与天合,心与物交,景象"相惬""相兼"(王昌龄语),"思与境偕"(司空图语),"神与境合"(王世贞语),是"贵悟不贵解"与心解妙语,是"心中目中"相互融洽,情景"妙合无垠"(王夫之语)的高度整合。

可以说,意境创构中的"造境"之初"神之于心"就是一种整合。在我们看来,这里所谓的"神",既有客体之"神",又有主体之"神",是主客体之"神"的整合。作为审美客体之"神",它是那种给予自然万物以勃勃郁郁的生气,并与主体的生命意识息息相通的,存在于天地之间的宇宙精神,通过"极丽绝秀"的"泉石云峰之境"所传递出的信息。而作为主体之"神",则是推动主体进行审美静观的内在动力并协助其完成审美观照之"神"。它是一种属于创作主体所特别具有的、能够超越自然万物之具象以摄取客体之"神"的心灵观照能力,或谓心灵的"穿透力"。这种观照能力中包含有多种因素,是主体审美心理结构中情、志、意、思、才、德、习、气的整合。用现在的话说,则是想象、情感、直觉、智能、感受等多种审美心理因素的有机整合。

此外,"神之于心""视境于心""思之于心"过程中的"神""境""思"与"心"的相互契合,也表现出整合心态。中国古代审美创作以人与自然、再现与表现、现实与理想的和谐统一、相互整合为最高审美标准。同时,受强烈的超越意识的影响,中国古代文艺家往往不受利害得失的局限,不以当下的物态人事为重,而总是以"俯仰自得"的精神来欣赏宇宙,跃入大自然的节奏里去"游心太玄""处身于境,视境于心""了然境象"的。如刘勰所说:"诗人感物,联类不穷;流连万象之际,沉吟视听之区;写气图貌,既随物以宛转,属采附声,亦与心而徘徊。"①这种属于审美体验一类的创作构思活动,尽管由澄心、感物到心应、神会只是很短暂的瞬间,但其中也有从物理信息到生理神经信息,再到心理信息、审美信息的转变,有创作主体经由审美期待、审美注意、审美感知、审美体悟,到审美创造的过程,也有审美直觉、审美情感、审美理解的参与,还有意识活动、无意识活动、过去经验、现时感受、内心体验、心灵观照等的相互配合与整合。总之,意境的创构是一个"联类不穷"的整合过程,须待心"随物以宛转",物"与心而徘徊"的心物整合、天人合一。只有这样,始能产生巨大的审美效能,于刹那间的顿悟似审美感兴中迸发出"驰思"的灿烂火花,以获得精神与心灵的升华,完成审美创作,并表现出深远的意境。

这种整合心态的形成,除了老子"道"论的影响外,还受老子"冲气为和"观念的影响。在老庄美学看来,"和"既体现着宇宙自然本身的和谐,也体现着人与自然的和谐。所谓"和气流行,三光运,群类生"强调。②"和",则"生"。任何事物都有着对立两极,二者相辅相成,对立统一,由对立两极组成的事物,在一定范围内又构成相补相济的整体。因此,在以老子为首的中国古代哲人看来,"阴阳""乾坤""天人""形神""动静""刚柔"等各个对立的范畴都是相互联系、相互统一的。"和者,天地之所生成也"。自然万物都是在相互作用,相互协调,受阴阳二气相摩相荡,而化生化合,生息不已。"万物负阴而抱阳,冲气以为和"。自然万物的内在生命结构与人的内在心理结构相契合,人与自然处于和谐统一之中,天道与人道、自然与人事都是一个有机的整合体,因而,人们能够从"天人合一""知行合一""情景合一"中整体地把握对象,以达到主客一体、物我两忘的审美境界。在这种深层整合心态的影响之下,中国古代文艺家在进行审美观照时,总是"即我见物,如我寓物,体异性通。物我之情未泯,而物我之相已契。相未泯,故物仍在我身

---

① 《文心雕龙·物色》。
② 董仲舒:《春秋繁露》卷十六《循天之道》。

外,可对而赏玩;情已契,故物如同我衷肠,可与之契会"①。由这种"物我相契""与万物同其节奏"(宗白华语)、心物交融、物我合一的整合心态所熔铸出的晶莹的意境,也就自然而然地表现出"意中有景,景中有意"②,"情景相融","意境两浑"的整合心态了。

意境创构审美活动中重"悟"的审美体验方式也表现为一种整合。中国美学主张审美主体需要进入"悟"的心理状态去体验美和创造美,讲"目击道存""心知了达"与"妙悟天开",要求审美主体在心与物会、神与象交、情与景合的浑然统一之中,去体悟宇宙万相的生命意蕴。

意境创构中"贵悟不贵解"③的审美体验方式首先强调心领神会。"心"指澄静空明之心境,"神"则为腾踔万物之神思。审美主体应摒绝理性的束缚,以自己超旷空灵的艺术之心进入到审美对象之中,去体悟有关人与自然、社会及宇宙的哲理。我们知道,以老庄为首的中国古代哲人认为"大象无形""大音希声""天地有大美而不言"(《庄子·知北游》),这种宇宙之美"有情有信","可得而不可见","可传而不可爱",它是宇宙自然的生命节奏和旋律的表现,故不许道破,不落言诠。审美主体只有用心灵俯仰的眼睛去追寻与感悟,于空虚明净的心态中让自己的"神"与作为审美对象的万物自然之"神"汇合感应,从而始能心悟到宇宙间的这种无言无象的"大美",直达生命的本源。正如明代诗论家安磐所指出的:"思入乎渺忽,神恍乎有无,情极乎真到,才尽乎形声,工夺乎造化,诗之妙也。"(《颐山诗话》)用己心去会物之神,神理凑合,应会感神,始能体验到宇宙之真美。

意境创构中贵悟不贵解的审美体验方式极为注重整体把握。要求取其大旨,讲"可解,不可解,不必解,若水月镜花,忽泥其迹④。审美主体在审美体验中应追求主客体关系的融合,于"物我交融""物我一体"与"天人浑一"之中整体全面地把握物象,笼而统之地感受宇宙本原,以获得心解妙语。

中国美学强调"中和之美","夫和实生物,同则不继。"⑤自然万物都是由不同事物和合而成,是不同质组合而成的有机统一体。因而,主体在审美观照中,只需注意事物内在的规律性和一致性,对阴晴晦明、风霜雨雪、旷野深壑、高江急峡、月落乌啼、水流花开等种种自然现象,则不必采取细致分析的态度,而应以心灵去冥

---

① 钱钟书:《谈艺录》,中华书局1984年版,第53页。
② 姜夔:《白石诗话》。
③ 王飞鹗:《诗品续解序》。
④ 谢榛:《四溟诗话》卷一。
⑤ 《国语·郑语》引史伯语。

合自然,畅我神思,在由形而体、抟虚成实之中,吐纳万物,蹈光蹑躔,通天尽人。由此而铸造出的艺术意境,片羽鳞光则可唤起无限的心理完形,一片虚白就是一个亘古缄默的世界,这就是杜甫所谓的"乾坤万里眼,时序百年心"(杜甫《春日江村五首》)。并且,受老庄美学的影响,在中国人的审美意识中,人与自然,无生物与有生物都是宇宙间息息相关、相交相融的实体,因此,审美主体不应被动地去追踪殊多的"一",而失落于纷纭繁复的"万"中,而应能动地把握特定的"一",以统驭纷繁复杂的"万",以一驭万。"天地一指也万物一马也"。这样,"一笔画"可以"收尽鸿蒙之外"①,"盈尺写寰中之境,使人怀物外之思。"②微尘大千,咫尺万里,审美主体只有通过"澄怀味象",以慧眼灵心去超越时空,超越物象,直接沉潜到宇宙的底蕴,从而始能容纳万物,辨识万物,综合万物,进而从整体上把握到那种"元气未分"、浑融合一、杂多和谐的美之精髓。

的确,意境创构中审美主体要使自己真正参悟到宇宙生命的奥秘,渗透进自然万物的深层结构,楔入审美客体的核心,深切地体验到审美客体之神,还必须经过反复的玩味过程。中国古代美学十分强调审美主体对审美对象的观照和体验,要求精心把玩,反复体味,以穿透客体的表层,悟解到审美对象中所蕴含的精微意蕴,使审美体验逐步深化。"咀嚼既久,乃得其意"(范晞文:《对床夜语》),"涵咏浸渍,则意味自出"(沈德潜:《唐诗别裁·凡例》)。意境营构中深层的美,总是通过有限的个别形式以展现其本质必然的无限丰富深广的内涵,如此意境才具有多义性和不可穷尽性,表现为"景外之景""象外之象""韵外之致"和"味外之旨"。审美主体只有经过精加玩味,反复咀嚼,从而才能"悟入",以体验到其中最内在、最深刻的微旨,揭示其审美意蕴。由此而形成中国美学意境创构中独特的审美体验方式和传统特色,物态化于作品中,则形成审美意境的整合心态。

三、"大象无形"与审美意境的模糊心态

关于"大象无形",老子说:"视之不见名曰夷,听之不闻名曰希,抟之不得名曰微。此三者,不可致诘,故混而为一。一者,其上不皦,其下不昧;绳绳不可名,复归于无物。是谓无状之状,无物之象,是谓惚恍。"这里所谓的"夷""希""微"都是

---

① 石涛《苦瓜和尚画语录》
② 无名氏:《画山水歌》

就作为生命本原的"道"而言的。道化育自然万物,并且作为生命的核心存在于自然万物的底蕴;自然万物可见、可听、可触,所以说有"状"、有"物";而作为自然万物生命本原的"道"则不可见、不可听、不可触,所以说"无状""无物"。然而这里所谓的"无"又不是真的什么也没有,而只是"无序""无形","是谓惚恍",是"夷""希""微"。也就是说,"道"实际上存在着,只是幽而不显,"混而为一"。可以说,"无状之状,无物之象""混而为一",也就是"道"。它"周匝太清,遍及万物","于无形状之中而能造一切形状,于无物象之中而能化一切物象","有无不定,是谓惚恍"。

总之,老子美学认为,宇宙万物的生命本原是"道",这种"道"是不可言传只可意会的。老子说:"知者不言,言者不知","大音希声"。所谓"大音希声",王弼注云:"听之不闻名曰希,不可得闻之音也。有声则有分,有声则不宫而商矣。分则不能统众,故有声者非大音也。"换言之,即"无物之象""大音""大象"之类都是代表着美的生命本原"道"的,因此无论用什么具体的言辞声音都不能把它传达出来;或者反过来说,一旦诉诸任何具体的言辞声音,它就不再是"道"本身了,因而也就不是"知""大音"与"大象"。庄子在老子这一美学思想上,又有进一步的发展,提出"大美无言"说和"至美""全美",提倡"无言而心悦"。

庄子推崇生命之"道"——美的最高境界,指出"天地有大美"(《庄子·知北游》)。陆德明《经典释文》云:"大美谓覆载之美也。"庄子的意思是说,天地具有孕育和包容万物之美。庄子又指出,"道""生天生地","覆载天地,刻雕众形"(《庄子·大宗师》)。这就是说,天地万物是由"道"派生出来的,并包容在"道"之中的;"道"孕育和包容了天地万物及天地万物之"大美",或者说,天地万物的"大美"是"道"的表现,是"道"的外化。庄子还指出:"夫得是(按:指"道"),至美至乐也"(《庄子·田子方》)。就是说,得到了"道",就会获得美的最大享受,获得最高的美感。可见,庄子是把"道"视为美的最高境界的。"道"是什么?庄子说:"夫道,有情有信,无为无形;可传而不可受,可得而不可见;自本自根,未有天地,自古以固存;神鬼神帝,生天生地;在太极之先而不为高,在六极之下而不为深,先天地生而不为久,长于上古而不为老。"(《庄子·大宗师》)可见,"道"是没有形状的,不可看见的,然而它是真实存在的;"道"是超越时空的,绝对的;"道"是世界万物的生命本原。庄子毕生所要追求的正是这至高无上的"道",因此他是把"道"作为审美的对象的。

庄子认为"道"不仅产生了天地万物,而且使天地万物充满着生气,从而使之生机勃勃:"夫大块噫气,其名曰风。是唯无作,作则万窍怒号。"(《庄子·齐物论》)成玄英疏:"大块者,造物之名,亦自然之称也。言自然之理通生万物,不知所以然而然。大块之中,噫而出气,仍名此气而为风也。""言此大风唯当不起,若其动作,则万殊之穴皆鼓怒号叫也。"(成玄英:《庄子疏》)庄子旨在说明"道"是使天地万物充满生气,从而生生不息的根源;而生气勃勃,乃是天地之"大美"的重要因素;对"道"的体味,也就是对"自然之妙气"(同上)的体味与体验。

依据老子"道"只能意会,不能言传的思想,庄子还指出并非言不能传"意",乃是言不能传达"意之所随者",而这个"意之所随者"毫无疑问就是道家美学所谓的美的生命本原"道"。不能言传意致、不期精粗的,当然也就是"道"了。庄子说过:"道不可闻,闻而非也;道不可见,见而非也;道不可言,言而非也。"庄子还说:

> 筌者所以在鱼,得鱼而忘筌;蹄者所以在兔,得兔而忘蹄;言者所以在意,得意而忘言。

这就是说,"言"的目的在于"得意",前者是工具,后者是目的,因此不能拘泥和执着于工具的"言"而忘却了"得意"的目的。这一点对后世的美学理论影响很大,皎然、司空图、严羽、王士禛等人踵事增华,不断地沿此而进行新的理论开掘,提出了"象外之象""味外之旨""韵外之致""言外之意",并由此形成中国美学意境创构注重"含蓄""蕴藉",追求片言以明百意""万取一收""韵外之致""味外之旨"的审美特点。

所谓意在言外,就是强调不宜执着于言辞,而应宣心写妙、言短意长、意余言外,是审美意境所表现出的又一审美特征。杨维桢提出的"味常得于酸咸之外"[1];杨载所强调的"言有尽而意无穷"[2];揭曼硕所认为的,诗歌审美创作"要语少意多,句穷篇尽,目中恍然别有一境界意思,而其妙者,意外生意,境外见境,风味之美,悠然甘辛酸咸之表,使千载隽永常在颊舌"[3]等,都是从审美创作意熔铸中言与意的关系推崇"意在言外"的审美特色,只有达到这种审美境界,其审美意境才算"妙者"。

"意在言外"注重审美意旨的含蓄蕴藉,认为审美意境的创构应努力追求"意

---

[1] 《湘集序》。
[2] 《诗法家数》。
[3] 《诗法正宗》。

味风韵,含蓄蕴藉,隐然潜寓于里,而其表淡然若无外饰者"①的审美境界,要求审美意境的创作要传达出特定对象内在的精神旨意,抒情咏怀力求深隐,不露痕迹。宋范温说:"行于简易闲澹之中,而有深远无穷之味。"②戴表元说:"无味之味食始珍,无性之性药始匀,无迹之迹诗始神。"③只有这样,才能构筑出如野云孤飞、羚羊挂角、去留无迹、空灵深幽、"愈小而大"的审美意境。

我们认为,审美意境所表现出的这种"意在言外"的审美特征与审美意境的生成分不开。正如我们在前面所描述过的,意境是创作主体心灵的表现,以"人心营构之象"④,"是由想象力所形成的那种表象"⑤。意象产生于外物的感召与主体内心的感应。在审美创作运思过程中,意与象是同一的,意蕴于象中,象又情意化,因而,审美意境实质上是心与物、情与景、神与形、意与象的相互渗透、交融结合。这自然给意境本身带来不确定性。同时,就意境组成之核心,审美意象之"象"来看,它既包括主体知觉中的表象,又包括记忆中的表象。审美创作的产生,离不开情感的推动,而主体能够"睹物兴情"(刘勰),则必须有与之相关的一系列记忆表象为基础。这些潜藏于心理底层的表象,是人类历史的积淀与主体以往全部经验的积累。这显然也给意境带来一种复杂性。意境中的"意"则包括创作主体的思想、情感、意念等属于意识与个性方面的所有因素。叶燮说:"默会想象之表,意若有内有外。"⑥"意"是主体与审美客体之间投射流变的产物,是意识信念境界的心灵化,包蕴着极为复杂的心理内容,因而也具有非常大的不确定性。总之,审美意象的创构,是多层次的、复杂的心理过程。在审美创作构思中,"象"是"意"之象,"意"则缘"象"而生,两者在特定的时空条件下,相互交融,相互渗透,融洽而生成审美意象。因此,审美意象是一个复合体,具有深层的审美意蕴与言外之美。并从而构成其审美模糊心态。这决定了对审美意境的鉴赏是一个不断深化的拓展过程。审美鉴赏者应充分调动自己的体悟能力,这样,在审美想象力的自由高蹈中,则会领悟到"许多不可名言的东西"(康德语)。这就是"言外之意"审美特征,也是中国古代美学所强调的"余味""余意"。

通过上面的论述,不难看出,"意在言外"所表现出的是一种言外之美,具有意

---

① 包恢:《书徐致远无弦稿后》。
② 《潜溪诗眼》。
③ 《许长卿诗序》。
④ 章学诚:《文史通义》。
⑤ 康德:《判断力批判》上卷,人民出版社2002年版,第49节。
⑥ 《原诗》内篇。

蕴的深邃性和不确定性与模糊性,它要刺激人们鉴赏的欲望,并使鉴赏者通过"玩味",产生"目中恍然别在一境界"的感受与有余不尽的意味,从而获得情感的陶冶与美的享受。其审美特点是似与不似、不即不离、虚实统一并相生相合,给鉴赏者以极大的心理时空。皎然云:"但见情性,不睹文字。"[1]元遗山则说:"情性之外,不知文字。"[2]又说:"诗家圣处不离文字,不在文字。"[3]我们在前面就已经提及,在中国古代文艺家看来,审美创作是要把自己在对"道"的生命体验中内心的感动与自己的情志传达给别人,使别人通过对作品的鉴赏,心中也产生一次同样的感动。构成作品的审美结构是看得见、听得着的,然而熔铸或蕴藏于作品审美结构中的生命意蕴,即创作主体在对"道"的生命体验中心灵的感动,却是看不见、听不着的。因而,创作主体要想把自己所感受到的那种不可言说的生命意味传达给鉴赏者,就必须放弃运用言辞直接表达情志的企图,而只能把触发自己情兴的契机用言辞表述出来交给鉴赏者,让鉴赏者的心灵在这契机的诱发下而感受到那曾经摇荡过创作主体心灵的情性。这就是所谓"但见性情,不见文字""不知文字""不离文字,不在文字"。必须指出的是,审美意境"意在言外"的审美表现并非不需要语言这种符号载体,而是要求以尽可能少的言辞,凭借一种高度浓缩、紧凑的形式结构以表现深广的生命意蕴。通过一种启发性,以诱导和调动鉴赏者无尽的思绪和想象。故"不在文字",并不是有话不说,而是引而不发,是言有尽而意不尽。黑格尔曾经指出:音乐所用的声音,"是在艺术中最不便于造成空间印象的,在感性存在中是随生随灭的,所以音乐凭声音的运动直接渗透到一切心灵运动的内在发源地"[4]。"意在言外"审美意象所要表现的正是这样一种审美境界,它直接向深远的心灵拓展,给人以"无言"之美。

我们认为,审美意境所表现出的这种"意在言外"的审美特征,用现代审美心理学的理论来审视,实际上体现出艺术形式结构的暗示性心理特征。现代心理学指出,所谓暗示,就是凭借语言、表情、手势等方式,让对方不假思索地接受某种心理影响。我们在上面已经论及,审美创作所要表现的对象既有包罗万象的宇宙自然,又有对生命本原"道"的体验中所产生渺远、曲折、隐幽的审美意绪,这是语言所无法表达得清楚明晰的。中国古代文艺家就经常叹惋语言的有限:"此中有真意,欲辨已忘言","常恨言语浅,不如人意深。"抱憾语言不能直接表现自己心中无

---

[1] 皎然:《诗式·重意诗例》。
[2] 《杨叔能小亨集引》。
[3] 《陶然诗集序》。
[4] 《美学》第三卷上,商务印书馆1981年版,第349页。

限广远的生命意趣。正如刘勰所说:"思表纤旨,文外曲致;言所不追,笔固知止。至精而后阐其妙,至变而后通其数。伊挚不能言鼎,轮扁不能语斤,其微矣乎!"①审美构思中那些"纤旨""曲致"生命体验,是语言不能表达的,只有采用"隐"的手法,使意存言外,也即运用"意在言外"这种暗示性表现方法,将自己心灵的颤动传达给别人。同时,现代审美心理学还指出,作品审美价值的最终实现,还必须依靠鉴赏者的积极参与,通过鉴赏者的心灵感应,以丰富作品的审美意境。要达到此,鉴赏者也必须要对作品中所展现的景象实现一种审美超越。杨时说:"学诗者不在语言文字,当想其气味,诗之意得矣。"②方以智也说:"心越浮言,始得基意;超文字者,乃解其宗。"③泯灭物我,自然涵泳于作品所提供的具体意境之中,以心灵去感会心灵,"以心印心",从而产生一种心灵的交流和感应。只有这样,才能领会到作品深层审美结构中所蕴藉的那种精妙动人、悠远深邃的意旨。由此可见,在文艺创作中,必须要求创作主体应尽可能地锤炼字句,使言少意远,借助语言的暗示性与启发性心理特征,构筑出景外、象外、韵外之意趣,以有效地开启鉴赏者的心理之门,让鉴赏者通过自己的审美想象去领会其中深幽的旨趣。并且,众所周知,由于"内在的积淀与形音义统一的表语性特征",使汉字这种被西方意象派诗人庞德等"捧为一切语言之上的最具诗意的语言",为诗歌审美创作"形成多重暗示性"提供了极大的便利,促使意境"意在言外"审美特征的生成。

这对意境所表现出的模糊性审美心态特征无疑有极大的影响。从意境的审美特征看,它要求通过具体、有限的"常境""万象",给鉴赏者以无限的想象时空,让其从中体味到一种精细深微的意旨,以获得"寻绎不尽""味之无穷"、丰富深远、含蓄朦胧的审美感受。由此可见,意境的本身就体现着一种模糊心态。

意境虽然注重表现人生的某种哲理内涵,但却不以概念为中介,而是采用直观的形式,使观念经过心灵的净化和深化,与情感、想象渗透融合为一。如钱锺书先生所指出的:"理之于诗,如水中盐,蜜中花,体匿性存,无痕有味。现相无相,立说无说。"④这里"水中盐""蜜中花"与"无痕有味"就是模糊心态的表露。审美对象的深邃本质与"自然真宰"应通过心灵的融合,与创作主体潜意识底层的深微光影的折射,并自然曲折地转化到意境的内在结构之中,作到"含吐不露,只眼前景,

---

① 《文心雕龙·神思》。
② 《龟山语录》。
③ 《文章薪火》。
④ 钱锺书:《谈艺录》,中华书局1984年版。

口头语,而有弦外音,味外味"①。只有这样,才能引起鉴赏者的兴趣,"使人神远",给人以意味无穷、感受不尽的乐趣,以最终完成意境的构创。叶燮说:"言语道断,思维路绝""幽涉以为理""可喻不可喻""可解不可解""可言不可言"②,就强调意境这种在感知、想象、情感、理解的心灵化融汇统一过程中,所表现出的趋向于不确定的模糊心态。它总是以有限个别的形式蕴藉着无限丰富深广的意旨,因而具有多义性与不可穷尽性的特点。司空图所说的"景外之景""象外之象""韵外之致""味外之旨"③;严羽所说的"不涉理路,不落言诠""境中之花""水中之月""透彻玲珑,不可凑泊""羚羊挂角,无迹可求""言有尽而意无穷"④等,都可以看作是对"意境"的模糊心态的揭示。

所以会使意境创构中的审美心态模糊,除了老庄美学的影响外,还与"意境"创构中的心理状态分不开的。

我们知道,意境所要透过"境"以表现的"意"就体现着一种模糊心态。它是创作主体通过"即目""游心"等晶莹澄澈的心灵观照所体验到的最灵敏的生活精微和最幽深的生命颤动,是活跃生命的传达与创作主体内宇宙奥秘的显示,因而具有空灵、淡远、缥缈、朦胧的心态特色。

这种心态还建立在传统审美创作的追求之上。受老庄美学的影响,在中国古代文艺家看来,审美创作的目的并非为个人得失,而是要"妙造自然"(司空图语),"英华发外"(郝经语),以表现主体自己由审美体验中所领悟到的人生哲理、历史意识与宇宙真谛。如石涛就认为,画者"天下变通之大法也,山川形势之精英也,古今造物之陶冶也,阴阳气度之流行也,借笔墨以写天地万物而陶泳乎我也"⑤。王夫之也强调指出:"以追光蹑影之笔,写通天尽人之怀,是诗家正法眼藏。"⑥审美创作中的"意境"生成过程,也就是主体对宇宙精神的体悟和表现以及自我实现的过程。而经由这种凝融物我、"通天尽人"所熔铸的"意",则自然包容着极为丰富的审美内涵与深广的审美意蕴,体现出一种模糊心态了。刘勰说:"隐以复意为工。"又说:"隐也者,文外之重旨者也。"⑦"复意"与"重旨"表明"意"以

---

① 沈德潜:《说诗晬语》。
② 叶燮:《原诗》内篇。
③ 司空图:《与李生论诗书》《与极浦书》。
④ 严羽:《沧浪诗话》。
⑤ 《石涛画语录》。
⑥ 王夫之:《古诗评选》卷四。
⑦ 《文心雕龙·隐秀》。

"复"为魂态,以"重"为魂质,可见,只有通过模糊心态的作用,以形成一种隐于"文外"、重重复复、含着蕴藉的审美意味,才能让人味之无极,闻之心动。

同时,"意境"孕育中的审美心理也呈现为一种模糊心态。

注重心灵观照,对审美对象不采取分条析缕的系统把握,而强调整体统观,"法象索意"地去领会客体之"神";"收视反听"地默识外在生活投射在内心深处的折光,是"意境"创构的旨趣。皎然指出,诗歌审美创作应由"神会而得"[1],应"后于语,先于意"[2]。这里的"神"与"意",实际上就是一种近似于"妙悟",即通过"澄心静观",以直接把握对象,领悟其生命意蕴的心灵观照。正如铃木大拙所指出的"东方的心灵是混沌的"[3]一样,"意境"创构中的模糊心态,在中国形成的历史悠久。依照老庄美学"天人合一"的审美意识,作为审美客体的宇宙万物是多样繁复、迷离恍惚、广漠混沌、深邃奥秘的世界,有着极大的模糊性。同时,"意境"所要体现的决定着宇宙旋律及其生命节奏秘密的生命本原"道"(气),也是"无状之状,无物之象","混沌恍惚",视之不见,听之不闻的。因此审美主体只能通过"心斋""坐忘",去"听以之气",依靠一种直观所诱发的领悟,让整个身心沉潜到宇宙大化的深层结构之中,才可能体认、感悟到那种深邃幽远的生命意识。而这种"听之以气"与"心悟"观照的本身,就是一种"冥冥濛濛,忽忽梦梦,沈沈脉脉,洞洞空空"[4]的模糊思维。这种审美创作构思方式自然给"意境"造成了既要求"亲切不泛",又要求"想味不尽",既要"状难写之景如在目前",又要"含不尽之意在于言外",既讲"意到环中",又讲"神游象外"的审美特征,并给人以宽泛、丰富、多义、不确定、模糊朦胧、深厚隽永的审美感受。

四、"任性逍遥"与审美意境的超越心态

受老庄美学的影响,从传统的审美创作构思活动来看,"意境"的创构,实际上就是创作主体通过虚静观照,将个体生命投入到宇宙生命的内核,超越感官所及的具体、有限的表象,超越时空,超越生命的有限,以获得人生、宇宙的生命奥秘,达到精神的无限自由。由此而获得的审美感受,就是"意境"内部结构中所潜藏的

---

[1] 皎然:《诗式·诗议》。
[2] 皎然:《诗式·评论》。
[3] 铃木大拙:《禅学讲座》,贵州人民出版社1988年版。
[4] 马荣祖:《文颂·神思》。

无穷尽的审美意蕴。只有超越世俗物欲、生死、感官,"外物""外一""外天下",才能"得至美而游乎至乐",从物中见美,从技中见道,在有限、短促的瞬间领悟到无限、永恒,也才能"心合造化,言含万象。且天地日月,草木烟云,皆随我用,合我晦明"①。"意境"的感悟是情感的净化和心灵的飞升,通过此,创作主体可以得到精神的升华和情感的慰藉。杜甫《解闷》云:"陶冶性灵存底物,新诗改罢自长吟。"韦应物《登乐游庙作》云:"归当守冲漠,迹寓心自忘。"都极为明显地表现了这种"饮之太和,独鹤与飞"②,超然物外,遗世独立的超越心态及其与"意境"创构的关系。宗白华先生曾引蔡小石《拜石山房词抄序》所云"夫意以曲而善托,调以杳而弥深。始读之则万萼春深,百色妖露,积雪缟地,余霞绮天,此一境也。再读之则烟涛澒洞,霜飙飞摇,骏马下坂,泳鳞出水,又一境也。卒读之而皎皎明月,仙仙白云,鸿雁高翔,坠叶如雨,不知其何以冲然而淡,翛然而远也"一段话来表述艺术意境境界层深的创构。认为第一境只是"直观感相的摹写",第二境才是"活跃生命的传达",而第三境则是"最高灵境的启示"。并且,他还提出"意境"的创构心态就是"在拈花微笑里领悟色相中微妙至深的禅境"③。不但形象生动表明了"意境"创构中,创作主体的心理状态由普通心态到审美心态再到宇宙心态的转化,而且强调提出只有"冲然而淡,翛然而远"的境界,才是"意境"创构所应努力追求的"最高灵境",展示了"意境"生成中超越心态的作用。

"意境"的创构是大化流衍的生命精神的传达,是宇宙感、历史感和社会人生的哲理进入心灵,化为血肉交融的生命有机力量的显示。审美创作主体要使自己在"意境"的深入发掘和开拓中进入纯精神领域,让心灵任意飞翔,就应该保持心境的平和自得与自由自在,使之物我两遗,超越人世、感官、物欲羁绊,于萧条淡泊、闲适冲和的心理状态中,由"游心"而"合气"(庄子语),顺应宇宙万物的自然之势,使物我合一。只有这样,才能达到"抚玄节于希声,畅微言于象外"④的审美境界,以酝蓄发酵出独特而隽永的艺术意境。王弼云:"天地任自然,无为无造,……无为于万物和万事各适其所用,则莫不赡矣。"⑤张彦远云:"不滞于手,不凝于心,不知然而然。"⑥只有达到心灵自由,超越客观物相的局限与人世杂务的

---

① 虚中:《流类手鉴序》。
② 司空图:《二十四诗品》。
③ 宗白华:《艺境》,北京大学出版社1987年版,第155页。
④ 僧卫:《十住经合注序》。
⑤ 王弼:《老子注》二十九章。
⑥ 《历代名画记》。

干扰,主体才能一无牵挂地去游心万仞,俯仰宇宙,"如太虚片云,寒塘雁迹,舒卷如意,取舍自由"①。人的生命意识的核心,是对自由与完美的渴望和追求。只有在"意境"创作构思的自由自得的超越心态中,人的这种本性与真情,对深层的心理意蕴,才能得到很好的表露。同时,也只有借助人的这种深层的生命意识作为内在活力,才能创构出深广幽邃、焕若神明、生气氤氲、 然而远的意境。

不难看出,这种超越心态与美学老庄万物一气、物我相亲的审美意识分不开。既然自然与人都以"气"为生命本体,自然与人完全对应,那么,创作主体要在"意境"创构中"身与事接而境生,境与身接而情生"②,并从中获得情趣的陶冶与心灵的净化,就必须表现出自得冲和、舒坦自在、优游闲适的心情,超越个体生命有限存在的精神需求,让自己"胸中灵和之气,不傍一人,不依一法,发挥天真"③,以纯粹自由天放的心境,与自然灵秀之气化合,从而始能陶醉于宇宙万物的生命本源之中,触摸到自然的生命底蕴,使"天地之境,洞焉可观"④,并从中把握到宇宙生命的节奏和脉动,获得精神的高蹈与审美的超越,以创构出心灵化的、璀璨的意境。

五、"有无相生"与审美意境的开放心态

"意境"的完全实现,还必须通过作为作品的审美主体的鉴赏者的阅读接受,由此,则形成"意境"构成的开放心态。从对意境的审美鉴赏而言,所谓意境,事实上是一系列可能性的存在,是一个期待审美再创造的开放系统。它等待着鉴赏者调动自己的审美想象力和全部情感,去想象、补充、认同。因此,可以说意境创构于创作主体,而最终完成于鉴赏者的想象认同之中。并且,从某种意义上看,意境实质上是源于作品而实现于鉴赏者的想象再创造中的一种审美境界。它需要鉴赏者将自己的情感意绪移入,并与之打成一片,融为一体,以深刻体会其中所包容的审美意蕴,并在此基础上展开审美想象,来体验自己心中那些尚未形成、难以言喻的经验和情感。故可以说,鉴赏者对作品意境状态的直接感知是意境实现的开始,而鉴赏者对意境状态的审美想象则是意境实现的进行,鉴赏者对意境状态的

---

① 沈灏:《画麈》。
② 祝允明:《送蔡子华还关中序》。
③ 戴熙:《习苦斋题画》。
④ 《文镜秘府论·论文意》。

积极参与,才是意境实现的完成。

这种开放心态还表现在历代文艺美学家对"意境"的讨论和不同描述之中。在中国古代美学思想中,"意境"又被称为"境界"或"境"。对"境"的概念有种种提法。例如:以艺术门类分,有诗境、词境、画境之说;以所达到的审美境界分,则有神境、胜境、奇境、极境、真境、实境之谓;以意境创构来分,又有初境、拓境、凌境、写境、造境之称,林林总总,不一而足。对意境含义的解释、阐述则更是说法不一,人人言殊。所以造成这种现象,我们认为,原因就是提出与运用"意境"的文艺美学家总是从鉴赏者的角度来表明自己对"意境"的认识,受开放心态的影响。同时,他们对"意境"的描述也往往只有极精炼、极隽永的开放性语言来点出其深远的审美内涵,以启迪鉴赏者去领悟其精微、含蓄的意旨,填补其空白。例如司空图所描述的二十四种诗品、黄钺的二十四种画品等,有人就认为其实这些分别所根据的就是所造意境的不同。因此,我们认为,历代对意境的不同表述,使意境的开放心态得到更加丰富和增强。

意境实现中的这种开放心态指向无限与永恒。费汉源认为山水画有三远:高远、平远、深远。又说:"深远最难,要使人望之,莫穷其际,不知为几千万重。"①李日华则认为画有三次第:"一曰身之所容。凡置身处,非邃密,即旷朗,水边林下,多景所凑处是也。二曰目之所瞩。或奇胜,或渺迷,泉落云生,帆移鸟去是也。三曰意之所游。目力虽穷,而情脉不断处是也。"②"不知为几千万重"与"目力虽穷情脉不断"正好形象地表现了艺术"意境"开放心态的无限性。

当然,"意境"的这种开放心态亦有其历史渊源,它萌发于老子"有无相生"的思想。老子说:"天下万物生于有,有生于无。"又说:"常无,欲以观其妙。"如前所说,所谓"妙",作为一哲学范畴,它体现着"道"的永恒与无限。只有达到"无"的境界,才能"观其妙"。可见,这里的"无"就表现出一种开放心态。同时,中国古代美学"言不尽意"的思想也影响着这种开放心态的形成。"书不尽言,言不尽意";"盖理之微者,非物象之所举也"。事物的精微玄妙之处,只能通过意会,不能言传。语言的表达功能是有限的,而事物的精义则是没有穷尽的,难以言传的,它为读者所开放。可以看出,"意境"说的"言有尽而意无穷"和"妙解心悟"正是建立于"有无相生"与"言不尽意"的思想之上,受其开放心态的作用。因此,"意境"永远指向读者,向读者开放。它总是留有很大的空白,包括对"意境"的描述,期待

---

① 费汉源:《山水画式》。
② 李日华:《紫桃轩杂缀》。

着鉴赏者去追索、咀嚼、玩味,并给以进一步的充实。

六、"复归于无极"与审美意境的圆满心态

对审美意境的要求还体现了老庄美学主张自我生命与宇宙生命统一的审美特性,展示出美学是人生美学注重生命体验的丰富内容。我们知道,在中国美学思想中,对审美意境的通求的审美观念是同生命意识紧密地联系在一起的。宇宙生命感性形态的变化,在古人眼中,最初就是一团成圆状的混沌元气旋转不息、运行变化的过程。以老庄为首的中国古代哲人认为,"道"是太极,而太极则是生成天地万物的混沌未分的元气,为天地万物生命的根源,有太极而后有天地,"有天地然后万物生焉,盈天地之间者唯万物"。"太极"生化万物的思想,最早来自老子。老子曾用"复归于婴儿""复归于朴""复归于无极"来形容"道"如无知无欲的婴儿,具有原始的自然纯朴、无穷无尽、无限无极的最深刻、最精微、最真实的特性。道无形无象、无时无空、无始无终、混混沌沌、杳杳冥冥、空空洞洞。故老子将这种处于混沌状态的"道"称之为"有物混成""玄牝之门"。又由于"道"的这种超时空、超万物、超对立、超感官、超形名的特征,而被称之为"无名之朴"。后来的道家哲人则称之为"混元无极"与"先天一气"。郭象在注《庄子》时说:"运转无极。""万物万化,亦与之万化,化者无极,亦与之无极。"认为"无极"是无所穷极,是变化无穷,也就是说自然万物有无穷无尽的变化。到宋代,宋明理学的开创者周敦颐则认为"无极"之极,就是"太极"。他在《太极图》中说:"自无极而为太极。太极动而生阳,动极而静;……阴阳,一太极也。太极本无极也。"并且,根据老子"一阴一阳谓之道"的观点,宋明理学家邵雍认为"道"就是"太极"。他在《皇极经世·观物外篇》中说:"以道生天地,则天地亦万物也。道为太极。"又说:"太极,道之极也。"《周易·系辞上》云:"易有太极,是生两仪。两仪生四象,四象生八卦。"这里两仪指天地,四象则是指春夏秋冬四时,八卦乃是指天、地、雷、风、水、火、山、泽等自然现象。太极是化生万物的根源,故《易纬·乾凿度》云:"易始于太极,太极分而为二,故生天地。"朱熹也指出:"圣人谓之太极者,所以指夫天地万物之根也。"[①]而这里所谓的"太极"实际上是一团絪缊相得、合同而化、动静相成,充塞于太虚间的太和元气。如前所说,以老子为首的中国古代哲人又把这混沌未分

[①] 《答杨子真》。

的元气看为"圆"。以圆形包裹阴阳,即两仪。庄杲《雪中和赵地官》诗云:"许惟太极圈中妙,不向梅花雪里求。"《题画》诗又云:"太极吾焉妙,圈来亦偶夸。"朱熹《太极图说解》也云:"〇者,无极而太极也。"王夫之《周易内传发例》则直截了当地指出:"太极,大圆者也。"

太极之所以被视为大圆,是因为以老庄为首的中国古代哲人认为,圆圈也是包罗万象的宇宙模型。作为宇宙万物生命的本然,太极被视为混沌状态的一团元气,其形浑浑,周旋无端,氤氲聚合,形态或性状也就是一个圆,故周敦颐《太极图》第一图就是一个圆圈。王夫之解释《太极图》说:"绘《太极图》,无已而绘一圆圈尔,非有匡郭也。……取其不滞而已。"① 这就是说,太极虽虚而理气充凝,似圆而不可分割,因此绘一圆来体现其形状。并且,王夫之还认为:"太极,〇之实有也。"②

太极之圆体现着宇宙创化之元,也是美的生命产生的根源。那么,太极又何以为生生之源,何以会化生生命呢?在中国古代哲人看来,太极是气,是道,是一,也是化生万物的本根。例如,班固就指出:"太极元气,函三为一。极,中也。"③ 郑玄指出:"太极,极中之道,淳和未分之气也。"④ 成玄英《庄子·大宗师疏》也指出:"太极,五气也。"王廷相在《太极辨》中更进一步指出:"推及造化之源,不可名言,故曰太极。求其实,即天地未判之前,太极浑沌清虚之气也。"中国古代哲学家认为,气是万物生命生存的本质,宇宙天地间的万事万物都可以归结为一种气化。即如朱熹所指出的:"天地之间,一气而已。"⑤"天地间无非气。"⑥"天地只是包许多气在这里无出处,滚一番便生一物。"⑦ 同时,作为本体之气,其化生功能和生命活力的内在本质,又受"道"所主宰,"道"存在于生命之气的中间,虽虚而无形,却又无所不在。道充塞于宇宙,无处不存,万物以生,万物以成。道始于一,又归于一。《淮南子·天文训》云:"道始于一,一而不生,故分为阴阳。"就以道为一,来体现宇宙未分的原始混沌状态。所谓"元气未分,浑沌为一"⑧。"道""一""太极"都属于同一层次的范畴。太极为"道"。邵雍说:"以道生天地,则天地亦万物

---

① 王夫之:《思问录外篇》。
② 王夫之:《系辞上传》,《周易外传》卷五。
③ 《汉书·律历志》。
④ 《文选注》引。
⑤ 《易学启蒙》卷一。
⑥ 《朱子语类》卷三。
⑦ 同上,卷五十三。
⑧ 王充:《论衡·谈天篇》。

也。道为太极。"①又说:"能造万物者,天地也。能造天地者,太极也。"②太极和道一样,道是天地万物生命的本原,太极创化并主宰天地万物,所以说,道就是太极。同时,太极又为一。邵雍说:"太极,一也,不动;生二,二则神也。"③道也为一,"道与一,神之强名也"④。"道"是一,太极是一,是道。"太极者,道也,……万物之生,负阴而抱阳,莫不有太极,莫不有两仪,絪缊交感,变化不穷"⑤。太极是道、是圆,为万化的根本,是"天地万物之根",也是美的生命之本。合而论之,美的生成和生存都基于太极之圆,植根于太极之圆,此即所谓万物之美一太极,万物之美统于太极;分而论之,一物之美各具一太极,"人人有一太极","物物有一太极"⑥。按照宋明理学的说法,则叫"理一分殊","月印万川。"

这种太极圆说,就是继承老子的"复归于无极"的思想,以太极为浑沌、为圆,以太极之圆为一切生命之源。它对中国美学产生很大的影响,对中国人的宇宙意识、人生意识和审美意识的形成有着非常重要的作用。可以说,它与中国人"天人合一"宇宙意识的形成具有极为紧密的联系。太极是道、是一,太极之圆,周匝无限,是一个完整的、充满了生机与活力的整体。整个宇宙和人生,也都处于一种多样统一的圆环式运动中。《淮南子·原道训》云:"(天)轮转而无废,水流而不止,钧旋毂转,周而复匝。"扬雄《太玄·玄道都序》云:"驯乎!玄,浑行无穷正象天。"驯,指顺;这里所谓的"玄",和"太极"相同,意指天道、地道、人道的宇宙本体,它好像圆天一样,周行无穷而不殆。扬雄认为,天的特点就是运转不息。故他在《太玄·太玄摛》中又指出:"圜则杌陧,方则啬吝。"在《太玄·太玄图》中也指出:"天道成规,地道成矩,规动周营,矩静安物。"所谓"圜",就是指天;杌陧,意为动荡不停;啬吝,意指聚敛收藏。天圜则以动为性,地方则以静为特点,动静为生命的质和德,一动一静相辅相成,捭阖往来,则构成一生命整体。唐杜道坚说:"天运地斡,轮转而无废,水流而不止,与物终始,风兴云蒸,雷升雨降,并应无穷。"⑦宋张载也说:"天地动静之理,天圆则须动转,地方则须安静。"⑧在中国古代哲人看来,整个宇宙天地就像一轮运转无废的圆环,周转不息,往复回环。天道生生不已,周

---

① 《皇极经世·观物外篇》。
② 《邵子全书》卷七,《无名公传》。
③ 《皇极经世·观世外篇》。
④ 同上。
⑤ 《易序》,《二程集》第690页。
⑥ 《朱子语类》卷九十四。
⑦ 《文子缵义》卷一。
⑧ 《横渠易说》。

流不居。美也是如此。以老庄美学为根源的中国美学认为,美既生气流荡、生生不穷,处于永不停息的创造和革新之中,同时美又是一个统一的有机整体,生动活泼,圆融无碍。故以老庄美学为核心的中国美学强调审美活动应由方入圆,即由具象到超越,透过自然万物的表象以直达其生命内核,去掘取宇宙天地运转不已的生命精神。即如司空图在《二十四诗品·流动》中所指出的:"若纳水輨,如转丸珠。夫岂可道,假体遗愚。荒荒坤轴,悠悠天枢。载要其端,载同其符。超超神明,返返冥无。来往千载,是之谓乎"!水輨,即水车,纳置于水而流动不定;转丸珠,言珠之圆转如丸。这里可以说道尽了美的圆转不息的生命之流的奥秘。美的生命,即宇宙天地精神是变动不居的,审美主体只有德配宇宙,齐同天地,才能臻于审美的极佳境界,而参赞化育,融汇于万物皆流的生命秩序之中。

受老庄美学的影响,中国美学认为,圆不仅为化生万物的本原,而且是生命的极致。故而,在中国美学看来,圆既是美的生命之源,也是审美活动所追求的最高审美境界。可以说,意境就是"圆"。审美活动中,审美主体以虚静之心境纳受天地精神,让个体存在及其自由的心灵与物为春、与道为一、与天地生命交游,达到与天地同流、与万物同化,使天与人合一,从而则能于心物、天人、情景的共同溶化中,进入审美的最辉煌的瞬时。此即司空图所谓的"超以象外,得其环中"。由此所熔铸而成的艺术境界就是意境。杨廷芝《诗品浅解》解释说:"超以象外,至大不可限制;得其环中,理之圆足混成无缺,如太极然。"黄蘗希运《传心法要》说得好:"深自悟入,直下便是,圆满具足,更无所欠。"中国美学称这种瞬间合一、刹那以见永恒、圆满具足的审美境界为"兴会""物化"。我们认为,这也是审美活动中,"深自悟入",进入太极之圆的境界。它是超越世俗耳目感官,超越物相,直达宇宙万物生命之源的"以天合天",以获得宇宙生命之美而求得主体自我超越、自我实现、自我圆成的审美境界和审美意境。故而也是中国式审美体验的极致。

我们看到,正是在老庄美学的作用下,视太极之圆为美与审美意境的生命之源,中国美学在意境的创构中特别强调审美创作是化宇宙为生命,融生命于宇宙。"于天地之外,别构一种灵奇"[1],以"曲尽蹈虚揖影之妙"。绘画审美创作是"画受墨,墨受笔,笔受腕,腕受心。如天之造化,地之造成,此其所以受也"[2]。"墨受于天",满纸云气轻岚,都是宇宙之生息的吐纳,因此,石涛认为,绘画审美创作就是通过主体运用笔墨去把握宇宙万物活生生的生命韵律,主张绘画应"代山川而

---

[1] 方士庶:《天慵庵随笔》。
[2] 石涛:《苦瓜和尚画语录》。

言",并提出"一画说",以"一画"作为开辟鸿蒙的起点。他指出,太古既然是一片混沌,是一种气韵氤氲状态,未分化的太朴,那么,太朴散了,分化开始,就有了法。这个法就是根本大法,叫作一画。"一画者,众有之本,万象之根;见用于神,藏用于人,而世人不知所以"①。一画洞穿宇宙,透越人生。这一画的精神和老子的"道"与《易传》的"太极"意义是相通的。孔颖达就把"一"叫作太初、太始和太极。他说:"一则混元之气,与太初、太始、太素同,与《易》之太极《礼》之太一,其义不殊,皆为气形之始也。"②石涛说:"此一画收尽鸿蒙之外,即亿万万笔墨,未有不始于此而终于此"⑤,"一画而万物著矣!"⑥"一"和"道""太极"一样,既是宇宙万物生命之源泉,又是美的生命之本,也是艺术审美创作生命之源泉。万有都可以由一以化育,万象都可以由一画而幻成,因而,"一画"也就成了审美创作的最高境界。古往今来,乾旋坤转,以一治万,以万治一,一以化万,万万归一,宇宙天地生命精神的流转不息都可以化一画而成氤氲,以合太极之圆意。

同时,对审美意境的追求还体现了老庄美学对圆满圆融的生命境界的追求。在以老庄为首的中国古代哲人看来,圆就是圆满具足、浑成无缺。作为名词,既可以把"圆"看成是与"道""太极"相同的、为宇宙万物生生之源;同时,作为形容词,"圆"又形象地体现了"道"与"太极"这种美的生命之本无所不在的普遍性审美特征。庄子指出:"天地有大美。"陆德明《经典释文》云:"大美谓覆载之美也。"这就是说,在庄子看来,宇宙天地具有圆满周备,能孕育和包容万物的美。庄子又指出:"道","生天生地","覆载天地,刻雕众形"③。也就是说,天地万物是由"道"派生出来的,并包容在"道"之中;这孕育和圆该了天地万物的"道",也就是"大美"。审美体验活动中,获得"大美",则能进入"至美至乐"的极高审美境界。那么,这作为"大美"的"道"的审美特征是什么呢?庄子说:"夫道,有情有信,无为无形;可传而不可受,可得而不可见;自本自根,未有天地,自古以固存;神鬼神帝,生天生地;在太极之先而不为高,在六极之下而不为深,先天地生而不为久,长于古而不为老。"④这里首先给我们指出了"道"的无条件的绝对性和永恒性审美特征,即其"自本自根",不依靠任何其他的条件,和"自古以固存"的永恒性存在。并且,"道"还有超越性审美特征,它"无为无形,可传而不可受,可得而不可见"。此外,"道"还有其普遍性审美特征。也就是说,"道""在太极之先而为高,在六极

---

① 《苦瓜和尚画语录》。
② 《礼记·月令疏》。
③ 《庄子·大宗师》。
④ 同上。

之下而不为深,既超越于现实,又普遍存在。在《庄子·知北游》中庄子进一步给我们指出了"道"的这种无所不在、圆足混成的审美特性。东郭子问庄子"所谓道,恶乎在"?庄子回答"无所不在"。东郭子请他说得具体一点,他就说"在蝼蚁"。东郭子惊讶地说怎么会如此卑下呢?庄子又说"在稊稗"。东郭子问怎么更卑下了呢?庄子则说"在瓦甓"。东郭子更惊讶地说怎么越发卑下了,庄子则干脆说:"在屎溺"。东郭子默而无言。庄子便告诉他:这正像猪肥不肥一样,越往猪的下腿踩,猪的肥瘦就越清楚。也就是说,越卑下的东西越能说明道是无所不在、圆满周备的。庄子接着说:"汝唯莫必,无乎逃物。至道若是,大言亦然。周、遍、咸三者,异名同实,其指一也。"这就是说,你不应该强求指出道的确切所在,道不离物,无所不在,所以说道周全、普遍、圆满。"周""遍""咸"所说的都是道圆满周遍于万物的审美特性。

是的,作为美的生命本体的道,既是至大的,又是至微的。对此,无论是老庄,还是释家、儒家,都肯定生命本体的圆融周备的审美特征。老庄强调无所不在,圆满周遍,混成无缺。佛教则认为佛性圆满周备,普遍圆足。唐法藏云:"金与师子,同时成立,圆满具足。"[1]又说:"一切世界海,又亦潜身入彼诸刹,一微细尘毛等处有佛身,圆满普遍。"[2]佛教禅宗特别强调万物皆有佛理。在禅宗看来,平常心、平常物皆具佛性,即所谓"郁郁黄花,无非般若,青青翠竹,总是法身","运水搬柴,无非妙道",只要"得之于心,则世间粗言细语皆是教外别传禅旨"[3]。即使蠢笨的虫豕也不例外:"蠢动含灵,皆有佛性。"[4]《景德传灯录》卷六记载有这样一段对话:"有源律师来问:和尚修道,还用功否?师曰:用功?如何用功?师曰:饥来吃饭,困来即眠。曰:一切人总如是,同师用功否?师曰:不同。问:何故不同?师曰:他吃饭时不肯吃饭,百种须索;睡时不肯睡,千般计较,所以不同也。"《古尊宿语录》卷四把这意思说得更加简明彻底:"道流佛法无用功处,只是平常无事,屙屎送尿,着衣吃饭,困来即眠。"佛法既然如此无处不在,无时不在,圆融具备,要想进入这种圆通无缺的境界,必在于一念之悟。所谓一念之悟,即指通过对某一事物不经渐次地一刹那灵感,来把握佛理。这就是佛家所云:"迷则经累劫,悟则刹那

---

[1] 《华严金师子章·勒十玄第七》。
[2] 《华严旨归·说经佛第三》。
[3] 《禅家龟鉴》。
[4] 《容斋续笔》卷八引。

间。"①"一念悟，众生即佛；一念迷，佛即众生。"②禅宗称此为"圆觉""顿圆"③。所谓"真理即悟而顿圆"。"境智冥会，解脱之应随机；非纵非横，圆伊之道冥会"④。进入冥会就达到了人之自性与宇宙法性冥然合一、生命本体与宇宙本体圆融一体的境界。一切妙谛，万行万德，皆从定发，由定而神圆，由圆而灵光独耀，朗照如如。这既是禅境，也是最高人生境界——审美境界。表现在艺术创作中，即是中国艺术家所孜孜以求的审美意境。

前面我们曾经提及，宋明理学有一个在老庄哲学和佛教哲学的基础上产生的著名命题："理一分殊"。它最能体现生命之本充满圆融的审美特征。"理一分殊"是程颐在回答杨时对《西铭》的怀疑时提出来的，朱熹对这一思想作了许多发展，并趋于大成。理学认为，把天地万物作为一个总体受此太极支配，这个太极是一。这是从宇宙本体的角度讲的，即这个太极是宇宙的普遍规律、万物的存在根据。一切万物都禀受此理以为性，以为体。此即所谓"合万物而言之，为一太极而一也"⑤。同时，万物之性理虽然是"分"（禀受）自太极而来，但并不是分有了太极的一部分，因为每一物的性理与作为宇宙本体的太极是相同的，所以又说"万物之中各有太极"⑥。故而朱熹指出："一实万分，万一各正，便是理一分殊处。"⑦在《太极图解》中的他又提出："五行之生，各一其性，气殊质异，各一其○（太极），无假借也。"强调每个事物气质虽不相同，但都具有彼此相同的太极，所以又说："男女一太极"，"万物一太极"。这里的一指同一，即宇宙天地间万事万物的太极都是同一的、无差别的，并且每一事物的太极与作为整个宇宙生命本体的太极也是相同的、无差别的。所以说："浑然太极之全体无不各具于一物之中"，"盖合而言之，万物统体一太极也；分而言之，一物各具一太极也"⑧，"本只是一太极，而万物各有禀受，又自各全具一太极尔。如月在天，只一而已，及散在江湖，则随处而见，不可谓月已分也"⑨。又说："近而一身之中，远而八荒之外，微而一草一木之众，莫不各具此理。……各各满足，不等求假于外。……释氏云一月普现一切水，一切

---

① 敦煌本《坛经》三十六节。
② 同上。
③ 《五灯会元》卷二。
④ 同上。
⑤ 朱熹：《通书解》。
⑥ 《朱子语类》。
⑦ 同上。
⑧ 《太极图说解》。
⑨ 《朱子语类》卷九十四、卷十八。

水月一切摄,……"①这里还借用释家禅宗月印万川,处处皆圆的比喻来强调物物皆太极,物物均"赁地圆",自成一充满圆融的世界。尽管儒佛所言不同,但是思路却相接近。我们认为,"月印万川"最能体现宇宙天地生命的本体道的圆满普遍的审美特性。天地万物,万象罗列,一花一木,一片叶,一缕云,及至浩浩苍天,苍茫大地,都能够用大道涵括,以一心穿脱,圆成一道的世界、理的世界、佛性的世界、美的世界。正如朱熹的高足陈淳释"理"所言:"总而言之,只是浑沦一个理,亦只是一个太极;分而言之,则天地万物各具此理,又各有太极,又都浑沦无缺欠处。""譬如一大块水银,恁地圆,散而为万万小块,依旧又恁地圆。陈几叟月落万川,处处皆圆之譬,亦正如此。"②"月落万川,处处皆圆"的比喻有两层重要的含义:一是万川之月,只是一月。江流宛转绕芳甸,何处春江无月明,湛然寰宇,月光朗照,天下万千江湖,无处不映出它的圆影。然万千个圆共有一圆,万种之月,只有一月相照,一圆贯穿了万川之圆,散在江湖各处的异在之圆联成一个整体,只有一个生命。这就叫"随处充满,无稍欠缺",此可谓大充满。二是自此一月,可观全月。由于散在江湖的万千之月均由一月相照,故自任何一月均可窥见万千之月的内在生命,任何江湖的月都是一个自我完足的生命世界,都是月之理的显现,都可以窥见万川之月的无限奥秘。③

"万川之月,处处皆圆"所透析出的美学意蕴就是:一即一切,一切即一。天下一太极,而物物一太极,物物一大美;物物均有内在的理,物物有内在的大美,而内在的理与大美又是共通的;自一物可观万物,自一圆可达万圆,自一美可达万美,自一意境可体味无穷的意味,物物绳绳相连,绵绵无尽。它强调了万物都是一个自在圆足的生命和美的这一重要审美特性。也生动地体现了审美意境玩味无穷的审美包容性。

我们认为,正是儒道佛中的这种充满圆融的生命美学刺激着中国艺术家的创造精神,故而艺术审美创作既关心"一",认为"山川即道","山水即天理","山水似形媚道",宇宙间自然万物均是道所化生化育,审美体验中,透过其表相,即可直达其生命内核,所以强调"目击道存""寓目理自陈";同时,在艺术创作中,中国艺术家更注重的是"一切",因为"一切即一,一即一切",微尘大千,刹那永恒,"一草一木,皆天地和平之气也",一切都是自在圆足的生命整体,人待它物而自建、自

---

① 《朱子语类》卷九十四、卷十八。
② 陈淳:《四书性理字义》。
③ 参见朱良志:《论中国艺术论中的"圆"》,《安徽师大学报》1994年第4期。

成。在中国美学看来,一花一世界,一草一天国,一尘可得无量大千,所谓"一叶落而知天下秋","谁知一点红,解寄无边春。"恒河沙数无量,一微尘可得无限沙数。陆机云:"笼天地于形内,挫万物于笔端。"唐刘禹锡云:"片言可以明百意,坐驰可以役万象。"司空图云:"浅深聚散,万取一收。"王士禛说:"一滴水可知大海味也。"都是说的这个意思。至大无外,至小无内,宇宙天地间万事万物均可一理贯通,都可归于宇宙之圆满自足的大生命。

所以,以老庄美学为主的中国美学在意境的创构中强调微观,认为,生活中处处有诗,坚信一勺水也有深处,一片石亦有曲处。"夕阳芳草寻常物,解用都为绝妙词。"[1]物无大小,事无巨细,只要体悟到其中的生命之旨即能悟道。大至自然山川,"只是征行自有诗"[2],小至"虫鱼草木风云鸟兽之状类"[3]。皆可以进入审美创作。同时,受此影响,以老庄美学为主的中国美学推崇"即目入咏""寓目辄书",注重当下直接的审美感悟。总之,一草一木,一丘一壑,都流淌着共通的生命之本,有了这自然万物生命之本,一草一木如同有了灵光耀现,即会呈现出生机勃勃的气象,形成一自我圆足的世界。所谓"圆则气裕,浑则神全。和光熙融,物华娟妍"[4]。从这一生命圆足而又能复现万千之圆,在这一审美意境中包容着无限的言外之美,味外之味和韵外之韵。审美创作活动必须齐同造化,融会于这圆与意境之中,以创构一完整周备的生命,神情完备,劲气充周,审美意境生于圆而归于圆,从而始完成一个圆形的生命运动。这也才是以老庄美学为核心的中国美学所标举的审美创作中意境营构的极致。

---

[1] 袁枚:《遣兴》。
[2] 杨万里:《下横山滩头》。
[3] 欧阳修:《梅尧臣诗集》。
[4] 黄钺:《二十四画品·圆浑》。

参考文献

1. 《老子道德经》,《四部备要》(53),中华书局1989年版。
2. 河上公:《老子章句》。
3. 王弼:《道德真经注》。
4. 王安石:《老子注》。
5. 苏轼:《老子解》。
6. 林希逸:《老子口义》。
7. 沈一贯:《老子通》。
8. 焦竑:《老子翼》。
9. 王念孙:《读书杂志·老子杂志》。
10. 刘师培:《老子斠补》。
11. 奚侗:《老子集解》。
12. 蒋锡昌:《老子校诂》。
13. 朱谦之:《老子校释》。
14. 马叙伦:《老子校诂》,北京古籍出版社1956年版。
15. 高亨:《老子正诂》,北京古籍出版社1956年版。
16. 张松如:《老子校说》,齐鲁书社1987年版。
17. 《马王堆汉墓帛书老子》。
18. 陈鼓应:《老子诠释及评介》,中华书局1989年版。
19. 郭庆藩:《庄子集释》,中华书局1961年版。
20. 马克思:《1844年经济学——哲学手稿》,人民出版社,1979。
21. 马克思、恩格斯:《德意志意识形态》,《马克思恩格斯全集》,第3卷,人民出版社,1960。
22. 马克思:《关于费尔巴哈的提纲》,《马克思恩格斯全集》,第3卷,人民出版社,1960。

23. 马克思:《资本论》(第1卷),《马克思恩格斯全集》,第23卷,人民出版社,1975。

24.《论语注疏》,《四部备要》(6),中华书局1989年版。

25.《孟子注疏》,《四部备要》(6),中华书局1989年版。

26.《庄子》,《四部备要》(53),中华书局1989年版。

27. 顾恺之:《论画》。

28. 宗炳:《画山水序》。

29. 刘勰:《文心雕龙》。

30. 张彦远:《历代名画记》。

31. 司空图:《二十四诗品》。

32. 郭熙:《林泉高致》。

33. 严羽:《沧浪诗话》。

34. 李渔:《闲情偶寄》。

35. 王夫之:《姜斋诗话》、《古诗评选》、《唐诗评选》、《明诗评选》。

36. 叶燮:《原诗》。

37. 石涛:《画语录》。

38. 刘熙载:《艺概》。

39. 梁启超:《饮冰室诗话》。

40. 王国维:《人间词话》、《红楼梦评论》。

41. 蔡元培:《蔡元培美学文选》,北京大学出版社,1983。

42. 朱自清:《朱自清古典文学论文集》,上海古籍出版社,1981。

43. 朱光潜:《朱光潜美学文集》,上海文艺出版社,1~4卷,1982。

44. 宗白华:《美学散步》,上海人民出版社,1981。

45. 宗白华:《艺境》,北京大学出版社,1987。

46. 钱钟书:《谈艺录》,中华书局,1983。

47. 钱钟书:《管锥编》,中华书局,1~4卷,1982。

48. 李泽厚:《美的历程》,文物出版社,1983。

49. 叶朗:《中国美学史大纲》,上海人民出版社,1985。

50. 叶朗:《中国小说美学》,北京大学出版社,1981。

51. 徐复观:《中国艺术精神》,春风文艺出版社,1987。

52. 北京大学哲学系美学教研室编:《中国美学史资料选编》,上下册,中华书局,1980、1981。

53. 蔡仪:《新美学》,群益出版社,1947。

54. 王朝闻主编:《美学概论》,人民出版社,1981。

55. 李泽厚:《李泽厚哲学美学文选》,湖南人民出版社,1985。

56. 高尔泰:《美是自由的象征》,人民出版社,1987。

57. 叶朗主编:《现代美学体系论》,北京大学出版社,1988。

58. 曾祖荫:《中国古代美学范畴》,华中工学院出版社,1986。

59. 杨成寅主编:《美学范畴概论》,浙江美术学院出版社,1991。

60. 柏拉图:《柏拉图文艺对话集》,人民文学出版社,1963。

61. 亚里士多德:《诗学》,人民文学出版社,1962。

62. 鲍姆加通:《美学》,文化艺术出版社,1987。

63. 狄德罗:《狄德罗美学论文选》,人民文学出版社,1984。

64. 莱辛:《拉奥孔》,人民文学出版社,1979。

65. 维柯:《新科学》,人民文学出版社,1987。

66. 康德:《判断力批判》,上卷,商务印书馆,1964。

67. 爱克曼辑:《歌德谈话录》,人民文学出版社,1979。

68. 席勒:《审美教育书简》,北京大学出版社,1985。(另一译本:《美育书简》,中国文联出版社公司,1983。)

69. 黑格尔:《美学》,商务印书馆,1~3卷,1979。

70. 波德莱尔:《波德莱尔美学论文选》,人民文学出版社,1987。

71. 车尔尼雪夫斯基:《生活与美学》(《艺术与现实的审美关系》),人民文学出版社,1957。

72. 叔本华:《作为意志和表象的世界》,商务印书馆,1982。

73. 尼采:《悲剧的诞生》,三联书店,1986。

74. 托尔斯泰:《艺术论》,人民文学出版社,1958。

75. 丹纳:《艺术哲学》,人民文学出版社,1963。

76. 里普斯:《移情作用、内摹仿和器官感觉》,《现代西方文论选》,上海译文出版社,1983。

77. 弗洛伊德:《弗洛伊德美学论文选》,上海译文出版社,1986。

78. 沃林格:《抽象与移情》,辽宁人民出版社,1987。

79. 桑塔耶那:《美感》,中国社会科学出版社,1982。

80. 鲍桑葵:《美学史》,商务印书馆,1985。

81. 荣格:《寻找心灵奥秘的现代人》,中国社科文献出版社,1987。

82. 克罗齐:《美学原理、美学纲要》,人民文学出版社,1983。

83. 贝尔:《艺术》,中国文联出版公司,1984。

84. 列维—布留尔:《原始思维》,商务印书馆,1985。

85. 帕克:《美学原理》,商务印书馆,1964。

86. 门罗:《走向科学的美学》,中国文联出版公司,1983。

87. 康定斯基:《论艺术的精神》,中国社会科学出版社,1987。

88. 科林伍德:《艺术原理》,中国社会科学出版社,1985。

89. 苏珊·朗格:《情感与形式》,中国社会科学出版社,1986。

90. 杜夫海纳:《美学与哲学》,中国社会科学出版社,1985。

91. 卡西尔:《人论》,上海译文出版社,1985。

92. 卢卡契:《审美特性》,中国社会科学出版社,1985。

93. 阿恩海姆:《艺术与视知觉》,中国社会科学出版社,1984。

94. 贡布里希:《艺术与错觉》,浙江摄影出版社,1987。

95. 维戈斯基:《艺术心理学》,上海文艺出版社,1985。

96. 巴尔特:《符号学美学》,辽宁人民出版社,1987。

97. 伽达默尔:《真理与方法》,辽宁人民出版社,1987。

98. 尧斯等:《接受美学与接受理论》,辽宁人民出版社,1987。

99. 李普曼编:《当代美学》,光明日报出版社,1986。

100. 梯利:《西方哲学史》,商务印书馆,上下册,1975。

101. 施太格缪勒:《当代哲学主流》,商务印书馆,上册,1986。

102. 马尔库塞:《现代美学析疑》,文化艺术出版社,1987。

103. 马斯洛:《存在心理学探索》,云南人民出版社,1987。

104. 北京大学哲学系美学教研室编:《西方美学家论美和美感》,商务印书馆,1980。

后　记

　　这本书是四川师范大学省级重点学科——"美学"学科和美学创新团队成果之一。

　　对老子美学思想的仰慕由来已久，追溯起来，恐怕应该从20年前与皮朝纲老师一道研究《中国古代审美心理学论纲》算起。后来我们又一起合作过《中国美学体系论》与《审美与生存——中国传统美学的人生意蕴及其现代意义》的研究，中间一直对老子美学思想抱有极为浓厚兴趣。

　　一个机遇，1998年9月24日，四川省社科院哲学文化研究所、《中华文化论坛》杂志编辑部主办"《道德经》与当代社会"研讨会。会上，我就《老子》与当代美学做了专题发言。指出，《道德经》中有关道、天道和人道的思想，以及有关人的生命存在的意义和人生价值的思想，都直接作用于中国美学的审美价值论。老子说："道大，天大，地大，人亦大。域中有四大，而人居其一焉。"道与天、地、人是同为一体的。在"四大"之中，人又具有极为重要的地位与价值。道能包容万物，因而能配天；而天地万物又都因为人才显示出"大"与"美"。老子重视人的生命存在价值，肯定人在宇宙中的崇高地位。受此影响，中国美学具有极为鲜明的重视人生并落实于人生的特点，并突出表现在审美境界论和审美价值论上。中国美学认为有人才有美，强调主体的审美价值取向在审美活动中的重要作用。这与当代世界一些著名美学家强调人的心理体验在审美中的突出作用的美学思想有共同之处。在当代美学的建设中，应关心和重视当代人的审美人格建构，引导和确立当代人的人生价值取向。直面当代社会，与现代文明相伴而来的是人的内在精神危机、灵魂苍白与心灵焦灼。而老子美学强调人在宇宙中的崇高地位，强调人的生命存在价值，强调人的审美心胸与人格的建构，这对当今社会那些"溺于物"，其物欲无限膨胀的人来说，无疑具有解毒、清热、醒脑的功效。

　　我认为，对《老子》书中所阐述的美学思想，我们应该在真正弄懂其意蕴的基础上，用当代社会的价值观加以审视，择其善者而从之。同时，把握老子的美学，必须首先了解他的哲学，或者说了解他的哲学，就等于把握他的美学，因为出于对礼乐文明的怀疑，他也排斥那些与文明社会发展同步出现的享乐艺术和审美观赏，认为"五色令人目盲，五音令人耳聋，五味令人口爽；驰骋田猎，令人心发狂；难得之货，令人行妨"（《老子》十二章），在他看来，奢侈的享乐本身就是对人性的戕害，是社会不安的缘由。所以在他的哲学之外，他很少论到一般人眼中的艺术和美。他另有自己的成、运行、变化的终极原因、冥冥力量、铁的规律，视而不见却又无所不在，无目的却又合目的，不有意为之却又无所不为。

作为老子美学的根本原则，"无为而无不为"包含着对规律和目的、必然和自由相互关系的理解，人如果采取"无为"的态度去对待一切，处处顺应自然的要求，"辅万物之自然而不敢为"（六十四章），不背离自然规律去追求自己的目的，就能达到一切目的。目的与规律的这种不可分的相互渗透和统一，正是一切审美活动所具有的极其重要的特征。

老子所谓"大巧若拙"（四十五章）的说法，就是为了说明"道"的自然无为而举的一个例证。在老子看来，真的巧并不在于违背自然规律去卖弄自己的聪明，而在于处处顺应自然规律，在这种顺应之中使自己的目的自然而然地实现。宋代苏辙在解释"大巧若拙"时说："巧而不拙，其巧必劳，付物自然，虽拙而巧。"（见《老子本义》所引）这就符合了老子的意思。

在老子看来，"道"的作用是"自然而然"的，没有一件事物不是它的所为。对万物的成长，它不强制、不干涉，顺其自然。"道"虽利于万物，却不与万物相争，不把万物据为己有，不以为是自己的功劳，也不以万物的主宰自居。在现代文化发展的背景下，老子及其道家思想并没有失去它的意义。

现在想来，当天的会上，我真的是振振有词，还有些慷慨激昂。

也正由于此，我接受了"老子美学思想的当代意义"课题研究的任务。

会后，我就立马着手。并在一年后，完成了初稿。

鼓了很大的劲，但书却一直没能面世。其理由，一是省社科院答应的出版补助没能兑现。另外当然主要应归于教学工作繁忙，缺乏完整的写作时间，使我的后期研究时断时续，一直拖到现今。

但本书的拖延，还与当下有关。

说起来，真的是弹指一挥间，屈指算来，从有想法到写出初稿，至今，已十余载过去了。这中间社会与学校的变化，不说是沧海桑田，但也远非先前景象。仅就身处其中的校园来看，昔日的清幽早就随着现代化的进程荡然无存，取而代之的是人来车往,熙来攘去,沸腾拥挤,热闹有加。就自己所"躲在"的楼上而言,整日家弥漫的是烤肉味与串串香味。每当夜幕降临,从阳台望过去,师大广场是食客云集,灯火通明,远处霓虹灯闪烁,近处是满满当当的人,热气腾腾,人声鼎沸,声浪逼人。这样一来,老子自然靠边了、遥远了。修改工作,也自然就慢了、拖延下来了。当时的感受真有些像一有名的诗句:"此情可待成追忆,只是当时已惘然。"

谢天谢地,虽然粗糙,虽然有曲折,但现今总算实现了自己的愿望。

需要说明的是,写作过程中,我参考了前辈和时贤的有关老子研究的著述,从中得到不少启发,这里谨向他们致以由衷的谢意。一本书的面世,绝不是著者一个人的力量所能达到的,我要感谢所有为本书的出版给以帮助的人们!

著者

2007 年 8 月 15 日于川师狮子山